W0259953

Informatik – Fachberichte

Band 66: Applications and Theory of Petri Nets. Proceedings, 1982. Edited by G. Rozenberg. VI, 315 pages. 1983.

Band 67: Data Networks with Satellites. GI/NTG Working Conference, Cologne, September 1982. Edited by J. Majus and O. Spaniol. VI, 251 pages. 1983.

Band 68: B. Kutzler, F. Lichtenberger, Bibliography on Abstract Data Types. V, 194 Seiten. 1983.

Band 69: Betrieb von DN-Systemen in der Zukunft. GI-Fachgespräch, Tübingen, März 1983. Herausgegeben von M. A. Graef. VIII, 343 Seiten. 1983.

Band 70: W. E. Fischer, Datenbanksystem für CAD-Arbeitsplätze. VII, 222 Seiten. 1983.

Band 71: First European Simulation Congress ESC 83. Proceedings, 1983. Edited by W. Ameling. XII, 653 pages. 1983.

Band 72: Sprachen für Datenbanken. GI-Jahrestagung, Hamburg, Oktober 1983. Herausgegeben von J. W. Schmidt. VII, 237 Seiten. 1983.

Band 73: GI-13. Jahrestagung, Hamburg, Oktober 1983. Proceedings. Herausgegeben von J. Kupka. VIII, 502 Seiten. 1983.

Band 74: Requirements Engineering. Arbeitstagung der GI, 1983. Herausgegeben von G. Hommel und D. Krönig. VIII, 247 Seiten. 1983.

Band 75: K. R. Dittrich, Ein universelles Konzept zum flexiblen Informationsschutz in und mit Rechensystemen. VIII, 246 pages. 1983.

Band 76: GWAI-83. German Workshop on Artificial Intelligence. September 1983. Herausgegeben von B. Neumann. VI, 240 Seiten. 1983.

Band 77: Programmiersprachen und Programmentwicklung. 8. Fachtagung der GI, Zürich, März 1984. Herausgegeben von U. Ammann. VIII, 239 Seiten. 1984.

Band 78: Architektur und Betrieb von Rechensystemen. 8. GI-NTG-Fachtagung, Karlsruhe, März 1984. Herausgegeben von H. Wettstein. IX, 391 Seiten. 1984.

Band 79: Programmierumgebungen: Entwicklungswerkzeuge und Programmiersprachen. Herausgegeben von W. Sammer und W. Remmele. VIII, 236 Seiten. 1984.

Band 80: Neue Informationstechnologien und Verwaltung. Proceedings, 1983. Herausgegeben von R. Traunmüller, H. Fiedler, K. Grimmer und H. Reinermann. XI, 402 Seiten. 1984.

Band 81: Koordinaten von Informationen. Proceedings, 1983. Herausgegeben von R. Kuhlen. VI, 366 Seiten. 1984.

Band 82: A. Bode, Mikroarchitekturen und Mikroprogrammierung: Formale Beschreibung und Optimierung, 6, 7-227 Seiten. 1984.

Band 83: Software-Fehlertoleranz und -Zuverlässigkeit. Herausgegeben von F. Belli, S. Pfleger und M. Seifert. VII, 297 Seiten. 1984.

Band 84: Fehlertolerierende Rechensysteme. 2. GI/NTG/GMR-Fachtagung, Bonn 1984. Herausgegeben von K.-E. Großpietsch und M. Dal Cin. X, 433 Seiten. 1984.

Band 85: Simulationstechnik. Proceedings, 1984. Herausgegeben von F. Breitenecker und W. Kleinert. XII, 676 Seiten. 1984.

Band 86: Prozeßrechner 1984. 4. GI/GMR/KfK-Fachtagung, Karlsruhe, September 1984. Herausgegeben von H. Trauboth und A. Jaeschke. XII, 710 Seiten. 1984.

Band 87: Musterkennung 1984. Proceedings, 1984. Herausgegeben von W. Kropatsch. IX, 351 Seiten. 1984.

Band 88: GI-14. Jahrestagung. Braunschweig. Oktober 1984. Proceedings. Herausgegeben von H.-D. Ehrich. IX, 451 Seiten. 1984.

Band 89: Fachgespräche auf der 14. GI-Jahrestagung. Braunschweig, Oktober 1984. Herausgegeben von H.-D. Ehrich. V, 267 Seiten. 1984.

Band 90: Informatik als Herausforderung an Schule und Ausbildung. GI-Fachtagung, Berlin, Oktober 1984. Herausgegeben von W. Arlt und K. Haefner. X, 416 Seiten. 1984.

Band 91: H. Stoyan, Maschinen-unabhängige Code-Erzeugung als semantikerhaltende beweisbare Programmtransformation. IV, 365 Seiten. 1984.

Band 92: Offene Multifunktionale Büroarbeitsplätze. Proceedings, 1984. Herausgegeben von F. Krückeberg, S. Schindler und O. Spaniol. VI, 335 Seiten. 1985.

Band 93: Künstliche Intelligenz. Frühjahrsschule Dassel, März 1984. Herausgegeben von C. Habel. VII, 320 Seiten. 1985.

Band 94: Datenbank-Systeme für Büro, Technik und Wirtschaft. Proceedings, 1985. Herausgegeben von A. Blaser und P. Pistor. X, 519 Seiten. 1985

Band 95: Kommunikation in Verteilten Systemen I. GI-NTG-Fachtagung, Karlsruhe, März 1985. Herausgegeben von D. Heger, G. Krüger, O. Spaniol und W. Zorn. IX, 691 Seiten. 1985.

Band 96: Organisation und Betrieb der Informationsverarbeitung. Proceedings, 1985. Herausgegeben von W. Dirlewanger. XI, 261 Seiten. 1985.

Band 97: H. Willmer, Systematische Software-Qualitätssicherung anhand von Qualitäts- und Produktmodellen. VII, 162 Seiten. 1985.

Band 98: Öffentliche Verwaltung und Informationstechnik. Neue Möglichkeiten, neue Probleme, neue Perspektiven. Proceedings, 1984. Herausgegeben von H. Reinermann, H. Fiedler, K. Grimmer, K. Lenk und R. Traunmüller. X, 396 Seiten. 1985.

Band 99: K. Küspert, Fehlererkennung und Fehlerbehandlung in Speicherungsstrukturen von Datenbanksystemen. IX, 294 Seiten. 1985.

Band 100: W. Lamersdorf, Semantische Repräsentation komplexer Objektstrukturen. IX, 187 Seiten. 1985.

Band 101: J. Koch, Relationale Anfragen. VIII, 147 Seiten. 1985.

Band 102: H.-J. Appelrath, Von Datenbanken zu Expertensystemen. VI, 159 Seiten. 1985.

Band 103: GWAI-84. 8th German Workshop on Artificial Intelligence. Wingst/Stade, October 1984. Edited by J. Laubsch. VIII, 282 Seiten. 1985.

Band 104: G. Sagerer, Darstellung und Nutzung von Expertenwissen für ein Bildanalysesystem. XIII, 270 Seiten. 1985.

Band 105: G. E. Maier, Exceptionbehandlung und Synchronisation. IV, 359 Seiten. 1985.

Band 106: Österreichische Artificial Intelligence Tagung. Wien, September 1985. Herausgegeben von H. Trost und J. Retti. VIII, 211 Seiten. 1985.

Band 107: Mustererkennung 1985. Proceedings, 1985. Herausgegeben von H. Niemann. XIII, 338 Seiten. 1985.

Band 108: GI/OCG/ÖGJ-Jahrestagung 1985. Wien, September 1985. Herausgegeben von H. R. Hansen. XVII, 1086 Seiten. 1985.

Band 109: Simulationstechnik. Proceedings, 1985. Herausgegeben von D. P. F. Möller. XIV, 539 Seiten. 1985.

Band 110: Messung, Modellierung und Bewertung von Rechensystemen. 3. GI/NTG-Fachtagung, Dortmund, Oktober 1985. Herausgegeben von H. Beilner. X, 389 Seiten. 1985.

Informatik-Fachberichte 146

Herausgegeben von W. Brauer
im Auftrag der Gesellschaft für Informatik (GI)

Werner Damm

Entwurf und Verifikation mikroprogrammierter Rechnerarchitekturen

Springer-Verlag
Berlin Heidelberg New York
London Paris Tokyo

Autor

Werner Damm
Fachbereich 10, Praktische Informatik
Universität Oldenburg
Ammerländer Heerstraße 114-118, D-2900 Oldenburg

CR Subject Classifications (1987): B.1.2, B.1.4, D.2.10, F.3.1

ISBN 978-3-540-18320-4 ISBN 978-3-642-51137-0 (eBook)
DOI 10.1007/978-3-642-51137-0

CIP-Kurztitelaufnahme der Deutschen Bibliothek. Damm, Werner: Entwurf und Verifikation mikroprogrammierter Rechnerarchitekturen / Werner Damm. – Berlin; Heidelberg; New York; Tokyo: Springer, 1987
(Informatik-Fachberichte; 146)
ISBN 978-3-540-18320-4

NE: GT

2145/3140-543210

VORWORT

Die Mikroprogrammierung hat im Entwurf von Rechnerarchitekturen einen festen Platz als vermittelnde Ebene zwischen Software und Hardware. Aus ihrer ursprünglichen Rolle in der Realisierung von Leitwerken von Rechenanlagen hat sie sich weiterentwickelt zu einem flexiblen Werkzeug, dessen heutige Bedeutung ebenso stark in der Entwicklung von Spezialarchitekturen liegt, wo sie eine effiziente Möglichkeit der Realisierung von komplexen auf die jeweilige Anwendung angepaßten Spezialinstruktionen bietet. Heutige Anwendungsbeispiele reichen von der Entwicklung von Prolog-Architekturen bis zur Anwendung in der Bildverarbeitung.

Trotz dieser etablierten Stellung der Mikroprogrammierung hat die Entwicklung von Unterstützungswerkzeugen mit der zunehmenden Anwendungsbreite nicht Schritt gehalten. Die extreme Nähe zur Hardware gestattet zwar einerseits eine sehr effiziente Implementierung; andererseits steht diese Hardwarenähe der Entwicklung von Unterstützungswerkzeugen auf Grund der Komplexität der hardwarenahen Programmierung entgegen.

Das vorliegende Buch stellt einen Ansatz zur Entwicklung und Verifikation von Mikroprogrammen vor, der diese Lücke überbrücken soll. Mit der Einführung einer auf diesen Bereich abgestimmten Rechnerbeschreibungssprache und einem Ansatz, in höhere Mikroprogrammiersprachen systematisch gerade soviele hardwarenahe Aspekte einzubetten, daß eine Übersetzung in effizienten Mikrocode möglich ist, wird die Brücke zu einer Firmwareentwicklung auf einem aus dem Software Engineering bekannten Niveau geschlagen, ohne die Effizienzvorteile der Mikroprogrammierung einzubüßen. Die sich daraus ergebende hierarchische Methode zur Firmwareentwicklung wird ausführlich an Hand einer konkreten Fallstudie vorgestellt.

Neben diesem praktischen Aspekt stellt die vorliegende Arbeit die Relevanz von formalen Methoden der Informatik in diesem konkreten Anwendungsgebiet der Mikroprogrammierung heraus.

Dazu wird auf die für die Mikroprogrammierung besonders brisante Frage der Fehlerfreiheit der Mikroprogramme eingegangen. Die besondere Hardwarenähe bedingt eine zusätzliche Komplexität dieser Ebene der Programmierung, die leicht zu Kodierfehlern führen kann. Andererseits müssen gerade an Mikroprogramme, die auf einer der innersten Systemebenen stehen, hohe Zuverlässigkeitsanforderungen gestellt werden. Diese können letztlich nur durch formale Verifikationsverfahren erfüllt werden, wie sie im zweiten Teil dieser Arbeit vorgestellt werden. Besonderes Gewicht wurde darauf gelegt, die Verifikation während des Entwurfs zu ermöglichen, so daß unmittelbar das Wissen des Mikroprogrammierers auch im Verifikationsprozeß ausgenutzt werden kann.

Die Entwicklung dieser Verifikationsmethoden erfordert fortgeschrittene formale Begriffsbildungen, die auf diesen formalen Ebenen die der Mikroprogrammierung innewohnende Komplexität transparent machen. Trotzdem erweist sich die entwickelte Theorie als so prägnant, daß die Frage der Fehlerfreiheit des Mikrocodes vollständig in der Axiomatisierung erfaßt werden kann. Der zweite Teil dieser Arbeit ist daher auch als Studie gedacht, wie in vergleichbaren Anwendungssituationen Methoden der theoretischen Informatik erfolgreich zur Lösung konkreter Anwendungsprobleme eingesetzt werden können.

Die Mikroprogrammierung stellt - von einem weiteren Standpunkt aus gesehen - letztlich nur eine Implementierungsebene im Entwurf von Rechnerarchitekturen dar. Mit der Komplexität zur Zeit entwickelter 5th Generation Computer stellt sich die Frage nach Entwurfsunterstützung im zunehmenden Maße für den gesamten Rechnerentwurfsprozeß. In der Tat werden 70 % der Entwicklungszeit heute in den höheren Ebenen des Rechnerentwurfs eingesetzt, in denen CAD-Werkzeuge fast gänzlich fehlen. Die vorliegende Arbeit kann in diesem Kontext als ein Schritt in Richtung einer Entwicklungsumgebung angesehen werden, die auf die Unterstützung des gesamten Entwurfsprozesses von Rechnersystemen abzielt. Erst damit wird Rechnerarchitektur von einer "craft" zu einer "art".

Aachen, Juli 1987

Werner Damm

INHALTSVERZEICHNIS

1 EINLEITUNG

Eine zentrale Voraussetzung für die Entwicklung komplexer Systeme bilden Modelle, die das Verhalten eines Systems in einem für die gewünschte Anwendung angemessenen Detailierungsgrad in dem Sinne charakterisieren, daß sich alle für die Anwendung relevanten Eigenschaften des Systems aus dem Modell - in einem formalen Sinn - ableiten lassen. Gegenstand der vorliegenden Arbeit ist eine solche Modellbildung im Bereich *mikroprogrammierter Rechnerarchitekturen*.

Ihr Ziel ist es, mit dem Modell eine Grundlage für *CAD-Werkzeuge* bereitzustellen, die eine *mikroprogrammierte* Realisierung von Teilsystemen einer Rechnerarchitektur unterstützen.

Drei Beispiele mögen die Relevanz von *Firmware*[1] im Entwurf von Rechnerarchitekturen verdeutlichen:

1. Die "klassische" Aufgabe der Mikroprogrammierung liegt in der Bereitstellung der (*Makro-*) Ebene einer Rechnerarchitektur, die bei Maschinenprogrammen vorausgesetzt wird, also in der Realisierung des *Leitwerks* einer Rechenanlage. In diesem Kontext wurde die Mikroprogrammierung erstmals von Wilkes eingesetzt [151,152] um der zunehmenden Komplexität eines auf "*random logic*"[2] basierenden Entwurfs begegnen zu können. Diese Methode des Leitwerkentwurfs wird heute bei fast allen 16- oder 32-bit Mikroprozessoren und "Minicomputern" verwendet (siehe etwa [120] und [63,64]).

2. Eine weitere klassische Anwendung der Mikroprogrammierung ist die *Emulation* einer festen Architektur auf unterschiedlicher Hardware; dieses Verfahren ermöglicht beispielsweise die Bereitstellung eines einheitlichen Maschinenbefehlssatzes auf unterschiedlich leistungsfähigen Prozessoren. Es wurde industriell erstmals bei der IBM 360 Rechnerfamilie eingesetzt [2] und wird auch heute erfolgreich zum Aufbau von preisgünstigen leistungsstarken Rechenanlagen aus bestehenden Bausteinen - wie etwa bei der IBM 43XX-Familie - eingesetzt.

3. Der weitaus größte Anwendungsbereich liegt heute jedoch bei der Realisierung von *Spezialarchitekturen*, wie sie etwa bei sprachorientierten Architekturen (vgl. [119], [148] und [149,65] für Fortran 77, LISP bzw. PROLOG-Architekturen), Datenbankmaschinen [142], [70], oder in der peripheren Datenerfassung- und Aufbereitung [150] verwendet werden. Als Beispiel zeigt Abbildung 1 die hierarchische Struktur einer PROLOG-orientierten Rechnerarchitektur (nach [149]).

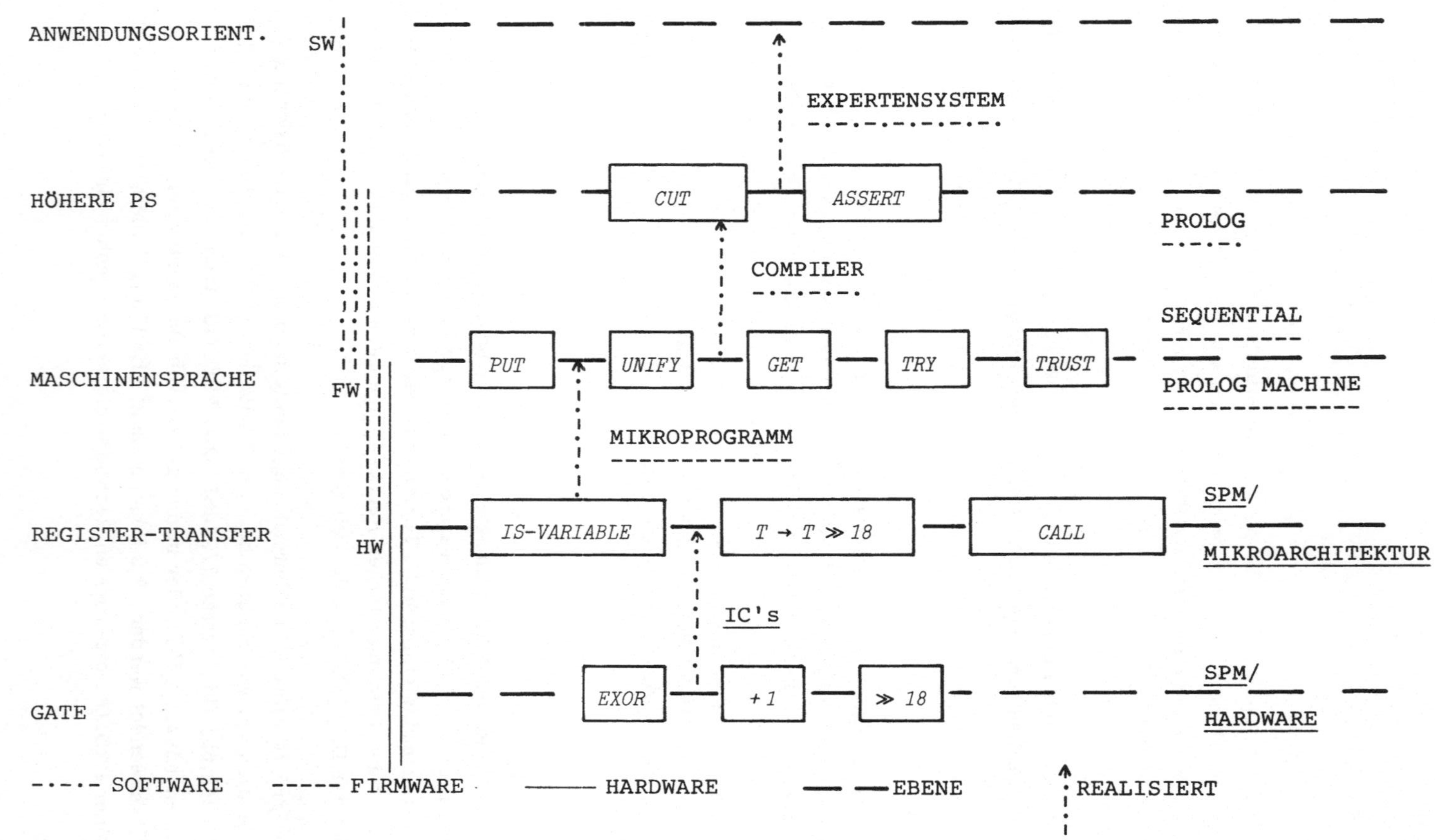

- Struktur einer PROLOG-orientierten Rechnerarchitektur -

- Abb. 1 -

Hier stellt die durch Mikroprogrammierung realisierte Ebene eine auf die speziellen Anwendungen orientierte leistungsstarke Makroarchitektur bereit, die möglicherweise komplexe Spezialbefehle (wie etwa die UNIFY-Operation für PROLOG oder die Verbundoperation für relationale Datenbanken) beinhaltet.

Diese Beispiele verdeutlichen die Relevanz der Mikroprogrammierung als Entwurfsmittel zwischen Software und Hardware. Eine firmwaremäßige Realisierung bietet sich überall da an, wo zwischen Hard- und Software flexibel vermittelt werden soll, wo komplexe Leitwerke entworfen werden sollen, oder wo leistungsfähige Spezialprozessoren unter Beibehaltung der Möglichkeit der Adaption an unterschiedliche Einsatzumgebungen gefordert werden. Eine so realisierte Ebene einer Rechnerarchitektur bezeichnen wir als *mikroprogrammierte Rechnerarchitektur*, die zugrunde liegende mikroprogrammierbare Architekturebene als *Mikroarchitektur*.

Eine vollständige Automatisierung des Entwurfs mikroprogrammierter Rechnerarchitekturen - etwa in Form eines automatisch auf unterschiedliche Mikroarchitekturen umrüstbaren Mikrocodecompilers, der eine operationelle Beschreibung der zu realisierenden Architekturebene in einer höheren Programmiersprache automatisch in Mikrocode dieser Mikroarchitektur übersetzt - ist auf Grund der Variabilität und Komplexität von Mikroarchitekturen nicht realisierbar[3]. Erfahrungen mit experimentellen Implementierungen solcher Systeme (vgl. etwa [123],[6],[109],[113],[115],[143]) zeigen, daß bei diesem Ansatz Einschränkungen an die zugrunde liegende Mikroarchitektur und/oder Effizienzverluste im Mikrocode hingenommen werden müssen, und daß auf eine manuelle bzw. interaktive Durchführung einzelner Entwurfsschritte nicht verzichtet werden kann. In der vorliegenden Arbeit wird daher eine Entwurfsstrategie vorgeschlagen, in der kritische Entwurfsschritte interaktiv durchgeführt (und verifiziert) werden, dagegen vergleichsweise gut beherrschte Phasen des Entwurfs automatisiert werden. Angestrebt wird somit ein CAD-System, das - neben der Verwaltung der verschiedenen Phasen eines Entwurfes in einer textlichen Repräsentation - das Erstellen formaler Beschreibungen von Ebenen einer Rechnerarchitektur durch automatisch generierbare Simulatoren und die eigentliche Mikroprogrammierung in einer automatisch aus der Beschreibung der Mikroarchitektur generierten, auf sie abgestimmten, höheren Mikroprogrammiersprache unterstützt. Im Rahmen dieser Arbeit wird exemplarisch auf die Entwicklung von *Verifikationswerkzeugen* eingegangen; die vorgenommene Modellbildung wurde jedoch so vorgenommen, daß die Generierung weiterer Entwicklungswerkzeuge (wie Simulatoren [35], [12], Werkzeugen für die statische Analyse von Mikroprogrammen [141], sowie Mikrocodegeneratoren) unterstützt wird.

In dieser Arbeit entwickeln wir zunächst - als unabdingbare Voraussetzung für den Einsatz von CAD-Systemen - einen einheitlichen sprachlichen Rahmen zur formalen Darstellung des Entwurfes einer mikroprogrammierten Rechnerarchitektur.

Die entscheidende Modellbildung vollzieht sich in der Festlegung einer dafür zu verwendenden *Rechnerbeschreibungssprache*, da ihre sprachlichen Mittel gerade die Aspekte der realen Architektur festlegen, die dem Entwicklungsprozeß (bzw. den Entwicklungswerkzeugen) zugänglich sind. Damit ergibt sich, daß gerade im Hinblick auf die Variabilität von Mikroarchitekturen die *Ausdrucksstärke* der verwendeten Rechnerbeschreibungssprache ein entscheidendes Kriterium für die Anwendbarkeit eines solchen CAD-Systems bildet. Da die üblicherweise verwendeten *operationellen* Beschreibungssprachen (wie etwa ISPS [10,11], CDL [28,29], µAPL [26], S*A [44,46]) lediglich zur *Simulation* von Mikroarchitekturen, jedoch nicht für tabellengetriebene Entwicklungswerkzeuge wie (Mikro-) Codegeneratoren geeignet sind [75,76], wurde im Rahmen dieser Arbeit eine neue Rechnerbeschreibungssprache AADL (für *axiomatic architecture description language*) entwickelt, die - im Hinblick auf geplante industrielle Anwendungen - ein weit über bestehende Beschreibungssprachen hinausgehendes Modell von Mikroarchitekturen integriert. Darüberhinaus ist die Sprache so breit angelegt, daß sie sich ebenfalls zur *Spezifikation* des Verhaltens der zu realisierenden Ebene einer Rechnerarchitektur sowie zur Definition - der Modularisierung des Entwurfes dienender - virtueller Zwischenarchitekturen eignet. In diesem Zusammenhang ist die der Sprache unterliegende *axiomatische* Definitionsmethode von Vorteil, da sie - im Gegensatz zu operationellen Definitionen - nicht eine bestimmte Realisierung des Zustandsübergangsverhaltens einer Architektur festlegt, sondern Zustandsübergänge abstrakt durch ein Paar prädikatenlogischer Formeln (Zustand *vor* bzw. *nach* Ausführung einer Operation) charakterisiert. Somit wird das für operationelle Spezifikationssprachen typische Problem der *Über*spezifikation vermieden.

Es ist die Aufgabe der im Rahmen der Arbeit verwendeten *höheren Mikroprogrammiersprachen* von den Schritten des Entwurfs zu abstrahieren, die durch einen automatisch umrüstbaren Mikrocodegenerator automatisiert werden können. Daher wird in dieser Arbeit[3] von einer *Familie (mikro-) architekturabhängiger höherer Mikroprogrammiersprachen* ausgegangen, deren Elemente automatisch aus dem von Dasgupta [41],[51] entwickelten *Schema* S* für höhere Mikroprogrammiersprachen aus der AADL-Beschreibung einer Mikroarchitektur generiert werden. Das Schema stellt einen einheitlichen Satz von (aus höheren Programmiersprachen bekannten) *Kontrollstrukturen* zur Zusammenfassung der architekturspezifischen *atomaren Aktionen* (Teste und Zuweisungen) zur Verfügung. In diesem durch AADL und S* aufgespannten sprachlichen Rahmen formalisieren wir eine *hierarchische Entwurfsmethode*, die ein Aufbrechen des Gesamtentwurfes in hierarchisch angeordnete Moduln gestattet.

Da die firmwaremäßig realisierten Dienste einer Rechenanlage i.allg. von sämtlichen höheren Ebenen der Architektur mittelbar oder unmittelbar aufgerufen werden, ist die korrekte Funktion des Mikrocodes unabdingbare Voraussetzung für die korrekte Arbeitsweise sämtlicher höherer Ebenen der Architektur. Die daraus resultierenden hohen Anforderungen an die Fehlerfreiheit des Mikrocodes können nur durch Verwendung *formaler Verifikationstechniken* garantiert werden, da selbst extensives Testen i.allg. nicht das Spektrum aller möglichen Eingabedaten abdecken kann bzw. auf Grund der Anzahl der möglichen Eingaben prohibitiv ist. Die Relevanz formaler Verifikationsmethoden in diesem Bereich wird zusätzlich dadurch unterstrichen, daß

- Mikroprogramme auf Grund des Fehlens von höheren Sprachkonzepten - i.allg. findet trotz typischer Mikroinstruktionslängen von 100-200 bit die Programmierung in einer bestenfalls assemblerähnlichen Notation statt - und der Komplexität von Mikroarchitekturen ausgesprochen anfällig für "einfache Programmierfehler" sind;
- Firmwarefehler schwer lokalisierbar sind, da sie nach dem Entwurf nur als möglicherweise schwer regenerierbare Folgefehler auf höheren Funktionsebenen auftreten;
- die Beseitigung von Firmwarefehlern auf Grund der häufigen Verwendung von Festwertspeichern (ROM's) oder - im VLSI-Design - programmierbaren logischen Feldern (PLA's) als Mikroprogrammspeicher wesentlich kostenaufwendiger als die Beseitigung von Softwarefehlern ist[4].

Für die Praktikabilität formaler Verifikationsmethoden für Systeme der Komplexität einer Rechnerarchitektur ist es unabdingbar, daß die Verifikation mit der Entwicklung des Systems gekoppelt werden kann und Teilkomponenten des Systems getrennt verifiziert werden können. Für die Verifikation mikroprogrammierter Rechnerarchitekturen bedeutet dies, daß

- für den Nachweis lokaler Eigenschaften der zu realisierenden Architekturebene - wie etwa dem durch Ausführung einer einzelnen Instruktion bedingten Zustandsübergangsverhalten - lediglich die unmittelbar tangierten Moduln des Mikroprogramms sowie die zu ihrer Ausführung benötigten Komponenten der Mikroarchitektur bekannt sein müssen;
- somit insbesondere das Mikroprogramm in einer (damit "höheren") Mikroprogrammiersprache[5] vorliegen muß, die Strukturierungsmöglichkeiten wie Moduln bzw. Prozeduren enthalten muß;
- die Rechnerbeschreibungssprache den Entwurf von Mikroarchitekturen aus (bekannten) Bausteinen (wie etwa *bit-slices* [1],[116],[90]) derart unterstützen muß, daß die Verifikation lediglich die Beschreibung der für die Ausführung eines Moduls relevanten Bausteine voraussetzt.

Bekannte Firmwareverifikationssysteme[6] sind entweder nur für eine spezielle Mikroarchitektur einsetzbar [134],[50] oder setzen einen vollständigen Entwurf zur Durchführung der Verifikation voraus [82,83],[26],[34]. In dieser Arbeit wird erstmals eine Firmwareverifikationsmethode vorgestellt, die sowohl *universell* - für alle in AADL beschreibbaren Mikroarchitekturen - einsetzbar als auch mit der in dieser Arbeit vorgeschlagenen hierarchischen Entwurfstechnik mikroprogrammierter Rechnerarchitekturen kombinierbar ist und somit eine *inkrementelle* und *modulare* Verifikation des Entwurfs ermöglicht. Die

Verifikationsmethode basiert auf einer Familie syntax-gerichteter mikroarchitekturabhängiger Beweissysteme, mit der *Korrektheitsanforderungen* an Mikroprogramme automatisch bewiesen werden können[7]. Komplementär dazu ist eine in dieser Arbeit entwickelte Methode, die automatisch aus der AADL-Spezifikation der Zielarchitektur Korrektheitsanforderungen für die einzelnen Moduln der Implementierung so generiert, daß deren Gültigkeit die funktionale Äquivalenz der Spezifikation und der durch das Mikroprogramm realisierten Architekturebene und somit die Korrektheit des Entwurfs garantiert.

Sämtliche in dieser Arbeit entwickelten Konzepte und Methoden werden an Hand eines (realen) Emulationsbeispiels illustriert, um die Praktikabilität des Ansatzes für kommerziell verwendete Systeme nachzuweisen[8]. Im Rahmen dieser Fallstudie wurden mehrere Fehler in einer unabhängigen Realisierung dieses Emulators [8] gefunden.

Entsprechend dem Titel der Arbeit bot sich eine Gliederung in zwei Hauptteile *Entwurf* und *Verifikation* mikroprogrammierter Rechnerarchitekturen an. Kapitel 3 führt in die Rechnerbeschreibungssprache AADL ein, erläutert die Generierung der S*-Familie höherer Mikroprogrammiersprachen aus AADL-Beschreibungen von Mikroarchitekturen und stellt eine hierarchische Methode zum Entwurf mikroprogrammierter Rechnerarchitekturen vor. Kapitel 4 entwickelt in zwei großen Teilen die mathematischen Grundlagen der Verifikation mikroprogrammierter Rechnerarchitekturen: Abschnitt 4.1 definiert eine axiomatische Semantik [67] von AADL-Spezifikationen, auf der die Generierung der Korrektheitsanforderungen an die Implementierung basiert. Abschnitt 4.2 stellt den Beweis-Kalkül zum Nachweis der Korrektheitsanforderungen an Mikroprogramme der S*-Familie vor. Kernpunkt dieses Abschnittes ist die Entwicklung einer Beweisregel für die parallele Komposition von Mikrooperationen.

Eine genauere Darstellung des Inhaltes der Arbeit und der relevanten Literatur wird für jedes Kapitel und jeden Abschnitt getrennt gegeben. Um einen einheitlichen begrifflichen Rahmen für den durch diese Arbeit berührten Themenkreis zu schaffen, wurde ein einleitendes Kapitel über Grundbegriffe der Firmwareverifikation vorangestellt, das sowohl die verwendeten Konzepte aus dem Bereich Rechnerarchitektur, insbesondere zur Mikroprogrammierung, als auch aus dem Bereich der Verifikationsmethoden erläutert.

Ergänzt wird die Arbeit durch vier Anhänge, die insbesondere eine formale (AADL-) Beschreibung der dem Emulationsbeispiel unterliegenden Architekturen und einen vollständigen Korrektheitsbeweis eines Moduls des Emulationsbeispiels enthalten.

2 GRUNDBEGRIFFE DER FIRMWAREVERIFIKATION

In diesem Kapitel führen wir in geraffter Form in die grundlegenden Begriffsbildungen ein, die im Rahmen dieser Arbeit verwendet werden. Sprechweisen, Terminologie und begriffliche Abklärung für die Bereiche Rechnerarchitektur, insbesondere Mikroprogrammierung und mikroprogrammierte Rechnerarchitekturen, sowie Grundbegriffe zu ihrer Verifikation werden in aufeinanderfolgenden Abschnitten eingeführt. Dieses Kapitel dient zur Abklärung der dieser Arbeit zu Grunde liegenden Begriffe und zur informellen Darstellung der in dieser Arbeit als Beispiel verwendeten Architekturen der NOVA 1200 [56] und der MICRODATA 1600 [117]. Für eine ausführlichere Behandlung der Konzepte der Mikroprogrammierung und grundlegender Begriffe der Logik verweisen wir auf entsprechende Lehrbücher (z.B. [8],[3] bzw. [144],[137]).

2.1 EBENEN EINER RECHNERARCHITEKTUR

Je nach Abstraktionsgrad der Anwendung stellt sich einem Benutzer eine Rechenanlage in unterschiedlichen Profilen dar, die durch die Menge der auf dieser Ebene sichtbaren operativen Fähigkeiten des Rechners charakterisiert ist und die wir als *Ebene* eines Rechnersystems bezeichnen. Unter der *Architektur* einer Rechenanlage verstehen wir in dieser Arbeit die Gesamtheit der Ebenen eines Rechners, in ihrer gemäß ihrem Abstraktionsgrad gegebenen hierarchischen Anordnung (vgl. dazu [79],[15],[51]). Alternativ zu der in Abbildung 1 gezeigten Darstellung, die ebenfalls die Realisierung der operativen Fähigkeiten einer Ebene durch die Dienste der Vorgängerebene andeutet, wird häufig die Architektur eines Rechners als Menge von konzentrischen Schalen dargestellt, deren Kern der auf der Ebene der Bauelemente sichtbaren Struktur des Rechners entspricht (vgl. Abb. 2.1).

Im Kontext dieser Arbeit bezeichnen wir die für den Entwickler eines Compilers sichtbaren Elemente eines Rechners als *Makroarchitektur* (oder auch *Zielarchitektur*); der Begriff Rechnerarchitektur wird oft enger gefaßt und mit dieser Ebene identifiziert (vgl. etwa [2],[74]).

Wird eine Ebene der Architektur nicht nur in ihren nach außen sichtbaren Aspekten, sondern auch mit ihrer Realisierung durch Dienste von tieferen Ebenen dargestellt, so bezeichnen wir diese Sicht (in Anlehnung an [15,51]) als *endogene* Architektur dieser Ebene; den dualen Begriff *exogen* verwenden wir nur dann, wenn der Unterschied explizit hervorgehoben werden soll.

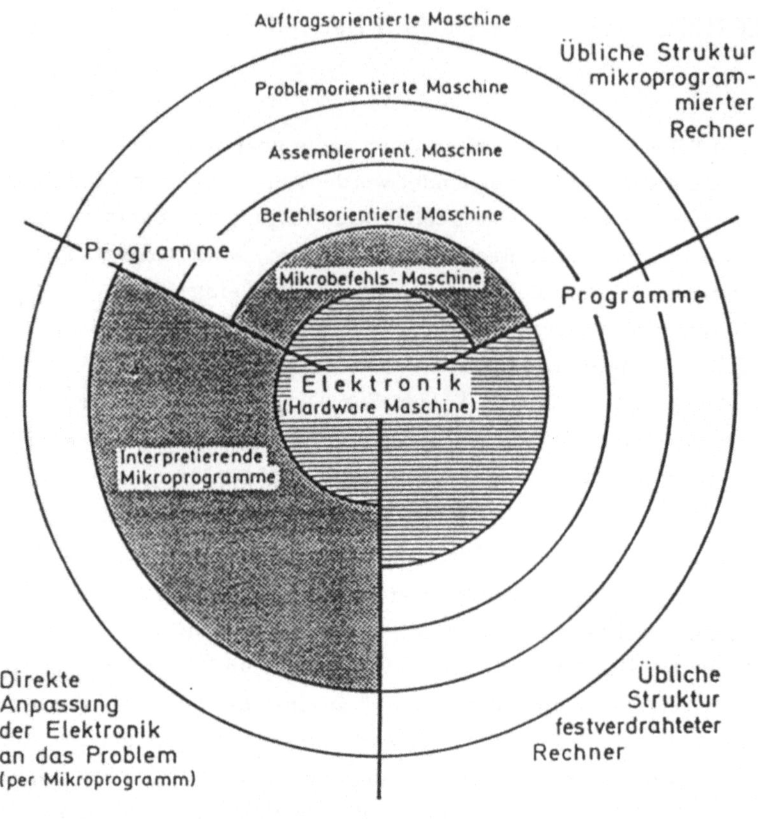

- Schalenmodell (nach [99]) -

- Abb. 2.1 -

2.2 MIKROPROGRAMMIERUNG

Unter *Mikrooperationen* verstehen wir die operativen Fähigkeiten einer Rechenanlage, die bei Vorliegen von für sie charakteristischen Steuersignalen zu einem *unteilbaren hardwaremäßig realisierten* Zustandsübergang der Rechenanlage führen. Diese Begriffsbildung ist notwendigerweise unpräzise, da sie in ihrer Komplexität so unterschiedliche Operationen wie den Zugriff auf einen Speicher und den einfachen Transport von Daten zwischen unmittelbar verbundenen Registern abdecken muß. Wesentlich ist die *Ununterbrechbarkeit* der Operation.

Die Ausführung einer Mikrooperation ist i.allg. nicht nur von dem Vorliegen ihrer Steuersignale abhängig, sondern auch vom Zustand einer (aus einem zentralen Taktgeber generierten) *Uhr*, deren Zyklusdauer in mehrere (nicht notwendigerweise disjunkte) *Phasen* unterteilt ist. Die Gesamtheit der Steuersignale von Mikrooperationen, die während *eines* Zyklus der Uhr ausgeführt werden, werden zusammengefaßt als *Mikrobefehl* (oder *Mikroinstruktion*) bezeichnet. (Analog bezeichnet ein *Mikroprogramm* eine Folge von

Mikrobefehlen.) Neben diesen Steuersignalen umfaßt ein Mikrobefehl in der Regel zusätzliche Angaben, die die Auswahl des während des nächsten Zyklus der Uhr auszuführenden Mikrobefehls bestimmen. Diese sind üblicherweise in einem gesonderten Speicher (dem Mikroprogrammspeicher, engl. *control memory*) abgelegt, so daß die Auswahl durch Bestimmung der Folgeadresse erfolgt. I.allg. ist die Folgeadressbildung eine komplexe Aufgabe, die ihrerseits die Aktivierung von Mikrooperationen (des sog. *sequencer*-Bausteins) verlangt. Unter der *Mikroarchitektur* eines Rechners verstehen wir die für den Mikroprogrammierer gegebene Sicht der Architektur. Abbildung 2.2 veranschaulicht die Begriffsbildungen an Hand eines Standardaufbaus eines mikroprogrammierten Leitwerks einer Rechenanlage; dessen Kontext ist in Abbildung 2.3 dargestellt[1].

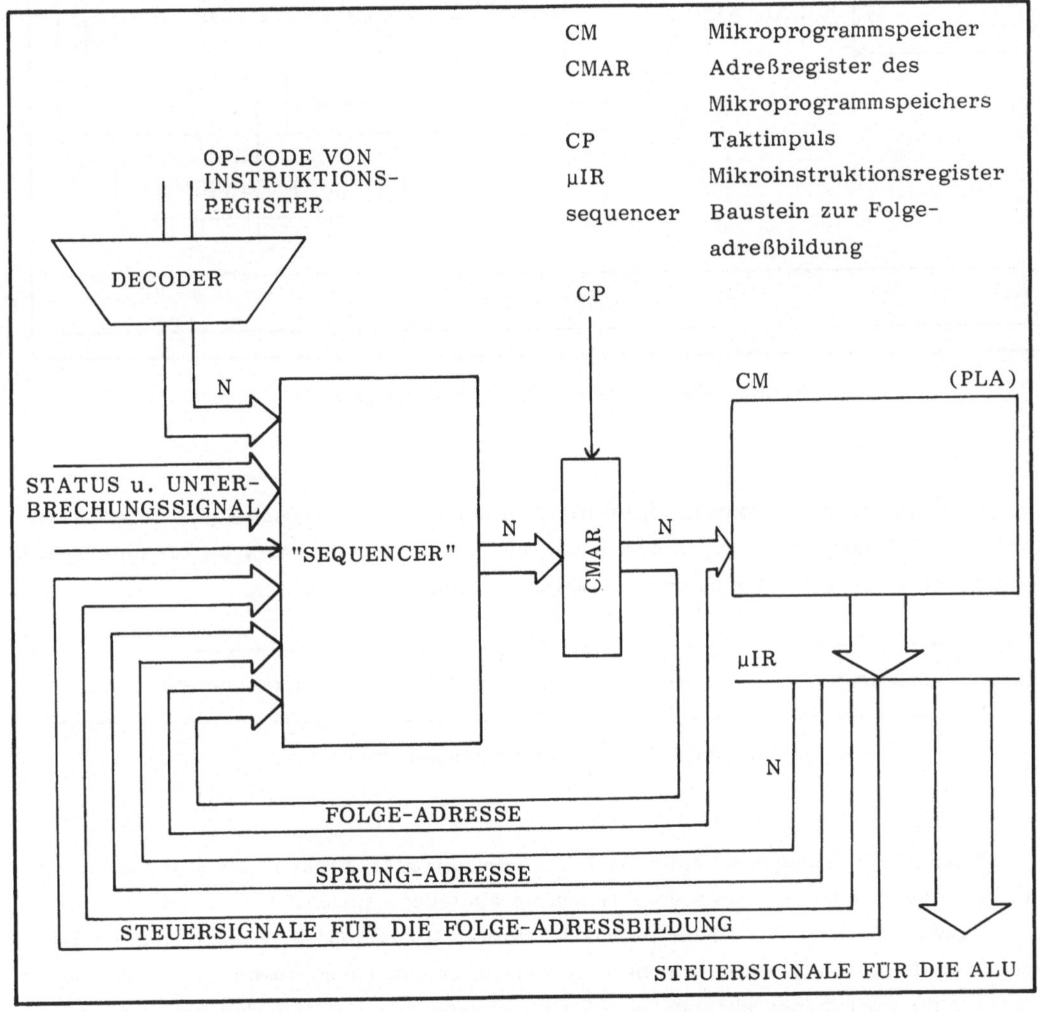

- Beispiel eines (einstufigen) Aufbaus eines Leitwerkes -

- Abb. 2.2 -

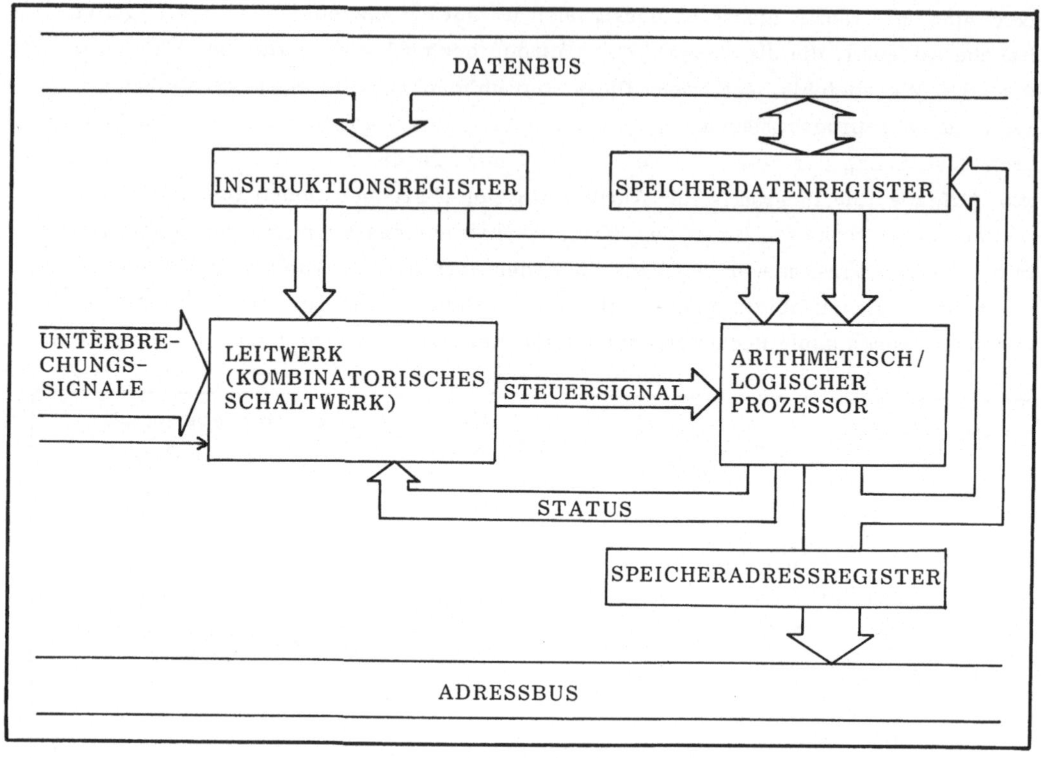

- Kontext des Leitwerkes innerhalb einer CPU -
- Abb. 2.3 -

Die dort angedeutete Mikroarchitektur führt zu einem *Mikroinstruktionsformat* wie es in Abbildung 2.4 dargestellt ist, in dem jedes *Feld* des Mikroinstruktionswortes unterschiedliche Funktionsgruppen der Mikroarchitektur kontrolliert.

BRANCH ADDRESS	SEQ-CONTROL	ALU-CONTROL	REG-ADDRESS	STORE-CONTROL	...

- Beispiel eines Mikroinstruktionsformats -
- Abb. 2.4 -

Je nachdem ob die einzelnen Felder nach Dekodierung oder direkt in ihren einzelnen Positionen Steuersignale für Mikrooperationen bereitstellen, spricht man von einem "*diagonalen*" bzw. "*horizontalen*" Mikroinstruktionsformat (bzw. von einer diagonalen oder horizontalen Mikroarchitektur). Man beachte, daß in beiden Fällen durch *einen* Mikrobefehl *mehrere* Mikrooperationen aktiviert werden können - vorausgesetzt, daß bei gleichzeitiger Aktivierung keine Konflikte (etwa beim Zugriff auf speichernde Elemente) entstehen. Die "optimale" Ausnutzung dieser (im englischen als *low-level parallelism* [51] bezeichneten) inhärenten Parallelität von Mikroarchitekturen ist eine wesentliche Aufgabe des Mikroprogrammierers: Je mehr Mikrooperationen in einem Befehl zusammengefaßt werden können, desto kürzer wird das Mikroprogramm und desto geringer seine Laufzeit. Eine diese Parallelität ausnutzende Optimierung von Mikroprogrammen wird als *Kompaktifizierung* bezeichnet.

Vertikale Mikroinstruktionsformate entsprechen den von der Maschinenbefehlsebene bekannten Instruktionsformaten (wie etwa zwei-Adreß-Befehle) und werden im Kontext der Mikroprogrammierung im wesentlichen nur bei *zweistufigen* Realisierungen von Leitwerken eingesetzt, in denen Mikrobefehle ihrerseits durch eine Abfolge von *Nanobefehlen* interpretiert werden.

Abschließend sei vermerkt, daß sich ein mikroprogrammiertes Leitwerk (vgl. Abb. 2.2) als ein sequentieller Automat auffassen läßt, dessen

Zustände	als *Adressen* von Mikrobefehlen interpretiert werden können; dessen
Ausgabefunktion	die *Steuersignale* für die in diesem Zustand der Ausführung benötigten Mikrooperationen erzeugt; und dessen
Zustandsübergangsfunktion	gerade die Folgeadreßbildung für den nächsten auszuführenden Mikrobefehl beschreibt.

In der Tat sind in Abb. 2.2 (bei einer Realisierung des Mikroprogrammspeichers durch ein programmierbares logisches Feld (PLA, siehe [126]) sämtliche speichernden Elemente des Leitwerks im Adreßregister des Mikroprogrammspeichers zusammengefaßt. Wird der jeweils auszuführende Befehl in einem zusätzlichen Register (dem *Mikroinstruktionsregister*) zwischengespeichert, so spricht man von einem (einstufigen) *pipelining* der Mikroarchitektur.

2.1 Beispiel

Um einen Eindruck von der Komplexität realer Mikroarchitekturen zu vermitteln, geben wir an dieser Stelle eine kurze informelle Beschreibung der MICRODATA 1600 [117]. (Eine formale Darstellung wird in Anhang 1.2 gegeben.) Diese Architektur wird im Rahmen dieser Arbeit an verschiedenen Stellen zur Illustration der formalen Begriffsbildungen verwendet.

Die MICRODATA 1600 ist ein mikroprogrammierbarer Rechner mit einer Datenwortbreite von 8 bit und einem bis zu 64 KByte ausbaubaren Hauptspeicher, der über die (zu einem Cash-Register zusammengefaßten) Register M und N addresiert wird. Die Mikroinstruktionen sind diagonal kodiert und haben eine Breite von 16 Bit. Der Mikroprogrammspeicher umfaßt 4 K Worte und wird über das L-Register addressiert (das somit als Mikrobefehlszähler fungiert). Das Hauptarbeitsregister ist das T-Register, das zusammen mit zwei Sätzen von Arbeitsregistern (primary/secondary file) mit der ALU verbunden ist. Dabei fungiert das jeweilige Fileregister mit Adresse 0 als Statusregister der MICRODATA. Abbildung 2.5 zeigt das Blockdiagramm der MICRODATA.

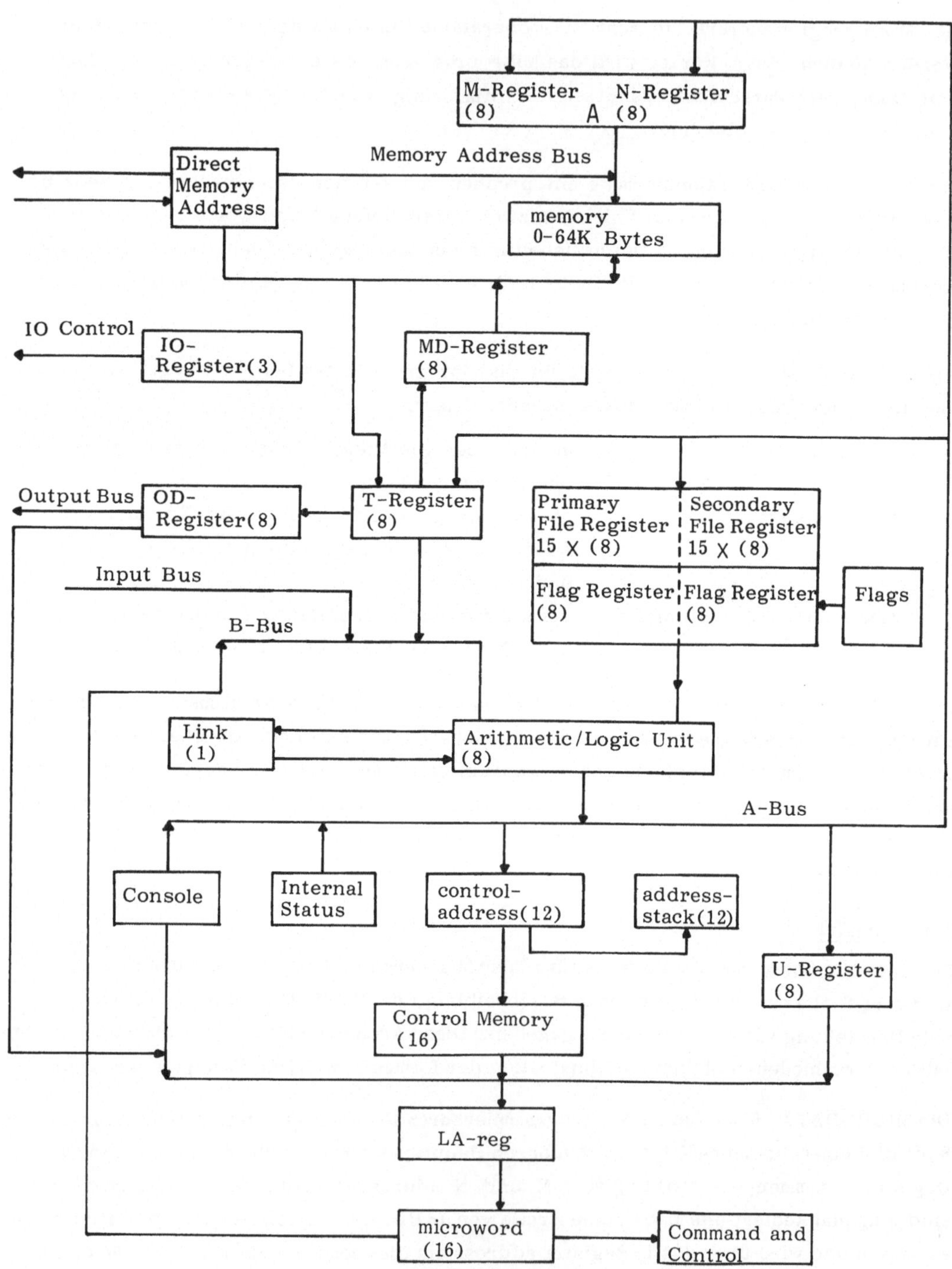

- Blockdiagramm der MICRODATA 1600 (nach [8]) -

- Abb. 2.5 -

Die folgenden Aspekte der Architektur deuten die Komplexität der Modellierung von Mikroarchitekturen an:

1. Die Mikrooperationen setzen sich aus einer Vielzahl von (für den Mikroprogrammierer nicht getrennt aktivierbaren) "Picooperationen" zusammen, die durch das Setzen sogenannter *modifier-bits* im Mikroinstruktionswort ein- bzw. ausgeschaltet werden können und die die Charakteristik der Operation wesentlich verändern können.

2. Die MICRODATA erlaubt zwei Arten von *Befehlsmodifikationen*, die die unteren 8 Bit des nächsten auszuführenden Mikrobefehls durch logisches UND mit dem OD-Register verändern können bzw. den aktuellen Befehl durch logisches ODER des U-Registers mit den höchsten 8-Bit der Kodierung des sog. EXECUTE-Befehls generieren können. Durch die erste Art der Befehlsmodifikation können die (in diesem Teil des Mikroinstruktionswortes abgelegten Informationen über) modifier bits und das Zielregister der Operation verändert werden; die Verwendung des EXECUTE-Befehls (der durch hex 0 kodiert ist) erlaubt die Generierung eines beliebigen OP-codes und die Modifikation der Auswahl des Quellregisters.

3. Sowohl Lese- als auch Schreiboperationen auf dem Hauptspeicher erstrecken sich über mehrere Zyklen und sind in sich komplex strukturiert. Nach dem ersten Zyklus können jedoch weitere Mikroinstruktionen ausgeführt werden, falls sich keine Konflikte bei der Ausführung ergeben.

4. Schließlich sei noch darauf hingewiesen, daß ein Teil der Information, die die Ausführung eines Mikrobefehls kontrolliert, im internal-status-register abgelegt ist (; diese zur Reduzierung der Größe des Mikroprogrammspeichers oft benutzte Technik wird als *residual control* bezeichnet). So erfolgt die Auswahl des primary bzw. secondary file durch ein Bit dieses Registers; ebenso wird bei einer möglichen Erweiterung des Mikroprogrammspeichers die jeweils aktuelle Bank des Kontrollspeichers durch zwei weitere Bits dieses Registers angezeigt. □

2.3 MIKROPROGRAMMIERTE RECHNERARCHITEKTUREN

Ist eine Ebene der Architektur eines Rechners durch Mikroprogramme realisiert, so sprechen wir von einer *mikroprogrammierten* (Ebene der) *Rechnerarchitektur*. Die zu realisierende Ebene der Architektur wird als *Zielarchitektur* (engl. *target architecture*) bezeichnet[2]. (Man beachte, daß im hier betrachteten Kontext die Zielarchitektur den *Ausgangspunkt* der Firmwareentwicklung darstellt und nicht mit der sog. *Gastarchitektur* verwechselt werden darf, auf der der entwickelte Mikrocode läuft.) Zur Illustration der bei der Verifikation mikroprogrammierter Rechnerarchitekturen anfallenden Fragestellungen gehen wir in diesem Abschnitt auf das Beispiel der Emulation ein.

Als *Emulation* wird eine mikroprogrammierte Realisierung einer Makroarchitektur auf einer Mikroarchitektur eines (möglicherweise verschiedenen) Rechnersystems bezeichnet. (Beziehen sich beide Sichten der Architektur auf das gleiche Rechnersystem und entsprechen die operativen Fähigkeiten der Makroebene dem Maschinenbefehlssatz der Architektur, so gewinnen wir als Spezialfall die mikroprogrammierte Realisierung des Leitwerkes einer Rechenanlage.) Das die Implementierung realisierende Mikroprogramm wird als *Emulator* bezeichnet. Ein Emulator stellt somit auf der Gastarchitektur eine (i.allg. verschiedene) Endo-Architektur der Makroarchitektur bereit. Der Entwurf eines Emulators umfaßt insbesondere folgende Aufgaben:

- Abbildung sämtlicher Speicherstrukturen der Zielarchitektur auf Speicherbereiche der Gastarchitektur (; dieser Prozeß wird als *Speicherbindung* oder *Speicherabbildung* bezeichnet).
- Realisierung sämtlicher Operationen der Zielarchitektur durch (relativ zur Speicherabbildung äquivalente) Mikroprogramme der Gastarchitektur.
- Bereitstellung von Mikroroutinen für die Folgeadreßbildung auf der Makroebene sowie zur Behandlung von Unterbrechungssignalen.

2.2 Beispiel

Als Beispiel betrachten wir eine Emulation der Makroarchitektur der NOVA 1200 [56] auf der MICRODATA [3].

Die Makroarchitektur der NOVA läßt sich charakterisieren als eine vertikale Architektur mit 16 Bit Datenbreite, 15 Bit Adressen, einer mit vier Akkumulatoren arbeitenden ALU/ SHIFT-Einheit, und einer relativ komplexen Adreßbildung. Als Adressierungsarten können neben indizierter Adressierung (über Akkumulator 2 oder 3) und Adressierung relativ zum Programmzähler beliebig tief geschachtelte indirekte Adressierung mit Seiteneffekten (autoincrement bzw. autodecrement bei Adreßbildung gelesener Speicherzellen) verwendet werden. Verschiedene Sprungbedingungen können am SHIFTER-Ausgang überprüft werden. Das Interrupt Flag zeigt an, ob auf Unterbrechungssignale reagiert werden soll. Die peripheren Geräte (Paper Tape Reader, Teletype output/input), sowie die Realtimeclock zeigen ihren Unterbrechungswunsch durch Setzen ihres DONE-flags an und werden durch Setzen des BUSY flags aktiviert. Unterbrechungssignale der peripheren Geräte können durch Setzen entsprechender Bits im mask-Register maskiert werden. Der Datentransport eines (über device-address selektierten) peripheren Gerätes erfolgt byteweise vom jeweiligen A-Buffer zum adressierten Akkumulator. Abbildung 2.6 gibt einen Überblick über die Komponenten der Makroarchitektur der NOVA. Eine formale Beschreibung der im Kontext dieser Arbeit relevanten Aspekte wird in Anhang 1.1 gegeben.

Eine schematische Darstellung der Aufgabe der Emulation wird in Abbildung 2.7 gezeigt.

Die Speicherabbildung faßt jeweils zwei Microdata-Speicherwörter zu einem NOVA-Speicherwort zusammen. Abbildung 2.8 illustriert dies für die Abbildung des Hauptspeichers der NOVA auf den Speicher der MICRODATA 1600. Die Belegung der file-Register der

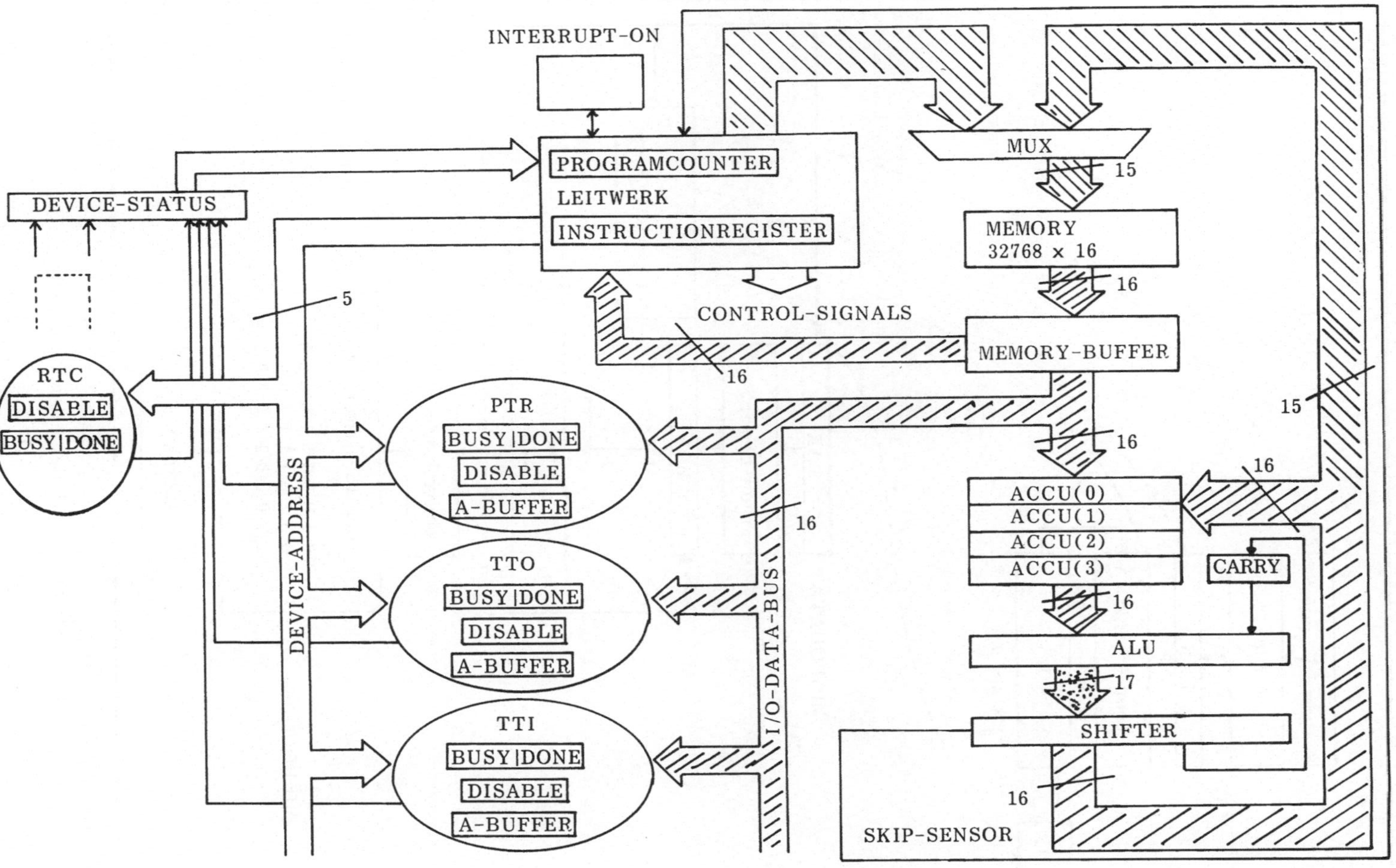

- Blockdiagramm der Makroarchitektur der NOVA 1200 -

- Abb. 2.6 -

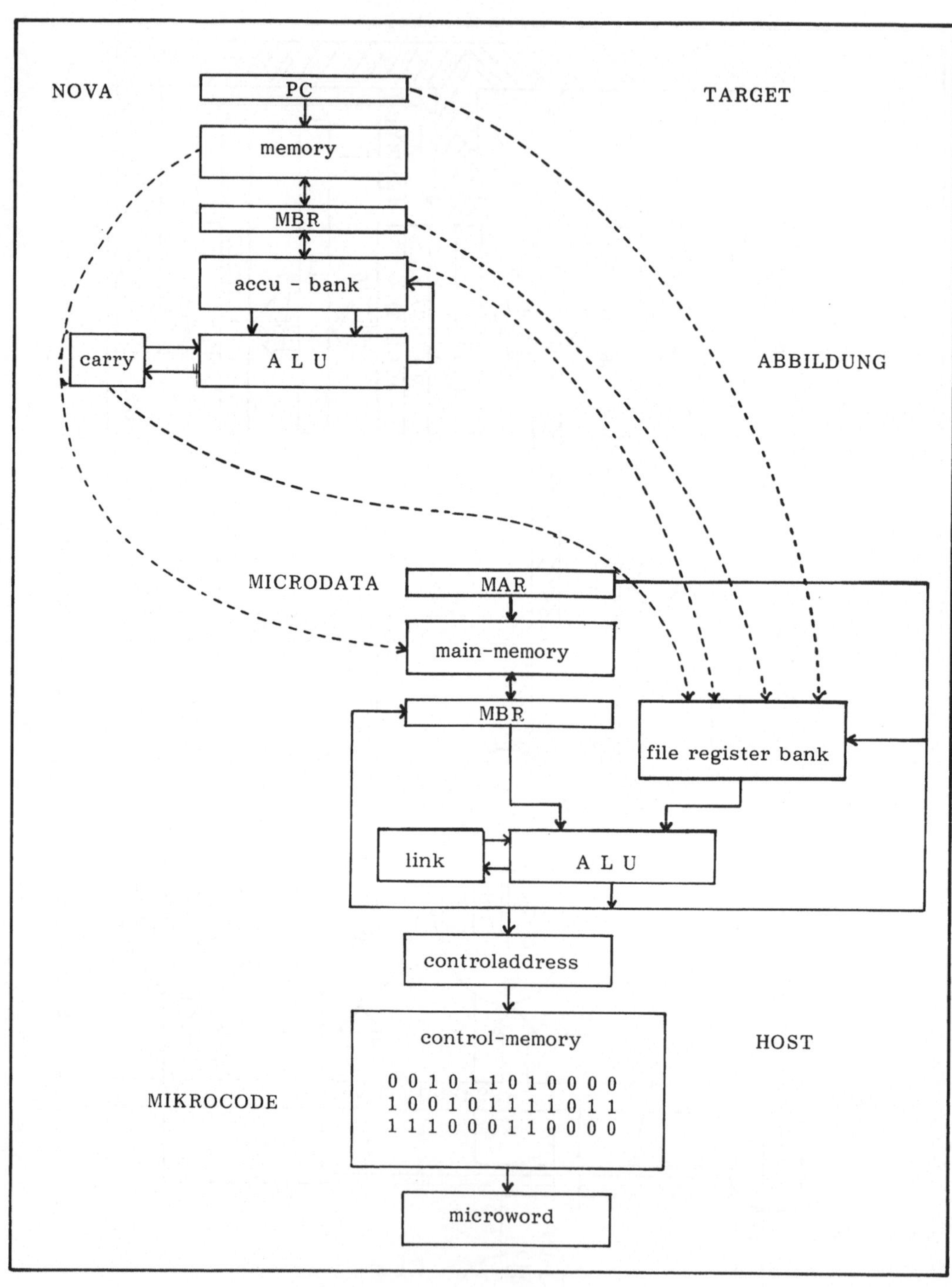

\- Schematische Darstellung der Emulation -

\- Abb. 2.7 -

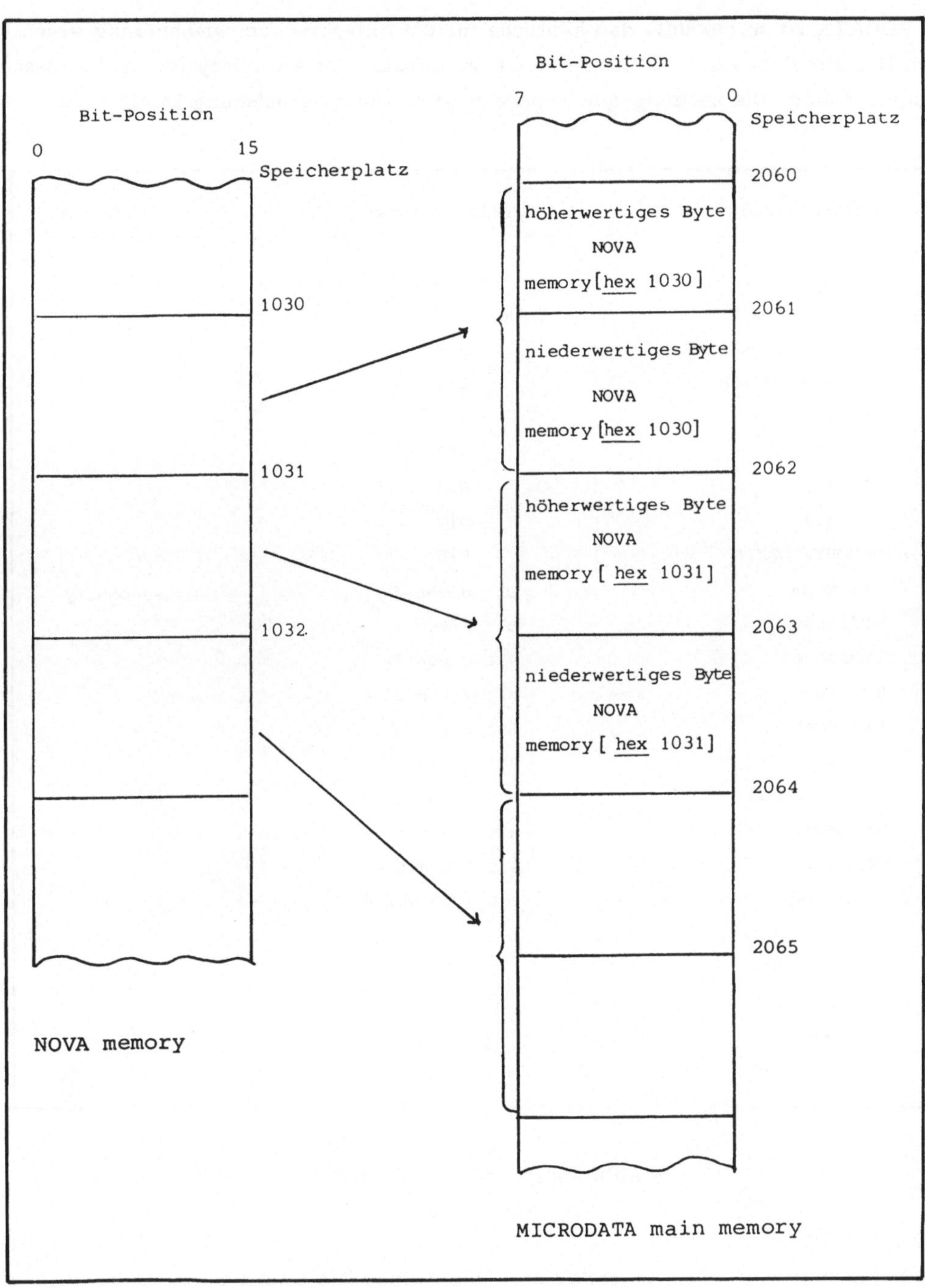

- Abbildung des Hauptspeichers -

- Abb. 2.8 -

(nach [8], S. 213)

MICROCATA ist so gewählt, daß sämtliche für die Unterbrechungsbehandlung wesentlichen Register/Flags der NOVA in *einem* Registersatz (der secondary file bank) zusammengefaßt sind. Die nachfolgende Tabelle zeigt die Speicherbelegung im einzelnen.

NOVA-Register	File-Register	File-Bank
CARRY	Bit 1 von 1	primary
POWER-FAILURE	Bit 7 von 1	
INSTRUCTIONREGISTER	2|3	
PROGRAMCOUNTER	5|4	
ACCU(0)	7|6	
ACCU(1)	9|8	
ACCU(2)	B|A	
ACCU(3)	D|C	
MEMORY-BUFFER	F|E	
TTI.done	Bit 0 von 1	secondary
TTI.busy	Bit 7 von 1	
TTO.done	Bit 0 von 2	
TTO.busy	Bit 7 von 2	
PTR.done	Bit 0 von 3	
PTR.busy	Bit 7 von 3	
interrupt-on	Bit 6 von 4	
RTC.done	Bit 0 von 5	
RTC.busy	Bit 7 von 5	
TTI.disable | RTC.disable |PTR.disable | TTO.disable	Bit 3..0 von 6	
TTI.A-buffer	8	
TTO.A-buffer	9	
PTR.A-buffer	10	
RTC.A-buffer	12	

- Abbildung der NOVA-Register -
- Abb. 2.9 -

Abbildung 2.10 gibt einen Überblick über den Aufbau des Emulatorprogramms, das im wesentlichen den typischen Ablauf einer Befehlsausführungsschleife folgt[4]. Man beachte jedoch, daß i.allg. die Phasen einer einzelnen Befehlsausführungsschleife (Holen des aktuellen Befehls, Dekodierung, Ausführung des Befehls, Auswahl des Folgebefehls, Behandlung von Unterbrechungswünschen) einander überlappen können; so erfolgt im

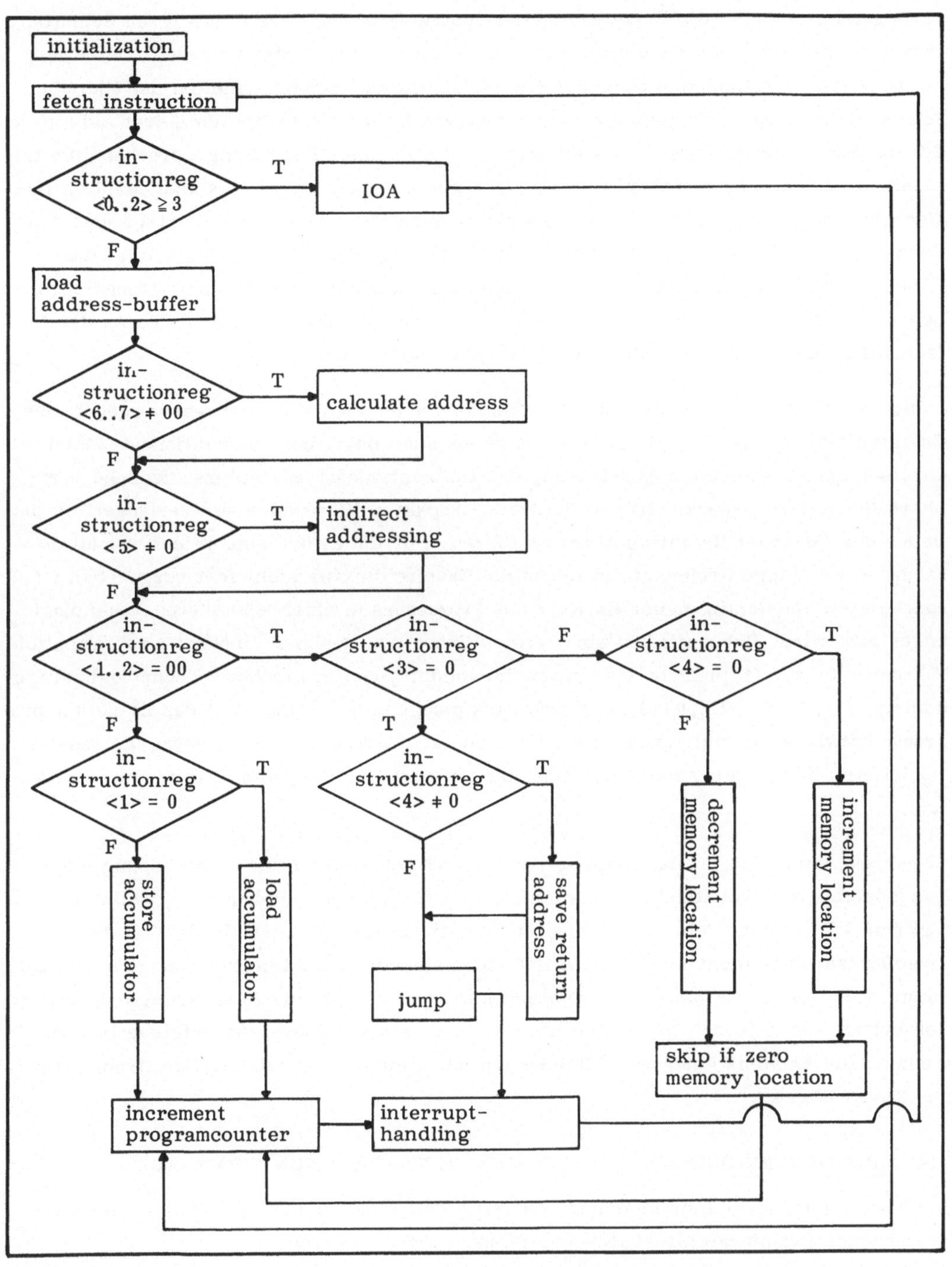

- Flußdiagramm des Emulatorbeispiels -

- Abb. 2.10 -

vorliegenden Beispiel die Dekodierung des Instruktionsregisters in mehreren Schritten, zwischen denen die bereits gewonnenen Informationen ausgewertet werden. Der Emulator nutzt an verschiedenen Stellen die Befehlsmodifikationsmöglichkeiten der Microdata 1600 aus, um Codeverdoppelungen zu vermeiden. So wird etwa bei der Adreßbildung das dem Basisregister entsprechende Fileregister durch *einen* Befehl angesprochen; die tatsächliche, aus dem Feld instructionreg<6..7> gewonnene Nummer des ausgewählten Basisregisters wird vor Ausführung des Befehls durch Generieren einer entsprechenden Maske im U-Register in das Mikroinstruktionsregister gebracht. Analog erfolgt die "Übergabe" der Nummer des ausgewählten Akkumulators beim Lesen bzw. beim Schreiben des Speichers. Darüberhinaus können sich beim pipelining einzelne Phasen der Befehlsausführung aufeinanderfolgender Befehle überlappen. □

I.allg. sind beim Entwurf (und der Verifikation) eines Emulators bei fest vorgegebener Gastarchitektur sowohl bzgl. der Wortlänge als auch bzgl. der Instruktionen (Zahlendarstellung, verschiedene Ausrichtung des Instruktionssatzes, unterschiedliche periphere Geräte) zu berücksichtigen die trotz kompakten Microcodes zur Verlängerung der Dauer der (Makro-) Befehlsausführung führen. Für die Praxis sind jedoch vor allem solche Anwendungen relevant, in denen die Gastarchitektur nicht fest vorgegeben ist, sondern ein vollständig neuer Entwurf des Prozessors in einer schnelleren Technologie angestrebt wird. Dabei wird in einer ersten Phase des Designs zunächst eine kompatible Mikroarchitektur (typischerweise unter Verwendung von in bipolarer Technologie aufgebauten *bit-slices* [21],[116],[1],[90]) festgelegt und anschließend das Emulationsprogramm entwickelt (; vgl. etwa [150] für eine auf der Basis eines bit-slice Prozessors realisierten Nachbildung des Intel 8086, die mit etwa der doppelten Taktfrequenz arbeitet).

Gemeinsam sind allen Emulationsprogrammen, daß neben der reinen Ausführung eines Makrobefehls eine vollständige Ablaufsteuerung für (Makro-) Programme realisiert werden muß, die zu einer charakteristischen Schleifenstruktur führt. In der Tat setzt ein Compilerschreiber nicht nur voraus, daß jeder einzelne Befehl korrekt ausgeführt wird, sondern daß darüberhinaus nach Abarbeitung eines Befehls die Ausführung des folgenden erfolgt, ohne jedoch Annahmen über die *Realisierung* dieser Ablaufsteuerung zu machen. Die Existenz einer Ablaufsteuerung ist damit Bestandteil der Exo-Architektur der Makro-Ebene.

2.4 GRUNDLAGEN DER AXIOMATISCHEN VERIFIKATION VON FIRMWARE

Die bisherigen Darstellungen zeigen, daß eine Methodologie zur Verifikation mikroprogrammierter Rechnerarchitekturen von formalen Darstellungen

- der Zielarchitektur,
- der Gastarchitektur,
- der Speicherabbildung, und
- des zu verifizierenden Mikroprogramms

ausgehen muß[5]. Dabei stellt die Beschreibung der Zielarchitektur die *Spezifikation* des Verhaltens des Mikroprogramms dar, wogegen die drei anderen Komponenten deren *Implementierung* beschreiben. Unter der *Verifikation* einer mikroprogrammierten Rechnerarchitektur verstehen wir einen formalen Nachweis der funktionalen Äquivalenz ihrer Spezifikation und der durch die Implementierung realisierten Exoarchitektur (relativ zur Speicherabbildung). Eine Präzisierung dessen, in welcher Form die Spezifikation das Verhalten der Implementierung bestimmt, hängt von der jeweils gewählten Spezifikationsmethode ab, die ihrerseits die Verifikationsmethode determiniert[6]. Wir gehen im folgenden zunächst kurz auf die auf symbolischer Simulation basierenden Ansätze zur Verifikation von Mikroprogrammen ein, und führen dann in die Grundbegriffe der axiomatischen Verifikation ein, die in dieser Arbeit verwendet werden. Für einen umfassenden Überblick über Firmwareverifikation verweisen wir auf [16],[52].

Zur Beschreibung von Rechnerarchitekturen haben sich allgemein *operationelle* Beschreibungssprachen durchgesetzt, da sie einerseits auf Grund ihrer Ausführbarkeit ein leichtes Austesten der Spezifikation ermöglichen und andererseits sich das Verhalten einer Makroarchitektur leicht durch ein Programm beschreiben läßt, daß bei einem gegebenen Gesamtzustand der Architektur (d.h. der Belegung sämtlicher speichernder Elemente) und gegebener Instruktion den durch Ausführung der Instruktion resultierenden Folgezustand festlegt[7]. Im Zusammenhang mit operationellen Beschreibungssprachen bietet sich eine auf Milner's Begriff der Simulation von Programmen [118] zurückgehende Technik zur Verifikation mikroprogrammierter Rechnerarchitekturen an. In diesem Ansatz wird die Konsistenz von Spezifikation und Implementierung durch simultane symbolische Simulation der operationellen Beschreibung der Ziel- und der Gastarchitektur durchgeführt, wobei jeweils an einander zugeordneten Kontrollpunkten die Gültigkeit von (in der Prädikatenlogik erster Stufe formulierten) Zusicherungen bewiesen werden müssen, die die Zustände der Ziel- und der Gastarchitektur (unter Berücksichtigung der Speicherabbildung) in Beziehung setzen. Das Mikroprogramm muß dazu in Binärcode vorliegen und wird zur "Initialisierung" des Mikroprogrammspeichers verwendet, so daß während der symbolischen Simulation Verzweigungen in Abhängigkeit der aktuell auszuführenden Mikroinstruktion aufgelöst werden können.

Diese Technik wird in dem von IBM entwickelten MCS-System (*m*icrocode *c*ertification *s*ystem, vgl. [26,27,93,94]) verwendet und unterliegt im wesentlichen auch dem SDVS-System (*s*tate-*d*elta *v*erification *s*ystem, [32,33],[34],[107]) sowie dem LCF/LSM-System [82,83]. Wesentliche Nachteile dieses Ansatzes sind einerseits das durch Verwendung binären Mikrocodes gegebene niedrige Abstraktionsniveau, sowie das Fehlen von Modularisierungstechniken und von Möglichkeiten, die Verifikation mit einzelnen Schritten des Entwurfs zu koppeln, da sämtliche Komponenten vollständig für die Verifikation vorliegen müssen. Schließlich führt die Verwendung operationaler Spezifikationssprachen zu dem auch von der Softwarespezifikation bekannten Problem der *Überspezifikation* . So legt möglicherweise eine operationelle Beschreibung der Ablaufsteuerung eine bestimmte

Endo-Architektur fest, deren Nachbildung durch das Mikroprogramm sogar unerwünscht ist, da die Gastarchitektur wesentlich effizientere, anders geartete Organisationsformen zuläßt. Ähnliche Probleme können bei der Verwendung von Hilfsvariablen zur Beschreibung komplexer Operationen der Zielarchitektur auftreten, deren Nachbildung nicht erforderlich ist [8].

Bei der *axiomatischen* Beschreibung von Rechnerarchitekturen, wie sie in dem Abschnitt 3.1 dieser Arbeit eingeführt wird, werden dagegen die operativen Fähigkeiten einer Architekturebene im wesentlichen (d.h. bis auf "syntaktischen Zucker") charakterisiert durch Paare prädikatenlogischer Formeln (p,q) (den sog. *Vor-* bzw. *Nachbedingungen*). Eine konkrete (etwa durch ein (Mikro-) Programm P repräsentierte) Zustandstransformation *implementiert* dabei eine Spezifikation (einer Makroinstruktion) (p,q) relativ zu einer (Speicher-) Abbildung f wenn jeder Zustand (der Mikroarchitektur), der die gemäß f umbenannte Formel p erfüllt, durch P in einen Zustand überführt wird, der die gemäß f umbenannte Formel q erfüllt [9,10]. Somit vermeidet die axiomatische Spezifikation gerade Angaben, *in welcher Art* die Zustandstransformation realisiert ist und damit das Problem der Überspezifikation. Andererseits wird (im Gegensatz zu *algebraischen* Spezifikationsmethoden, vgl. [69],[98],[80],[86] und die dort angegebenen Referenzen) nicht von dem für diesen Anwendungsbereich zentralen Zustandsbegriff abstrahiert, da gerade die (im Hinblick auf die Effizienz des Mikroprogramms) optimale Abbildung der Speicherstrukturen einen wesentlichen Entwurfsschritt darstellt (vgl. dazu [60],[78]). Ist darüberhinaus das (Mikro-) Programm P in einer *höheren Mikroprogrammiersprache* gegeben, so läßt sich die Korrektheit der Implementierung *induktiv* über den Aufbau des Programms beweisen, indem etwa die Aussage, daß die sequentielle Komposition $P_1;P_2$ von Programmen P_1,P_2 eine Spezifikation (p,q) implementiert zurückgeführt wird auf die Aussagen

"P_1 implementiert (p,r)"

und

"P_2 implementiert (r,q)" ,

wobei r eine geeignete Zusicherung ("*intermediate assertion*") ist, die den Zustand des Prozessors nach Ablauf von P_1 beschreibt. Eine solche Beweistechnik wurde erstmalig 1969 von C.A.R. Hoare für eine einfache Modellsprache entwickelt ([87]) und bildet seitdem eine zentrale Methode beim Nachweis der Korrektheit von Programmen (die in einer höheren Programmiersprache geschrieben sind). So basiert die Verifikation von Mikroprogrammen im STRUM-Projekt auf einem Hoare-Kalkül für die dort verwendete höhere mikroarchitekturabhängige Mikroprogrammiersprache STRUM, die auf die dem System zu Grunde liegende Mikroarchitektur der Burroughs D-machine abgestimmt ist [131,132,133,134]. Ein syntax-gerichteter (nicht implementierter) Beweiskalkül für die Nanodata QM-1 wird in [50] vorgeschlagen. Beide Ansätze gestatten lediglich die Verifikation für die jeweils betrachtete Mikroarchitektur und sind somit *nicht universell* einsetzbar.

Wir erläutern nun das Prinzip der Korrektheitsbeweise nach [87]. Für einen Überblick über die Leistungsfähigkeiten dieser Beweistechnik für höhere Programmiersprachen verweisen wir auf [4],[7].

Aussagen der Art

"P implementiert die Spezifikation (p,q)"

werden im Kontext der Programmverifikation üblicherweise als *Korrektheitsaussagen* bezeichnet und als Tripel {p} P {q} geschrieben[11]. Das oben angedeutete induktive Vorgehen läßt sich durch einen Satz von *Beweisregeln* formalisieren, der für jedes Konstrukt der Sprache die Korrektheit des zusammengesetzten Programms auf die Korrektheit seiner Teilprogramme zurückführt. Elementare Befehle (wie Zuweisungen) werden entsprechend durch *Axiome* beschrieben. Diese syntax-gerichtete Vorgehensweise der Verifikation beinhaltet bereits eine Modularisierung des Beweises und läßt sich leicht in den Programmentwicklungsprozeß einbetten (vgl. [24],[85]). Zur Illustration zeigt Abbildung 2.11 die von Hoare angegebene Axiomatisierung der Modellsprache WHILE. Abbildung 2.12 veranschaulicht die Anwendung des Kalküls an einem einfachen Beispiel, in dem der Beweis im Hoare-Kalkül als Baum repräsentiert ist[12].

Die (durch Anwendung der Konsequenzenregel enstandenen) rein prädikatenlogischen "Blätter" (Prämissen) des Beweisbaumes werden als *Verifikationsbedingungen* bezeichnet: Der gesamte Beweis ist nur dann gültig, wenn diese Formeln (in der erststufigen Theorie der dem Programm zu Grunde liegenden Datenstrukturen) wahr sind. Aufgabe des Hoare-Kalküls ist somit, dynamische Aussagen (über Korrektheit von Programmen) auf statische Aussagen (über die Gültigkeit von Verifikationsbedingungen in bestimmten mathematischen Theorien) zu reduzieren, die entweder "unmittelbar einsichtig" sind oder ihrerseits unter Verwendung von automatischen bzw. interaktiven Beweiswerkzeugen bewiesen werden müssen.

Ax (*Zuweisungsaxiom*)

$$\{p[x/t]\} \quad x := t \quad \{p\}$$

R1 (*Kompositionsregel*)

$$\frac{\{p\}\ S_1\ \{r\}\ ,\ \{r\}\ S_2\ \{q\}}{\{p\}\ S_1\ ;\ S_2\ \{q\}}$$

R2 (*Verzweigungsregel*)

$$\frac{\{p \wedge b\}\ S_1\ \{q\}\ ,\ \{p \wedge \neg b\}\ S_2\ \{q\}}{\{p\}\ \underline{\text{if}}\ b\ \underline{\text{then}}\ S_1\ \underline{\text{else}}\ S_2\ \{q\}}$$

R3 (*Iterationsregel*)

$$\frac{\{r \wedge b\}\ S\ \{r\}}{\{r\}\ \underline{\text{while}}\ b\ \underline{\text{do}}\ S\ \underline{\text{od}}\ \{r \wedge \neg b\}}$$

R4 (*Konsequenzenregel*)

$$\frac{p \rightarrow p_1\ ,\ \{p_1\}\ S\ \{q_1\}\ ,\ q_1 \rightarrow q}{\{p\}\ S\ \{q\}}$$

- Ein Hoare-Kalkül für die Sprache *While* -

- Abb. 2.11 -

S ≡ a := 0 : b := x ; **while** b ≧y **do** b := b − y ; a := a + 1 **od**

Beweis 1

Ax: {(a+1) y+b−y=x∧b−y≧0} b:=b−y {(a+1) y+b=x∧b≧0}

Ax: {(a+1) y+b=x∧b≧0} a:=a+1 {a•y+b=x∧b≧0}

R1 ———————————————————————————

a y+b=x∧b≧0∧b≧y → (a+1) y+b−y=x∧b−y≧0

{(a+1) y+b−y=x∧b−y≧0} b:=b−y : a:=a+1 { y+b=x∧b≧0}

R4 ———————————————————————————

{a.y+b=x∧b≧0∧b≧ y} b:=b−y ; a:=a+1 {a.y+b=x∧b≧0}

Ax: {0•y+x=x∧x≧0} a:=0 {a•y+x=x∧x≧0}

Ax: {a•y+x=x∧x≧0} b:= x {a•y+b=x∧b≧0}

R1 ———————————————————————————

x≧0∧y≧0 → 0•y+x=x∧x≧0

{0.y+x=x∧x≧0} a:=0 ; b:=x {a.y+b=x∧b≧0}

R4 ———————————————————————————

{x≧0∧y≧0} a:=0 ; b:=x {a.y+b=x∧b≧0}

Beweis 1

R3 ———————————————————————————

{a.y+b=x∧b≧0} **while** b≧y **do** b:=b ; a:=a+1 **od** {a•y+b=x∧b≧0∧b<y}

R1 ———————————————————————————

{x≧0∧y≧0} S {a.y+b=x∧b≧0∧b<y}

– Beweis eines Beispielprogramms –

– Abb. 2.12 –

3 ENTWURF MIKROPROGRAMMIERTER RECHNERARCHITEKTUREN

Kernpunkt dieses Kapitels ist die Entwicklung einer neuen *Rechnerbeschreibungssprache* AADL, die einerseits eine einheitliche Beschreibung sämtlicher im Entwurf einer mikroprogrammierten Rechnerarchitektur auftretenden Entwurfsebenen gestattet, andererseits die automatische Generierung von Entwicklungswerkzeugen unterstützt. Die Einführung in diese Sprache, sowie die Motivation der Universalität des ihr zu Grunde liegenden Modells an Hand von Beispielspezifikationen von Komponenten realer Architekturen ist Gegenstand des ersten Abschnittes dieses Kapitels. Abschnitt 2 bildet eine erste Illustration des Konzepts der Generierung von Entwicklungswerkzeugen aus AADL-Beschreibungen der Mikroarchitektur: Es wird gezeigt, wie sich aus einem *Schema* für höhere Mikroprogrammiersprachen und aus der Beschreibung der Mikroarchitektur eine auf diese Mikroarchitektur abgestimmte höhere Mikroprogrammiersprache gewinnen läßt, die einerseits in effizienten Binärcode übersetzbar ist, andererseits einen komfortablen (durch Werkzeuge für eine umfassende statische Analyse, Simulation und Verifikation unterstützten) Entwurf von Mikroprogrammen in modularer Form ermöglicht. Aufbauend auf diesen Sprachrahmen wird in Abschnitt 3 eine hierarchische Methode zum Entwurf mikroprogrammierter Rechnerarchitekturen vorgestellt.

3.1 FORMALE BESCHREIBUNG VON RECHNERARCHITEKTUREN

Voraussetzung einer Methodik zum formalen Entwurf von Rechnerarchitekturen ist eine Sprache zur formalen Beschreibung der Ebenen einer Rechnerarchitektur. In diesem Abschnitt wird eine solche Rechnerbeschreibungsssprache entwickelt, die einen einheitlichen sprachlichen Rahmen für die Ebenen einer Architektur bereitstellt, die im Kontext des Entwurfs einer mikroprogrammierten Rechnerarchitektur auftreten.

Die hier vorgestellte Sprache AADL (abkürzend für *axiomatic architecture description language*) basiert auf dem Prinzip der *axiomatischen* Spezifikation von Rechnerarchitekturen, beschreibt also - im Gegensatz zu operationellen Beschreibungssprachen wie ISPS [11] oder CDL [28] - das Zustandsübergangsverhalten einer Ebene der Architektur nicht durch ein Programm, sondern charakterisiert abstrakt die durch Ausführung einer Operation induzierte Zustandstransformation, im wesentlichen durch Paare prädikatenlogischer Formeln (die den Zustand vor bzw. nach Ausführung der Operation beschreiben; eine genauere Einführung in die zu Grunde liegenden mathematischen Begriffsbildungen wurde in 2.4 gegeben)[1]. Von ihren pragmatischen Aspekten her ist die Sprache so ausgelegt, daß ein Systementwickler auf Grund eines detaillierten Hardwaremanuals eine formale Beschreibung der Architektur in AADL erstellen kann[2]. Der *tabellenartige* Aufbau der Sprache unterstützt die automatische Generierung von Entwicklungswerkzeugen. Das AADL zu Grunde liegende Modell von Rechnerarchitekturen - das hinsichtlich der für die Verifikation relevanten Aspekte in Kapitel 4 erarbeitet wird - ist bewußt so gewählt, daß es das Spektrum der in der Praxis vorkommenden konventionellen (d.h. von-Neumann-artigen) Makro- bzw. Mikro-Architekturen abdeckt, um einen späteren industriellen Einsatz der Sprache zu ermöglichen. Eine Einschränkung wurde jedoch hinsichtlich der in der Architektur möglichen Parallelität vorgenommen: Die Sprache gestattet nicht die Formalisierung der Interaktion asynchron arbeitender Prozessoren[3]; dagegen beinhaltet AADL ein detailliertes Modell der inhärenten (*low-level*, vgl. 2.2) Parallelität horizontaler Mikroarchitekturen.

Dieser Anspruch der praktischen Anwendbarkeit bedingt eine vergleichsweise große Komplexität des Modells. Daß dieses trotzdem formal so handhabbar ist, daß auf seiner Grundlage eine mathematische Theorie entwickelt werden kann die mit Erfolg als Grundlage von Entwicklungswerkzeugen dienen kann wird in dieser Arbeit in Kapitel 4 am Beispiel der Verifikation und wurde in [35] an Hand der Generierung von Simulationswerkzeugen dargestellt.

Im folgenden beschreiben wir zunächst die grundlegenden Konzepte von AADL und gehen dann auf Besonderheiten der Beschreibung von Mikroarchitekturen und der Spezifikation von Zielarchitekturen ein. Diese Einführung ist informal; die Syntax der Sprache wird nur insofern formalisiert, als sie für die weitere Behandlung wesentlich ist. Da die Sprache jedoch im wesentlichen tabellenartig (insbesondere nicht-rekursiv) aufgebaut ist, ist die Struktur der Sprache eindeutig an den zur Illustration verwendeten Beispielen und Abbildungen erkennbar[4].

3.1.1 Grundkonzepte von AADL

Eine Ebene einer Architektur ist für einen Benutzer im wesentlichen durch die Menge der sichtbaren Speicherelemente und die Menge der darauf arbeitenden Operationen charakterisiert. Darüberhinaus stellt eine Architektur Kontrollmechanismen zur Aktivierung der Operationen zur Verfügung, die in der Regel die Festlegung der Struktur von Befehlswörtern und gegebenenfalls die Steuerung durch Taktsignale einer zentralen Uhr beinhalten.

Entsprechend zerfällt ein AADL-Text auf der obersten Ebene - wir folgen beim Beschreiben der Sprache einer top-down Vorgehensweise - in die in Abbildung 3.1 dargestellten vier Komponenten.

Auf die formale Beschreibung des *zeitlichen Verhaltens* wird in Zusammenhang mit der Beschreibung von Mikroarchitekturen (3.1.2) eingegangen.

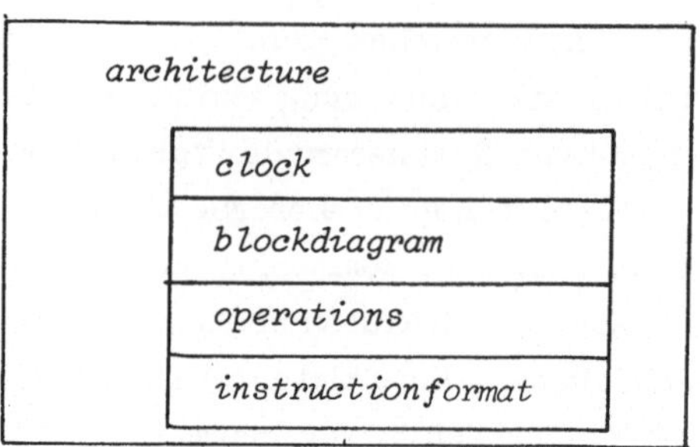

- Komponenten einer Architekturebene -
- Abb. 3.1 -

Das *Blockdiagramm* faßt die Komponenten einer Architektur zusammen, die auf einem typischen Blockdiagramm eines Prozessors erkennbar sind: Speicher, Register, Funktionseinheiten, zusammen mit den zugehörigen Daten- und Kontrollwegen. Es besteht aus - vgl. Abb. 3.2 - einem

- *Typdefinitionsteil*,

  der die Zusammenfassung von Speicherelementen mit gleichem Zugriffsverhalten durch Einführung von Typbezeichnern gestattet; einem

- *Variablendeklarationsteil*,

  der die Speicherelemente samt ihrer (durch Typen formalisierten) Struktur definiert, die auf dieser Ebene der Architektur sichtbar sind; einem

- *Pseudovariablendeklarationsteil*,

  der alle solche Speicherelemente der Endo-Architektur (vgl. 2.1) dieser Ebene samt ihrer Struktur definiert, die zwar nicht auf dieser Ebene unmittelbar kontrollierbar sind, jedoch *indirekt* die Ausführung von Operationen beeinflussen oder durch sie verändert werden können; einem

- *Konstantentypdefinitionsteil*,

  der für den Programmierer dieser Ebene die Repräsentation von durch den Benutzer definierbaren Feldern des Instruktionswortes festlegt; einem

- *Konstantendeklarationsteil*,

  durch den *Namen* für typische Belegungen solcher Felder oder anderweitig verfügbarer Konstanten der Architektur mit ihrer (durch einen Konstantentyp festgelegten) internen Darstellung definiert werden können; sowie schließlich einem

- *Funktionseinheitendefinitionsteil*,

  der - an dieser Stelle - lediglich eine Benennung sämtlicher Funktionseinheiten dieser Ebene der Architektur beinhaltet, da deren operative Fähigkeiten unter *Operationen* formalisiert werden.

Darüberhinaus können durch Verwendung von *Synonymen* Komponenten oder Zusammenfassungen von bereits deklarierten Speicherelementen doppelt benannt werden.

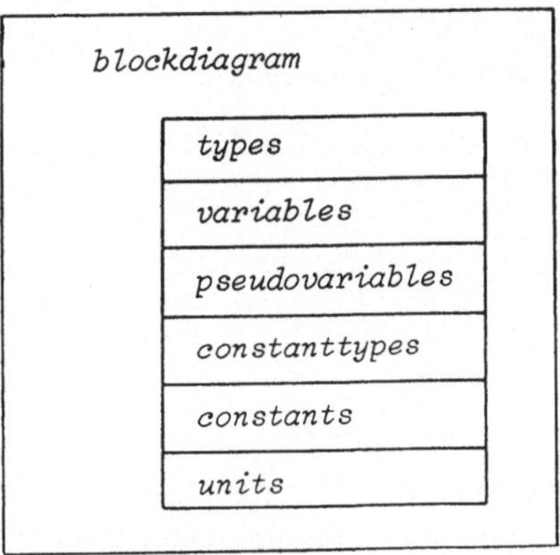

- Komponenten eines Blockdiagramms -
- Abb. 3.2 -

3.1 Beispiel

Wir diskutieren als Beispiel einige Aspekte der AADL-Formalisierung des in Abb. 2.6 dargestellten Blockdiagramms der NOVA 1200.

```
blockdiagram register section:
   types
      low-accu, high-accu = sequence <0..15> bit
   variables
      accu(0), accu(1) : low-accu,
      accu(2), accu(3) : high-accu,
      carry : bit
   units
      ALU, SHIFTER
endblockdiagram /* register section */
```

Die Länge der Arbeitsregister der NOVA, deren einzelne Positionen in der der Formalisierung zu Grunde liegenden Beschreibung [8] von links nach rechts aufsteigend numeriert sind, wird durch den Typ sequence <0..15> bit definiert. Da lediglich die Akkumulatoren 3 und 2 als Basisregister zur relativen Adressierung verwendet werden können, werden die Akkumulatoren in zwei durch die beiden Typbezeichner 'high-accu' und 'low-accu' benannte Klassen eingeteilt.

```
blockdiagram memory section:
   types
      memoryword = sequence <0..15> bit,
      address = sequence <1..15> bit
```

```
variables
   memory : array [0..32767] of memoryword
pseudovariables
   programcounter, buffer : address
constants
   direct = bin 0 : bit,
   indirect = bin 1 : bit
constanttypes
   displacement = dom signed-value-rep
                  where signed-value-rep : dec → bit(8)
                  /* Darstellung im Zweierkomplement*/
   page-zero-address = dom positive-value-rep
                  where
                     positive-value-rep : int → bit(15)
                  with
                     positive-value-rep(A) :=
                        if A <256
                           ⇒ bin 0000000 | binary(A,8)
                           else undefined
                        fi
units
   MUX
endblockdiagram /* memory section */
```

Die NOVA 1200 arbeitet mit 16-bit Datenbreite und 15-bit Adressen. Die lineare Anordnung des Speichers wird unter Verwendung des Datentyps array formalisiert. Der Programmzähler als Bestandteil des Leitwerkes ist nur indirekt (über Sprungbefehle) veränderbar und somit als Pseudovariable deklariert. Während die Repräsentation der direkte bzw. indirekte Adressierung festlegenden Konstanten 'direct' und 'indirect' eindeutig ist, legen die Konstantentypen 'displacement' und 'page-zero-address' die interne Darstellung des durch den Benutzer dezimal- bzw. ganzzahlig darstellbaren entsprechenden Feldes des Instruktionswortes als Binärwort der Länge 8 bzw. 15 fest. Während 'signed-value-rep' im Kontext der Entwicklung als bekannt vorausgesetzt wird, wird die Umwandlung der als natürlichen Zahl dargestellten Adresse (innerhalb der ersten Seite des Speichers) in eine 15 bit Adresse explizit auf die übliche Binärzahldarstellung zurückgeführt.

```
blockdiagram I/O section:
   types
      device = tuple
                  busy : bit,
                  done : bit,
                  interrupt-disable : bit,
```

```
            A-buffer : sequence <0..7> bit
        endtuple
endtypes
variables
    interrupt-on : bit,
    power-failure : bit,
    TTI : device,
    TTO : device,
    PTR : device,
    RTC : device
endvariables
synonyms
    done = TTI.done |TTO.done | PTR.done | RTC.done,
    interrupt-disable =   TTI.interrupt-disable
                        | TTO.interrupt-disable
                        | PTR.interrupt-disable
                        | RTC.interrupt-disable
endsynonyms
units RTC, PTR, TTO, TTI,
    I/O-DATA-BUS, DEVICE ADDRESS BUS
endblockdiagram /* I/O section */
```

Die hinsichtlich der Ausführung von I/O-Operationen der CPU relevante Struktur der peripheren Geräte wird in der Deklaration des Typs 'device' formalisiert. (Der tuple-Konstruktor entspricht dem von PASCAL [153] bekannten record-Datentyp.) Durch die Synonymdeklaration werden die für die Behandlung von Unterbrechungssignalen wesentlichen Statusinformationen der peripheren Geräte (done ≙ Vorliegen eines Unterbrechungswunsches, interrupt-disable ≙ benutzerdefinierbare Maske für Unterbrechungssignale) zusammengefaßt. □

Man beachte, daß in diesem Kontext von einem festen Satz von für den Benutzer verfügbaren Typkonstruktoren - der implementierte Sprachumfang umfaßt neben (beliebig geschachtelten) array's und tuple's noch den Datentyp stack - ausgegangen werden kann, da Datentypen ausschließlich zur Beschreibung von Speicherstrukturen verwendet werden[5]. Während bei der Typüberprüfung unterschiedlich benannte jedoch strukturell gleiche Typen identifiziert werden, wird in der Definition von Operationen zwischen strukturell gleichen Speicherelementen mit unterschiedlich benannten Typ unterschieden (vgl. Bsp. 3.2).

Wie in 3.2 erläutert wird, erklärt sich die Bezeichnung *Variable* für die auf dieser Architekturebene sichtbaren Speicherelemente durch ihre Verwendung in (S*-) Programmen, die den Zustandsraum einer Architektur unter Verwendung ihrer Operationen verändern.

Pseudovariablen werden - zur Modellierung ihrer Pragmatik - nur auf rechten Seiten von Zuweisungen in S* zugelassen.

Konstante entsprechen typischerweise Direktoperanden oder adressierungsrelevanten Teilen des Instruktionswortes, oder sie modifizieren die Ausführung einer Operation (etwa durch Unterdrückung von Statusinformation, vgl. auch Bsp. 3.3), so daß eine benutzerfreundliche Repräsentation von Konstanten wesentlich für die Lesbarkeit sowohl von S*-Programmen als auch AADL-Beschreibungen ist. Durch Konstantendeklarationen können Zahlen in Binär-, Octal-, Dezimal- und Hexadezimal-Darstellung (Schlüsselwörter bin, oct, dec, hex) benannt werden. Der Typ einer Konstante legt eindeutig ihre Architekturinterne Repräsentation als Binärwort einer festen Länge und ihre für den Benutzer wählbare Darstellung (durch Angabe des *domains* bin, oct, dec, hex bzw. int für natürliche Zahlen) fest. Der Definitionsbereich der Repräsentationsfunktion eines Konstantentyps definiert die Menge der in diesem Typ darstellbaren Konstanten. Jedes Vorkommen einer Konstanten wird bei der Typüberprüfung gemäß seiner zugehörigen Repräsentationsfunktion auf Darstellbarkeit überprüft.

Auf die Möglichkeiten des Zusammenfassens und Selektierens von Speicherelementen bei der Bildung von Synonymen wird in Abschnitt 3.2 eingegangen (vgl. auch 3.3.2). Auf die unter units deklarierten Funktionseinheiten wird in der Beschreibung der Operation Bezug genommen.

Sowohl Blockdiagramme als auch Operationsdefinitionen einer Architektur können (wie im Bsp. 3.1) zu Gruppen zusammengefaßt benannt, und unter Verwendung des Namens aus anderen Architektur-Beschreibungen importiert werden.

Während im Blockdiagramm Funktionseinheiten einer Architektur lediglich benannt werden, erfolgt eine formale Beschreibung der durch die Funktionseinheiten ermöglichten Transformationen als Deklaration von Operationen, die gemäß ihrer Pragmatik als

transfer, function, test, oder decoder - Operationen

bezeichnet werden. Typische, den unterschiedlichen Klassen von Operationen entsprechende Funktionseinheiten sind Busse oder Multiplexer, ALU's, sowie Bausteine zur Bildung der Folgeadresse wie "Status-Multiplexer" und "mapping PROM's"[6], die Verzweigungen auf Grund anliegender Status-Informationen bzw. Dekodierung einer (Makro-) Instruktion oder eines Interrupt-Vektors implementieren. Eine exakte Modellierung des Verhaltens von Operationen ist insbesondere für die Generierung von Entwicklungswerkzeugen unabdingbar. In diesem Abschnitt stellen wir zunächst ein Grundmodell von Operationen vor, das jedoch im Abschnitt 3.1.2 wesentlich unter Einbeziehung des zeitlichen Verhaltens verfeinert wird.

Die Deklaration einer Operation umfaßt - vgl. Abb. 3.3 - neben der Festlegung ihres *Namens* die folgenden Komponenten: das

- *pattern*

beschreibt den "Haupteffekt" der Operation - der je nach Art der Operation - durch eine *Zuweisung*, einen *boolschen Ausdruck* oder durch ein (zu dekodierendes) *Speicherelement* bestimmt ist; der

- *Datenabhängigkeitsdeklarationsteil*

führt sämtliche Speicherelemente auf, die durch die Operation explizit (*sinks/sources*) oder implizit (*auxiliary sinks/sources*) verändert werden bzw. die Ausführung der Operation beeinflussen; die

- *Aktivierungsbedingung*

gestattet die Formulierung von Anforderungen an den Prozessorzustand bei Aktivierung der Operation; unter

- *Seiteneffekte*

können über den Haupteffekt hinausgehende Transformationen beschrieben werden, die nur in bestimmten Zuständen Bestandteil der Ausführung der Operation sind; Aufgabe der Einträge unter

- *Semantik*

ist die eindeutige Festlegung der Bedeutung sämtlicher in der Beschreibung der Operation verwendeten Funktionen bzw. Prädikaten; sämtliche

- *Funktionseinheiten*

die zur Ausführung der Operation exklusiv zur Verfügung stehen müssen, werden unter *unitnames* aufgeführt; schließlich wird unter dem Eintrag

- *Instruktionsfelder*

die Kodierung der Operation in einem Befehlswort eindeutig festgelegt.

operation
name
pattern
sinks and sources
auxiliary sinks and sources
conditions
sideeffects
semantics
unitnames
instruction fields

- Komponenten einer Operationsdefinition -

- Abb. 3.3 -

3.2 Beispiel

Als erstes Beispiel betrachten wir einen Teil der formalen Definition eines einfachen Speicherbefehls der NOVA, der Operation 'store accumulator', die den Inhalt des ausgewählten Akkumulators in den Speicher unter der auf Grund der Adressierungsart festgelegten effektiven Adresse ablegt. Als Adressierungsart wählen wir direkte Adressierung relativ zu einem Basisregister.

```
pattern
      memory[base + displacement] := accu
sinks
      memory[base + displacement]
sources
      accu : low-accu or high-accu,
      base : high-accu,
      displacement : displacement
```

Der (Haupt-)effekt der Ausführung der Operation ist der Transport des Akkumulatorinhalts in die Speicherzelle, deren Adresse durch Addition des Inhalts des ausgewählten Basisregisters und des angegebenen 'displacements' gebildet wird. Der Maschinenbefehl läßt den Transport eines beliebigen Akkumulators, jedoch lediglich accu(2) oder accu(3) als Basisregister zu. Diese Information wird unter Verwendung der im Blockdiagramm eingeführten Typbezeichner formalisiert: für den (nicht als Speicherelement deklarierten) *formalen Parameter* 'accu' darf jedes Speicherelement vom Typ 'low-accu' oder 'high-accu', für den *formalen Parameter* 'base' dagegen nur jedes Speicherelement vom Typ 'high-accu' eingesetzt werden. Ebenso ist als Direktoperand des Befehls jede Konstante zugelassen, die im entsprechenden (8-bit) Feld des Instruktionswortes darstellbar ist, wie es im *constanttype* 'displacement' formalisiert worden ist (vgl. Bsp. 3.1). Da die Ausführung des Befehls von diesen Größen abhängt, werden die entsprechenden Eintragungen unter *sources* aufgeführt. Analog führt der Eintrag unter *sinks* die durch Ausführung der Operation veränderte Speicherzelle auf.

Die genaue Bedeutung des im pattern auftretenden Funktionssymbols + wird in dem folgenden Eintrag festgelegt.

```
semantics
      + : bit(16) × bit(8) → bit(15)
          with A + B =
                if B<7> = bin 0
                  ⇒ (A add (hex 00|B)) <14..0>
                  else (A add (hex FF|B)) <14..0> fi
```

Dieses Beispiel illustriert gleichzeitig die Notwendigkeit der formalen Semantikdefinition der Funktions- bzw. Prädikatensymbole: Standard-Symbole sind typischerweise 'überladen' und ihre genaue Interpretation nicht nur architektur- sondern auch kontextabhängig. In diesem Beispiel beinhaltet die Addition zunächst eine vorzeichenabhängige Ausdehnung des zweiten Operanden auf 16 Bit, die Addition add der resultierenden Binärwörter gleicher Länge - sowie anschließende Reduktion des Ergebnisses auf Adreßlänge. Die *Kodierung* der Operation setzt sich aus Feldern zur Auswahl des Formats, der Operation, des Akkumulators, der Adressierungsart, des Basisregisters und der Distanz zusammen.

```
instructionfields
    main.zero-bit = bin 0,
    move-data.function = bin 10,
    move-data.accu = codeof accu,
    move-data.adress-type = direct,
    move-data.index = codeof base,
    move-data.displacement = displacement
```

Durch Belegung des ersten Feldes durch 0 wird das Format move-data ausgewählt. Der Operationscode für die Operation store-accumulator ist bin 10. Die - in Beispiel 3.4 erläuterte - formale Beschreibung des Instruktionsformats beinhaltet insbesondere die Zuordnung codeof zwischen Belegungen von solchen Feldern des Instruktionsregisters, die zur Auswahl von Speicherelementen dienen, und den durch die Belegung definierten Speicherelement. Durch 'direkt' (= bin 0, vgl. Bsp. 3.1) wird die direkte Adressierung festgelegt. Die Kodierung des aktuellen Basisregisters und displacements wird (unter Verwendung der im constanttype displacement angegebenen Repräsentation) in den beiden letzten Feldern des Instruktionswortes abgelegt. □

Die syntaktische Form des pattern ist abhängig von der Art der Operation: der Haupteffekt eines transfer oder einer function wird durch eine (möglicherweise simultane) Wertzuweisung, eines test's durch eine atomare prädikatenlogische Formel, eines decoder's durch ein (zu dekodierendes) Speicherelement beschrieben[7]. In allen Fällen kann das pattern formale Parameter enthalten, die beim 'Aufruf' der Operation durch aktuelle Parameter vom (unter *sinks/sources* ausgeführten) passenden Typ ersetzt werden[8]. Auf die darüberhinausgehende Relevanz der Datenabhängigkeitsdeklaration im Zusammenhang mit einer Konfliktanalyse zwischen Mikrooperationen wird in Abschnitt 3.1.2 eingegangen. Zur Formalisierung der *Semantik* von Funktionen und Prädikaten werden explizite oder induktive Definitionen unter Verwendung eines vom System vordefinierten Satzes von *Basisfunktionen* (oder Standardfunktionen) verwendet. Die Definition beinhaltet insbesondere Angaben über die *Länge* der Operanden und des Ergebnisses, die beim *typechecking* überprüft werden. An dieser Stelle soll zunächst die axiomatische Spezifikation des dynamischen Verhaltens von Operationen weiter erläutert werden.

Für die in Beispiel 3.2 vorgestellte Speicheroperation wurde eine bewußt einfache Adressierungsart gewählt. I.allg. können sowohl während des Lesens als auch des Schreibens des Speichers zusätzliche - über den Datentransport hinausgehende - Seiteneffekte auftreten, die entsprechend vor bzw. nach der Auswertung des pattern zu berücksichtigen sind (- ein Beispiel bilden die in Anhang 1.1 formalisierten autoincrement- bzw. autodecrement-Operationen bei indirekter Adressierung). Um die axiomatische Spezifikation von Operationen mit einer solchen internen sequentiellen Struktur zu vereinfachen, gestattet AADL die Festlegung einer relativen zeitlichen Reihenfolge in der Auswertung von (durch Vor- und Nachbedingungen - vgl. 2.4 - charakterisierten) Seiteneffekten in Phasen first, main und then, die jeweils vor, parallel zu, bzw. nach dem in pattern spezifizierten Haupteffekt ausgewertet werden[9].

3.3 Beispiel

In diesem Beispiel diskutieren wir die Formalisierung der Mikrooperation 'logical or primary' und in diesem Zusammenhang der beiden in der Mikroarchitektur der MICRODATA unterstützten Arten der Befehlsmodifikation. Wir setzen dazu die in Beispiel 2.1 gegebene informelle Beschreibung der MICRODATA sowie die in A1.2 gegebene formale Beschreibung ihres Blockdiagramms voraus. Die hier gegebene Formalisierung macht für den (S*)-Programmierer die Struktur der Mikrooperationen (als aus durch 'modifier bits' kontrollierter Zusammensetzung von 'Picooperationen') sowie beider Arten der Befehlsmodifikation sichtbar, um den hohen Genauigkeitsgrad der Modellbildung zu illustrieren, den AADL bietet. Allerdings erfordert die Behandlung von 'Tricks' der Architektur auch die Anwendung von 'Tricks' in deren Formalisierung, die eine gute Kenntnis von AADL voraussetzen.

```
pattern
     reg := LOR(primary-file[file-address], T-register, operand-control)
sinks
     reg : register
sources
     file-address : file-select,
     U-register,
     primary-file[file-address],
     T-register,
     operand-control : modifier
```

Abstrahiert man zunächst von den Möglichkeiten der Befehlsmodifikation, so bewirkt die Ausführung der Operation das Laden des als Parameter übergebenen Registers mit einer Verknüpfung des durch den Parameter file-address bezeichneten File-Registers und des T-Registers. Die *Art* der Verknüpfung ist vom ebenfalls als Parameter übergebenen modifier 'operand-control' abhängig: ist operand-control=select-T (= bin 1), so wird ein logisches Oder zwischen dem ausgewählten File-Register und dem Arbeitsregister T ausgeführt, andernfalls erfolgt ein einfacher Datentransfer vom File-Register in das durch 'reg' bezeichnete Arbeitsregister. Im Hinblick auf die Möglichkeiten der Befehlsmodifikation werden diese beiden durch 'operand-control' gesteuerten Varianten als *Seiteneffekte* beschrieben; der im pattern auftretenden Funktion LOR kommt damit nur eine mnemotechnische Funktion zu. Daher werden die beiden Seiteneffekte in der then-Phase ausgewertet, so daß der tatsächliche Wert des Registers allein durch die Seiteneffekte determiniert ist (- hier wird die interne sequentielle Struktur des Modells von Mikrooperationen ausgenutzt!).

```
sideeffects
  then
    LOR with T-register:
       pre (operand-control and modify-register<5>) = 1
       post reg = primary-file[file-address] or T-register'
    move:
       pre (operand-control and modify-register<5>) = 0
       post reg = primary-file[file-address]
    reset modify-register:
       pre true
       post modify-register = hex FF
```

Die zusätzliche Kontrolle der beiden Seiteneffekte 'LOR with T-register' und 'move' durch eine Position des 'modify-register' trägt der Möglichkeit der Befehlsmodifikation durch logisches and des nächsten auszuführenden Befehls mit dem OD-Register Rechnung. Zur Modellierung dieses Befehls 'Modify Lower Command' wird der Wert des OD-Registers in ein fiktives 'modify-register' geladen und entsprechende Masken - die insbesondere die modifier-bits eines Befehlswortes verändern können - bei der Beschreibung sämtlicher 'Picooperationen' in entsprechende Vorbedingungen integriert. Da die Ausführung jeder Operation mit der Rücksetzung des fiktiven 'modify'-Registers (auf hex FF) beendet wird, erfolgt in der Tat nur bei vorigem Laden dieses Registers, also bei voriger Ausführung des Befehls 'Modify Lower Command', eine Befehlsmodifikation.

Die zusätzlichen durch die Seiteneffekte veränderten bzw. sie beeinflussenden Speicherelemente werden unter auxiliarysinks bzw. auxiliarysources aufgeführt.

```
auxiliarysinks
     modify-register
auxiliarysources
     modify-register, file-bank-select
```

Da die Operation nur dann ausgeführt werden kann, wenn das interne Status Bit 'file-bank-select' gesetzt ist, beeinflußt dieses Speicherelement ebenfalls die Ausführung der Operation und wird daher unter auxiliarysources berücksichtigt. Die folgende Aktivierungs-Bedingung garantiert, daß dieses interne Status-Bit bei Aktivierung der Mikrooperation korrekt gesetzt ist.

<u>condition</u>

```
bank-select : file-bank-select = primary
```

Da Beispiele für Semantikdefinitionen - und die Definition der Belegung der (Mikro-) Instruktionsfelder - bereits unter 3.2 diskutiert wurden, gehen wir abschließend auf die Modellierung des Execute-Befehls der MICRODATA ein.

Auf Grund einer einfachen Schaltung werden beim Auslesen eines - durch op-code <u>hex</u> 0 gekennzeichneten - EXECUTE Befehls in das Mikroinstruktionsregister das oberste Byte des Befehls durch logisches Oder mit dem Inhalt des U-Registers modifiziert. Damit ist die tatsächliche auszuführende Operation durch die vier höchsten Bits des U-Registers bestimmt, wogegen die vier niederwertigen Bits des U-Registers zur Modifikation einer Adresse eines File-Registers verwendet werden können. Zur Modellierung dieser Befehlsmodifikation werden sämtliche Operationen doppelt beschrieben, entsprechend der Entstehung ihrer Kodierung im Mikroinstruktionsregister *mit* oder *ohne* Modifikation durch das U-Register. Die oben gegebene Formalisierung der Operation 'Logical Or Primary' beschreibt die Entstehung *ohne* Befehlsmodifikation (und setzt daher insbesondere - im Feld operate-instruction.op-code des Mikroinstruktionswortes - den Befehlscode <u>hex</u> C voraus). Die Formalisierung der Operation 'Logical Or Primary *with modification*' unterscheidet sich von ihr lediglich in den folgenden Punkten:

- Jeder Zugriff auf ein File-Register berücksichtigt explizit die Möglichkeit der Modifikation seiner Adresse durch die 4 niederwertigen Bits des U-Registers (wie in

  `primary-file[file-address or U-register<3..0>]);`

- Als Aktivierungsbedingung wird zusätzlich verlangt, daß der op-code <u>hex</u> C der Operation 'Logical or Primary' in den obersten 4 Bit des U-Registers vorliegt:

  `op-code in U-register: U-register<7..4> = hex C;`

- Im Mikroinstruktionswort wird im Feld operate-instruction.op-code der Op-code <u>hex</u> 0 des Execute-Befehls abgelegt. □

Auf Grund der den Seiteneffekten zu Grunde liegenden Pragmatik ist die Klasse der als Vor- bzw. Nachbedingung zulässigen Formeln auf *quantorenfreie* Formeln der Prädikatenlogik 1. Stufe eingeschränkt. Darüberhinaus darf eine Nachbedingung nur aus einer Konjunktion von Formeln der Art

$$q \rightarrow a_1 = e_1 \wedge \ldots \wedge a_n = e_n$$

bestehen, wobei die a_j (- intuitiv gesehen - die durch diesen Seiteneffekt veränderten) Speicherelemente bezeichnen, q eine (quantorenfreie) prädikatenlogische Formel und die e_j Ausdrücke (über die dieser Anwendung der Rechnerbeschreibung fest zu Grunde liegenden - vgl. die Bemerkung nach Bsp. 3.1 - Signatur) sind. Die in einer Nachbedingung erlaubten Vorkommen von *eingefrorenen* (durch ' markierten) *Speicherelementen* erlauben es, intuitiv gesprochen, sich auf den Wert des Speicherelements vor 'Ausführung' des Seiteneffekts zu beziehen.

Diese technische Einschränkungen erlauben eine wesentliche Vereinfachung in der formalen Behandlung und stellen für praktische Anwendungen eine intuitiv naheliegende Syntax zur Verfügung, mit der sich komplexe Regeln zur Bildung von Statusinformationen ebenso einfach wie Seiteneffekte beim Speicherzugriff beschreiben lassen, da sie eine einfache informelle (operationelle) Lesart zulassen: gilt etwa vor 'Ausführung' des Seiteneffektes 'LOR with T-register' (vgl. Bsp. 3.3), daß das 'modifier'-Bit auch nach Modifikation den Wert 1 hat, dann wird dem Zielregister der aus Verknüpfung des File-Registers und des T-Registers resultierende Wert 'zugewiesen'. Diese pseudo-operationelle Darstellung - wie auch die Darstellung von Aufrufen von Operationen als Zuweisungen - wurde bewußt gewählt, um die Lesbarkeit (und damit auch die Akzeptanz) für nicht mathematisch geschulte Anwender zu erhöhen. Analog sind auch für die Formalisierung von Aktivierungsbedingungen nur quantorenfreie Formeln zugelassen.

Durch die Beschreibung des *Instruktionsformats* wird sämtliche für die Dekodierung von Befehlen relevante Information bereitgestellt. Dies beinhaltet neben der Beschreibung der Struktur des Befehlswortes in unterschiedlichen Formaten auch die *Interpretation* von Werten unterschiedlicher Teilfelder; so können durch Belegungen eines Feldes Formate festgelegt werden, Operationen aktiviert werden, oder spezielle Register als Operanden oder Quelle ausgewählt werden (vgl. die Zuordnung <u>codeof</u> in Bsp. 3.2).

3.4 Beispiel

Wir illustrieren die durch AADL gebotenen Möglichkeiten zur Formatdefinition an Hand des Aufbaus von NOVA-Instruktionen.

```
instructionword : memoryword
    stored in memory
    selected by programcounter
```

Die Länge von Befehlsworten und die Numerierung einzelner Positionen ist durch den Typ 'memoryword' festgelegt. Instruktionen werden in dem unter <u>stored in</u> deklarierten Speicher 'memory' abgelegt und unter Verwendung des Registers 'programcounter' adressiert.

```
format main:
    zero-bit = <0>
      case zero-bit of
         1 → format ali,
         0 → format no-ali
      endcase
endformat
```

Die Dekodierung des Befehlswortes setzt zunächst die Unterscheidung auf Grund des Wertes des höchsten Bits des Instruktionswortes voraus, das festlegt, ob der Rest des Instruktionswortes gemäß der unter 'ali' oder 'no-ali' gegebenen Formatdefinition interpretiert werden soll. Wir verfolgen im weiteren den 'no-ali'-Zweig, der die Formate für die Operationen festlegt, die nicht die ALU/SHIFT-Einheit betreffen.

```
format no-ali:
    formatselect = <1..2>
    case formatselect of
       00 → format jump and modify memory,
       11 → format in/out
       else format move-data
    endcase
endformat
```

Diese Operationen zerfallen in drei Klassen mit jeweils eigenen Formatfestlegungen. Die Auswahl der Operationsklasse wird über die Positionen 1 und 2 des Instruktionswortes festgelegt. Wir verfolgen weiter den Aufbau des Instruktionswortes für Speicheroperationen.

```
format move-data:
    function = <1..2>
       case function of
          01  → load accumulator,
          10  → store accumulator
          else error
       endcase,
    accu = <3..4>
       case accu of
          00  → accu(0),
          01  → accu(1),
          10  → accu(2),
          11  → accu(3)
       endcase,
    address-type = <5>,
    index = <6..7>
       case index of
          01  → programcounter ,
          10  → accu(2),
          11  → accu(3)
       endcase,
    displacement = <8..15>
endformat /* move data */
```

```
format in/out:
   device-code = <10..15>
      case device-code of
         oct 00 → error ,
         oct 77 → format control
         else format device
      endcase
endformat /* in/out */
```

Die Interpretation der Bitposition 1 und 2 legt ebenfalls die auszuführende Operation fest (die unter diesem Namen als function formal definiert ist - vgl. Anhang 1.1). Die Auswahl des Akkumulators, der als Senke bzw. Quelle der Operation dient, erfolgt durch das Feld 'move-data.accu'. Die Interpretation des Feldes definiert die Repräsentation der Akkumulatoren in diesem Feld. Die Adressierungsart - direkte oder indirekte Adressierung - wird durch Bit 5 festgelegt. Die Auswahl des Basisregisters erfolgt durch das Feld 'move-data.index'. Schließlich wird im Feld 'move-data.displacement' entweder eine direkte Adresse (für 'Speicherseite' Null) oder die Distanz abgelegt. □

Abstrakt gesehen kann eine Formatdefinition als ein *(Format-)Baum* mit zwei Arten von Knoten - *Entscheidungsknoten* und *Wertknoten* - aufgefaßt werden, die auf jedem Pfad alternieren. In Entscheidungsknoten einlaufende Kanten sind mit Paaren (Feldnamen, Bitposition) beschriftet; davon ausgehende Kanten entsprechen den möglichen Belegungen dieses Feldes und sind durch dessen Belegungen bzw. das Schlüsselwort else markiert. Mögliche Werte sind Operationsnamen, Speicherelemente oder Formatnamen. Von mit Formatnamen beschrifteten Wertknoten gehen für jedes im Format vorgesehene Feld eine wie oben beschriftete Kante aus; sämtliche anderen Wertknoten sind Blätter. Abbildung 3.4 illustriert diese Sicht einer Formatdefinition für Beispiel 3.4. Im folgenden werden Formatdefinitionen mit ihrer Darstellung als Formatbaum identifiziert.

Entscheidungsknoten im Baum müssen eindeutig durch das Paar Formatname.Feldname identifizierbar sein. Jeder Entscheidungsknoten F.Feldname, der mit Speicherelementen beschriftete Söhne hat, legt eindeutig eine Funktion *variableof* (F.Feldname) fest, die jeder möglichen Belegung von 'Feldname' das durch sie ausgewählte Speicherelement oder error zuordnet, falls für einen Wert kein Speicherelement festgelegt wurde. Ist die Abbildung injektiv, so wird die Umkehrabbildung mit *codeof* (F.Feldname) oder - wenn Bezug auf das Feld aus dem Kontext ersichtlich ist - mit codeof bezeichnet. Sämtliche durch *ein* Feld kodierte Speicherelemente müssen einen strukturell gleichen Typ haben.

Die Wurzel eines Formatbaums ist ein Wertknoten, falls sämtliche Formatdefinitionen durch sie definierende Felder beschrieben sind; andernfalls werden die zu unabhängigen Formatdefinitionen gehörenden Formatbäume zu einem Formatbaum zusammengefaßt, dessen Wurzel ein Entscheidungsknoten ist.

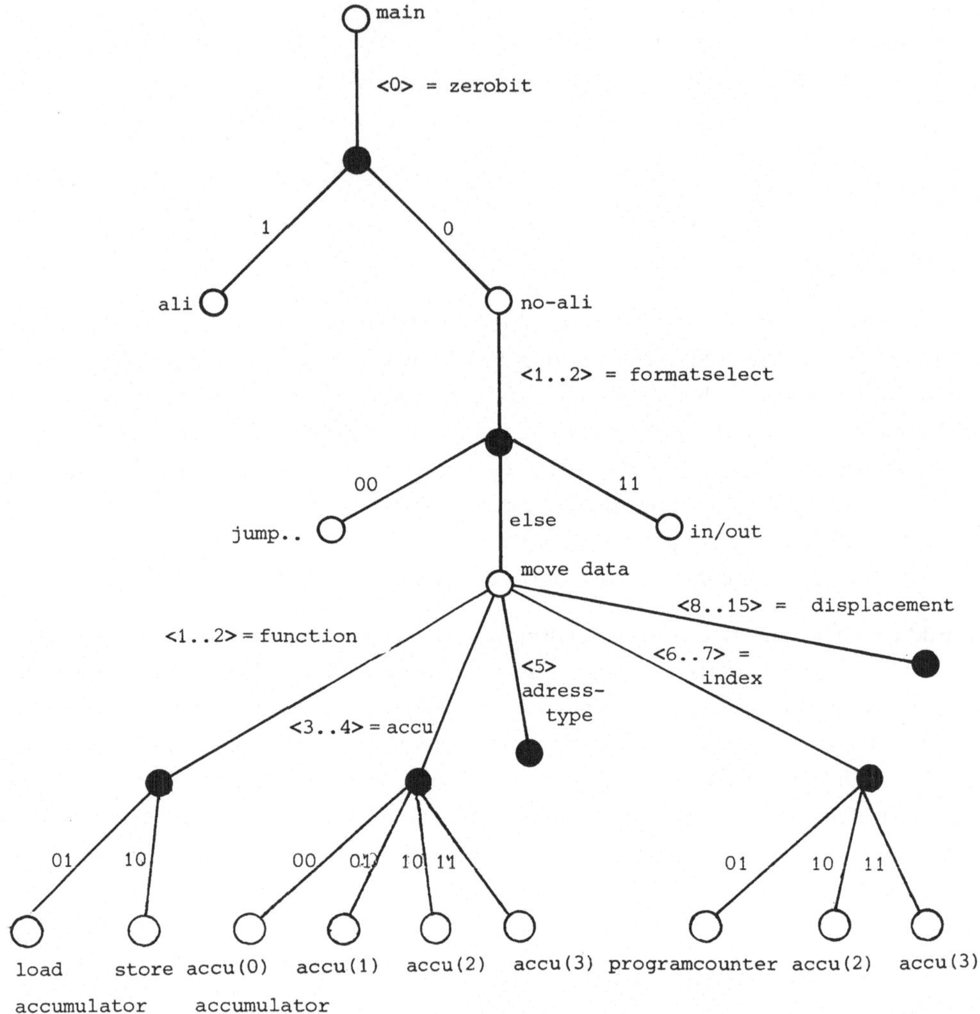

- Baumdarstellung der NOVA-Formatdefinition -
- Abb. 3.4 -

Die Formatdefinition gestattet über die dargestellten Möglichkeiten hinaus die Festlegung von *default-Werten* für einzelne Felder (vgl. die in A1.2 gegebene Formatdefinition für die MICRODATA 1600) und ermöglicht ebenfalls die Behandlung von sogenannten *extension-words*.

Die Angaben über Abspeicherung und Auswahl der Befehlsworte werden sowohl bei der Verifikation als auch bei der Simulation von Zielarchitekturen ausgewertet (vgl. Einleitung zu 3.1.3 und 4.1.2).

3.1.2 Formale Beschreibung von Mikroarchitekturen

Wir gehen in diesem Abschnitt auf die besonderen Anforderungen an die Beschreibung von Mikroarchitekturen ein, die sich aus ihrer Funktion zur Generierung von Entwicklungswerkzeugen ergeben. Als ein Testfall für die Güte der Beschreibung kann dabei sowohl die Unterstützung der Generierung von Verifikationswerkzeugen als auch die automatische Erzeugung von Codegeneratoren angesehen werden, da die Anwendbarkeit beider Werkzeuge in hohem Maß von Detailwissen über die Mikroarchitektur abhängig ist.

Hinsichtlich der automatischen Generierung von Mikrocodegeneratoren liegen - wie in Abschnitt 3.2 dargestellt wird - Erfahrungen mit experimentellen Systemen und umfangreiche, auf formalen Modellen von Mikrooperationen basierende, theoretische Untersuchungen vor, die im wesentlichen von dem sogenannten *6-Tupel-Modell* von Mikrooperationen [103] ausgehen, um etwa auf der Basis der daraus ableitbaren Daten- und Resourcenabhängigkeiten eine Kompaktifizierung einer Folge von Mikrooperationen zu einem Mikroprogramm vornehmen zu können. Die in der Literatur benutzten Versionen dieses Grundmodells - das eine Mikrooperation durch die Größen

Name/veränderte Speicherelemente/gelesene Speicherelemente/benötigte Funktionseinheiten/Phasenbedingung/benötige Mikroinstruktionsfelder

charakterisiert - unterscheiden sich in der Genauigkeit der Modellierung der zeitabhängigen Aspekte. Vielfach wird von solchen Gegebenheiten realer Architekturen wie Mehr-Phasen-Uhren, überlappende Phasen, Multizyklusoperationen oder transienten Speicherelementen abstrahiert, die jedoch die Möglichkeiten der Kompaktifizierung signifikant beeinflussen. Eine sowohl auf der Entwicklung eines eigenen Microcodecompilers [143] als auch auf bisherigen Erfahrungen in der Kompaktifizierungsphase basierende Zusammenstellung von zu beschreibenden Charakteristika einer Mikroarchitektur wird in [76] gegeben. Die im Rahmen dieses Abschnittes vorgestellten Erweiterungen der Grundkonzepte von AADL berücksichtigen die dort entwickelten Anforderungen und gehen damit in ihrem Detaillierungsgrad über die in der Literatur bekannten Modelle hinaus. Eine auf die Belange der Kompaktifizierung abgestimmte detaillierte Erweiterung des *6-Tupel-Modells* wurde unabhängig in [19] entwickelt. Das den in [19] dargestellten Kompaktifizierungsalgorithmen zu Grunde liegende Modell ist aus einer AADL Beschreibung der Mikroarchitektur generierbar, so daß die dort beschriebenen Algorithmen unmittelbar beim Aufbau der in [37] beschriebenen Entwicklungsumgebung verwendet werden können. Die hinsichtlich der Modellierung von Mikroarchitekturen relevanten Aspekte von AADL wurden erstmals in [35] vorgestellt.

Das in Abschnitt 3.1.1 eingeführte Grundmodell von Mikrooperationen[10] beinhaltet bereits bis auf die *Phasenbedingung* - die die während der Ausführung der Mikrooperationen durchlaufenden Phasen der Uhr aufzählt - die Grundstruktur des 6-Tupel-Modells. So legen die im Datenabhängigkeitsdeklarationsteil aufgezählten Speicherelemente, die unter units aufgeführten Funktionseinheiten sowie die Deklaration der Belegung der relevanten (Mikro-) Instruktionsfelder die Resourcen fest, die zur Ausführung der Mikrooperation exklusiv zur Verfügung stehen müssen. Durch Erweiterung des Modells von Ebenen einer Rechnerarchitektur um eine globale Zeit lassen sich sowohl die Aussagen über Bindung von Resourcen verfeinern als auch die Kontrolle der Ausführung von Mikrooperationen durch eine globale Uhr beschreiben. Eine darauf aufbauende Analyse der möglichen Konflikte zwischen Mikrooperationen wird im Rahmen der Verifikation von Mikroprogrammen in Kapitel 4 entwickelt.

AADL gestattet die Modellierung von Mikroarchitekturen, die durch eine Mehrphasenuhr mit möglicherweise überlappenden Phasen kontrolliert werden. Die AADL-Deklaration einer solchen Uhr besteht aus einer *Benennung* der Uhr und ihrer Phasen, der Angabe ihrer *Dauer* als Vielfaches eines Einheitsintervalls (dessen Länge in Nanosekunden definiert werden kann), sowie der Festlegung der relativen Lage der Phasen im gesamten Zyklus der Uhr durch einen *Synchronisationsteil*.

Die konkrete Syntax einer solchen Deklaration ist am Beispiel 3.5 ablesbar.

3.5 Beispiel

Die MICRODATA wird durch eine Uhr mit einer Zyklusdauer von 200 ns kontrolliert. Die Benennung ihrer einzelnen Phasen, ihre relative Lage, und ihre Dauer ist in dem Zeitdiagramm Abbildung 3.5 wiedergegeben.

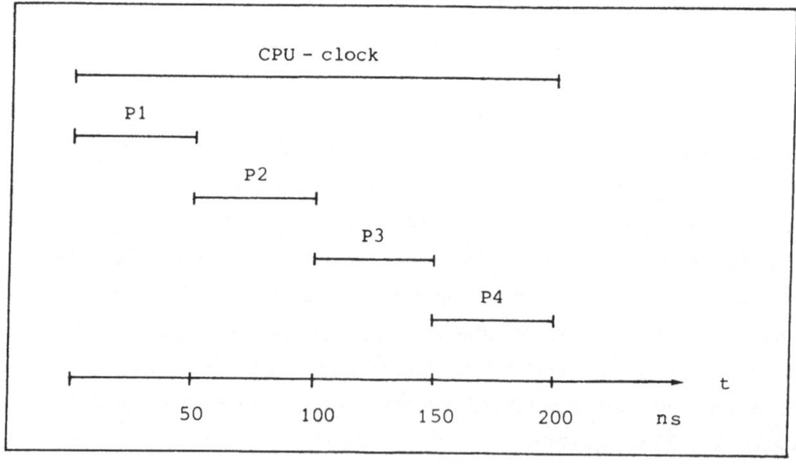

- Zeitdiagramm der Uhr der MICRODATA 1600 -
- Abb. 3.5 -

Die formale Beschreibung in AADL ist eine unmittelbare Umsetzung dieses Zeitdiagramms.

```
unittime 1 nanoseconds
clock CPU-clock dur 200
      phases
         P1 dur 50, P2 dur 50, P3 dur 50, P4 dur 50
      endphases
      synchronization
         startof CPU-clock = startof P1,
         startof     P2    = endof P1,
         startof     P3    = endof P2,
         startof     P4    = endof P3,
         endof  CPU-clock  = endof P4
      endsynchronization
endclock
```
□

Im Hinblick auf die *Verifikation* werden durch die obige Deklaration für jede Phase der Uhr und die Uhr selbst zwei Prädikate startof, endof eingeführt, die auf einer globalen Zeitskala Anfangs- und Endpunkte von Phasen markieren. Die durch den Synchronisationsteil eingeführten Gleichheiten (die i.allg. eine Phasenverschiebung $\pm n$ beinhalten können) axiomatisieren die Abhängigkeit dieser Prädikate untereinander.

In der Definition einer Uhr ist der Detaillierungsgrad der Modellierung durch den Beschreiber der Architektur wählbar. Je nach Anwendung können Flanken von Taktimpulsen explizit als "Phasen" deklariert werden. Im obigen Beispiel wurde die (aus der Beschreibung [117] ablesbare) Zyklusdauer der Uhr in vier Phasen unterteilt, um eine möglichst genaue Nachbildung der Konfliktmöglichkeiten bei parallel zu einer Speicheroperation aktivierten Mikrooperationen zu erreichen.

Zeitabhängige Komponenten einer Architektur sind insbesondere *transiente* Speicherelemente, deren Wert entweder während einer festen Dauer nach Initialisierung oder bis zum Auftreten einer neuen Taktflanke stabil bleibt.

In diesem Sinn können etwa Ausgänge von Funktionseinheiten, Busse, oder 'latches' als sogenannte *transiente* Variable oder Pseudovariable deklariert und damit im Entwurf mit ihren zeitlichen Charakteristika explizit berücksichtigt werden[11]. Ein solcher Detaillierungsgrad ist insbesondere beim Entwurf von bit-slice Prozessoren wünschenswert (vgl. [145]). Die Deklaration solcher *transients* ist Bestandteil des Blockdiagramms und beinhaltet im Anschluß an die Deklaration des Speicherelementes die Formalisierung seiner Stabilitätseigenschaft als absolute Dauer oder relativ zum Beginn oder Ende einer Phase (vgl. Abb. 3.6).

3.6 Beispiel

Eine Modellierung transienter Speicherelemente ist für die Entwicklung von MICRODATA-

Mikroprogrammen nicht erforderlich. Ein Beispiel für ein transientes Speicherelement bildet jedoch das LA-Register (vgl. Abb. 2.5), welches nach Stabilisierung der Adreßeingänge des Mikroprogrammspeichers bis zum Start eines neuen Zyklus den nächsten auszuführenden Befehl festhält:

```
pseudovariable LA-reg: controlword stable until startof CPU-clock
```
□

Eine wesentliche Relevanz haben zeitabhängige Aspekte bei der Modellierung von Mikrooperationen. Zum einen wird der Zeitpunkt der Aktivierung und Terminierung in der Phasenbedingung (engl. *timing validity*) der Mikrooperation durch Festlegung der während der Ausführung der Mikrooperation zu durchlaufenden Phasen festgelegt. Die Deklaration erfolgt für innerhalb eines Zyklus ablaufenden Mikrooperationen durch Angabe der ersten und letzten zu durchlaufenden Phase. Bei Multizyklenoperationen wird jeder durchlaufene Zyklus beschrieben; die einzelnen Beschreibungen werden durch das Schlüsselwort next verbunden.

Darüberhinaus kann i.allg. durch genauere Angaben darüber, *in welchem Zeitraum* der Ausführung einer Mikrooperation die unter (auxiliary) sink/sources, units, microinstructionfields aufgeführten Resourcen benötigt werden, eine signifikante Verbesserung des Mikroprogramms durch Verringerung der möglichen Konflikte erreicht werden. AADL gestattet eine auf jeden Typ von Resourcen - im Hinblick auf den semantischen Aspekt der *Unteilbarkeit* von Mikrooperationen - abgestimmte Eingrenzung des Zeitraums, während dem sie exklusiv für die Ausführung einer Mikrooperation benötigt wird. Einen Überblick über die dazu angebotenen syntaktischen Konstrukte gibt Abbildung 3.6 [12].

3.7 Beispiel

Wir diskutieren die formale Definition der Microdata Operation 'read memory', die den Inhalt der durch das A-Register ausgewählten Speicherzelle in das T-Register überträgt. Die Ausführung der Operation wird mit einem - getrennt in A1.2 formalisierten - Transport eines Fileregisters in ein beliebig wählbares Register der MICRODATA eingeleitet, mit dem insbesondere noch ein Teil der Speicheradresse - M- oder N-Register - überschrieben werden kann, und der die ersten 3 Phasen $P_1..P_3$ der Ausführung beansprucht. Die eigentliche Leseoperation wird mit Beginn von P_4 angestoßen und überschreibt die gelesene Speicherzelle mit Einsen. Die Ausführung der Leseoperation kann durch Setzen des Mikroinstruktionsfeldes memory-reference.cycle auf 'full' um eine 'refresh'-Operation erweitert werden, die den Inhalt der gelesenen Speicherzelle wiederherstellt.

```
transfer read memory:
    pattern T-register := memory[A-register]
    sinks T-register
    sources A-register, memory[A-register]
```

Dieser transfer modelliert den auf den einleitenden Datentransport folgenden eigentlichen Auslesevorgang des Inhalts der im A-Register addressierten Speicherzelle.

Kategorie	Schlüsselwort	Pragmatik
transients	stable	stabil
	... during n	... bis zu n Zeiteinheiten nach Übernahme des Wertes
	... until	... bis zum nächsten auf die Übernahme des Wertes folgenden
	... startof-π	... Anfang von π
	... endof-π	... Ende von π
(auxiliary) sinks	used	beschrieben
	... after n	... frühestens n Zeiteinheiten nach Aktivierung der Mop.
	... in <terminale Phasenbedingung>	... innerhalb der letzten in <terminale Phasenbindung> angegebenen Phasen der Ausführung Mop.
(auxiliary) sources	used	gelesen
	... until n	... spätestens n Zeiteinheiten nach Aktivierung der Mop.
	... in <initiale Phasenbedingung>	... innerhalb der ersten in <initiale Phasenbedingung> angegebenen Phasen der Ausführung
units	used	benötigt
	... after n	... frühestens n Zeiteinheiten nach Aktivierung der Mop.
	... until n	... spätestens n Zeiteinheiten nach Aktiverung der Mop.
	... in <Phasenbedingung>	... innerhalb der in <Phasenbedingung> angegebenen Phasen der Ausführung der Mop.
microinstructionfields	used	die Kodierung muß wenigstens während
	... until n	... der ersten n Zeiteinheiten nach Aktivierung der Mop.
	... in <initiale Phasenbedingung>	... der ersten in <initiale Phasenbedingung> angegebenen Phasen der Ausführung der Mop... im Mikroinstruktionsregister vorliegen

-Möglichkeiten der Modellierung zeitabhängiger Aspekte in AADL -

- Abb. 3.6 -

```
auxiliary sinks memory[A-register]
sideeffects
    then
        set memory : pre true
                     post memory[A-register] = hex FF
```

Durch den Lesevorgang wird die gelesene Speicherzelle mit Einsen überschrieben.

timingvalidity P_4 next $P_1..P_4$ next $P_1..P_3$

Dieser Teil der Leseoperation beginnt 150 ns nach Aktivierung der Gesamtoperation, beansprucht den vollen nächsten Zyklus von CPU-clock, und die nächsten 3 Phasen des übernächsten Zyklus.

```
microinstructionfields  used until 50
    memory-reference.op-code = hex A,
    memory-reference.file-register = hex X,
    memory-reference.modifier = bin XX,
    memory-reference.cycle = bin X,
    memory-reference.direction = read,
    memory-reference.file-write-inhibit = bin X,
    memory-reference.destination-register = oct X
  endmicroinstructionfields
endtransfer
```

Sämtliche Speicheroperationen der MICRODATA werden durch hex A, die Richtung des Datentransportes durch das Feld 'memory-reference.direction' festgelegt. Die Felder memory-reference.file-register, memory-reference.modifier , memory-reference.file-write-inhibit definieren den einleitenden Datentransport (Mikrooperation 'transfer primary before memory reference' in A 1.2) und sind deshalb als *don't-care-Positionen* gekennzeichnet; analog wird das Feld memory-reference.cycle beschrieben. Eine vollständige Kodierung der Gesamtoperation ist aus der Überlagerung der Kodierungen der drei Teiloperationen (bzw., bei Weglassen der refresh-Operation, unter Verwendung des in der Beschreibung des Mikroinstruktionswortes festgelegten default-Wertes 'half' für 'memory-reference.cycle') bestimmt, die somit nicht unabhängig auftreten. Dies wird durch die auch im folgenden Beispiel verwendeten coupling Einträge erreicht, die die unmittelbaren Vorgänger oder Nachfolger einer Mikrooperation festlegen können. Nach Ablauf des ersten Zyklus der Ausführung der Gesamtoperation können weitere Befehle geladen und parallel ausgeführt werden, sofern sie nicht durch die Leseoperation gesperrte Resourcen benutzen. Daher wurden alle Felder des Mikroinstruktionswortes 50 ns nach Aktivierung des transfers read memory (und somit am Ende des ersten Zyklusses der 'CPU-clock' nach Aktivierung der Gesamtoperation) durch den Eintrag used until 50 freigegeben.

In der möglicherweise folgenden 'refresh Phase' wird der ins T-Register geschriebene

Wert wieder zurückgelesen.

```
transfer refresh after read:
    pattern memory[A-register] := T-register
    sinks memory[A-register]
    sources A-register,
            T-register used in P4
    timingvalidity P4 next P1..P4 next P1..P3
```

Zu diesem Vorgang, der sich wieder über mehrere Zyklen erstreckt, wird der Wert des T-Registers in der ersten Phase der Ausführung (in ein nicht sichtbar gemachtes Pufferregister) übernommen, so daß im nächsten Zyklus aktivierte Operationen das T-Register überschreiben können. Durch den Eintrag used in P4 wird daher das T-Register nach Ablauf der ersten Phase der Ausführung der Operation freigegeben.

```
    coupling preceded by read memory
```

Diese Operation kann nur als unmittelbarer Nachfolger zum transfer 'read memory' aktiviert werden.

```
    microinstructionfields used until  0
        memory-reference.op-code = hex A,
        memory-reference.file-register = hex X,
        memory-reference.cycle = full
        memory-reference.direction = read,
        memory-reference.file-write-inhibit = bin X,
        memory-reference.destination-register = oct X
    endmicroinstructionfields
endtransfer
```

Die Ausführung dieser 'refresh-Phase' wird durch Setzen des Feldes 'memory-reference. cycle' auf 'full' kodiert. Die Kodierung muß in dieser Phase der Ausführung der Leseoperation nicht mehr im Mikroinstruktionsregister vorliegen. □

Die zeitabhängigen Angaben über die Sperrung von Resourcen werden in der für die Verifikation und Kompaktifizierung wesentlichen Analyse von Konfliktmöglichkeiten bei der parallelen Ausführung von Mikrooperationen berücksichtigt. Die zur Kopplung von Mikrooperationen verwendeten coupling Einträge werden für S*-Mikroprogramme statisch überprüft und schränken die Verschiebbarkeit von Mikrooperationen in der Kompaktifizierungsphase ein. Die etwa in [19] vorgestellten Kompaktifizierungsalgorithmen berücksichtigen bereits solche Kopplungen von Mikrooperationen, um Mikrooperationen, die ein transientes Speicherelement beschreiben, mit Mikrooperationen zu koppeln, die lesend darauf zugreifen. Die hier vorgestellte Modellierung von transienten Speicherelementen ermöglicht eine losere Kopplung: es muß lediglich sichergestellt werden, daß der Zeitraum zwischen Beschreiben und Lesen des transienten Speicherelementes nicht die aus der Stabilitätsbedingung ableitbare Schranke überschreitet. Entsprechende Regeln sind in die Axiomatik von Mikrooperationen (Abschnitt 4.2.1) integriert.

Abschließend zur Modellierung von Mikroarchitekturen sei noch bemerkt, daß sich der von bit-slice Prozessoren bekannte sogenannte "*programmierbare Takt*" [21], mit dem die Dauer des Zyklus der Uhr der Dauer einer Operation angepaßt werden kann, ebenfalls durch Verwendung von Multizyklenoperationen entsprechenden Phasenbedingungen bei geeigneter Wahl der Phasen beschreiben läßt, da sich der Takt i.allg. nur um ein Vielfaches eines festen Grundintervalls (und nicht kontinuierlich) verändern läßt. Da das Instruktionsregister für die gesamte Ausführungsdauer einer Operation gesperrt werden kann, ist leicht die Tatsache modellierbar, daß eine neue Instruktion erst nach Ablauf des verlängerten Zyklus der Uhr geladen werden kann.

Damit stellt AADL einen sprachlichen Rahmen bereit, mit dem sich komplexe Eigenschaften von Mikroarchitekturen so modellieren lassen, daß die durch sie gebotenen Möglichkeiten uniform in Entwicklungswerkzeugen ausgewertet werden können.

3.1.3 Spezifikation von Zielarchitekturen

Aufgabe der *Spezifikation* einer Zielarchitektur ist es, sämtliche Anforderungen an die mikroprogrammierte Implementierung dieser Architektur eindeutig so festzulegen, daß aus der Spezifikation (und einer Speicherabbildung) automatisch Bedingungen generiert werden können, die die Konsistenz von Spezifikation und Implementierung garantieren. Daher muß i.allg. die Beschreibung der Zielarchitektur nicht nur den Effekt der Ausführung einer Operation sondern auch das Verhalten der Zielarchitektur in solchen Stadien einer Ablaufsteuerung wie der Befehlsholphase, der Dekodierung von Befehlen, der Adreßbildung, sowie der Auswahl des Folgebefehls unter Berücksichtigung von Statusinformationen und Unterbrechungssignalen spezifizieren.

Die bereits unter 3.1.1 beschriebene Deklaration des Instruktionsformats legt die Dekodierung von Befehlen eindeutig fest und gestattet im Zusammenhang mit der in Abschnitt 3.3 eingeführten Methodik des hierarchischen Entwurfs mikroprogrammierter Rechnerarchitekturen eine Spezifikation der Befehlsholphase, die die Organisation der Ablaufsteuerung im Rahmen der Implementierung in keiner Weise einschränkt und insbesondere ein beliebiges 'pipelining' oder eine Vermischung der einzelnen Phasen der Ablaufsteuerung gestattet. In diesem Abschnitt stellen wir die Erweiterungen der Grundkonzepte von AADL vor, die eine modulare Spezifikation der Adressierungsarten einer Architektur und der Regeln zur Bildung des Folgebefehls gestatten. Diese Erweiterungen sind lediglich syntaktischer Art: im Prinzip lassen sich beide Aspekte der Zielarchitektur als Bestandteile der Ausführung einer Operation beschreiben (wie es etwa in Bsp. 3.2 für eine feste Adressierungsart illustriert wurde), jedoch würde dadurch die Beschreibung kombinatorisch aufgebläht und der prinzipiellen (bei einem *orthogonalen* Befehlssatz voll realisierten)

Unabhängigkeit von Adressierungsarten einerseits und Instruktionssatz andererseits nicht Rechnung getragen. AADL gestattet daher die gesonderte Deklaration von Adressierungsarten und Folgeadressbildung, auf die innerhalb einer Deklaration einer Operation Bezug genommen werden kann. Da das zeitliche Verhalten einer Zielarchitektur i.allg. nicht nachgebildet werden soll[13,14] - oft soll durch einen Redesign der Architektur unter Verwendung von schnelleren Technologien gerade eine Leistungssteigerung erreicht werden - zerfällt somit die Spezifikation einer Zielarchitektur in die in Abbildung 3.7 aufgeführten Komponenten.

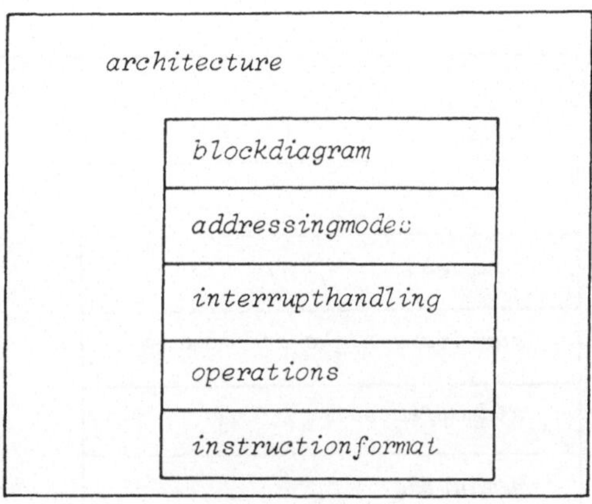

- Komponenten der Spezifikation einer Zielarchitektur -

- Abb. 3.7 -

Wir illustrieren nun zunächst die Deklaration von Adressierungsarten und Folgeadressbildung - die unter Verwendung bereits von der Deklaration von Operationen bekannter Konzepte aufgebaut sind - und erläutern dann ihre Einbindung in die formale Beschreibung von Operationen.

Eine Deklaration einer *Adressierungsart* legt in ihrem

- *pattern*

  die Zugriffsstruktur auf den Speicher fest und führt die im Zugriff benötigten Speicherelemente im

- *Datenabhängigkeitsdeklarationsteil*

  auf. Neben den - unter sources benannten - Speicherelementen, die den Zugriff bestimmen, werden hier durch

- *Seiteneffekte*

  bei der Adreßrechnung gelesene oder beschriebene Speicherelemente als auxiliary sources bzw. auxiliary sinks aufgezählt. Eine Aufteilung der Seiteneffekte in unterschiedliche Phasen ist möglich. Unter

- *Semantik*

  wird wiederum die Bedeutung der im pattern und in den Seiteneffekten vorkommenden Prädikate und Funktionen formal definiert. Für die Adreßbildung benötigte

- *Funktionseinheiten*

können zur Dokumentation aufgezählt werden. Da die für die Festlegung der Adressierungsart relevanten

- *Instruktionsfelder*

vom Format abhängen und damit von Instruktion zu Instruktion variieren können, werden an dieser Stelle unter encoding die für die Adressierungsart charakteristischen Werte unter Verwendung lokaler Namen festgelegt, auf die in der Definition der Kodierung einer Operation Bezug genommen werden kann.

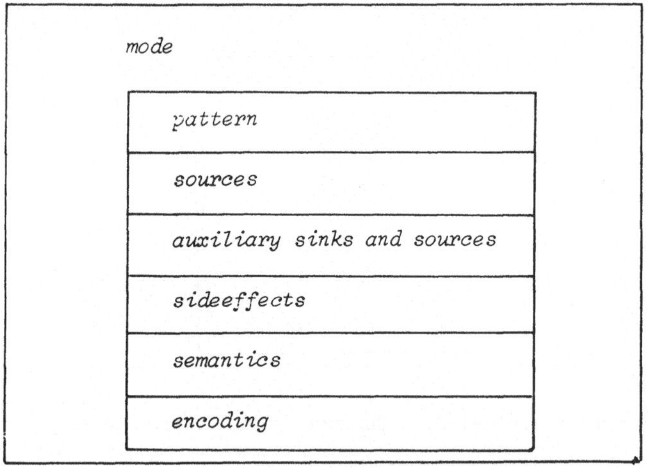

- Komponenten der Spezifikation von Adressierungsarten -
- Abb. 3.8 -

3.8 Beispiel

Wir geben zur Illustration eine formale Definition der im Beispiel 3.2 verwendeten Adressierungsart. Die Gewinnung der in Beispiel 3.2 gegebenen Operation aus einer vollständigen Definition der Instruktion 'store accumulator' bei Wahl dieser Adressierungsart wird in den Beispielen 3.10 und 3.11 illustriert. Eine vollständige Definition der Adressierungsarten der NOVA wird in A1.1 gegeben.

```
mode base register address :
   pattern  base + displacement
   type address
   sources
      base : high-accu,
      displacement : displacement
```

```
semantics
   + : bit(16) × bit(8) → bit(15)
       with A + B = if B<7> = bin 0
                       ⇒ (A add (hex 00 | B)) <14..0>
                       else (A add(hex FF | B)) <14..0>
                    fi
encoding
   type : bit := direct,
   mode : sequence <0..1> bit := codeof base,
   dir-op : sequence <0..7> bit := displacement
endmode
```

Die Adressierungsarten der NOVA werden (in beiden Formaten die zur Kodierung von Operationen mit Speicherzugriff verwendet werden) durch drei Felder bestimmt, die direkte oder indirekte Adressierung, die Wahl des Basisregisters oder relative Adressierung, und eine Distanz oder eine direkte Adresse auf 'Speicherseite' Null festlegen und deren Längen (und Positionsnumerierungen) aus den angegebenen Typen ablesbar sind. □

Die Deklaration der *Folgeadreßbildung* gestattet die formale Definition der Berechung der Adresse des nächsten auszuführenden Befehls unter Berücksichtigung evtl. anliegender Unterbrechungssignale bei sequentiellem Kontrollfluß. Da die Bildung der Folgeadresse vom Befehlstyp abhängen kann (Anzahl der zur Kodierung benötigten *extensionwords*, bedingte oder unbedingte Sprungbefehle), werden gegebenenfalls nur Teile der formalen Definition in die Definition einer Operation eingebunden.

Die Deklaration umfaßt im

Datenabhängigkeitsdeklarationsteil

die Angabe sämtlicher Speicherelemente, die im Rahmen der Folgeadreßbildung verändert werden (unter *auxiliary sinks*) bzw. diese beeinflussen (unter *auxiliary sources*), im Rahmen der Deklaration von

Seiteneffekten

die Formalisierung der Regeln zur Folgeadreßbildung, die insbesondere das Setzen des in der Deklaration des Instruktionswortes ausgezeichneten Registers, das den aktuellen Befehl kennzeichnet, beinhalten müssen; und unter

Semantik

wiederum die formale Definition der in den Seiteneffekten vorkommenden Prädikate und Funktionen.

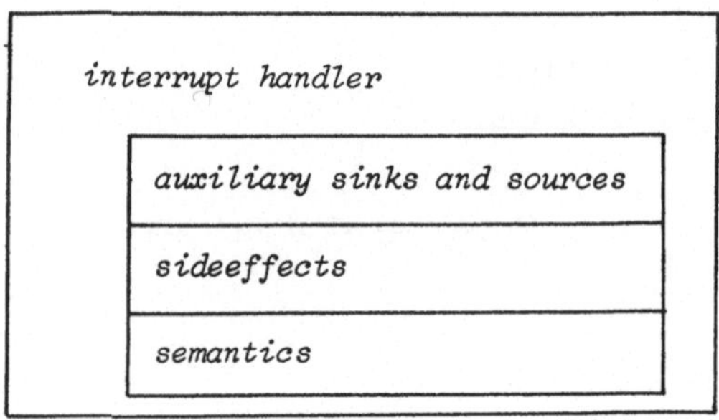

- Komponenten der Spezifikation der Folgeadreßbildung -

- Abb. 3.9 -

3.9 Beispiel

Wir diskutieren die formale Definition der Behandlung von Unterbrechungssignalen in der NOVA.

```
interrupt handler
    auxiliarysinks
        memory[0], programcounter, interrupt-on
    auxiliarysources
        interrupt-on, done, interrupt-disable, memory[1]<1..15>, programcounter
```

Die Speicherzelle mit Adresse 0 dient zum Retten des (inkrementierten) Programmzählers beim Ansprung einer benutzerdefinierten Interrupt-Routine, dessen Anfangsadresse in den untersten 15 Bit der Speicherzelle mit Adresse 1 abgelegt ist. Beim Ansprung der Interrupt-Routine wird das 'interrupt-on' flag zurückgesetzt und dadurch zunächst die Behandlung weiterer Unterbrechungswünsche blockiert. Die Unterbrechungswünsche der peripheren Geräte sind unter dem Synonym 'done' zusammengefaßt. Das Synonym 'interrupt-disable' setzt sich aus den Maskierungsbits der peripheren Geräte zusammen (vgl. Bsp. 3.1).

```
    sideeffects
        first
            increment programcounter:
                pre true
                post programcounter = programcounter' +1
```

In einer ersten Phase wird zunächst die Folgeadresse für die ununterbrochene Programmfortsetzung durch einfaches inkrementieren des Programmzählers gewonnen.

```
    then
        activate interrupt service routine:
            pre INTERRUPT(interrupt-on, done, interrupt-disable) = bin 1
```

```
post memory[0] = bin 0| programcounter'
  ∧ programcounter = memory[1]<1..15>
  ∧ interrupt-on = bin 0
```

Die Hilfsfunktion INTERRUPT, deren Bedeutung unter semantics definiert wird, entscheidet, ob anliegende Unterbrechungswünsche behandelt werden sollen. Liegt ein nicht maskierter Unterbrechungswunsch vor und zeigt das interrupt-on-flag an, daß auf Unterbrechungssignale reagiert werden soll, so wird der Programmzähler mit der Anfangsadresse der Interrupt-Service Routine geladen und die Rücksprungadresse in Speicherzelle 0 gerettet.

```
    semantics
        INTERRUPT : bit(1) × bit(4) × bit(4) → bit(1)
           with INTERRUPT(flag, request, mask) =
                 flag and notzero (request and complement (mask)),
           + 1 : bit(15) → bit(15)
           with A + 1 = A add oct 00001
endinterrupthandler
```

Offensichtlich liegt dann ein nichtmaskierter Unterbrechungswunsch vor, wenn nach Komplementieren der Maske eine positionsweise Konjunktion mit dem Vektor der Unterbrechungswünsche an wenigstens einer Position eine 1 ergibt. □

Unter Verwendung dieser gesonderten Deklaration der Adressierungsarten und der Folgeadreßbildung können die Operationen einer Zielarchitektur modular und vollständig spezifiziert werden. Dazu werden einerseits Operationsdefinitionen nach Adressierungsarten parametrisiert, wobei die für eine Operation wählbaren Adressierungsarten als Typ dieser formalen Parameter aufgeführt werden, andererseits können Komponenten einer Operationsdefinition (unter Verwendung der PASCAL-Notation zur Selektion von Komponenten eines records) Komponenten der als Parameter übergebenen Adressierungsart sowie Komponenten der (global bekannten) Deklaration der Folgeadreßbildung zugewiesen werden.

3.10 Beispiel

Wir diskutieren die vollständige formale Definition der Speicheroperation 'store accumulator' der NOVA 1200.

```
    function store accumulator
            (memoryaddress : page zero address
                           or relative address
                           or base register address
                           or indirect page zero address
                           or indirect relative address
                           or indirect base register address):
```

Die Deklaration hängt von einem Parameter vom Typ Adressierungsart ab. Der Speicherzugriff kann unter Wahl einer der sechs aufgeführten Adressierungsarten durchgeführt werden.

```
pattern
    memory[memoryaddress.pattern] := accu
```

Der Haupteffekt der Ausführung ist die Übertragung des Inhalts des ausgewählten Akkumulators in den Speicher; der Zugriffspfad ist im pattern der Adressierungsart festgelegt.

```
sinks
    memoryaddress.pattern
```

Der Haupteffekt verändert die im pattern der Adressierungsart bezeichnete Speicherzelle.

```
sources
  accu : low-accu or high-accu,
  memoryaddress.sources
```

Der Haupteffekt benutzt einen der vier Akkumulatoren sowie sämtliche Speicherelemente, die zur Bildung des Speicherzugriffspfades verwendet werden.

```
sideeffects
  first
     memoryaddress.sideeffects.first
  main
     interrupthandler.sideeffects.first
  then
     interrupthandler.sideeffects.then
```

Sämtliche Seiteneffekte der Adressierungsart werden (gegebenfalls unter Berücksichtigung ihrer zeitlichen Abfolge) vor dem Schreiben des Speichers ausgewertet. Da als Seiteneffekt der indirekten Adressierung gelesene Speicherzellen möglicherweise inkrementiert oder dekrementiert werden, ist die Semantik der Operation von der Reihenfolge der Auswertung dieser Seiteneffekte und des pattern abhängig. Durch die spezifizierte Reihenfolge wird offensichtlich die reale Abfolge von Adreßbildung und Schreibvorgang modelliert.

Da der nächste auszuführende Befehl durch die sequentielle Abfolge im Speicher bestimmt ist, kann die Spezifikation der Folgeadreßbildung übernommen werden.

```
instructionfields
  main.zero-bit = bin 0,
  move-data.function = bin 10,
```

```
    move-data.accu = codeof accu,
    move-data.address-type = memoryaddress.encoding.type,
    move-data.index = memoryaddress.encoding.mode,
    move-data.displacement = memoryaddress.encoding.dir-op
endfunction
```

Die Belegung der letzten drei Felder des Instruktionswortes ist von der jeweils gewählten Adressierungsart abhängig und wird von dort übernommen. □

Für eine feste Wahl von Adressierungsarten ergibt sich aus einer parametrisierten Spezifikation eine Operationsdefinition durch *Expansion* der Bezüge auf (Komponenten der) formalen Parameter durch entsprechende (Komponenten der) gewählten Adressierungsarten bzw. der Folgeadreßbildung. Per Konvention werden bei dieser textlichen Einsetzung mit einem Seiteneffekt die dazugehörige Aufzählung von auxiliary sinks und auxiliary sources mit einkopiert und der Bezug auf Semantikdefinitionen in der Adressierungsart bzw. der Folgeadreßbildung durch *Beschriftung* der in den Seiteneffekten oder pattern vorkommenden Ausdrücke mit dem Namen der Adressierungsart bzw. dem Schlüsselwort interrupt handler hergestellt[15]. Wir bezeichnen die aus Expansion einer Spezifikation OP (ad-mode-par 1,...,ad-mode-par n) durch Einsetzung der Adressierungsarten ADMODE 1,...,ADMODE n gewonnene Operationsdefinition mit *expand*(OP, ad-mode-par 1 = ADMODE 1,...,ad-mode-par n = ADMODE n).

3.11 Beispiel

```
expand (store accumulator, memoryaddress = base register address) =
function store accumulator (base register address) :

    pattern
      <memory[base + displacement], base register address > := accu
    sinks
      memory[base + displacement]
    sources
      accu : low-accu or high-accu, base : high-accu, displacement : displacement
    auxiliarysinks
      memory[0], programcounter, interrupt-on
    auxiliarysources
      interrupt-on, done, interrupt-disable, memory[1]<1..15>, programcounter
    sideeffects
      main
        increment programcounter :
          pre true
          post <programcounter = programcounter' +1, interrupt handler>
```

```
    then
       activate interrupt service routine :
          pre <INTERRUPT(interrupt-on, done, interrupt-disable),
                              interrupt handler> = bin 1
          post   memory[0]
                 = (bin 0 | programcounter')
               ∧ programcounter = memory[1]<1..15>
               ∧ interrupt-on = bin 0
    instructionfields
       main.zero-bit = bin 0,
       move-data.function = bin 10,
       move-data.accu = code of accu,
       move-data.address-type = direct,
       move-data.index = code of base,
       move-data.displacement = displacement
endfunction
```

Da bei dieser Adressierungsart keine Seiteneffekte auftreten, entfällt der Eintrag unter sideeffects.first.

□

Wir gehen abschließend auf drei Aspekte der Spezifikation von Zielarchitekturen ein, die bei ihrer Erstellung zu berücksichtigen sind.

1. Eine Spezifikation einer Operation hat die doppelte Aufgabe "*alles Gute*" festzulegen, das implementiert werden soll und "*alles Schlechte*", das in der Implementierung ausgeschlossen werden soll, zu verbieten.

   Dieser (in Anlehnung an eine Klassifikation von Formeln der temporalen Logik [101] formulierte) Merksatz bedeutet für den Kontext der Spezifikation von Operationen einer Architektur, daß die Implementierung *ausschließlich* solche Speicherelemente verändern darf, die durch die Operation verändert werden. Da eine explizite Formalisierung dieser Grundannahme die Spezifikation (und entsprechend die Beweise) unnötig aufbläht, wird sie in der in Kapitel 4 vorgestellten Verifikationsmethodik implizit berücksichtigt.

Insbesondere wird davon ausgegangen, daß eine Implementierung einer Operation ausschließlich die Speicherelemente verändern darf, die unter sinks bzw. auxiliary sinks deklariert sind.

2. Wir setzen im folgenden voraus, daß nach Wahl der Adressierungsart sämtliche (im pattern vorkommende) Parameter einer Operation Feldern des Instruktionswortes eindeutig entsprechen (da sonst selbst durch ein vollständiges Befehlswort die Ausführung der Operation nicht eindeutig festgelegt wäre), und daß diese Beziehung

durch die Definition der Belegung des Instruktionswortes festgelegt ist. Insbesondere muß zu jedem Parameter s vom Typ Speicherelement genau ein Feld des Instruktionswortes mit Belegung codeof s und für jeden Parameter c vom constanttype ein Feld des Instruktionswortes mit Belegung c existieren[16].

3. Je nach Anwendungssituation muß zwischen solchen Architekturebenen unterschieden werden, die

   o *programmierbar*
   sind, also einen Speicher zur Ablage von Programmen zusammen mit einem Register zur Auszeichnung des aktuellen Befehls im Speicher zur Verfügung stellen und Operationen der Architektur gemäß der Belegung des aktuellen Befehls aktivieren;

   o *aktivierbar*
   sind, also ein ausgezeichnetes (Instruktions-) Register zur Verfügung stellen, dessen (von 'außen' geladener) Inhalt (nach Dekodierung) zur Aktivierung einer (einzelnen) Operation der Zielarchitektur führt;

   o *passiv*
   sind, deren Operationen somit nicht durch die Umgebung aktivierbar sind.

Während passive Architekturebenen lediglich als virtuelle Zwischenarchitekturen zur Strukturierung eines Entwurfes verwendet werden (und ihre Operationen zur axiomatischen Definition von Teilmoduln der Implementierung dienen), kann aus naheliegenden Gründen eine Zielarchitektur nur programmierbar oder aktivierbar sein. Eine Spezifikation einer programmierbaren Architektur muß im Zusammenhang mit der Festlegung des Instruktionsformates dem zur Ablage von Programmen verwendeten Speicher und das zur Auszeichnung des aktuellen Befehls dienende Speicherelement unter Verwendung der Schlüsselwörter stored in bzw. selected by spezifizieren. Eine aktivierbare Architekturebene ist in AADL durch die Deklaration des Schnittstellenregisters gekennzeichnet. Dazu wird das Speicherelement, in dem der Befehl abgelegt wird, im Rahmen der Festlegung des Instruktionsformates unter Verwendung des Schlüsselwortes stored in angegeben. Eine Spezifikation einer passiven Architektur enthält keine Formatdeklaration.

3.2 DIE S*-FAMILIE HÖHERER MIKROPROGRAMMIERSPRACHEN

Die Realisierung einer mikroprogrammierten Rechnerarchitektur kann bei gegebener Gastarchitektur[17] als ein schrittweiser Entwurfsprozeß verstanden werden, wobei in jedem Schritt zusätzliche Eigenschaften der Gastarchitektur aufgedeckt werden. Beispiele für solche Entwurfsschritte sind[18] Abbildungen der Speicherplätze, Umsetzung von Zugriffspfaden (Adressierungsarten), die Realisierung der Operationen der Zielarchitektur ("*Instruktionsauswahl*"), Bindung von Operationen an die entsprechenden Resourcen (wie

ALU's, Busse, Multiplexer, ...), Zusammenfassung von Mikrooperationen in Mikroinstruktionen unter maximaler Ausnutzung der inhärenten Parallelität der Gastarchitektur (*Kompaktifizierung*), sowie das "*Packen*" des Mikroprogramms im Kontrollspeicher unter Berücksichtigung der Sprungmöglichkeiten der Gastarchitektur. In einer idealen Firmwareentwicklungsumgebung würde ein automatisch umrüstbarer Mikrocodecompiler ausgehend von einer operationalen Beschreibung der Zielarchitektur in einer höheren (prozessorunabhängigen) Mikroprogrammiersprache nach Eingabe einer Beschreibung der Gastarchitektur sämtliche dieser einzelnen Entwurfsschritte automatisch durchführen und zeitoptimalen Binärcode erzeugen. Ein solches System, das darüberhinaus nachweislich korrekt arbeiten müßte, ist beim heutigen Stand der Technik nicht realisierbar. Erfahrungen mit experimentellen Implementierungen von automatisch umrüstbaren Mikrocodegeneratoren (vgl. etwa [121,123],[6],[112,113],[115],[108,109],[143]) zeigen, daß entweder unter Einschränkungen an die Variabilität der Mikroarchitekturen oder unter Verzicht auf optimalen Code solche Werkzeuge (im wesentlichen) aufgebaut werden können, daß jedoch bei hohen Anforderungen an Effizienz auf die manuelle bzw. interaktive Durchführung einzelner Entwurfsschritte nicht verzichtet werden kann (vgl. etwa die in [6] gegebene Zusammenfassung)[19]. In der vorliegenden Arbeit wird daher eine Entwurfsstrategie vorgeschlagen, in der kritische Entwurfsschritte wie Instruktionsauswahl und Speicherbindung interaktiv durchgeführt (und verifiziert) werden, dagegen vergleichweise gut beherrschte Phasen des Entwurfs, wie Auswahl von Datenpfaden [124] und Kompaktifizierung [104], dem Compiler überlassen werden[20]. Statt von *einer prozessorunabhängigen* Mikroprogrammiersprache wird daher in dieser Arbeit von einer *Familie* von *prozessorabhängigen* höheren Mikroprogrammiersprachen ausgegangen, die aus dem Mikroprogrammiersprachen*schema* S* [41,43,45] - das einen gemeinsamen Satz von *Kontrollstrukturen* definiert - auf Grund einer *formalen Beschreibung* (einer möglicherweise abstrakten Sicht) *der Gastarchitur* in AADL generiert werden. Gegenstand dieses Abschnittes ist die Definition der resultierenden S*-*Familie von (Mikro-) programmiersprachen*. Durch die Beschreibung *A* der Gastarchitektur werden sämtliche prozessorabhängigen Aspekte der zugehörigen Mikroprogrammiersprache S*(*A*) vollständig festgelegt; so entsprechen etwa *Variable* in S*(*A*) unmittelbar Speicherelementen in *A*, während Zuweisungen den Transformationsmöglichkeiten von Mikrooperationenen in *A* entsprechen. Auf Grund des detaillierten Modells von Mikroarchitekturen, das der Rechnerbeschreibungssprache AADL zugrunde liegt (vgl. Abschnitt 3.1.2), *kann* dem Mikroprogrammierer eine so genaue Sicht der Architektur vermittelt werden, daß sämtliche Eigenschaften der Architektur ausgenutzt werden können[21].

Abbildung 3.10 deutet das Zusammenspiel von S* und AADL zur Generierung von S*(*A*) an; eine Formalisierung des Zusammenhangs zwischen dem Mikroprogrammiersprachenschema und seiner *Interpretation* durch die Beschreibung der Gastarchitektur wird an Hand der (axiomatischen) Semantik von S*(*A*) - Mikroprogrammen im Abschnitt 4.2 gegeben[22]. An dieser Stelle soll daher der Zusammenhang, zunächst an Hand des in Beispiel 3.12 wiedergegebenen Programms, nur informal beschrieben werden.

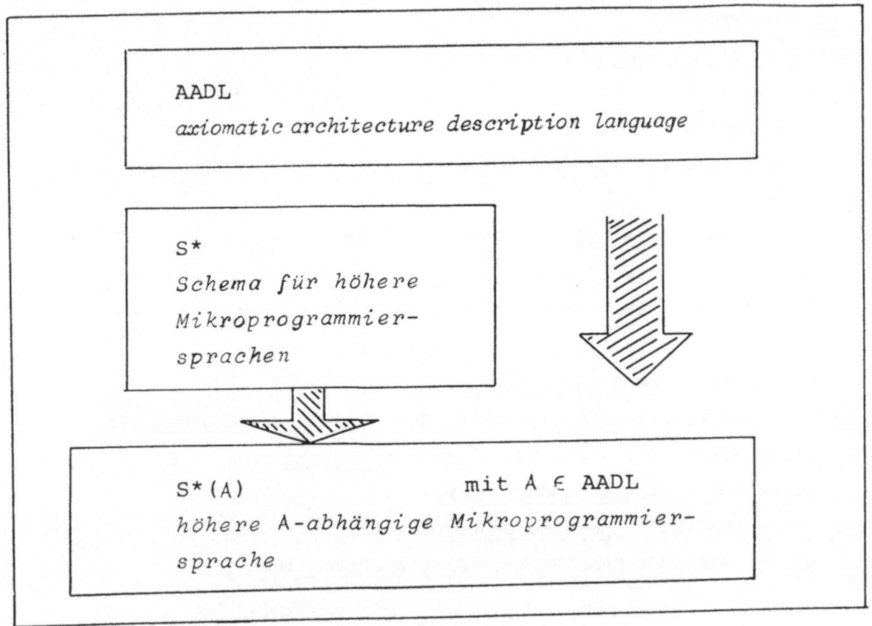

- Die S*-Familie höherer Mikroprogrammiersprachen -
- Abb. 3.10 -

3.12 Beispiel

Das folgende in S*(MICRODATA 1600) geschriebene Mikroprogramm stellt einen Teil des Emulators für die NOVA dar. Die diesem Programm zu Grunde liegende Beschreibung der MICRODATA 1600 - die in Anhang 1.2 wiedergegeben ist - vermittelt eine sehr detaillierte Sicht der Mikroarchitektur, um den Grad an Genauigkeit der Modellierung der Gastarchitektur zu illustrieren, der als Wissen in den Entwurfs- und Verifikationsprozeß im Rahmen der in dieser Arbeit entwickelten Methodologie einfließen *kann*. Abbildung 3.11 zeigt die Grobstruktur des Programms, deren Kern sechs Coroutinen bilden, die im wesentlichen die durch ihren Namen angedeutete Phase der Befehlsausführung implementieren. Die Befehlsausführungsschleife wird durch die Aktivierung der Coroutine 'MAIN' im Anschluß an einen Intitialisierungsteil eingeleitet. Durch die Synonymdeklarationen werden Speicherelemente der MICRODATA entsprechend ihrer Verwendung zur Emulation von Speicherelementen der NOVA umbenannt. Die Konstantendeklarationen dienen der Einführung suggestiver Bezeichnungen zur Belegung der 'modifier-bits'. Synonym - und Konstantendeklarationen sind nur insoweit aufgeführt, als sie zum Verständnis der in Abbildung 3.12 gezeigten Prozedur 'store' benötigt werden. Prozeduren wie 'store' dienen zur Implementierung der im Flußdiagramm vorkommenden Moduln, die ihrerseits Hilfsprozeduren wie 'MAP' (zur Abbildung von NOVA-Adressen auf MICRODATA-Adressen) aufrufen. Weitere Kommentare zur Arbeitsweise des Emulators werden in Beispiel 3.14 und Anhang 4 gegeben.

```
program NOVA-emulator:
   reference architecture MICRODATA 1600
   constants
      move = bin 0 : modifier;
      no-side-effect = bin 00 : r/w-modifier;
   synonyms
      IU = primary-file [2];        /* upper and lower byte of
      IL = primary-file [3];           NOVA instruction register */
      OU = primary-file [15];       /* upper and lower byte of
      OL = primary-file [14];          addressbuffer */
   coroutine MAIN : pending endcoroutine;
   coroutine EFFECTIVE-ADDRESS-CALCULATION : pending endcoroutine;
   coroutine EXEC-MEMORY-REF-INST : pending endcoroutine
   coroutine IOA : pending endcoroutine;
   coroutine CONTINUE : pending endcoroutine;
   coroutine INTERRUPT-HANDLER : pending endcoroutine;
      :
   procedure MAP (OU|OL, A-register):
      entry true
      exit OU|OL = (OU|OL)' mult bin 10
        ∧ A-register = ((OU|OL)' mult bin 10) add 1
      comment
      'MAP transforms an effective NOVA-memory address into the corresponding
       effective MICRODATA-main-memory address - see fig. 2.8';
      pending
   endprocedure;
      :
   procedure store (OU|OL, IU):
      pending
   endprocedure;
   pending  /* initialization block */
   act MAIN
endprogram
```

- Grobstruktur des NOVA-Emulators -

- Abb. 3.11 -

In Abbildung 3.12 sind die beiden sich über mehrere Zyklen erstreckenden Speicherzugriffe durch stcycle...stend geklammert. Nach Einleitung des zweiten Speicherzugriffs kann bereits eine weitere (mit cocycle...coend) geklammerte Instruktion geladen und parallel zum Speicherzugriff ausgeführt werden (vgl. Bsp. 3.7).

```
procedure store (OU|OL, IU):
   comment
     'OU|OL contains the effective NOVA-memory address, IU <4..3> denotes the
      selected accumulator. The procedure uses the T-register and IL as tem-
      porary storage to generate in the U-register the upper byte of the en-
      coding of a transfer microinstruction, which moves the content of the
      selected accumulator in two stages - upper and lower byte - into the
      T-register for a memory write operation.';
   T-register := hex 18;
   T-register := AND(IU, T-register, select-T);
   IL := COP (select-T);
   IL := SHIFT (IL, link, right);
   IL := SHIFT (IL, link, right);
   call MAP;
   IL := IL + hex C 6;
   U-register := LOR (IL, T-register, move);
   T-register := LOR (primary-file [int 0 or U-register <3..4>], T-register, move);
   stcycle
   <memory[A-register] := hex FF, initiate before write>;
    memory[A-register] := memory[A-register] and T-register
   stend;
   N-register := LOR (OL, T-register, move);
   stcycle
      M-register := MOD (OU, no-side-effect):
      do
         do
            <memory[A-register] := hex FF, initiate-before-write>;
            <memory[A-register] := memory[A-register] and T-register, write-memory>
         od
       || do
            delay (50);
            cocycle
               <T-register := LOR(primary-file[int 1 or U-register <3..4>],
                  T-register, move), logical-or-primary-with-modification>
            coend
         od
      od
   stend
endprocedure
```

- Die S*(MICRODATA)-Prozedur 'store' -

- Abb. 3.12 -

Abbildung 3.11 zeigt die Hauptarten von Deklarationen, die durch S* unterstützt werden. Die

- *Deklaration der Bezugsarchitektur*

  erfolgt unter Verwendung des Schlüsselwortes reference architecture und legt durch Angabe einer AADL Beschreibung einer Architektur eindeutig die Interpretation der architekturabhängigen Sprachkonstrukte fest; durch

- *Konstantendeklarationen*

  können anwendungsspezifische Bezeichnungen der für den Benutzer sichtbaren Felder des Mikroinstruktionswortes - die typischerweise Direktorperanden, Adressen oder Möglichkeiten der Modifikation der Befehlsausführung beinhalten - gewählt werden; durch

- *Synonymdeklarationen*

  können anwendungsspezifische Umbenennungen von Speicherelementen der Bezugsarchitektur vorgenommen werden. Die Sprache unterscheidet zwischen

- *Coroutinen*

  die (unter Verwendung des Befehls act) *aktiviert* werden und explizit die Kontrolle (durch Aktivierung weiterer Coroutinen) weitergeben und

- *Prozeduren*

  die (durch Verwendung des Befehls call) *aufgerufen* werden und (implizit) die Kontrolle nach Ausführung an die Aufrufstelle zurückgeben. Zur Implementierung von Test- bzw. Dekodieroperationen bietet S*

- *Funktionen*

  vom Typ bool bzw. int an, die entweder explizit durch test bzw. decode oder implizit als Verzweigungsbedingung von höheren Kontrollstrukturen aufgerufen werden können. Funktionen können Seiteneffekte hervorrufen. Der Wert der Funktion wird (wie in PASCAL) durch eine Zuweisung an den Namen der Funktion festgelegt.

Da Variable unmittelbar Speicherelementen der Bezugsarchitektur entsprechen, können in einem S*-Programm Variable nicht neu deklariert werden. Unter der gegenwärtigen Einschränkung auf Uniprozessorsysteme reduziert sich die Semantik von Coroutinen auf einen Block mit definierter Einsprungstelle. Prozeduren und Funktionen dürfen im Hinblick auf eine effiziente Implementierung nicht rekursiv definiert werden. Da alle Variablen global bekannt sind, dient die (optionale) Parameterliste lediglich zur Dokumentation der Datenabhängigkeit.

Darüberhinaus[23] zeigt Abb. 3.11 die Verwendung von *Dokumentationsbefehlen*, insbesondere die axiomatische Spezifikation des Verhaltens einer Prozedur unter Verwendung von *entry* und *exit Bedingungen*. Sie dienen im formalen Korrektheitsbeweis als Schnittstelle zwischen der Realisierung einer Prozedur und dem nach außen sichtbaren Verhalten und gestatten daher eine modulare Entwicklung und Verifikation von Programmen. Da somit der Beweis der Korrektheit eines Programms unabhängig vom Beweis der Korrektheit der Realisierung von Prozeduren ist, lassen sich insbesondere Korrektheitsbeweise für unvollständige Programme durchführen (dessen noch zu expandierende Stellen durch das

Schlüsselwort pending markiert sind). Die automatische Generierung von entry und exit Bedingungen für Prozeduren, die Operationen einer in AADL-spezifizierten Architektur implementieren, ist Gegenstand von Abschnitt 4.1.

Der Befehlssatz der S*-Familie ist so ausgelegt, daß sowohl eine hardwarenahe als auch eine stärker von den Gegebenheiten der Bezugsarchitektur abstrahierende Programmierung möglich ist. Zu der abstrakteren Sprachebene zählen Kontrollstrukturen wie *sequentielle Komposition*, *while*, *repeat*, *if*, *case*, und *call*, die in dieser Arbeit als bekannt vorausgesetzt werden. Im Kontext der S*-Familie können jedoch Verzweigungsbefehle nur im Zusammenhang mit in der Bezugsarchitektur definierten Text- bzw. Dekodieroperationen verwendet werden. Wir diskutieren im folgenden kurz die Pragmatik der auf die besonderen Charakteristika von Mikroarchitekturen abgestimmten Befehle der S*-Familie.

Atomare prozessorabhängige Befehle der S*-Familie sind

- *Verzögerungsbefehle*

  der Form delay oder delay(n), durch die der Verlauf eines Zeitintervalls der Länge der Zyklusdauer der Uhr bzw. von n Zeiteinheiten ausgelöst wird;

- *Zuweisungen*,

  die unmittelbar transfer- oder function-Operationen der Architektur entsprechen und deren Syntax durch das pattern dieser Operationsdefinition festgelegt wird;

- *Test- oder Dekodieranweisungen*,

  die unmittelbar test- oder decode-Operationen der Architektur entsprechen und als eigenständiger atomarer (durch das Schlüsselwort test bzw. decode eingeleiteter) Befehl ausgewertet werden können; ihre syntaktische Struktur (auch in ihrer Verwendung als Verzweigungsbedingung für höhere Kontrollstrukturen) wird wiederum durch das pattern dieser Operation festgelegt.

Durch die eigenständige Definition von Test- und Dekodierbefehlen soll (im Zusammenhang mit *cocycle* und *stcycle*-Befehlen) die Möglichkeit geboten werden, die zeitliche Abfolge des *Entstehens* von Verzweigungsbedingungen und ihrer *Auswirkung* auf den Kontrollfluß nachzubilden.

Der *cocycle-Befehl* dient zur Zusammenfassung einer Gruppe von Mikrooperationen, die in *einem* Mikroinstruktionswort kodiert und innerhalb *eines* Zyklus der Uhr der Bezugsarchitektur gemäß ihrer durch den Körper des Befehls festgelegten zeitlichen Reihenfolge ausgeführt werden können. Semantisch beinhaltet der Befehl ein Fortzählen der globalen Zeit auf den nächsten Zeitpunkt mit dem ein neuer Zyklus der Uhr beginnt, sowie die Überprüfung, ob die im Körper des Befehls zusammengefaßten Mikrooperationen in einem Mikroinstruktionswort konfliktfrei kodiert werden können. Sämtliche für diese Analyse notwendigen Informationen sind aus einer vollständigen Beschreibung einer Mikroarchitektur in AADL ablesbar.

Die während der Ausführung des Körpers eines *cocycle*-Befehls gewonnen Verzweigungsbedingungen können als Bestandteil der Ausführung dieses Befehls innerhalb einer (auf coend folgenden) *Verzweigungsliste* ausgewertet werden. Einträge dieser Liste haben die Form

on T do <jump> od   bzw.   on D do <jumplist> od ,

wobei T bzw. D Namen von innerhalb des Körpers aktivierten Test- bzw. Dekodieroperationen sind (; über diese Namen wird das *Resultat* der Auswertung der Verzweigungsbedingung weitergegeben). Somit läßt sich bei Bedarf durch den Benutzer die Belegung eines Mikroinstruktionswortes einschließlich der für die Folgeadreßbildung relevanten Teile in symbolischer Form festlegen.

Da der *stcycle-Befehl* zur Kennzeichnung von Mikroinstruktionen verwendet wird, deren Ausführung sich über mehr als einen Zyklus (etwa auf Grund von durch sie aktivierten Multizyklenoperationen) erstreckt, kann eine Verzweigungsliste auch in diesem Zusammenhang zur Auswahl der nächsten auszuführenden Mikroinstruktion verwendet werden. Da in Abhängigkeit von der Bezugsarchitektur möglicherweise weitere Mikroinstruktionen nach Einleitung einer Multizyklenoperation geladen werden können, kann hier nicht verlangt werden, daß der gesamte Körper des Befehls in einem Instruktionswort kodiert werden kann. Stattdessen wird angenommen, daß neu zu ladende (und damit getrennt zu kodierende) Instruktionen explizit durch Verwendung von *cocycle*- bzw. *stcycle*-Befehlen gekennzeichnet sind.

Eine zentrale Kontrollstruktur der S*-Familie, die zur Modellierung der inhärenten Parallelität von Mikroarchitekturen dient, ist die (durch || gekennzeichnete) *parallele Komposition*. Durch eine detaillierte Konfliktanalyse an Hand der Beschreibung der Bezugsarchitektur wird durch die Semantik sichergestellt, daß zu keinem Zeitpunkt der Ausführung eines parallelen Befehls Konflikte durch Zugriff auf gemeinsam benutzte Resourcen (wie Funktionseinheiten, Felder des Mikroinstruktionswortes und Speicherelemente) entstehen. So ist etwa in Abbildung 3.12 an Hand der Spezifikation der Speicheroperation der MICRODATA sowie der parallel dazu ausgeführten Funktion LOR verifizierbar, daß nach Ablauf eines Zyklus durch das Laden und die Ausführung der Funktion LOR kein Konflikt entsteht. Die in Abschnitt 4.2.2 entwickelten Beweisregeln beinhalten eine detaillierte Konfliktanalyse und gestatten insbesondere den Nachweis, daß nur dynamisch erkennbare Konflikte (etwa beim Zugriff auf Multiport-Speicher) nicht vorliegen.

Diese Ausführungen zeigen, daß bei Bedarf der Benutzer - mit Unterstützung der umfassenden Analyse-Werkzeuge insbesondere zur Konfliktbehandlung - eine Hand-Optimierung und Kompaktifizierung des Mikroprogramms unter voller Ausnutzung der Möglichkeiten der Mikroarchitektur vornehmen kann. Andererseits kann der Benutzer bei ausschließlicher Verwendung der höheren Kontrollstrukturen ohne Kenntnis der zeitlichen Charakteristika oder inhärenten Parallelität der Architektur (und somit auch ohne Konfliktanalyse) Mikroprogramme entwickeln und verifizieren. Die Unterstützung *beider* Sprachebenen, zusammen mit der Möglichkeit, durch geeignete Abstraktion bei der

Beschreibung der Mikroarchitektur komplexe Aspekte für den Benutzer transparent zu machen oder zu verstecken, gestatten eine optimale Anpassung der Sprache (einschließlich ihrer Entwicklungswerkzeuge) an die jeweiligen Anforderungen des Benutzerkreises.

Abschließend sei vermerkt, daß im Hinblick auf die Pragmatik der Kontrollstrukturen der S*-Familie der volle Sprachumfang nur für Mikroarchitekturen (deren Operationen durch eine zentrale Uhr kontrolliert werden) zur Verfügung gestellt wird[24].

3.3 HIERARCHISCHER ENTWURF VON RECHNERARCHITEKTUREN

In diesem Abschnitt soll angedeutet werden, wie sich die bisher entwickelten Konzepte zur Formalisierung eines Entwurfs einer mikroprogrammierten Rechnerarchitektur verwenden lassen. Die im folgenden Kapitel vorgestellten Verifikationsmethoden sind so angelegt, daß sie mit der hier umrissenen Entwurfsmethode kombinierbar sind.

3.3.1 Grundprinzipien des hierarchischen Entwurfs mikroprogrammierter Rechnerarchitekturen

Da im Vergleich zum systematischen Softwareentwurf wenig Erfahrung mit formalen Rechnerentwurfsdisziplinen vorliegen (vgl. die Überblicke in [17], [57], [78]), kann an dieser Stelle nicht mehr geleistet werden als Grundprinzipien des Entwurfes komplexer Systeme (vgl. etwa [146]) in den durch S* und AADL aufgespannten sprachlichen Rahmen einzubetten. Die hier vorgestellten Techniken orientieren sich im wesentlichen an der in SRI entwickelten "Hierarchical Development Method", der ebenfalls eine im wesentlichen axiomatische Spezifikationssprache unterliegt [105,106,140]. Die Darstellung soll exemplarisch andeuten, wie Entwurfsprinzipien in dem aufgespannten sprachlichen Rahmen formalisiert und auf den speziellen Kontext des Firmwareentwurfs abgestimmt werden können. Weitere Erfahrungen im Entwurf unterschiedlicher Architekturen mit der in [37] beschriebenen Entwicklungsumgebung sind notwendig, um mit unterschiedlichen Entwurfsstilen zu experimentieren und zu vergleichenden Wertungen zu gelangen. Eine auf einer *operationellen* Spezifikationssprache aufbauende ähnliche Strukturierung des Firmwareentwurfs wird in [77] vorgeschlagen.

Die folgenden Betrachtungen setzen voraus, daß eine in AADL gegebene Beschreibung der Zielarchitektur vorliegt. Darüberhinaus gehen wir zunächst davon aus, daß eine (möglicherweise partielle, experimentelle) Beschreibung der Gastarchitektur erstellt wurde. Im Rahmen des in [37] beschriebenen Entwicklungswerkzeuges wird sowohl das Erstellen der Spezifikation (durch einen automatisch aus der Spezifikation generierbaren Simulator (vgl. [35]), der ein Austesten der Spezifikation gestattet) als auch das Erstellen der Beschreibung der Gastarchitektur (durch eine Wissensbasis von AADL-Beschreibungen von Standard-Komponenten und durch einen automatisch generierbaren Simulator) unterstützt.

Es ist ein wesentliches, durch die Knappheit der Resourcen bedingtes, Charakteristikum des Firmwareentwurfs, daß die durch die Gastarchitektur zur Verfügung stehenden Resourcen - insbesondere deren Registerstruktur - zu einem früheren Zeitpunkt den Entwurf beeinflussen müssen, um eine effiziente Ausnutzung der Resourcen erreichen zu können [60],[78], so daß - im Gegensatz zum Softwareengineering - eine reine top-down Entwurfsstrategie nicht verfolgt werden kann. Stattdessen ist nach Verfahren zu suchen, die die Spannweite zwischen den Ausgangspunkten der Entwicklung - Ziel- und Gastarchitektur - durch Wahl von geeigneten *Zwischenarchitekturen* überbrücken, wobei sowohl die Auswahl der Zwischenarchitekturen als auch die mit den entsprechenden Entwurfsschritten verbundenden Bindungen von Speicherelementen eine Steuerung des Entwurfsprozesses in Hinblick auf die Charakteristika der Gastarchitektur zulassen. Dies führt in erster Näherung zu der in Abbildung 3.13 dargestellten Aufgliederung des Entwurfsprozesses.

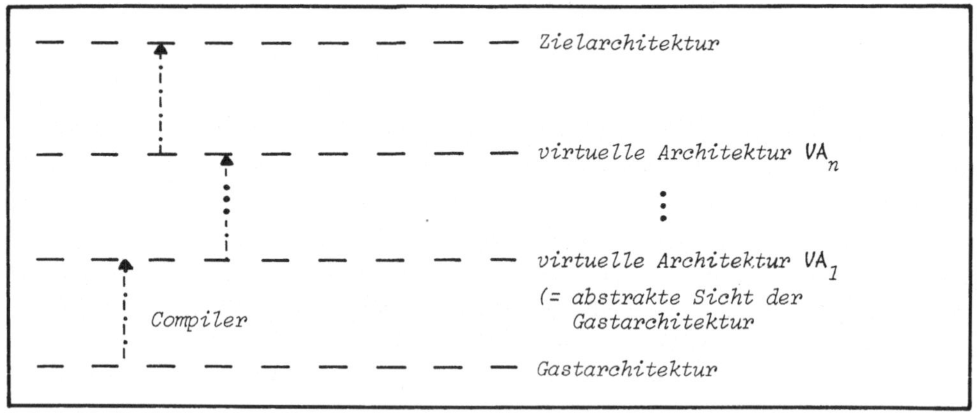

- Grobstruktur eines hierarchischen Entwurfs -

- Abb. 3.13 -

Wie in Abschnitt 3.2 bereits ausgeführt, sollen dabei die Teile des Entwurfsprozesses automatisiert werden, für die bekannte Algorithmen existieren, auf Grund derer eine automatische Umsetzung eines in einer interpretierten Version von S* geschriebenen Mikroprogramms in effizienten Mikrocode der Gastarchitektur erfolgen kann. Entsprechend dem in 3.2 umrissenen Entwicklungsstand kann daher durch die Definition der virtuellen Architektur 1 dem S*-Mikroprogrammierer eine Sicht der Gastarchitektur vermittelt werden, die weitestgehend von den internen Datenpfaden und der inhärenten Parallelität der Architektur abstrahiert und so sowohl dem Mikroprogrammierer als auch den Beweisprozeß von Detailwissen über die Mikroarchitektur entlastet[25].

Dagegen sollen kritische Entwurfsschritte wie Instruktionsauswahl und Speicherbindung durch Entwicklung von S*-Programmen über entsprechende Zwischenarchitekturen bzw. Angabe einer sogenannten Speicherabbildung interaktiv vollzogen und verifiziert werden.

Ziel der *hierarchischen Entwicklung* mikroprogrammierter Rechnerarchitekturen ist die Aufteilung des Gesamtentwurfs in n+1 Teilentwürfe unter Verwendung von virtuellen Architekturen $VA_1,\ldots,VA_n$, so daß für die Durchführung und Verifikation des j-ten Teildesigns

nur die in VA_j sichtbaren Aspekte der Architektur verwendet werden ($1 \leq j \leq n$, VA_{n+1} := Zielarchitektur). Der j-te Entwurfsschritt beinhaltet die Angabe einer Speicherabbildung $attach_j$ und die Implementierung der Operationen OP von VA_{j+1} durch Prozeduren <u>proc</u> OP in S*(VA_j), so daß das Bild der durch OP bewirkten Zustandstransformation unter $attach_j$ gerade die Einschränkung der durch <u>proc</u> OP bewirkten Zustandstransformation auf die Bilder von Speicherelementen von VA_{j+1} unter $attach_j$ ist. Test- bzw. Dedodieroperationen werden entsprechend durch gleichbenannte Funktionen vom Typ <u>bool</u> bzw. <u>int</u> implementiert.

3.13 Bemerkung

Die Konsistenz von Spezifikation und Implementierung läßt sich leicht formal unter Verwendung der in [114] definierten denotationellen Semantik [[ ]] der S*-Familie formalisieren; für jede Operation OP der Spezifikation muß das folgende Diagramm kommutieren[26]:

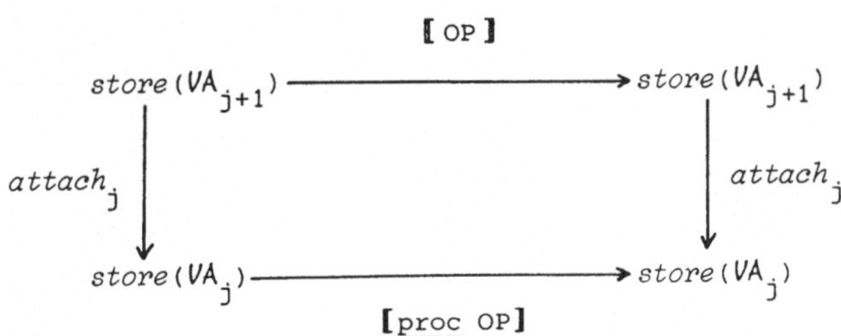

Dabei bezeichnet *store*(A) die Menge der Belegung aller Speicherzellen von A (durch Binärworte passender Länge). □

Die Implementierung des Gesamtsystems erhält man durch Ersetzen sämtlicher Zuweisungen, Teste, und Dekodierungsbefehle in S*(VA_{j+1})-Programmabschnitten durch Aufrufe der sie implementierenden S*(VA_j)-Prozeduren bzw. -Funktionen ($1 \leq j \leq n$). Abbildung 3.14 gibt eine induktive Definition eines solchen *Expansionsschrittes* für typische in S*(VA_{j+1}) zulässige Befehle[27] (; in spitzen Klammern ist als Kommentar der Name der Operation gemäß ihrer Definition in VA_{j+1} angegeben).

Befehl/Verzweigungsbedingung	*Expansion*	*Kommentar*
act C	act C	Aufruf einer Coroutine
call P	call P	Aufruf einer Prozedur
F	F	(impliziter) Funktionsaufruf
$\langle a_1,\ldots,a_n := e_1,\ldots,e_n, A\rangle$	call A	Expansion einer transfer - oder function-Operation
<b,T>	T	Expansion einer test-Operation
<a,D>	D	Expansion einer decode-Operation
T := <cond>	T := *expand*<cond>	Expansion einer Funktionswertübergabe
D := <decode-cond>	D := *expand*<decode-cond>	Expansion einer Funktionswertübergabe
$\underline{\text{if}}\ \langle\text{cond}\rangle_1 \Rightarrow S_1,\ldots,\langle\text{cond}\rangle_n \Rightarrow S_n\ \underline{\text{fi}}$	$\underline{\text{if}}\ \textit{expand}\langle\text{cond}\rangle_1 \Rightarrow \textit{expand}\ S_1, \ldots, \textit{expand}\langle\text{cond}\rangle_n \Rightarrow \textit{expand}\ S_n\ \underline{\text{fi}}$	
$\underline{\text{case}}\ \langle\text{decode-cond}\rangle\ \underline{\text{of}}\ i_1 \rightarrow S_1,\ldots,i_n \rightarrow S_n\ \underline{\text{esac}}$	$\underline{\text{case}}\ \textit{expand}\ \langle\text{decode-cond}\rangle\ \underline{\text{of}}\ i_1 \rightarrow \textit{expand}\ S_1,\ldots,i_n \rightarrow \textit{expand}\ S_n\ \underline{\text{esac}}$	
$S_1 ; S_2$	$\textit{expand}\ S_1 ; \textit{expand}\ S_2$	
while <cond >do S od	while *expand* <cond> do *expand* S od	

- Expansion von S*-Befehlen -

- Abb. 3.14 -

3.14 Beispiel

Wir diskutieren die Wahl einer geeigneten Zwischenarchitektur für die Emulation der NOVA auf der MICRODATA 1600, die direkt zwischen diesen Architekturebenen vermitteln soll.

(1) Folgende Anforderungen wurden bei der Wahl der Zwischenarchitektur 'NOVA/ modular-level' berücksichtigt:

1. Die Architektur soll gemeinsame Teilkomponenten der Operationen der Zielarchitektur als Moduln (durch Deklaration der Operation der Zwischenarchitektur) isolieren.
2. Die Moduln sind so zu wählen, daß ihre getrennte Implementierung nicht zu Codeverdoppelungen führt; dazu sind insbesondere die Befehlsmodifikationsmöglichkeiten der MICRODATA, etwa in Hinblick auf Adreßrechnungen zu berücksichtigen.
3. In Hinblick auf die beschränkte Anzahl nicht (durch die Speicherabbildung) belegter Speicherelemente der MICRODATA muß die Spezifikation der Moduln gegebenenfalls Angaben beinhalten, daß Teile von Speicherelementen der NOVA fertig interpretiert und daher in folgenden Moduln zur Abspeicherung von Zwischenergebnissen benutzt werden können.
4. Da interne Status-Bits der MICRODATA auf der Zielarchitektur nicht sichtbar sind, müssen Anforderungen an interne Status-Bits - wie etwa das Umschalten von 'primary' auf 'secondary' 'file-register' - innerhalb der Operationen der Zwischenarchitektur spezifiziert werden. Diese Festlegung kann erst nach Wahl der Speicherabbildung auf die MICRODATA erfolgen (vgl. Bsp. 2.2 und 3.18).
5. Die Länge von Speicherelementen soll einheitlich auf eine kompatible Wortlänge (16 bit) angepaßt werden.
6. Der Nachweis, daß die Instruktionen der Zielarchitektur durch eine passende Abfolge von Moduln realisiert werden, soll weitestgehend unabhängig von den Charakteristika der Gastarchitektur sein. Somit werden Speicherelemente, Funktionen und Prädikate an den Gegebenheiten der NOVA orientiert. Die Aufgabe der *Instruktionsauswahl* (vgl. 3.2) wurde somit im wesentlichen an den nächsten Entwurfsschritt weitergereicht (vgl. Bsp. 3.12).

Die Auswahl der Moduln wird bereits wesentlich durch die getrennte Spezifikation von Adressierungsarten und Folgeadreßbildung unterstützt und entspricht den naheliegenden, bereits im Zusammenhang mit einem Flußdiagram des Emulators (Abb. 2.10) angedeuteten Bestandteilen der Befehlsausführung.

Das Blockdiagram der Zwischenarchitektur berücksichtigt die in unter 5. angesprochene Längenangleichung und wurde gegenüber der NOVA nur leicht um die unter 'auxiliary registers' zusammengefaßten Hilfsregister erweitert, die teilweise zur Realisierung der Adreßberechnung und der Ablaufsteuerung dienen und im übrigen internen Statusbits der MICRODATA entsprechen.

```
architecture NOVA 1200/modular level:
  blockdiagram register section:
    NOVA 1200/top-level.blockdiagram.register section
  blockdiagram memory section:
    types
      memoryword : sequence <0..15> bit,
      address , pc : sequence <0..15> bit
    variables
      memory : array[0..32767] of memoryword,
      programcounter : pc
  endblockdiagram /* memory section */
  blockdiagram I/O-section:
    NOVA 1200/top-level.blockdiagram.I/O-section
  blockdiagram auxiliary registers:
    variables
      instructionreg : memoryword,
      buffer : address,
      zero-flag : bit,
      link : bit,
      temp-carry : bit,
      interrupt-flag : bit,
      file-flag : bit
    synonyms
      ali.source-accu = instructionreg<1..2>,
      ali.destination-accu = instructionreg<3..4>,
      jump-and-modify-memory.index = instructionreg<6..7>,
      move-data.accu = instructionreg<3..4>,
      move-data.index = instructionreg<6..7>,
      control-with-accu.accu = instructionreg<3..4>,
      device-transfer.accu = instructionreg<3..4>
  endblockdiagram /* auxiliary registers */
```

Sämtliche Felder des Instruktionswortes der NOVA, die zur Auswahl von Registern verwendet werden, wurden als Synonyme deklariert, um bei der Beschreibung der Operationen unter dem Namen des Feldes auf den Zusammenhang zwischen der Belegung des Feldes und dem ausgewählten Register Bezug nehmen zu können. Als Beispiel einer Operationsdefinition der Zwischenarchitektur diskutieren wir die Operation 'store', die der Realisierung des Schreibens des Speichers nach erfolgter Berechung der im 'bufffer' abgelegten effektiven Adresse dient.

```
transfer store:
   pattern memory[buffer] := that accu of move-data.accu
   sinks memory[buffer]
   sources buffer, move-data.accu,
      accu : high-accu or low-accu
```

Als Quelle der Operation kann eine der vier (auf diese Ebene übernommenen) Akkumulatoren auftreten. Für die korrekte Realisierung der Instruktion der Zielarchitektur muß der Zusammenhang zwischen der Belegung des Instruktionswortes und der Auswahl des Akkumulators sichtbar gemacht werden. In diesem Fall wird der Akkumulator durch das (ebenfalls als Synonym eingeführte) Feld 'move-data.accu (gemäß der Funktion *variable-of* (move-data.accu), vgl. 3.1.1) festgelegt[28].

```
   auxiliary sources
      file-flag
   auxiliary storage
      instructionreg <8..15>, link, buffer
```

Sowohl die Felder <8..15> des Instruktionsregisters - die das 'displacement' enthielten - als auch das 'link'-Bit und der 'buffer' können in der Implementierung dieser Operation und folgender Moduln als Zwischenspeicher verwendet werden, da in später aktivierten Moduln zuerst schreibend auf diese Register zugegriffen wird. Das 'file-flag' wird in der

```
   condition
      primary-file : file-flag = bin 0
endtransfer
```

überprüft und stellt sicher, daß vor Ausführung (der Implementierung) des Moduls der interne Status der MICRODATA die Anwendung des primary-files gestattet.

(2) Zur Illustration des Prinzips der hierarchischen Entwurfsmethode gehen wir auf die Implementierung der Operation 'store accumulator' durch eine in S*(NOVA/modular-level) geschriebene Prozedur ein[29]. Man beachte, daß alleine die (modular-level) Operation 'store' spezifisch für die Ausführung dieser top-level Instruktion ist; sämtliche anderen Moduln müssen auch im Zusammenhang mit der Implementierung anderer Instruktionen aufgerufen werden. Auf Modifikationen der hierarchischen Entwurfsmethode zur Vermeidung solcher Codeverdopplungen wird in Abschnitt 3.3.3 eingegangen.

```
procedure store accumulator:
  instructionreg := memory[bin 0|programcounter <1..15>] ;
  comment
    'get the current instruction for decoding'
  assert
    'The encoding in bits <0..2> of the instructionreg selects a memory reference
     instruction' : ¬ instructionreg <0..2> ≧ 3 ;
  buffer := hex 00|instructionreg <8..15> ;
  comment
    'These bits of the instructionregister specify a displacement unless instruc-
     tionreg <6..7> = 00 indicates, that this value is to be taken as an absolute
     (page zero) address' ;
  if instructionreg <6..7> ≠ 00 ⇒
     buffer := buffer + that base of instructionreg <6..7> fi ;
  comment
    'The displacement is added to the base register specified in positions <6..7>
     of the instructionregister' ;
  if instructionreg <5> ≠ 0 ⇒
     comment
       'This bit indicates indirect memory reference. The computation of the effec-
        tive address is implemented in one module. The specification of this module
        as an operation of the virtual intermediate architecture 'NOVA-modular
        level' uses the auxiliary function CALC of the NOVA/top-level addressing-
        mode specification to perform this computation - which may involve side-
        effects and multiple-levels of indirection. The function CALC yields as
        results the (possibly updated) memory and the effective address (which is
        selected using the projection AADR)' ;
     buffer := AADR(CALC(memory, bin 0|buffer))
  fi ;
     comment
       'The 'store accumulator' operation is encoded by 01 in position <1..2> of
        the instructionword. Thus we can assert:'
     assert
       'it is not a jump or skip instruction' : ¬ instructionreg <1..2> = bin 00 ;
     assert
       'it is not a load instruction' : ¬ instructionreg <1> = bin 0 ;
     comment
       'Since the effective address is placed in the buffer, we can now use the
        module 'store' to perform the desired transfer.' ;
     memory[buffer] := that accu of instructionreg <3..4> ;
```

```
    comment
      'It remains to update the programcounter and check for pending interrupt
       requests.' ;
    programcounter := programcounter + 1 ;
    interrupt-on := interrupt-on or interrupt-flag
endprocedure
```

Die Prozedur wurde insbesondere mit assert-Befehlen dokumentiert, die unsere Kenntnis der Kodierung der Operation 'store accumulator' wiedergeben. □

Das obige Beispiel beinhaltet ein weiteres Sprachkonstrukt der S*-Familie, das im Zusammenhang mit dem Entwurf mikroprogrammierter Rechnerarchitekturen benötigt wird: um den Bezug zwischen Parametern einer (expandierten) Operation und ihrer Kodierung explizit in der Verifikation berücksichtigen zu können, kann im pattern einer Operation durch that <parameter> of <field identifier> explizit der Name des Feldes angegeben werden, dessen Belegung die Auswahl des Speicherelementes (gemäß *variableof* (<field identifier>)) festlegt. Ist in der Definition der Bezugsarchitektur keine Formatdeklaration vorhanden, so wird automatisch die Formatdefinition der nächst höheren Architekturebene des Entwurfes (gemäß der in Abbildung 3.13 gezeigten hierarchischen Anordnung) zur Auflösung des Bezuges zu Grunde gelegt.

Die Freigabe zusätzlicher Speicherelemente zur Implementierung eines Moduls (unter auxiliary storage) ist nur dann möglich, wenn in "später" aktivierten Moduln auf den Wert des Speicherelements zuerst schreibend zugegriffen wird (da andernfalls in der Verifikation dieses Entwurfsschrittes fälschlicherweise davon ausgegangen würde, daß der Wert durch die Ausführung des Moduls unverändert bleibt). Diese Eigenschaft wird im Rahmen der statischen Semantik der S*-Familie durch eine Datenflußanalyse überprüft[30].

Wir geben nun zunächst eine formale Definition des Begriffs der Speicherabbildung und diskutieren dann notwendige Modifikationen dieser hierarchischen Entwurfsmethode im Kontext des Entwurfs mikroprogrammierter Rechnerarchitekturen.

3.3.2 Die Speicherabbildung

Die Struktur von Speicherelementen ist gemäß ihrer Deklaration im Blockdiagramm durch einen aus den Basistypen seq...bit, bit unter Verwendung der Konstruktoren array und tuple aufgebauten Typ formalisiert. Aufgabe der Speicherabbildung ist es, explizit für jedes Speicherelement einer Entwurfsebene festzulegen, wie seine - möglicherweise komplexe Struktur - auf der nächst niederen Entwurfsebene realisiert ist. Dabei reicht sicherlich bei höherstrukturierten Speicherelementen eine alleinige Zuordnung zwischen *Namen* von Speicherelementen nicht aus: so wird etwa in Abbildung 2.8 die Repräsentation des NOVA-Hauptspeichers auf der MICRODATA für jedes Speicherelement festgelegt und damit auch eine Adreßumrechungsvorschrift zur Verfügung gestellt. Ein allgemeineres Beispiel, welches die Notwendigkeit einer 'Adreßumrechnung' vertieft, bietet die Abbildung eines zwei-dimensionalen Speichers auf einen linearen Speicher. Zur Definition der Speicherabbildung wird daher ein sprachlicher Rahmen zur Verfügung gestellt, der die Konstruktion beliebiger Felder, Tupel, und Folgen aus Speicherelementen einer Architekturebene gestattet. Dazu werden die Ausdrucksmöglichkeiten zum Beschreiben des *Zugriffs* auf ein Speicherelement (die im wesentlichen *Selektion* von Elementen eines Feldes, Tupels, oder einer Folge gestatten, vgl. die Kategorie <accessexpression> in Anhang 2) um Sprachkonstrukte zur *Konstruktion* von Feldern, Tupeln und Folgen erweitert (die durch das Schlüsselwort make <type> gekennzeichnet sind). Damit läßt sich der Begriff der Speicherabbildung als eine *typentreue* Abbildung der Speicherelemente der höheren Ebene auf die so gewonnen Speicherausdrücke der tieferen Ebene definieren.

3.15 Definition

Sei $A \in$ AADL .

(1) Die *Menge der in* A (als Variable oder Pseudovariable) *deklarierten Speicherelemente* bezeichnen wir mit *stel*(A). Für $s \in$ *stel*(A) sei *type*(s) sein im Blockdiagramm festgelegter Typ.

(2) Wir definieren induktiv die *Menge stex*(A) der *Speicherausdrücke von* A, und für $a \in$ *stex*(A) seinen Typ *type*(a). Die Definition setzt eine Menge (i ∈) *Index* von Variablen (zur Selektion von Feld- bzw. Folgeelementen) und eine Menge (e ∈) *iexp* von aus den Indizes unter Verwendung standard arithmetischer Operatoren aufgebauter *Indexausdrücke* voraus.

- *stel*(A) ⊆ *stex*(A)
- ist $a \in$ *stex*(A) vom Typ seq..bit ,
  dann ist a<e> ∈ *stex*(A) vom Typ bit
- ist $a \in$ *stex*(A) vom Typ array..of τ ,
  dann ist a[e] ∈ *stex*(A) vom Typ τ
- ist $a \in$ *stex*(A) vom Typ tuple $I_1 : \tau_1, \ldots, I_r : \tau_r$ endtuple ,
  dann ist $a.I_j \in$ *stex*(A) vom Typ τ_j
- ist $a \in$ *stex*(A) vom Typ bit ,
  dann ist makesequence i:<n..m> of a endsequence
  ∈ *stex*(A) vom Typ seq <n..m> bit
- ist $a \in$ *stex*(A) vom Typ τ ,
  dann ist makearray i:[n..m] of a endarray ∈ *stex*(A)
  vom Typ array [n..m] of τ
- sind $a_1, \ldots, a_r \in$ *stex*(A) mit Typen $\tau_1, \ldots, \tau_r$, $I_1, \ldots, I_r$ Identifikatoren,
  dann ist maketuple $I_1 : a_1, \ldots, I_r : a_r$ endtuple ∈ *stex*(A)
  vom Typ tuple $I_1 : \tau_1, \ldots, I_r : \tau_r$ endtuple

(3) Die Menge der Speicherausdrücke über einer Architektur A vom Basistyp <u>seq</u>...<u>bit</u>, <u>bit</u> bezeichnen wir mit *bdstex*(A). □

Zur Illustration definieren wir einige häufig vorkommende Konstruktoren wie die Bildung von Teilfeldern, Teiltupeln, und Teilfolgen sowie die Konkatenation und Umorientierung von Folgen.

3.16 Beispiel

(1) *Bildung von Teilfolgen*

Ist $a \in stex(A)$ vom Typ <u>seq</u> <n..m> <u>bit</u>, und sind $n_1, m_1 \in \mathbb{N}$ mit

$n \leq m \rightarrow n \leq n_1 \leq m_1 \leq m$

$m \leq n \rightarrow m \leq m_1 \leq n_1 \leq n$

dann ist die Teilfolge $a\langle n_1 .. m_1\rangle$ definiert als

<u>makesequence</u> $i : \langle n_1 .. m_1\rangle$ <u>of</u> a <i> <u>endsequence</u>

(2) *Bildung von Teilfeldern*

Ist $a \in stex(A)$ vom Typ <u>array</u> [n..m] <u>of</u> τ, und $n_1, m_1 \in \mathbb{N}$ mit

$n \leq m \rightarrow n \leq n_1 \leq m_1 \leq m$

$m \leq n \rightarrow m \leq m_1 \leq n_1 \leq n$

dann ist das Teilfeld $a[n_1 .. m_1]$ definiert als

<u>makearray</u> $i : [n_1 .. m_1]$ <u>of</u> a [i] <u>endarray</u>

(3) *Bildung von Teiltupeln*

Ist $a \in stex(A)$ vom Typ <u>tuple</u> $I_1 : \tau_1, \ldots, I_r : \tau_r$ <u>endtuple</u> und sind $\{J_1, \ldots, J_k\} \subseteq \{I_1, \ldots, I_r\}$ dann ist das Teiltupel $a\langle J_1, \ldots, J_k\rangle$ definiert als

<u>maketuple</u> $J_1 : a.J_1, \ldots, J_k : a.J_k$ <u>endtuple</u>

(4) *Konkatenation von Folgen*

Sind $a_1, a_2 \in stex(A)$ vom Typ <u>seq</u> $\langle n_1 .. m_1\rangle$ <u>bit</u>, <u>seq</u> $\langle n_2 .. m_2\rangle$ <u>bit</u> und sind $n_1 \leq m_1 \wedge n_2 \leq m_2$, dann ist die Konkatenation $a_1 | a_2$ von a_1 und a_2 definiert als

<u>makesequence</u> $i : [n_1 .. m_1 + m_2 - n_2 + 1]$ <u>of</u>
  <u>if</u> $i \leq m_1 \Rightarrow a_1\langle i\rangle$
    <u>else</u> $a_2\langle i - m_1 + n_2 - 1\rangle$ <u>fi</u>
<u>endsequence</u>

(Wir verwenden die gleiche Bezeichnung $a_1 | a_2$ für die analog definierte Operation für den Fall $m_1 \geq n_1 \wedge m_2 \geq n_2$.)

(5) *Umorientierung einer Folge*

Sei $a \in stex(A)$ vom Typ <u>seq</u> <n..m> <u>bit</u>, dann ist die Umorientierung <u>rev</u>(a) von a definiert als

<u>makesequence</u> i : <m..n> <u>of</u>
  a <max(m,n) - i + min(n,m) >
<u>endsequence</u>

□

3.17 Defintion

Seien $A_1, A_2 \in$ AADL formale Definitionen zweier Architekturebenen.

Eine *Speicherabbildung* von A_1 nach A_2 ist eine (*typentreue*) Abbildung

$$attach: stel(A_1) \rightarrow stex(A_2)$$

mit

$$\forall a \in stel(A_1)\ type(attach(a)) = type(a)\ .$$

□

Durch die Forderung der Typentreue ist insbesondere sichergestellt, daß für sämtliche Komponenten komplex strukturierter Speicherelemente ein emulierendes Speicherelement festgelegt ist. Die Speicherabbildung muß nicht notwendigerweise injektiv sein, da unter Umständen die Besonderheiten einer Architektur die Emulation zweier in verschiedenen Zusammenhängen verwendeten Register durch ein Speicherelement gestatten kann. Wir werden im folgenden mit *attach* auch die kanonische Fortsetzung der Speicherabbildung auf induktiv über den Speicherelementen einer Architektur aufgebauten syntaktischen Kategorien bezeichnen.

3.18 Beispiel

Wir geben eine formale Definition der in Abbildung 2.8 und 2.9 dargestellten Speicherabbildung der NOVA 1200 auf die MICRODATA 1600.

Da der Entwurf durch Einführung der Zwischenarchitektur NOVA/modular-level in zwei Entwurfsschritte gegliedert ist, ergibt sich die Abbildung formal als Komposition der Speicherabbildung der NOVA 1200 auf die Zwischenarchitektur und der Zwischenarchitektur auf die MICRODATA 1600.

(1) Die Speicherabbildung

$attach_1$: *stel*(NOVA/top-level) → *stex*(NOVA/mod-level)

muß lediglich die Anpassung auf eine einheitliche Wortlänge von 16 bit berücksichtigen, da sämtliche Speicherelemente vom Typ ≠ address mit dem gleichen Typ im Blockdiagramm der NOVA/mod-level übernommen wurden (und daher $attach_1$ auf diesen Elementen als Identität definiert werden kann):

$attach_1$ (programcounter) = programcounter<1..15>

(2) Wir diskutieren einige typische Fälle der Speicherabbildung

attach : *stel*(NOVA/mod-level) → *stex*(MICRODATA 1600).

Eine vollständige Definition kann leicht unter Verwendung von Abbildung 2.9 an Hand der hier diskutierten Fälle vorgenommen werden.

attach(accu(0)) = rev(primaryfile[7]|primaryfile[6])

Die Akkumulatoren werden auf eine Konkatenation zweier aufeinanderfolgender Register im primary-file abgebildet. Die Umorientierung auf die steigende Numerierung der Positionen des Akkumulators wird durch den Konstruktor rev realisiert.

Ebenfalls im primary-file werden die für die Dekodierung, Adreßberechung und Befehlsauswahl benötigten (Hilfs-) register emuliert:

```
attach(instructionreg) = rev(primary-file[2]|primary-file[3])
attach(buffer)         = rev(primary-file[15]|primary-file[14])
attach(programcounter) = rev(primary-file[5]|primary-file[4])
```

Die folgenden Fälle formalisieren die Emulation der Status-Bits.

```
attach(carry)          = primary-file[1]<1>
attach(temp-carry)     = primary-file[1]<0>
attach(zero-flag)      = primary-flag zero
attach(link)           = link
attach(file-flag)      = file bank select
attach(interrupt-flag) = secondary-file[4]<7>
attach(interrupt-on)   = secondary-file[4]<6>
```

Die Abbildung des Speichers (vgl. Abb. 2.8) berücksichtigt ebenfalls die Umorientierung der Speicherregister.

```
attach(memory) =
    makearray index : [0..32767] of
      rev(memory[2 · index]|memory[2 · index + 1])
    endarray
```

Als Beispiel für die Abbildung eines peripheren Gerätes betrachten wir die Definition für teletype-input [31].

```
attach(TTI) =
    maketuple
      busy : secondary-file[1]<0>,
      done : secondary-file[1]<7>,
      interrupt-disable : secondary-file[6]<3>,
      A-buffer : rev(secondary-file[8])
    endtuple
```

□

3.3.3 Modifikation der hierarchischen Entwurfsmethode

Die bis hier entwickelte Entwurfsstrategie liefert für eine Zielarchitektur eine sich hierarchisch aufrufende Kollektion von Prozeduren, deren maximale Elemente die Operationen der Zielarchitektur implementieren, und in einer auf die Gastarchitektur abgestimmten höheren Mikroprogrammiersprache der S*-Familie implementiert sind. Sie eignet sich damit prinzipiell für die Realisierung passiver Architekturebenen - insbesondere zur Implementierung der virtuellen Zwischenarchitekturen eines hierarchischen Entwurfs - berücksichtigt jedoch noch nicht die zusätzlichen Anforderungen, die aus der *Aktivierbarkeit* oder *Programmierbarkeit* der Zielarchitektur resultieren. Um diesen Anforderungen gerecht zu werden, muß der erste Entwurfsschritt - den wir im folgenden als *Modularisierungsschritt* bezeichnen - in der Angabe einer Speicherabbildung und *eines Rahmenprogramms* bestehen. Dieses muß für einen aktuellen Befehl gemäß der Dekodierung dieses Befehls die Operationen der (höchsten) Zwischenarchitektur so aktivieren, daß ihre durch das Rahmenprogramm gegebene Abfolge gerade die durch die Belegung des Befehlwortes bestimmte Operation der Zielarchitektur realisiert. Ist die Zielarchitektur programmierbar, so muß darüberhinaus im Anschluß an die Emulation dieser Operation - die dann auch die Folgeadreßbildung gemäß der Spezifikation der Zielarchitektur berücksichtigt - die Ausführung des folgenden Befehls eingeleitet werden. Wir setzen daher im folgenden voraus, daß die Dekodierung des aktuellen Befehls und seine Ausführung durch eine coroutine eingeleitet wird, die bei programmierbaren Architekturen im Anschluß an die Abarbeitung eines Befehls aktiviert wird, um die Abarbeitung des Folgebefehls einzuleiten. Zur Vereinfachung der Verifikation des Rahmenprogramms gehen wir davon aus, daß diese Haupt-Coroutine durch einen festen Namen 'MAIN' erkennbar ist.

3.19 Beispiel

Wir geben im folgenden das Rahmenprogramm für die Emulation der NOVA auf der MICRODATA wieder. Die Bezugsarchitektur für dieses S*-Programm wurde in 3.14 vorgestellt und ist, so weit es für das Verständnis dieses Programms wesentlich ist, in A1.3 wiedergegeben. Dieses Beispiel illustriert zugleich, daß die intuitive Strukturierung des Emulators - wie sie durch das (aus [8] entnommene) Flußdiagram Abbildung 2.10 suggeriert wird - im Rahmen der vorgestellten Entwurfsmethode so formalisiert werden kann, daß die Korrektheit des Emulators unabhängig von der Korrektheit der Realisierung der im Flußdiagramm suggerierten Moduln bewiesen werden kann. In der Tat entspricht das Rahmenprogramm unmittelbar dem als Abbildung 2.10 wiedergegebenen Flußdiagramm.

```
program NOVA-emulator:
   inv interrupt-on = interrupt-flag ∧ file-flag = 0
   reference architecture NOVA/modularlevel
   coroutine MAIN
      instructionreg := memory[bin 0 | programcounter <1.,15>]
      if instructionreg <0..2> ≧ 3 → act IOA fi;
      comment 'otherwise a memory-reference-instruction is to be executed';
      act EFFECTIVE-ADDRESS-CALCULATION
   endcoroutine;
   coroutine EFFECTIVE-ADDRESS-CALCULATION
      buffer := hex 00|instructionreg <8..15>;
      comment 'these bits of the instructionregister specify a displacement unless
               instructionregister <6..7> = 00 indicates, that this value is to be
               taken as an absolute address';
```

```
if instructionreg <6..7> ≠ 00 →
   buffer := buffer + that base of instructionreg <6..7> fi,
comment 'the displacement is added to the specified base register; the
         keyword variable of refers to the encoding defined in the de-
         scription of the NOVA instructionformat';
if instructionreg <5> ≠ 0 →
   comment 'this bit indicates indirect memory reference; the following
            NOVA/modular-level operation performs the calculation of the
            effective address - which may involve multiple levels of in-
            direction - in one step';
   buffer :=
      effective-address(
         addresscalculation (memory,
            extend (buffer)));
fi;
comment 'now the buffer contains the effective memory address';
act EXEC-MEMORY-REF-INST
endcoroutine;
coroutine EXEC-MEMORY-REF-INST
   comment 'there are six memory reference instructions';
   if instructionreg <1..2> = 00 →
      if instructionreg <3> = 0 →
         comment 'if this bit is 0, then an unconditional jump is to be per-
                  formed';
         if instructionreg <4> ≠ 0 →
            comment 'bit 4 indicates, whether the return-address is to be saved';
            accu(3) := programcounter + 1
         fi;
         programcounter := buffer;
         act INTERRUPT-HANDLER;
      else
         comment 'the encoded instruction either increments of decrements
                  the memory location at the effective address depending on
                  bit 4, and then performs a skip on the next instruction,
                  if this location becomes zero';
         if instructionreg <4> = 0 →
            memory[buffer] := memory[buffer] + 1
         else
            memory[buffer] := memory[buffer] - 1
         fi;
```

```
            programcounter := programcounter + zero-flag
            act CONTINUE
         fi
      else
         comment 'the remaining two possibilities - instructionreg <1..2>
                  equals 01 or 10 - encode a store or load operation; in-
                  structionreg <3..4> selects the effected accumulator';
         if instructionreg <1> = 0 →
            that accu of instructionreg <3..4> := memory[buffer]
         else
            memory[buffer] := that accu of instructionreg <3..4>
         fi;
         act CONTINUE
      fi
   endcoroutine;
   coroutine CONTINUE:
      programcounter := programcounter + 1;
      act INTERRUPT-HANDLER
   endcoroutine;
   coroutine INTERRUPT-HANDLER:
   interrupt-on := interrupt-on or interrupt-flag;
   comment
      'sets as a side effect memory location 0 to the continue-value of the pro-
       gramcounter and sets the programcounter to the entry-address of a user
       supplied interrupt routine. The entry-address is assumed to be stored in
       memory location 1. The interrupt is only serviced if the interrupt-flag
       is on and there is a non-masked pending interrupt request from a periperal
       device'.
    act MAIN
   endcoroutine;
   coroutine IOA
      comment 'This coroutine decodes and executes I/O- and ALU- instructions and
               subsequently activates CONTINUE';
   endcoroutine;
   comment 'the main program consist of an initialization-block and a subsequent
            activation of the instruction fetch/execution cycle';
   pending initialization block:
      pre true
      post interrupt-on = interrupt-flag ∧ file-flag = 0
   enpending;
   act MAIN
endprogram /* NOVA-emulator */
```

□

Im Hinblick auf eine modulare Beweistechnik ist es empfehlenswert, dem System Informationen zur Verfügung zu stellen, um aus dem Rahmenprogramm den Teil isolieren zu können, der für die Ausführung einer einzelnen Operation verwendet wird. Es ist intuitiv naheliegend, daß bei gegebener Belegung des Speicherelements, das den aktuell auszuführenden Befehl beinhaltet, die für die Dekodierung des Befehlswortes benötigten Verzweigungen aufgelöst werden können und so das für die Ausführung einer Operation benötigte Segment des Rahmenprogramms gewonnen werden kann. Dazu reicht es aus, die Spezifikationen von Testen und Moduln der Bezugsarchitektur des Rahmenprogramms mit der - für den Entwerfer präsenten - Information anzureichern, ob das Ergebnis der Verzweigungsbedingung von Feldern des aktuell auszuführenden Befehls abhängt. Diese Information wird unter sources durch Verwendung des Schlüsselwortes depends on festgelegt. Der Bezug auf die Felder, die zur Dekodierung verwendet werden, kann entweder unter Verwendung des Schlüsselwortes instructionword gefolgt von den Grenzen der Teilfolge oder unter den in $ eingeschlossenen Namen des Feldes angegeben werden.

3.20 Beispiel

Bei der Dekodierung des Befehlswortes der NOVA wird zur Überprüfung auf indirekte Adressierung das fünfte Bit getestet.

```
test indirect addressierung:
    pattern instructionreg<5> ≠ bin 0
    sources instructionreg<5> depends on instructionword<5>
endtest
```
□

Im Rahmen der Verifikation des Rahmenprogramms werden diese Abhängigkeitsangaben durch Generierung geeigneter Zusicherungen überprüft. Eine formale Definition der Bildung des durch eine Belegung des Befehlswortes definierten Segments eines Rahmenprogramms wird in 4.1.3 gegeben. Die in Beispiel 3.14(2) wiedergegebene Prozedur entspricht im wesentlichen dem Segment der Operation 'Store accumulator' des Rahmenprogramms des Emulationsbeispiels.

Da im Rahmenprogramm die Dekodierung des Befehlswortes und Ausführungsphasen beliebig verzahnt werden können, kann in diesem Entwurfsschritt auch die in Beispiel 3.14 angeschnittene Codeverdopplung vermieden werden. Typischerweise führen Verzweigungen in höheren Architekturebenen zu solchen Codeverdopplungen, da ein möglicherweise durch gemeinsame Verwendung von Teilmoduln bestehender Zusammenhang zwischen verschiedenen Zweigen erst in späteren Entwurfsschritten sichtbar wird. Abbildung 3.15 illustriert diese Problematik für zwei benachbarte Entwurfsebenen.

Da typischerweise die Größe des Mikroprogrammspeichers minimal gehalten werden soll, ist es im Kontext solcher Entwürfe, in der die Größe des Mikroprogramspeichers kritisch ist, angebracht, in Expansionsschritten nicht nur einzelne Operationen, sondern mit einer Operation die sie aktivierende Verzweigungsbedingung und weitere durch sie aktivierte

Operationen durch einen Prozeduraufruf der nächst tieferen Ebene zu ersetzen. Zu diesem Zweck kann der Benutzer Teile eines Rahmenprogramms oder einer Prozedur, die im nächsten Entwurfsschritt durch *eine* Prozedur zu implementieren sind, durch die Schlüsselwörter module...endmodule kennzeichnen. Die im Kapitel 4 vorgestellten Techniken zur automatischen Generierung der entry/exit-Spezifikation der eine Operation realisierenden Prozedur lassen sich leicht auf die Generierung solcher Spezifikationen für so ausgezeichnete Einheiten verallgemeinern.

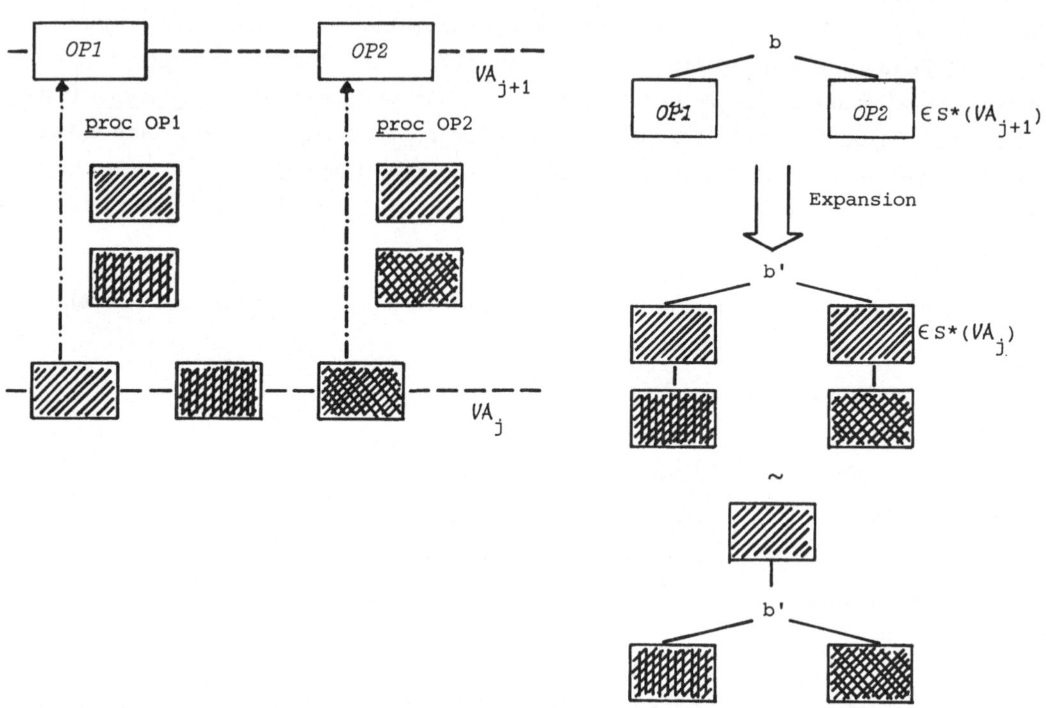

- Codeverdoppelung durch Expansion -
- Abb. 3.15 -

3.21 Beispiel

Die Implementierung der Operation 'store' (der NOVA modular-level Zwischenarchitektur) auf der MICRODATA - vgl. Abb. 3.12 und die ausführlich dokumentierte Version in Anhang 4 - berechnet zunächst aus der Position 3 und 4 des emulierten (NOVA/mod-level) Instruktionsregisters durch eine Anzahl von Mikrooperationen die Nummer des entsprechenden primary-file-Registers der MICRODATA und bildet die NOVA-Speicheradresse auf eine MICRODATA-Speicheradresse ab. Diese beiden 'Untermoduln' werden ebenfalls zur Ausführung der Operation 'load' verwendet, so daß eine getrennte Implementierung zu einer Codeverdoppelung führt. Ein Entwurf, der den Mikroprogrammspeicherbedarf minimieren will, würde daher im Rahmenprogramm die beiden Operationen 'load' und 'store' zusammen mit ihrem Test zu einer Einheit zusammenfassen

```
module data transfer to/from memory:
   if instructionreg<1> = 0 ⇒
      that accu of instructionreg<3..4> := memory[buffer]
   else
      memory[buffer] := that accu of instructionreg<3..4>
   fi
endmodule
```

□

4 VERIFIKATION MIKROPROGRAMMIERTER RECHNERARCHITEKTUREN

In Kapitel 3 haben wir sämtliche Hilfsmittel zur Verfügung gestellt, um einen hierarchischen Entwurf einer mikroprogrammierten Rechnerarchitektur formal zu beschreiben. Wir haben dargelegt, wie die Zielarchitektur des Entwurfs modular spezifiziert werden kann, haben die Technik der Einführung virtueller Zwischenarchitekturen zur Strukturierung des Entwurfes vorgestellt, und schließlich die Genauigkeit der Modellierung von Mikroarchitekturen in AADL diskutiert. Jeder Entwurfsschritt - jeder Übergang von einer höheren Ebene des Entwurfes zu einer näher zur Gastarchitektur hinführenden Ebene des Entwurfes - verlangt vom Entwerfer (neben der Beschreibung evtl. Zwischenarchitekturen) die Angabe einer Speicherabbildung - die die statischen Strukturen der Entwurfsebenen in Beziehung setzt - und eines implementierenden Programms, das das dynamische Verhalten der höheren Architekturebene nachbildet.

Wir haben aber auch an Hand eines Entwurfsbeispiels die Art der Komplexität eines solchen Entwurfes herausgearbeitet, die gerade in einer solchen formalen Darstellung sichtbar wird: die Fülle der zu beachtenden Details einerseits - sei es in der Spezifikation der Zielarchitektur oder der Beschreibung der Mikroarchitektur oder des Mikroprogramms selbst -, aber auch andererseits der komplexen Abhängigkeiten dieser Strukturen untereinander. Es ist offensichtlich, daß ein Entwurf von Systemen dieser Komplexität ohne Rechnerunterstützung nicht möglich ist. Mit der Festlegung der Rechnerbeschreibungssprache AADL und der S*-Familie von höheren (Mikro-) Programmiersprachen haben wir die prinzipiellen Voraussetzungen geschaffen, um einen hierarchischen Entwurf rechnerunterstützt durchführen zu können (und somit insbesondere etwa die Möglichkeit einer Verwaltung der Entwurfsstadien mit ihren Abhängigkeiten durch den Rechner geschaffen). Wie aber können wir uns von der *Korrektheit* des Entwurfes überzeugen? Wie kann sichergestellt werden, daß Implementierung und Spezifikation sich funktional gleich verhalten? Aber auch: wie kann gewährleistet werden, daß Gast- und Zielarchitektur korrekt modelliert werden?

Die "klassische" - in der industriellen Praxis verwendete Antwort - sind (formale) *Testmethoden*, testen durch i.allg. systematisch generierte Eingabedaten, die die gerade in dieser Anwendung typische Verzweigungsstruktur nachbilden und somit versuchen, jeden "Pfad" der Ausführung einer Zieloperation auf passenden Eingabedaten "gegen" den "entsprechenden" Pfad der Implementierung zu vergleichen. (Eine *automatische* Durchführung dieses Prozesses würde wiederum eine formale Darstellung des Entwurfes voraussetzen, die aber i.allg. nicht vorliegt.) Das damit die *Korrektheit* des Entwufes in einem strengen, mathematischen Sinn nicht nachgewiesen werden kann, ist bekannt. In der Praxis existieren so Firmwarefehler auch in vermarkteten Systemen, die durch Software - unter Hinnahme von Leistungsverminderungen - verdeckt werden. Entsprechend "früh" (seit 1975) wurde daher nach Methoden gesucht, die nicht nur für *bestimmte* Eingabedaten, sondern für *alle denkbaren Eingaben* das Verhalten der Spezifikation mit dem Verhalten der Implementierung vergleichen. Sämtliche Ansätze dazu basieren letztlich auf der *symbolischen* Auswertung des Verhaltens der Spezifikation und der Implementierung - die grundlegenden Arbeiten und Techniken dazu wurden in Abschnitt 2.4 vorgestellt. Wir wollen in diesem Kapitel eine solche Technik zur *Verifikation* mikroprogrammierter Rechnerarchitekturen vorstellen. Sie zeichnet sich dadurch aus, daß erstmalig die folgenden für die Praxis unverzichtbaren Anforderungen vereinigt werden:

- *Universalität*

  Die Verifikationsmethode ist nicht auf eine feste Gastarchitektur zugeschnitten, sondern für beliebige in AADL beschreibbare Mikroarchitekturen anwendbar.

- *Modularität*

  Unabhängige Komponenten können unabhängig entwickelt und verifiziert werden. Insbesondere müssen - im Gegensatz zu dem unter 2.4 diskutierten Systemen - zur Verifikation eines Moduls der Zielarchitektur lediglich die dafür relevanten Teile der Implementierung vorliegen.

- *'Verify While Develop'*

  Entwurf und Verifikation sind so kombinierbar, daß Teilschritte eines Entwurfes - insbesondere etwa die Implementierung eines einzelnen Moduls - *während der Entwicklung* verifiziert werden können.

Offensichtlich ist die erste Anforderung unabdingbar für jede Rechnerentwicklungsumgebung, die den Bereich des Firmwareentwurfes unterstützt. Andererseits ist es eine unmittelbare Konsequenz der dargelegten Komplexität mikroprogrammierter Rechnerarchitekturen, daß formale Verifikationsmethoden nur dann mit Erfolg greifen können, wenn auch die Verifikation modular erfolgen kann und das Wissen des Entwicklungsingenieurs unmittelbar auch als Wissen in den Verifikationsprozeß einfließen kann; dazu müssen Entwurf und Verifikation kombinierbar sein.

Während die im folgenden Kapitel entfaltete Verifikationsmethode einen mathematischen vollständigen Nachweis der Korrektheit des Entwurfes *in seiner formalen Repräsentation* gestattet, ist naturgemäß die Fehlerfreiheit der Spezifikation oder der Beschreibung der Gastarchitektur nicht formal verifizierbar - jede Verifikation muß sich ja ihrerseits wieder auf eine formale Darstellung beziehen. Daher muß die Verifikation als eine Methode verstanden werden, die die Zuverlässigkeit des entwickelten Systems wesentlich erhöht, indem sie die Konsistenz von zwei unabhängigen formalen Darstellungen *eines* Objektes (der zu realisierenden Architektur) nachweist. Diese Redundanz läßt es einerseits zu, Fehler im Mikroprogramm zu entdecken, wird aber in der Regel auch Fehlspezifikationen oder Fehler in der Beschreibung der Mikroarchitektur aufdecken. Schließlich ergibt sich damit auch, das Testen und Verifizieren als *komplementäre* Methoden verstanden werden sollten, um die Zuverlässigkeit des Systems zu erhöhen. So ist es sicher angebracht, vom Hersteller bereitgestellte Diagnose-Programme (unter Verwendung des Simulator-Generators [32,12]) zum Testen der AADL-Beschreibungen heranzuziehen.

Wir stellen diese Verifikationsmethodik in zwei Abschnitten vor. Abschnitt 4.1 zeigt, wie aus einer AADL-Spezifikation einer Operation eine rein axiomatische Spezifikation gewonnen werden kann, die das Verhalten der Operation durch ein Paar prädikatenlogischer Formeln charakterisiert, und wie diese - unter Berücksichtigung der Speicherabbildung - als Anforderungen an Zustände der Implementierung in die Moduln eingebunden werden können. Abschnitt 4.2 entwickelt die (Mikro-) Programmlogik, die zum Nachweis dieser dynamischen Eigenschaften benötigt wird (und sie auf die Gültigkeit prädikatenlogischer Formeln in festen Theorien reduziert).

Es würde den Rahmen dieser ohnehin schon umfangreichen Arbeit sprengen, die Konsistenz und Vollständigkeit der hier vorgenommenen Axiomatisierung (relativ zu der in [36] entwickelten operationellen Semantik) nachzuweisen. Die Zielsetzung *dieser* Arbeit ist die vollkommene mathematische Durchdringung dieses Anwendungsgebietes und ihre Aufbereitung bis zu dem Maße, wo mathematische Verfahren mit Erfolg in diesem Anwendungsgebiet greifen - die theoretische Grundlegung in Form entsprechender Vollständigkeitsresultate (wie etwa in [38]) ist für die in dieser Arbeit betrachteten Sprachen (auf der Basis eines entsprechenden Kalküls zur Berechnung schwächster Vorbedingungen) eine (notwendige) Routineaufgabe (siehe dazu [13,14]).

4.1 DIE GENERIERUNG DER AXIOMATISCHEN SPEZIFIKATION EINER OPERATION

Die Generierung der axiomatischen Spezifikation legt eine *axiomatische Semantik* [67] für Operationen einer AADL-Beschreibung einer Architektur fest: Ist OP eine Operationsdefinition in $A \in$AADL, und ist (*entry* OP, *exit* OP) die generierte axiomatische Spezifikation, so erfüllt eine Transformation des Zustandsraums *store*(A) von A genau dann die Spezifikation (vgl. 2.4), wenn jeder Zustand, der die Vorbedingung *entry* OP erfüllt, durch die Zustandstransformation in einen Zustand überführt wird, der die Nachbedingung *exit* OP erfüllt. Eine solche *allgemeinste* Spezifikation, die das Verhalten der Operation vollständig determiniert, kann analog zur Bildung der aus der Theorie der Programmverifikation [84] bekannten *most general formula* gewonnen werden. Sind $a_1,\dots,a_n$ sämtliche Speicherelemente, die durch die Operation verändert werden, so bildet man zunächst unter Verwendung von Hilfsvariablen (die nicht in der Beschreibung der Architektur vorkommen) die (allgemeinste) Nachbedingung[1] $x_1 = a_1 \wedge \dots \wedge x_n = a_n$ und überlegt sich dann durch *symbolische Auswertung* (systematisches Rückwärtseinsetzten gemäß der Spezifikation von OP), welche Beziehung zwischen den Hilfsvariablen und den "Eingabespeicherelementen" der Operation *vor* Ausführung der Operation gelten muß, damit *nach* Ausführung der Operation die in der allgemeinsten Nachbedingung postulierte Gleichheit zwischen den "Ausgabespeicherelementen" der Operation und den Hilfsvariablen gilt. Es läßt sich zeigen, daß die durch symbolische Auswertung gewonnene Vorbedingung (sowohl bzg. einer *denotationellen* Semantik der Operationen [115] als auch bzgl. *Beweisbarkeit* in dem in Abschnitt 4.2 vorgestellten Kalkül) die *schwächste* Vorbedingung ist, die die Gültigkeit der allgemeinsten Nachbedingung nach Ausführung von OP garantiert. Allgemeiner kann einer Operation eine *Abbildung auf Prädikaten* zugeordnet werden: durch symbolische Auswertung einer Nachbedingung p gemäß der Spezifikation OP erhält man die *schwächste* (*ableitbare*) *Vorbedingung* von p bzgl. der Operation OP, die wir mit *wdp*(OP, p) bezeichnen. Abschnitt 4.1.1 dient der Definition dieser Transformation. Die daraus gewonnene axiomatische Spezifikation berücksichtigt insbesondere die aus der Programmierbarkeit oder Aktivierbarkeit der Zielarchitektur resultierenden Anforderungen und wird im folgenden Abschnitt vorgestellt. Schließlich geht Abschnitt 4.1.3 auf die Einbettung der axiomatischen Spezifikation als Vor- und Nachbedingung der einer Operation realisierenden Prozedur bzw. des Rahmenprogramms ein.

4.1.1 Die schwächste ableitbare Vorbedingung einer Operation

Wir gehen in diesem Abschnitt von einer Spezifikation A ∈AADL einer höheren Ebene des Entwurfes einer mikroprogrammierten Rechnerarchitektur aus und vernachlässigen daher in diesem Abschnitt die Modellierung zeitabhängiger Aspekte (siehe dazu 4.2.1). O.B.d.A. seien sämtliche Spezifikationen von Operationen der Architektur durch Einsetzung der möglichen Adressierungsarten zu Operationsdefinitionen expandiert (vgl. 3.1.3). Zur Motivation der Definition der schwächsten Vorbedingung einer Operation ist es vorteilhaft, sich die Auswertung einer Operation zunächst operationell durch das folgende 'Programm' vorzustellen:

```
if enabling conditions are satisfied
   then 'first' : evaluate in parallel sideeffects
                  specified under first ;
        'main'  : evaluate pattern in parallel to
                  sideeffects specified under main ;
        'then'  : evaluate in parallel sideeffects
                  specified under then
   else abort
fi
```

Da sich die einzelnen *Zustände* der Auswertung ('first','main','then') wiederum operationell (im wesentlichen als parallele Auswertung bedingter Zuweisungen) auffassen lassen, kann die Struktur der schwächsten ableitbaren Vorbedingung (die wir als *wdp* abkürzen) leicht an Hand dieser operationellen Vorstellung hergeleitet werden. Insbesondere ergibt sich, das *wdp*(OP, p) die Form *ok* ∧ (((p(*sub*(then))*sub*(main))*sub*(first))

hat, wobei *ok* eine Formel ist, die die Aktivierungsbedingung von OP überprüft und ein fehlerfreies Ablaufen der Operation garantiert, und *sub*(then), *sub*(main), *sub*(first) Substitutionen sind, die die symbolische Auswertung der einzelnen Zustände formalisieren.

Bevor wir auf die Gewinnung der Anfangsbedingung und der Substitution eingehen, beschreiben wir zunächst eine *Normalform* von Operationsdefinitionen, die wir für die weiteren Ausführungen voraussetzen. Wir gehen dazu von einer fest vorgegebenen Operation OP von *A* aus.

Um die korrekte Dekodierung des aktuellen Befehls sicherzustellen, muß der Bezug zwischen Parametern einer Operation und ihrer Definition durch Felder des Befehlswortes explizit sichtbar werden[2]. Zu diesem Zweck wird - falls *A* eine programmierbare oder aktivierbare Architektur spezifiziert - in der Vorbedingung der Spezifikation von OP der Wert eines Feldes f der aktuell auszuführenden Operation durch Verwendung einer Hilfsvariablen f 'eingefroren', so daß sowohl in der axiomatischen Spezifikation als auch in der Verifikation der Korrektheit der Implementierung auf diesen Wert unter der Bezeichnung f 'zugegriffen' werden kann. In einem ersten Schritt ersetzen wir daher zunächst alle Parameter mit einem constanttype durch die (mit $ geklammerte) Bezeichnung des eindeutig bestimmten Feldes, das die Einbindung des Wertes des Parameters in die Belegung des Befehlswortes definiert. Ebenso ersetzen wir alle Parameter par einer Operation, deren eindeutig zugeordnetes Feld f durch die Funktion *variable-of*(f) für die Belegungen von f ein Speicherelement definiert, durch den Ausdruck that par of f.

4.1 Definition

(1) Für eine Operation OP bezeichne *par*(OP) die Menge der Parameter von OP. Die Menge zerfällt in die Mengen *cpar*(OP) der Parameter, die Konstante bezeichnen, und *spar*(OP), der Parameter, die Speicherelemente bezeichnen. Das den Parameter p eindeutig definierende Feld des Instruktionswortes bezeichnen wir mit *field*(p), seinen Typ mit *type*(p). Für p ∈ *spar*(p) kann *type*(p) aus einer disjunktiven (durch or repräsentierten) Verknüpfung von Typen $\tau_1, \ldots, \tau_r$ bestehen, die wir mit der Menge $\{\tau_1, \ldots, \tau_r\}$ identifizieren.

(2) Die Transformation *parameter elimination*(OP) von OP ist eindeutig durch

$$p \in cpar(\text{OP}) \longmapsto \$field(p)\$$$

$$p \in spar(\text{OP}) \longmapsto \text{that } p \text{ of } \$field(p)\$$$

definiert.

□

4.2 Bemerkung

Durch <u>that</u> p <u>of</u> f ist p in der Deklaration *gebunden* (sein Wert ist eindeutig durch f bestimmt), so daß *parameter elimination*(OP) keine freien Vorkommen von Parametern besitzt. □

4.3 Beispiel (Fortsetzung 3.11)

Sei ST = *expand* (store accumulator, memoryaddress = base register address).

Durch die Transformation *parameter elimination* werden die Komponenten ST.<u>pattern</u> und ST.<u>sinks</u> wie folgt normiert:

<u>pattern</u>

memory[<u>that</u> base <u>of</u> $move-data.index$ + $move-data.displacement$]

:= <u>that</u> accu <u>of</u> $move-data.accu$

<u>sinks</u>

memory[<u>that</u> base <u>of</u> $move-data.index$ + $move-data.displacement$] □

Durch diese Tranformation treten in der Spezifikation sowohl der Zielarchitektur als auch der Referenzarchitektur des Rahmenprogramms Bezüge auf durch das Instruktionswort der Zielarchitektur definierte Funktionen zur Auswahl von Speicherelementen auf. In einem zweiten Schritt ersetzen wir diese Verweise durch bedingte Ausdrücke, die explizit für jede Belegung des getesteten Feldes das dadurch definierte Speicherelement angeben. Die folgende Definition berücksichtigt die Möglichkeit, daß im Instruktionswort für gewisse Belegungen kein Speicherelement definiert ist, und daß das ausgewählte Speicherelement nicht mit dem Typ des Parameters kompatibel ist. Insbesondere wird für jeden Parameter eine Formel *constraint*(p) definiert, die solche Belegungen des getesteten Feldes ausschließt und in die Formel *ok* integriert wird, um entsprechende Laufzeitfehler zu vermeiden.

4.4 Definition

(1) Für einen durch <u>that</u> p <u>of</u> s gebundenen Parameter einer Operationsdefinition einer (von der Zielarchitektur verschiedenen) Entwurfsebene A bezeichne *field*(p) einen zu s als Synonymbezeichner deklarierten Namen eines Instruktionsfeldes der Zielarchitektur. (Ist der Name nicht eindeutig bestimmt, also etwa s Synonym zu f_1 und f_2, so wird vorausgesetzt, daß die entsprechenden Auswahlfunktionen übereinstimmen: $variableof(f_1) = variableof(f_2)$.)

(2) Sei $p \in spar(OP)$ ein (freier oder gebundener) Parameter einer Operation OP einer Architektur A, l die Länge von *field*(p).

Der *Fehlerbereich* von p ist die Menge

$$error(p) = \{\beta \in \{0,1\}^l \mid variableof(field(p))(\beta) \neq \underline{error} \rightarrow type(variableof(field(p))(\beta)) \not\subset type(p)\}\ .$$

(3) Die *Determiniertheitsbedingung* von p ist die Formel

$$constraint(p) = \begin{cases} \bigwedge \{field(p) \neq \beta \mid \beta \in error(p)\} & \text{falls } A \text{ eine passive Architektur spezifiziert} \\ \bigwedge \{\$field(p)\$ \neq \beta \mid \beta \in error(p)\} & \text{sonst} \end{cases}$$

(4) Seien $\beta_1 < \ldots < \beta_k$ alle Elemente von $\{0,1\}^l \setminus error(p)$. Die Transformation *eliminate-boundpar*(OP) von OP ist eindeutig durch

$$\underline{\text{that}}\ p\ \underline{\text{of}}\ f \mapsto \begin{array}{l} \underline{\text{if}} \\ \quad f = \beta_1 \Rightarrow variableof(field(p))(\beta_1) \\ \quad \vdots \\ \quad f = \beta_k \Rightarrow variableof(field(p))(\beta_k) \\ \underline{\text{fi}} \end{array}$$

definiert, wobei

$$f = \begin{cases} field(p) & \text{falls } A \text{ eine passive Architekturebene definiert} \\ \$field(p)\$ & \text{sonst .} \end{cases}$$

□

4.5 Beispiel

Für die (gebundenen) Parameter 'base' und 'accu' von *parameter elimination*(ST) gilt:

(1) *error*(accu) = ∅, *error*(base) = {00,01},

da *field*(base) = move-data.index
und *variableof*(move-data.index)(00) = error
und *type*(*variableof*(move-data.index)(01))
= *type*(programcounter) = pc
≠ high-accu = *type*(base) .

(2) Da 'NOVA/top-level' eine programmierbare Architektur spezifiziert, ist somit

constraint(accu) = true und
constraint(base) = \$move-data.index\$ ≠ 00 ∧ \$move-data.index\$ ≠ 01

(3) Im Hinblick auf weitere Beispiele geben wir die Definition von

eliminateboundpar(*parameter elimination* (ST)),

auf die wir uns im folgenden wieder unter dem Namen ST beziehen. In der Definition sind die Komponenten weggelassen, die für die weitere Generierung nicht mehr benötigt werden, weil sie entweder anders gewonnen werden oder bereits ausgewertet wurden.

```
function ST:
   pattern
      memory
         [< if $move-data.index$ = 10 ⇒ accu(2),
               $move-data.index$ = 11 ⇒ accu(3) fi
                + $move-data.displacement$, base register address>]
         :=
            if
               $move-data.accu$ = 00 ⇒ accu(o),
               $move-data.accu$ = 01 ⇒ accu(1),
               $move-data.accu$ = 10 ⇒ accu(2),
               $move-data.accu$ = 11 ⇒ accu(3)
            fi
   sideeffects
      main
         increment programcounter:
            pre true
            post <programcounter = programcounter' +1, interrupt handler>
      then
         activate interrupt service routine:
            pre <INTERRUPT(interrupt-on,done,interrupt-disable) =bin 1, interrupt handler>
            post memory[0] = (bin 0|programcounter')
               ∧ programcounter = memory[1]<1..15>
               ∧ interrupt-on = bin 0
   instructionfields
      main.zero-bit = bin 0,
      move-data.function = bin 10,
      move-data.accu,
      move-data.address-type = bin 0,
      move-data.index,
      move-data.displacement
endfunction
```

- Zur Generierung der Spezifikation
aufbereitete Definition der Operation ST -
- Abb. 4.1 -

□

Wir setzen im folgenden die so gewonnene Darstellung einer Operation voraus und beziehen uns auf die Konjunktion sämtlicher im Rahmen der Transformation von OP gewonnenen Determiniertheitsbedingungen durch *sparconstraints*(OP). Sie bilden zusammen mit der Aktivierungsbedingung die Formel *ok*(OP).

4.6 Definition

$$ok(OP) \equiv \langle OP.\underline{cond}, OP\rangle \wedge sparconstraints(OP) \ . \qquad \square$$

Bezüge auf Komponenten von OP beziehen sich auf die normierte Darstellung von OP. Wir setzen darüberhinaus in der formalen Behandlung voraus, daß sämtliche Synonymbezeichnungen durch die eigentliche Benennung des Speicherelements ersetzt wurden, um bei der symbolischen Auswertung der Definition durch Substitution eindeutige Bezeichnungen verwenden zu können[3].

Für jeden Zustand der Auswertung von OP definieren wir nun die charakteristische Substitution, die Menge der veränderten Speicherelemente, sowie eine Funktion *outputenable*, die die Bedingungen charakterisiert, unter denen ein Speicherelement in diesem Zustand verändert wurde. Wir definieren diese Konzepte zunächst für einen einzelnen Seiteneffekt.

Dazu präzisieren wir zunächst die Syntax von *dynamischen Speicherausdrücken*, die innerhalb von (transformierten) Operationsdefinitionen vorkommen und insbesondere dynamische Auswahl von Teilfeldern und Teilfolgen sowie dynamische Auswahl von Speicherausdrücken gestatten. Entsprechend dem induktiven Aufbau dynamischer Speicherausdrücke definieren wir simultan rekursiv die Menge der Ausdrücke und boolschen Ausdrücke über einer Architektur.

4.6 Definition

(1) *mod*(A) bezeichne die Menge aller Bezeichner von Operationen, Adressierungsarten, und der Folgeadreßbildung von A.

(2) *stfun* und *stpred* bezeichne die Menge der durch das System vorgegebenen Basisfunktionen und Basisprädikate. Die Menge der in A (unter semantic-Einträgen) deklarierten Funktionen und Prädikate bezeichnen wir mit *fun*(A) und *pred*(A). *con*(A) bezeichne die Menge der im Blockdiagramm von A deklarierten Konstanten. Für $c \in con(A)$ ist seine Repräsentation $repfun(c) \in \{0,1\}^*$ entweder standardmäßig festgelegt oder durch seinen Typ *type*(c) unter where deklariert. Für ein Prädikat oder eine Funktion ist sein Typ wohldefiniert. Wir gehen davon aus, daß in der folgenden Definition der (boolschen) Ausdrücke sämtliche Applikationen wohlgetypt sind.

(3) Die Mengen *dstex*(A), *bexp*(A), *exp*(A) der *dynamischen Speicherausdrücke*, *boolschen Ausdrücke*, und *Ausdrücke über* A, sowie für $a \in dstex(A)$ der Typ *type*(a) sind simultan induktiv wie folgt definiert:

- ist $a \in dstex(A)$ vom Typ seq...bit oder bit,
  so ist $a \in exp(A)$
- ist $c \in con(A)$, dann ist $repfun(c) \in exp(A)$
- ist $f \in stfun \cup fun(A)$, und sind $e_1, \dots, e_n \in exp(A)$,
  so ist $f(e_1, \dots, e_n) \in exp(A)$

- sind $b_1,\dots,b_n \in \mathit{bexp}(A)$ und $e_0,e_1,\dots,e_n \in (A)$, so sind $\underline{\text{if}}\ b_1 \Rightarrow e_1,\dots,b_n \Rightarrow e_n\ \underline{\text{fi}} \in \mathit{exp}(A)$ und $\underline{\text{if}}\ b_1 \Rightarrow e_1,\dots,b_n \Rightarrow e_n\ \underline{\text{else}}\ e_0\ \underline{\text{fi}} \in \mathit{exp}(A)$
- ist $M \in \mathit{mod}(A)$ und $e \in \mathit{exp}(A)$, dann ist (die *Bindung von* A-*abhängigen Funktions- und Prädikatsnamen an* M) $\langle e,M\rangle \in \mathit{exp}(A)$

(4) Die Definition der boolschen Ausdrücke über A ist bis auf die Bindungsregel $\langle b,M\rangle \in \mathit{bexp}(A)$ standard und wird übergangen.

(5)
- $\mathit{stel}(A) \subseteq \mathit{dstex}(A)$
- ist $a \in \mathit{dstex}(A)$ vom Typ $\underline{\text{array}}..\underline{\text{of}}\ \tau$, $e \in \mathit{exp}(A)$ dann ist $a[e] \in \mathit{dstex}(A)$ vom Typ τ
- ist $a \in \mathit{dstex}(A)$ vom Typ $\underline{\text{seq}}..\underline{\text{bit}}$, $e \in \mathit{exp}(A)$, dann ist $a\langle e\rangle \in \mathit{dstex}(A)$ vom Typ $\underline{\text{bit}}$
- ist $a \in \mathit{dstex}(A)$ vom Typ $\underline{\text{tuple}}\ I_1:\tau_1,\dots,I_r:\tau_r\ \underline{\text{endtuple}}$, dann ist $a.I_j \in \mathit{dstex}(A)$ vom Typ τ_j
- ist $a \in \mathit{dstex}(A)$ vom Typ $\underline{\text{array}}..\underline{\text{of}}\ \tau$, $e_1,e_2 \in \mathit{exp}(A)$, dann ist $a[e_1..e_2] \in \mathit{dstex}(A)$ vom Typ $\underline{\text{array}}..\underline{\text{of}}\ \tau$
- ist $a \in \mathit{dstex}(A)$ vom Typ $\underline{\text{seq}}..\underline{\text{bit}}$, $e_1,e_2 \in \mathit{exp}(A)$, dann ist $a\langle e_1..e_2\rangle \in \mathit{dstex}(A)$ vom Typ $\underline{\text{seq}}..\underline{\text{bit}}$
- ist $a \in \mathit{dstex}(A)$ vom Typ $\underline{\text{tuple}}\ I_1:\tau_1,\dots,I_r:\tau_r\ \underline{\text{endtuple}}$ und sind $\{J_1,\dots,J_k\} \subseteq \{I_1,\dots,I_r\}$ mit $J_r = I_{j_r}$ $(1 \le k \le r)$ dann ist $a.\langle J_1,\dots,J_k\rangle \in \mathit{dstex}(A)$ vom Typ $\underline{\text{tuple}}\ J_1:\tau_{j_1},\dots,J_k:\tau_{j_k}\ \underline{\text{endtuple}}$
- sind $b_1,\dots,b_n \in \mathit{bexp}(A)$, $a_1,\dots,a_n \in \mathit{dstex}(A)$ vom Typ τ, dann ist $\underline{\text{if}}\ b_1 \Rightarrow a_1,\dots,b_n \Rightarrow a_n\ \underline{\text{fi}} \in \mathit{dstex}(A)$ vom Typ τ
- sind $a_1,a_2 \in \mathit{dstex}(A)$ vom Typ $\underline{\text{seq}}..\underline{\text{bit}}$, dann ist $a_1|a_2 \in \mathit{dstex}(A)$ vom Typ $\underline{\text{seq}}..\underline{\text{bit}}$

(6) Die Menge der *dynamischen Speicherausdrücke vom Basistyp* bezeichnen wir mit *bdstex*(A). □

Verzweigungsbedingungen in bedingten Ausdrücken werden von links nach rechts ausgewertet. Die in (3) und (4) eingeführten Bindungsregeln steuern die Bindung von Vorkommen einer A-abhängigen Funktion (oder eines solchen Prädikates) an in den Moduln der Architektur festgelegten Semantikdefinitionen: die Semantik eines solchen Symbols f wird durch die nächste textlich umgebende Bindung an einen Modul M über den Eintrag M.semantics festgelegt. Um die Konversion von Konstanten in Binärworte nicht stets explizit behandeln zu müssen, setzen wir im folgenden voraus, daß jedes Vorkommen einer Konstante $c \in \mathit{con}(A)$ in A durch *repfun*(c) ersetzt worden ist. Die Form der dynamischen Speicherausdrücke gibt einerseits die Möglichkeiten (etwa in der Deklaration von Synonymen) der Selektion und Bildung von Teiltupeln, Teilfeldern und Teilfolgen

tion von Synonymen) der Selektion und Bildung von Teiltuppeln, Teilfeldern und Teilfolgen mit statischen Grenzen und gestattet andererseits die aus der Elimination von Parametern resultierenden bedingten Speicherausdrücke, die durch die Einsetzung in die in pattern verwendeten Speicherausdrücke mit dynamischer Auswahl und dynamischen Grenzen kombiniert werden.

Nach 3.1.1 hat jeder Seiteneffekt I von OP die in Abbildung 4.2 gezeigte Form, in der p und q^j quantorenfreie Formeln, die a^j_r Speicherausdrücke vom Basistyp und e^j_r Ausdrücke bezeichnen ($1 \leq j \leq n$, $1 \leq r \leq n_j$)[4].

I:

pre p

$$\begin{array}{ll} \text{post} & q^1 \rightarrow a^1_1 = e^1_1 \wedge \ldots \wedge a^1_{n_1} = e^1_{n_1} \\ \wedge & \\ & \vdots \\ & \wedge\, q^n \rightarrow a^n_1 = e^n_1 \wedge \ldots \wedge a^n_{n_n} = e^n_{n_n} \end{array}$$

- Normierte Darstellung eines Seiteneffektes -
- Abb. 4.2 -

Eine Zustandstransformation, die I implementiert, überführt somit einen *Ausgangszustand*, der p erfüllt, in einen *Folgezustand*, dessen Belegungen der a^j_r durch e^j_r festgelegt werden, falls q^j im Folgezustand wahr ist. Sowohl die Bedingung q^j als auch die Ausdrücke e^j_r können *eingefrorene Variablen* der Form a' (für a∈*bstex*(A)) enthalten, deren Wert durch die Belegung von a im Ausgangszustand gegeben ist. Somit läßt sich - unter der Annahme, daß die Nachbedingung widerspruchsfrei ist - e^j_r als der Wert von a^j_r unter der Bedingung q^j auffassen, falls der Ausgangszustand p erfüllt. Wir bezeichnen daher die Menge $\{a^j_r | 1 \leq j \leq n,\ 1 \leq r \leq n_j\}$ als *outputlocations*(I).

Entsprechend ergeben sich die Eingabevariablen der Nachbedingung *postinputlocations* (I) als die Menge der in q^j und e^j_r vorkommenden Speicherelemente vom Basistyp. Auf den Ausgangszustand beziehen sich die Eingabevariablen *preinputlocations*(I). Die Widerspruchsfreiheit der Nachbedingung läßt sich garantieren, indem man (*sink/sources* und *sink/sink*) Konflikte zwischen den verschiedenen Konjunktionsgliedern ausschließt (vgl. die Konfliktbehandlung 4.2.2).

4.7 Definition

(1) Die Menge der *eingefrorenen Speicherelemente von* A bezeichnen wir mit *frozen*(A) = {a'|a∈*dstex*(A)}. Die Anwendung von *frozen*, *bdstex* auf Formeln (Ausdrücke) liefert die Menge der in der Formel vorkommenden Bezeichnung der entsprechenden Kategorie. *thaw* bezeichnet die Substitution, die eingefrorene Speicherausdrücke a' durch a ersetzt.

Sei $I \in$ OP.sideeffects wie in Abbildung 4.2.

(2) Die *Ausgabevariablen* von I sind in der Menge

$$outputlocations(i) = \bigcup_{1 \leq j \leq n} \bigcup_{1 \leq r \leq n_j} \{a_r^j\}$$

zusammengefaßt.

Mit *postinputlocations*(I) bezeichnen wir die Menge

$$\bigcup_{1 \leq j \leq n} bdstex(q^j) \cup \bigcup_{\substack{1 \leq j \leq n \\ 1 \leq r \leq n_j}} bdstex(e_r^j)$$

Die Menge *preinputlocations*(I) =

$$bdstex(I.\underline{pre}) \cup thaw(frozen(I.\underline{post}))$$

faßt alle Speicherelemente zusammen, die sich auf den Ausgangszustand beziehen. □

Bevor wir die Bedingungen präzisieren können, die die Widerspruchsfreiheit der Nachbedingung garantieren, müssen wir den Begriff der *Gleichheit* von Speicherausdrücken vom Basistyp präzisieren. Offensichtlich reicht es zum Ausschluß von Doppeldefinitionen nicht aus, *syntaktische* Unterscheidbarkeit solcher Ausdrücke zu fordern: obwohl etwa für ein Feld a und unterschiedliche Speicherelemente s_1, s_2 vom Basistyp $a[s_1] \neq a[s_2]$ gilt, wird trivialerweise bei gleicher Belegung von s_1 und s_2 das selbe Feldelement ausgewählt; offensichtlich können daraus resultierende Konflikte nur dynamisch erkannt werden. Eine entsprechend aufwendige Konfliktanalyse wird im Rahmen der parallelen Ausführung von Mikrooperationen durchgeführt werden, um eine optimale Kompaktifizierung des Mikrocodes zu erreichen. Im gegenwärtigen Kontext reicht jedoch eine *statische Approximation* der Bedingung aus, die Konfliktfreiheit garantiert. Wir definieren dazu eine Hilfsfunktion *strip*, die Speicherausdrücke so reduziert, daß syntaktisch verschiedene reduzierte Speicherausdrücke stets disjunkte Speicherelemente bezeichnen. Die Abbildung berücksichtigt darüberhinaus die durch die Transformation *eliminateboundpar* eingeführten *bedingten* Speicherausdrücke: zur statischen Approximation werden sie durch *strip* auf die Menge der durch die Bedingung auswählbaren Speicherausdrücke reduziert.

4.8 Definition

Die Abbildung

$$strip : dstex(A) \to P(stex(A))$$

ist induktiv definiert durch

$strip(a) = \{a\}$ für $a \in stel(A)$

$strip(a[e]) = strip(a<e>) = strip(a[e_1 .. e_2])$

$= strip(a<e_1 .. e_2>) = strip(a)$

- $strip(a.I) = \begin{cases} strip(a).I & \textbf{falls} \quad type(a) = type(strip(a)) \\ strip(a) & \textbf{sonst} \end{cases}$

- $strip(a.<J_1,\ldots,J_r>) = \begin{cases} strip(a).<J_1,\ldots,J_r> & \textbf{falls} \quad type(a) = type(strip(a)) \\ strip(a) & \textbf{sonst} \end{cases}$

- $strip(\underline{if}\ b_1 \Rightarrow a_1,\ldots,b_n \Rightarrow a_n\ \underline{fi}) = \bigcup_{1 \leq j \leq n} strip(a_j)$

- $strip(a_1 | a_2) = strip(a_1) \cup strip(a_2)$ □

4.9 Beispiel

strip(RTC.buffer<2>) = RTC.buffer

strip(<u>if</u> $move-data.accu$ = 00 ⇒ accu(0),
$move-data.accu$ = 01 ⇒ accu(1),
$move-data.accu$ = 10 ⇒ accu(2),
$move-data.accu$ = 11 ⇒ accu(3) <u>fi</u>)
= {accu(0), accu(1), accu(2), accu(3)}. □

Nach diesen Vorbereitungen können wir die Anforderung an die Nachbedingung von I präzisieren, die ihre Widerspruchsfreiheit garantiert.

4.10 Defintion

Sei I ⊂ OP.<u>sideeffects</u> wie in Abbildung 4.2.

I heißt *konfliktfrei* gdw.

- $strip(postinputlocations(I)) \cap strip(outputlocations(I)) = \emptyset$
- $\forall j \neq i \quad \forall r \neq s \quad strip(a_r^j) \cap strip(a_s^i) = \emptyset$ □

4.11 Beispiel

Wir betrachten den Seiteneffect I ≡ 'activate interrupt service routine' aus Abbildung 4.1. Es ist

preinputlocations(I) =
{interrupt-on, TTI.done , TTO.done , PTR.done , RTC.done,
TTI.interrupt-disable , TTO.interrupt-disable , PTR.interrupt-disable ,
RTC.interrupt-disable, programcounter}

postinputlocations(I) = {memory[1]<1..15>}

outputlocations (I) = {memory[0], programcounter, interrupt-on}.

I ist nicht konfliktfrei, da $strip(outputlocations(I)) \cap strip(postinputlocations(I))$ = {memory} .

Offensichtlich ist trotzdem die Nachbedingung von I widerspruchsfrei, da die Speicherelemente statisch ausgewählt werden, I läßt sich leicht (äquivalent) konfliktfrei spezifizieren, indem memory[1]<1..15> eingefroren wird. □

Wir setzen im folgenden voraus, daß alle Seiteneffekte konfliktfrei spezifiziert werden.

Um zu modellieren, daß durch die Ausführung von Operationen unmittelbar Status-Informationen erzeugt werden, wird die Nachbedingung unter sideeffects.main deklarierter Seiteneffekte in dem Zustand ausgewertet, der durch Auswertung des pattern im Ausgangszustand des Seiteneffektes resultiert. Für Operationen vom Typ transfer oder function mit pattern $a_1,\dots,a_n := e_1,\dots,e_n$ berücksichtigt die folgende Definition der Substitution eines Seiteneffektes daher die Ersetzung von a_j durch e_j in der Nachbedingung eines unter main spezifizierten Seiteneffektes I . Nach dieser Ersetzung hängen auf Grund der Annahme der Konfliktfreiheit die Eingabevariablen der Nachbedingung nur vom Ausgangszustand der Auswertung des Seiteneffektes ab, so daß - intuitiv gesehen - der Seiteneffekt einer parallelen bedingten Verzweigung entspricht. Dies motiviert die folgende Definition.

4.12 Defintion

(1) Um uniform den möglicherweise für die Auswertung des Seiteneffektes relevanten Effekt des patterns einer Operation behandeln zu können, definieren wir zunächst eine die Auswertung des pattern's formalisierende Substitution[5] *sub*(pattern) durch Fallunterscheidung gemäß der Art der Operation.

- ist OP vom Typ transfer oder function mit OP.pattern $\equiv a_1,\dots,a_n := e_1,\dots,e_n$ mit $a_j \in bdstex(A)$, $e_j \in exp(A)$, dann ist *sub*(pattern) die durch

  $$a_j \longmapsto \langle e_j, OP\rangle$$

  induzierte Substitution.

- ist OP vom Typ test mit OP.pattern $\equiv b \in bexp(A)$, dann ist *sub*(pattern) die durch

  $$OP \longmapsto \langle b, OP\rangle$$

  induzierte Substitution.

- ist OP vom Typ decoder mit OP.pattern $\equiv a \in bdstex(A)$ dann ist *sub*(pattern) die durch

  $$OP \longmapsto decode(a)$$

  mit *decode* = OP.semantics.decode induzierte Substitution. □

Zur Generierung der Spezifikation von Funktionen, die test- bzw. decode-Operationen implementieren, wird das Ergebnis der Auswertung der Verzweigungsbedingung an den Namen der Operation gebunden. Für Dekodieroperationen muß unter semantics.decode eine Funktion vom Typ bit(n) → int angegeben werden, die die Interpretation von Binärworten als (die einzelnen Fälle bezeichnenden) natürliche Zahlen festlegt.

4.12 Definition (Fortsetzung)

(2) Die Menge der *Eingabevariablen* von I ist die Menge

$$inputlocations(I) = \begin{cases} preinputlocations(I) \cup postinputlocations(I)sub(\underline{pattern}) \\ \quad \text{falls} \quad I \in \underline{sideeffects}.\underline{main} \\ preinputlocations(I) \cup postinputlocations(I) \\ \quad \text{sonst} \; . \end{cases}$$

(3) Wir definieren für jedes $a \in outputlocations(I)$ seine *Aktivierungsbedingung* im Seiteneffekt I unter Verwendung der Bezeichnungen von Abbildung 4.2:

$$outputenable(I)(a^j_r) = \begin{cases} \langle p \wedge thaw(q^j \; sub(\underline{pattern})), OP\rangle \\ \quad \text{falls} \quad I \in \underline{sideeffects}.\underline{main} \\ \langle p \wedge thaw(q^j), OP\rangle \\ \quad \text{sonst} \; . \end{cases}$$

(4) Die I *charakterisierende Substitution* $sub(I)$ ist induziert durch

$$a^j_r \longmapsto \underline{if} \; outputenable(I)(a^j_r) \Rightarrow \langle \hat{e}^j_r, OP\rangle \; \underline{else} \; a^j_r \; \underline{fi}$$

wobei

$$\hat{e}^j_r = \begin{cases} thaw(e^j_r \; sub(\underline{pattern})) & \text{falls} \quad I \in \underline{sideeffects}.\underline{main} \\ thaw(e^j_r) & \text{sonst} \; . \end{cases}$$

□

Man beachte, daß auf Grund der Konfliktfreiheit von I jedes a^j_r nur genau einmal in I.post vorkommt und daher die obige Substitution eindeutig definiert ist. Durch den else-Zweig der bedingten Substitution wird sichergestellt, daß eine Ausgabevariable eines Seiteneffektes unverändert bleibt, wenn ihre Aktivierungsbedingung verletzt ist.

4.13 Beispiel (Fortsetzung 4.5)

Für den Seiteneffekt I = 'activate interrupt service routine' ist

$$inputlocations(I) = preinputlocations(I) \cup \{memory[1]\langle 1..15\rangle\}$$

und $sub(I)$ gegeben durch

memory[0] ⟼ <u>if</u> *pre* ⇒ <u>bin</u> 0 | programcounter <u>else</u> memory[0] <u>fi</u>

programcounter ⟼ <u>if</u> *pre* ⇒ memory[1]<1..15> <u>else</u> programcounter <u>fi</u>

interrupt-on ⟼ <u>if</u> *pre* ⇒ <u>bin</u> 0 <u>else</u> interrupt-on <u>fi</u>

wobei

pre = <INTERRUPT(interrupt-on, done, interrupt-disable) = <u>bin</u> 1, <u>interrupt-handler</u>>

□

Die obige Definition führt formal Substitutionen ein, die die Ersetzung bedingter Speicherausdrücke a beinhalten. Wir betrachten solche Ersetzungen

$$a \equiv \underline{\text{if}}\ b_1 \Rightarrow a_1, \ldots, b_n \Rightarrow a_n\ \underline{\text{fi}} \longmapsto e$$

als abkürzende Schreibweise für n parallele Substitutionen

$$a_j \longmapsto \underline{\text{if}}\ b_j \Rightarrow e\ \underline{\text{else}}\ a_j\ \underline{\text{fi}}\ .$$

Analog ersetzen wir implizit hier und im folgenden jedes Vorkommen von a in einer Menge *outputlocations* durch $a_1, \ldots, a_n$ und fassen einen Eintrag *outputenable*(..)(a) = φ als eine Abkürzung für die n Einträge *outputenable*(..)(a_j) = b_j ∧ φ auf.

Diese Transformation ist korrekt, wenn durch die Aktivierungsbedingung einer Operation sichergestellt wird, daß stets einer der Bedingungen b_j wahr ist. Für die durch die Elimination gebundener Parameter eingeführten bedingten Speicherausdrücke wird dies durch die dabei generierten Determiniertheitsbedingungen sichergestellt.

Innerhalb eines Zustandes werden sämtliche Seiteneffekte parallel ausgewertet. Aus pragmatischen Gründen kann in diesem Fall keine Konfliktfreiheit in der Schärfe verlangt werden, wie dies für einen einzelnen Seiteneffekt gefordert wurde, da möglicherweise in unterschiedlichen Seiteneffekten das selbe Speicherelement a unterschiedlich 'gesetzt' wird (vgl. die Kontrolle von Seiteneffekten durch *modifier-bits* in der Beschreibung der MICRODATA 1600, Anhang 1.2). Die folgende abgeschwächte Bedingung schließt somit formal Konflikte beim schreibenden Zugriff auf Speicherelemente nicht aus, da rein statisch die Antivalenz der Aktivierungsbedingungen von a in unterschiedlichen Seiteneffekten nicht ohne Beweiswerkzeuge nachgewiesen werden kann. Konflikte würden jedoch nur dann auftreten, wenn der Entwerfer einer Architektur spezifiziert, daß etwa ein Status-Bit gleichzeitig gesetzt und zurückgesetzt werden soll. Die sich anschließende Definition der einen Zustand charakterisierenden Transformation löst die möglichen Speicherkonflikte durch sequentielle Auswertung der Aktivierungsbedingungen von a auf. Daher wird in der folgenden Definition des Begriffs der Verträglichkeit gefordert, daß ein Speicherelement nur dann in unterschiedlichen Seiteneffekten verändert werden darf, wenn seine Aktivierungsbedingungen nicht trivial sind.

4.14 Definition

Sei Z ∈ {first, then, main} ein Zustand der Auswertung von OP. Z heißt *verträglich* gdw.

∀I,J ∈ sideeffects.Z mit I ≢ J
strip(*postinputlocations*(I)) ∩ *strip*(*outputlocations*(J)) = ∅
∧ ∀a ∈ *outputlocations*(I) ∩ *outputlocations*(J)
outputenable(I)(a) ≢ true ≢ *outputenable*(J)(a)

und Z ≡ main ⇒
∀I ∈ sideeffects.main
strip(OP.sinks) ∩ *strip*(*outputlocations*(I)) = ∅

4.15 Beispiel (Fortsetzung 4.5)

Die beiden Zustände main und then von ST sind offensichtlich verträglich. Würde der Seiteneffekt 'activate interrupt service routine' unter main deklariert, ergäbe sich eine doppelte Verletzung der Verträglichkeitsbedingung für main:

- es ist programcounter ∈ *outputlocations*(increment programcounter) ∩ *outputlocations*(activate interrupt service routine), aber *outputenable*(increment programcounter)(programcounter) ≡ true;
- es ist memory ∈ *strip*(ST.sinks) ∩ *strip*(*outputlocations* (activate interrupt service routine)).

□

Wir setzen im folgenden voraus, daß sämtliche Zustände einer Operation verträglich spezifiziert sind[6].

Wir führen nun den Begriff der parallelen Komposition von Substitutionen ein und setzen dabei eine analoge Verträglichkeitsbedingung für Substitutionen voraus. Sie berücksichtigt zusätzlich die nach Konstruktion der *sub*(I) gewährleistete Eigenschaft, daß ein in unterschiedlichen Seiteneffekten verändertes Speicherelement bei Verletzung der zugehörigen Aktivierungsbedingung durch sich selbst ersetzt wird.

4.16 Defintion

Seien $\Theta_1,\dots,\Theta_n$ Substitutionen mit Definitionsbereichen $D_1,\dots,D_n$ [5].

(1) Die Substitutionen $\Theta_1,\dots,\Theta_n$ heißen *verträglich* gdw.

$$\forall i \neq j \quad a \in D_i \cap D_j \Rightarrow$$
$$\Theta_r(a) \text{ ist von der Form } \underline{\text{if}}\ b_r \Rightarrow e_r\ \underline{\text{else}}\ a_r\ \underline{\text{fi}} \quad (r \in \{i,j\})$$
$$\text{und } b_i \not\equiv \underline{\text{true}} \not\equiv b_j \wedge a_i \equiv a \equiv a_j .$$

(2) Sind $\Theta_1,\dots,\Theta_n$ verträgliche Substitutionen, so ist ihre *parallele Komposition* $\Theta_1 \| \dots \| \Theta_n$ definiert durch

- $dom(\Theta_1 \| \dots \| \Theta_n) = \bigcup_{1 \leq j \leq n} D_j$
- $$\Theta_1 \| \dots \| \Theta_n(a) = \begin{cases} \Theta_j(a) & \text{falls genau ein } j \text{ mit } a \in D_j \text{ existiert} \\ \underline{\text{if}}\ b_{j_1} \Rightarrow e_{j_1}, \dots, b_{j_r} \Rightarrow e_{j_r}\ \underline{\text{else}}\ a\ \underline{\text{fi}} & \\ & \text{falls } r > 1 \text{ und } \Theta_{j_1},\dots,\Theta_{j_r} \text{ alle Substitutionen} \\ & \text{mit } a \in \bigcap_{1 \leq p \leq r} D_{j_p} \text{ sind und} \\ & \Theta_{j_p}(a) \equiv \underline{\text{if}}\ b_{j_p} \Rightarrow e_{j_p}\ \underline{\text{else}}\ a\ \underline{\text{fi}} \end{cases}$$

□

Die einen Zustand der Auswertung charakterisierende Substitution läßt sich damit leicht als parallele Komposition der Substitution aller in diesem Zustand deklarierten Seiteneffekte definieren. Im Zustand '<u>main</u>' wird darüberhinaus die durch das <u>pattern</u> induzierte Substitution ausgewertet.

4.17 Definition

Sei $Z \in \{\underline{first}, \underline{then}, \underline{main}\}$, und $I_1, \ldots, I_r$ eine Aufzählung aller Seiteneffekte von Z gemäß ihrer in der Deklaration festgelegten Reihenfolge.

(1) Die *den Zustand* Z *charakterisierende Substitution* *sub*(Z) ist definiert als

- $Z \equiv \underline{main} \Rightarrow$
  $sub(\underline{main}) = sub(\underline{pattern}) \parallel sub(I_1) \parallel \ldots \parallel sub(I_r)$
- $Z \in \{\underline{first}, \underline{then}\} \Rightarrow$
  $sub(Z) = sub(I_1) \parallel \ldots \parallel sub(I_r)$

□

Für ein nichttriviales Beispiel der parallelen Komposition von Substitutionen verweisen wir auf Beispiel 4.51(2).

Wir weiten in der nächsten Definition die Begriffsbildung der Aktivierungsbedingung sowie der Menge von Ein- bzw. Ausgabevariablen eines Seiteneffektes auf einen Zustand aus.

4.17 Definition (Fortsetzung)

(2) Die Menge der *Eingabevariablen* und *Ausgabevariablen* von Z ist definiert durch

- $inputlocations(Z) = \bigcup_{1 \leq j \leq r} inputlocations(I_j)$,
- $outputlocations(Z) = \bigcup_{1 \leq j \leq r} outputlocations(I_j)$

(3) Die *Aktivierungsbedingung für* a *im Zustand* Z ist definiert als

$$outputenable(Z)(a) = \begin{cases} \underline{true} & \text{falls } Z \equiv \underline{main} \text{ und } a \in OP.\underline{sinks} \\ \bigvee \{outputenable(I_j)(a) \mid a \in outputlocations(I_j)\} & \text{sonst.} \end{cases}$$

□

Da das Verhalten der Zustände somit vollständig beschrieben ist, läßt sich die interne sequentielle Struktur der Operationsauswertung leicht durch die sequentielle Komposition von Substitution formalisieren. Zusammen mit der in 4.6 formalisierten Aktivierungsbedingung *ok*(OP) ergibt sich die schwächste ableitbare Vorbedingung von OP bezüglich einer Nachbedingung p als die Konjunktion von *ok*(OP) mit der (durch die sequentielle Komposition der die Zustände charakterisierenden Substitutionen) symbolisch ausgewerteten Nachbedingung.

4.18 Definition

(1) Die OP *charakterisierende Substitution* $sub(\text{OP})$ ist definiert als

$$sub(\text{OP}) = sub(\underline{\text{first}}) \circ sub(\underline{\text{main}}) \circ sub(\underline{\text{then}})$$

(2) Die *schwächste ableitbare Vorbedingung von* OP *bzgl. einer Formel* p ist definiert als

$$wdp(\text{OP},p) \equiv ok(\text{OP}) \wedge p\ sub(\text{OP})$$

□

Für die weiteren Untersuchungen - insbesondere für die in 4.2 vorgenommene Konfliktanalyse - benötigen wir ebenfalls eine genaue Charakterisierung der durch eine Operation veränderten Speicherelemente und der Bedingungen, die vor Ausführung der Operationen garantieren, daß ein Speicherelement in einem Zustand der Ausführung von OP verändert wird. Bei der Definition berücksichtigen wir, daß auf Grund der sequentiellen Auswertung einer Operation Ein- bzw. Ausgabevariablen eines Zustandes erst nach Ausführung des vorigen Zustandes endgültig festgelegt sind, da etwa durch Seiteneffekte bei der Adreßbildung die tatsächlich beschriebene Speicherzelle sich von der im pattern (und unter sinks) angegebenen Speicherzelle unterscheiden kann.

Im Hinblick auf die spätere Anwendung bei der Konfliktbehandlung rechnen wir dazu unter Verwendung der die einzelnen Zustände charakterisierenden Substitution die Darstellung von *outputenable* einheitlich auf den Zustand bei Aktivierung der Operation zurück. Da hierbei lediglich die Veränderung beim Zugriff auf Feld- oder Folgenelementen - nicht aber auf den Speicherausdruck als ganzen - berücksichtigt werden müssen, schränken wir die Anwendung der Substitution auf Vorkommen von *Ausdrücken* innerhalb von Speicherausdrücken ein. Wir definieren dazu einen Operator *restrict*, der für eine gegebene Substitution Θ ihre Applikation entsprechend kontrolliert.

4.19 Definition

Für eine Substitution Θ definieren wir die *eingeschränkte Substitution*

$$restrict(\Theta) : dstex(A) \rightarrow dstex(A)$$

induktiv durch $restrict(\Theta)(a) =$

$$\begin{array}{l}
\underline{\text{if}} \\
\quad a \in stel(A) \Rightarrow a\ , \\
\quad a \equiv a_1\langle e\rangle \Rightarrow restrict(\Theta)(a_1)\langle e\Theta\rangle\ , \\
\quad a \equiv a_1[e] \Rightarrow restrict(\Theta)(a_1)[e\Theta]\ , \\
\quad a \equiv a_1\langle e_1..e_2\rangle \Rightarrow restrict(\Theta)(a_1)\langle e_1\Theta..e_2\Theta\rangle\ , \\
\quad a \equiv a_1[e_1..e_2] \Rightarrow restrict(\Theta)(a_1)[e_1\Theta..e_2\Theta]\ , \\
\quad a \equiv a_1.I \Rightarrow restrict(\Theta)(a_1).I\ , \\
\quad a \equiv a_1.\langle J_1,...,J_k\rangle \Rightarrow restrict(\Theta)(a_1).\langle J_1,...,J_k\rangle, \\
\quad a \equiv a_1 | a_2 \Rightarrow restrict(\Theta)(a_1) | restrict(\Theta)(a_2) \\
\underline{\text{fi}}
\end{array}$$

□

Offensichtlich gilt $strip(restrict(\Theta)(locations)) = strip(locations)$ für jede Substitution Θ und Menge von Speicherausdrücken *locations*.

Unter Verwendung dieser Hilfsfunktion läßt sich die dynamische Veränderung der Auswahl von Feldern und Folgen leicht bei der Definition der Menge der durch eine Operation veränderten Speicherelemente berücksichtigen.

<u>4.18 Definition</u> (Fortsetzung)

(3) Die *Menge der durch* OP *veränderten* (*gelesenen*) *Speicherausdrücke* ist gegeben durch

- $inputlocations(\text{OP}) =$

$$inputlocations(\underline{\text{first}})$$
$$\cup\ restrict(sub(\underline{\text{first}}))(inputlocations(\underline{\text{main}})) \setminus outputlocations(\underline{\text{first}})$$
$$\cup\ (restrict(sub(\underline{\text{first}}) \circ sub(\underline{\text{main}}))(inputlocations(\underline{\text{then}}))$$
$$\setminus (outputlocations(\underline{\text{first}}) \cup outputlocations(\underline{\text{main}}))) \cup bdstex(\text{OP}\ \underline{\text{cond}})$$

- $outputlocations(\text{OP}) =$

$$outputlocations(\underline{\text{first}})$$
$$\cup\ restrict(sub(\underline{\text{first}}))(outputlocations(\underline{\text{main}}))$$
$$\cup\ restrict(sub(\underline{\text{first}}) \circ sub(\underline{\text{main}}))(outputlocations(\underline{\text{then}}))$$
$$\cup\ opname$$

wobei
$$opname = \begin{cases} \{\text{OP}\} & \text{falls OP von Typ } \underline{\text{test}}, \underline{\text{decoder}} \text{ ist} \\ \emptyset & \text{sonst} \end{cases} .$$

(4) Die Menge der *statisch erkennbaren* Aus- bzw. Eingabespeicherausdrücke von OP bezeichnen wir mit

$$stoutputlocations(\text{OP}) := strip(outputlocations(\text{OP}))$$

bzw.

$$stinputlocations(\text{OP}) := strip(inputlocations(\text{OP}))$$

(5) Für $a \in outputlocations(\text{OP}) \setminus \{\text{OP}\}$ ist seine *Aktivierungsbedingung in* OP gegeben durch

$$outputenable(\text{OP})(a) \equiv$$
$$outputenable(\underline{\text{first}})(a) \vee$$
$$\bigvee\{(outputenable(\underline{\text{main}})(a_{main}))sub(\underline{\text{first}}) \mid a \equiv restrict(sub(\underline{\text{first}}))(a_{main})\}$$
$$\vee \bigvee\{((outputenable(\underline{\text{then}})(a_{then}))sub(\underline{\text{main}}))sub(\underline{\text{first}}) \mid a \equiv$$
$$restrict(sub(\underline{\text{first}}) \circ sub(\underline{\text{main}}))(a_{then})\}$$ □

Wir erläutern nun diese Begriffsbildungen an Hand der in Abbildung 4.1 wiedergegebenen Definition der Operation ST .

<u>4.20 Beispiel</u> (Fortsetzung Bsp. 4.5)

Wir leiten zunächst die Substitution $sub(\text{ST})$ her und stellen dann die durch die Operation veränderten Speicherelemente mit ihren Aktivierungsbedingungen zusammen.

(1) Da 'activate interrupt service routine' der einzige unter 'then' spezifizierte Seiteneffekt ist, ist *sub*(then) = *sub*(activate interrupt service routine).

Im Hinblick auf die korrekte Behandlung von Substitution von Speicherlementen geben wir diese Substitution auch in ihrer formalen Darstellung an:

Sei wieder *pre* ≡

```
<INTERRUPT(interrupt-on, done, interrupt-disable) = bin 1, interrupt handler>
```

sub(then) ist gegeben durch

```
memory ⟼ makearray index : [0..32767] of
              if index = 0 ⇒
                 if pre ⇒ bin 0|programcounter
                    else memory[0] fi
                 else memory[index] fi
           endarray

programcounter ⟼ if pre ⇒ memory[1]<1..15> else programcounter fi
interrupt-on ⟼  if pre ⇒ bin 0 else interrupt-on fi ,
```

sub(main) ist gegeben durch

```
memory ⟼ makearray ind : [0..32767] of
              if ind =
                 < if $move-data.index$ = 10 ⇒ accu(2),
                      $move-data.index$ = 11 ⇒ accu(3) fi
                    + $move-data.displacement$, base register address>
                 ⇒ if
                      $move-data.accu$ = 00 ⇒ accu(0),
                      $move-data.accu$ = 01 ⇒ accu(1),
                      $move-data.accu$ = 10 ⇒ accu(2),
                      $move-data.accu$ = 11 ⇒ accu(3)
                   fi
              else memory[ind] fi
           endarray

programcounter ⟼ <programcounter +1 , interrupt handler>
```

Durch Einsetzung läßt sich *sub*(ST) = *sub*(main) ∘ *sub*(then) explizit darstellen. Wir verwenden dazu folgende Abkürzungen:

```
effective address =
   < if $move-data.index$ = 10 ⇒ accu(2),
        $move-data.index$ = 11 ⇒ accu(3) fi
   +    $move-data.displacement$, base register address>
```

```
accu =
   if $move-data.accu$ = 00 ⇒ accu(0),
      $move-data.accu$ = 01 ⇒ accu(1),
      $move-data.accu$ = 10 ⇒ accu(2),
      $move-data.accu$ = 11 ⇒ accu(3) fi

returnaddress = bin 0|<programcounter +1, interrupt handler>
```

sub(ST) ist gegeben durch

```
memory ↦
   makearray index : [0..32767] of
      if index = 0
         ⇒ if pre
             ⇒ returnaddress
             else if 0 = effective address
                       ⇒ accu
                       else memory[0]
                  fi
           fi
         else if index = effective address
                 ⇒ accu
                 else memory[index]
              fi
      fi
   endarray

programcounter ↦
   if pre
      ⇒ if 1 = effective address
           ⇒ accu
           else memory[1]
        fi <1..15>
      else <programcounter +1, interrupt handler>
   fi

interrupt-on ↦ if pre ⇒ bin 0 else interrupt-on fi
```

(2) Wir geben nun für die relevanten Zustände die Menge der Ausgabevariablen mit ihren Aktivierungsbedingungen an.

```
'then'
   outputlocations
      memory[0], programcounter, interrupt-on
```

outputenable

memory[0] ⟼ *pre*

programcounter ⟼ *pre*

interrupt-on ⟼ *pre*

'main'

outputlocations

memory[*effective address*], programcounter

outputenable

memory[*effective address*] ⟼ true

programcounter ⟼ true

(3) Da weder die Speicheradresssen (0 und *effective address*) der Ausgabevariablen noch die Aktivierungsbedingungen durch frühere Zustände beeinflußt werden, gilt für die Operation ST

outputlocations

memory[0], memory[*effective address*], programcounter, interrupt-on

outputenable

memory[0] ⟼ *pre*

memory[*effective address*] ⟼ true

programcounter ⟼ true

interrupt-on ⟼ true

□

Wie bereits an Hand der im obigen Beispiel konstruierten Substitution *sub*(ST) ersichtlich ist, werden durch die vorgestellte axiomatische Semantik der Operationen in AADL die komplexen Abhängigkeiten in der zeitlichen Strukturierung etwa beim Speicherzugriff explizit sichtbar gemacht. Die Fülle der zu beachtenden Fälle bilden eine typische Fehlerquelle beim Entwurf von Rechnerarchitekturen. So ist etwa beim obigen Beispiel zu fragen, ob in der Tat die Entwickler der NOVA zulassen wollten, daß die Speicheradressen 0 und 1, die zur Abarbeitung von Unterbrechungswünschen vom System verwendet werden, dem Maschinenprogrammierer frei zugänglich sein sollten, oder ob die Möglichkeiten des Überschreibens der Adresse der Interrupt-Service Routine oder des Überschreibens der mit dem Akkumulatorinhalt beschriebenen Speicherzelle durch die Rücksprungadresse beim Vorliegen von Unterbrechungswünschen beim Entwurf übersehen wurden.

4.1.2 Die axiomatische Spezifikation einer Operation

Da die durch eine Operation induzierte Abbildung auf Prädikaten bereits vollständig das Verhalten einer Operation OP nach ihrer Aktivierung festlegt, kann für *passive* Architekturebenen die durch OP bestimmte Zustandstransformation eindeutig durch Anwendung von *wdp*(OP,q) auf eine hinreichend allgemeine Formel q charakterisiert werden. Eine *allgemeinste Nachbedingung*, die dies leistet, muß nicht nur garantieren, daß die durch

OP veränderten Speicherelemente korrekt transformiert werden, sondern muß darüberhinaus sicherstellen, daß ausschließlich solche Speicherelemente der Architektur durch die Implementierung verändert werden, die durch die Operation selbst überschrieben werden (vgl. 3.1.3). Eine solche allgemeinste Nachbedingung kann leicht gewonnen werden, indem man unter Verwendung von *Hilfsvariablen* den Gesamtzustand der Architektur nach Ausführung von OP (durch Konjunktion von Gleichungen der Art $\$a\$ = a$ - in denen $a \in stel(A)$ und $\$a\$$ die zugehörigen Hilfsvariablen bezeichnet) festhält. In der Tat liefert nach Konstruktion von *wdp* die symbolische Auswertung einer solchen Gleichung die Identität, falls a nicht durch die Operation verändert wird.

Ein solcher Ansatz verstößt jedoch offensichtlich gegen das Prinzip modularer Beweistechniken. Da in vielen Fällen die Invarianz durch die Operation unveränderter Speicherelemente rein statisch überprüft werden kann, indem die Menge der durch die Implementierung veränderten (statisch erkennbaren) Speicherelemente mit der Menge der (statischen) Ausgabevariablen von OP verglichen wird, formulieren wir die Spezifikation einer Operation als ein 3-Tupel

<u>entry</u> p <u>exit</u> q <u>with</u> *storageconstraint* ,

in der *storageconstraint* eine Menge von statisch erkennbaren Speicherausdrücken angibt, durch die die Menge der durch die Implementierung veränderten Speicherelemente eingeschränkt wird. Gemäß der obigen Ausführung läßt sich eine solche erweiterte Spezifikation leicht auf die Form eines Paars Nachbedingung, Vorbedingung reduzieren, indem für jedes nicht zu verändernde Speicherelement a Gleichungen der Art $\$a\$ = a$ (durch Konjunktion) in die Vor- und Nachbedingung integriert werden. Somit ist die Erweiterung lediglich syntaktischer Art, insbesondere ist die Semantik einer erweiterten Spezifikation vollständig definiert[7].

Wir gehen nun zunächst auf die Generierung der axiomatischen Spezifikation von Operationen einer *passiven* Architekturebene ein. Sämtliche Speicherelemente, die durch die Implementierung verändert werden dürfen - es sind dies die Ausgabevariablen der Operation und die unter <u>auxiliary storage</u> (vgl. 3.3.1) aufgeführten Speicherelemente - werden durch die Speichereinschränkungsbedingung zusammengefaßt. Die allgemeinste Nachbedingung hält dagegen nur den Zustand der durch die Operation veränderten Speicherelemente in Hilfsvariablen fest. Die Vorbedingung der Operation ist dann kanonisch als schwächste ableitbare Vorbedingung dieser Nachbedingung gegeben.

<u>4.21 Definition</u>

(1) Die *allgemeinste Nachbedingung von* OP ist die Formel

$$exit(\mathrm{OP}) \equiv \bigwedge \{\$a\$ = a \mid a \in stoutputlocations(\mathrm{OP})\}$$

(2) Die *(Speicher-) Einschränkungsbedingung von* OP ist die Menge

$$storageconstraints(\mathrm{OP}) = stoutputlocations(\mathrm{OP}) \cup \mathrm{OP}.\underline{\mathrm{auxiliary\ storage}}$$

(3) Ist OP eine Operation einer passiven Architekturebene, so ist die axiomatische Spezifikation von OP das Tripel

<u>entry</u> *wdp*(OP, *exit*(OP)) <u>exit</u> *exit*(OP) <u>with</u> *storageconstraints*(OP)

und

entry(OP) ≡ *wdp*(OP, *exit*(OP))

die Eingangsbedingung von OP. □

<u>4.22 Beispiel</u> (Fortsetzung von 3.14)
Wir entwickeln die axiomatische Spezifikation der Operation 'store' der Architektur NOVA/modular-level.

(1) Es ist *stoutputlocations*(store) = {memory} und somit[8]

exit(store) ≡ MEM = memory

(2) Sei *accu* der bedingte Ausdruck

```
if move-data.accu = 00 ➡ accu(0),
   move-data.accu = 01 ➡ accu(1),
   move-data.accu = 10 ➡ accu(2),
   move-data.accu = 11 ➡ accu(3) fi .
```

Die Substitution *sub*(store) ist gegeben durch

```
memory ↦ makearray index : [0..32767] of
              if index = buffer
                 ➡ accu
                 else memory[index]
              fi
           endarray
```

(3) Damit ergibt sich die axiomatische Spezifikation von 'store':

```
entry
   file-flag = bin 0
  ∧ MEM = makearray index : [0..32767] of
              if index = buffer ➡ accu else memory[index] fi
           endarray
exit
   MEM = memory
with
   {memory, instructionreg, buffer, link}
```

□

Wir gehen nun auf die Generierung der Anforderungen ein, die die Aktivierbarkeit bzw. Programmierbarkeit einer Architekturebene charakterisieren. Beiden Fällen ist gemeinsam, daß sowohl die Aktivierung als auch die Ausführung von Operationen durch ein an einer ausgezeichneten Stelle abgelegtes Befehlswort eindeutig festgelegt ist. Umgekehrt bestimmt jede Operationsspezifikation eine Belegung des Befehlswortes, die im allgemeinen nur unvollständig festgelegt ist, da in der Regel Operation der Zielarchitektur (auch nach Einsetzung von Adressierungsarten) parametrisiert sind und somit der Wert der entsprechenden Felder des Instruktionswortes nicht bekannt ist. Da wir die Korrektheit der Implementierung der Zielarchitektur zur Strukturierung des Beweises für jede (gemäß 3.1.3 expandierte) Operationsspezifikation getrennt führen, stellt die durch sie induzierte partielle Belegung des Instruktionswortes Wissen dar, das zum Korrektheitsbeweis der Implementierung dieser Operation vorausgesetzt werden kann. Wir präzisieren nun zunächst den Begriff einer partiellen Belegung des Instruktionswortes und zeigen dann, wie aus einer in einem technischen Sinne vollständigen Definition des Instruktionsformats einer Operation die dadurch definierte partielle Befehlswortbelegung generiert werden kann.

Ist die Position des j-ten bits des Befehlswortes nicht eindeutig festgelegt, so wird dies durch das Symbol $\underline{\mathtt{instructionword}}<j>$ gekennzeichnet.

4.23 Definition

Sei *unknown* die Menge $\{\underline{\mathtt{instructionword}}<j> \mid j \in \omega\}$. Eine *partielle Befehlswortbelegung* ist ein Wort in

$$penc = \{\varepsilon \in (\{0,1\} \cup \{|\}unknown^{+}\{|\})^{*} \mid \\ \forall\, 1 \leq j \leq length(\varepsilon)\ \ \varepsilon<j> \notin \{0,1\} \Rightarrow \varepsilon<j> \equiv \underline{\mathtt{instructionword}}<j>\} .$$

Wir identifizieren im folgenden $|\underline{\mathtt{instructionword}}<n..m>|$

mit $|\underline{\mathtt{instructionword}}<n>| \cdot \ldots \cdot |\underline{\mathtt{instructionword}}<m>|$ □

Die Generierung eines partiellen Befehlswortes aus einer Definition der Instruktionsfelder setzt voraus, daß für sämtliche Felder, die nicht zur Kodierung von Parametern verwendet werden, die Kodierung festgelegt ist, wobei wir durch das dafür übliche Symbol 'X' die Angabe von *don't-care bits* zulassen, deren Belegung für die Ausführung der Operation nicht relevant ist. Wir formulieren zunächst einige Begriffsbildungen für den Formatbaum der Architektur (vgl. 3.1.1).

4.24 Definition

Sei A eine aktivierbare oder programmierbare Architektur und T der Formatbaum von A. Wir unterscheiden die folgenden Knotenmengen von T :

decnode(T) bezeichnet die Menge aller (eindeutig durch Feldnamen gekennzeichneten) Entscheidungsknoten von T .

parnode(T) bezeichnet die Menge der Entscheidungsknoten, die Parameter von Operationen kodieren. Sie zerfällt in die Menge *sparnode* (T) von Knoten, die Speicherelemente von A kodieren, und den Entscheidungsknoten in

cparnode (T) die Objekte von einem Konstantentyp kodieren; schließlich sei

decleaves (T) die Menge der Entscheidungsknoten von T , die keinen Entscheidungsknoten als Nachfolger haben.

Wir identifizieren im folgenden Feldnamen mit den eindeutig zugeordneten Entscheidungsknoten. □

4.25 Beispiel

Für den in Abbildung 3.5 gezeigten Ausschnitt T des Formatbaums der Architektur NOVA/top-level gilt

decnode (T) =

{main.zero-bit, no-ali.formatselect, move-data.function, move-data.accu, move-data.addresstype, move-data.index, move-data.displacement}

sparnode (T) =

{move-data.accu, move-data.index}

cparnode (T) =

{move-data.addresstype, move-data.displacement}

□

Die folgende Definition der (Spezifikations-) Vollständigkeit einer Definition des Instruktionswortes einer Architektur stellt auch die Definition der bei der Erzeugung der schwächsten Vorbedingung relevanten Felder zur Zuordnung von Parametern sicher. Wir formulieren zunächst, daß alle Felder des Befehlswortes in der Deklaration des Instruktionswortes aufgeführt werden und berücksichtigen dabei auch die für programmierbare Architekturen relevante Möglichkeit, daß ein Befehl durch mehrere Befehlsworte (sogenannte *extension-words*) kodiert wird.

4.26 Definition

Sei A eine programmierbare oder aktivierbare Architektur und OP eine (expandierte) Operationsspezifikation von A. Der Typ des Befehlswortes von A sei strukturell gegeben durch seq <l..u> bit. $f_1,\dots,f_n$ sei die Liste der in dieser Reihenfolge unter OP.instructionfields aufgeführten Feldnamen mit Grenzen $<i_1..j_1>,\dots,<i_n..j_n>$.

(1) Die Deklaration des Instruktionswortes von OP heißt *zusammenhängend* gdw.

- $i_1 = l \wedge j_n = u$
- $\forall\, 1 \leq r \leq n$

$$(l < u \rightarrow l \leq i_r \leq j_r \leq u \;\wedge\; l > u \rightarrow l \geq i_r \geq j_r \geq u).$$

. $\forall\ 1 \leq r \leq n$

```
if j_r = u            /*Ende eines Befehlswortes */
    ⇒ i_{r+1} = l       /* Beginn des nächsten Befehlswortes */
  else if l < u
           ⇒ j_r+1 = i_{r+1}
           else j_r = i_{r+1}+1
       fi
fi
```

(2) Die Anzahl der zur Kodierung von OP zusätzlich benötigten Befehlswörter, *extensionno*(OP), ist gegeben durch

$$card\ \{r \in \{1,..,n-1\} \mid j_r = u\}\ .$$ □

__4.27 Beispiel__ (Fortsetzung 3.11, 3.4)
Wir betrachten die Instruktionsdefinition der Operation ST. Der Typ des Instruktionswortes der NOVA ist

memoryword = __seq__ <0..15> __bit__ .

Die zur Kodierung deklarierten Felder sind

main..zero-bit, move-data.function, move-data.accu, move-data.address-type, move-data.index, move-data.displacement

mit den Grenzen

<0..0> , <1..2> , <3..4> , <5..5> , <6..7> , <8..15> .

Somit ist diese Deklaration zusammenhängend und es ist *extensionno*(ST) = 0 . □

Offensichtlich läßt sich durch Einfügen und gegebenenfalls Umordnen der Deklaration von Feldern leicht gewährleisten, daß eine Deklaration des Instruktionswortes zusammenhängend ist.

__4.26 Definition__ (Fortsetzung)
(3) Die Definition des Instruktionswortes von OP heißt *spezifikations-vollständig*, falls gilt:

- OP.__instructionfields__ ist zusammenhängend
- ist $f_j \in sparnode(T)$, so ist
  f_j = __codeof__ p ∈ OP.__instructionfields__
  für einen Parameter $p \in par(OP)$ von einem Variablentyp
- ist $f_j \in cparnode(T)$, so ist
  $f_j = p$ oder $f_j = \beta \in$ OP.__instructionfields__
  für einen Parameter $p \in par(OP)$ von einem Konstantentyp
  oder ein $\beta \in \{0,1,x\}^*$

- ist $f_j \in$ *decnode*(T) ∖ *parnode*(T), so ist
  $f_j = \beta \in$ OP.instructionfields
  für ein $\beta \in \{0,1,x\}^*$ □

Bei der Bildung der partiellen Befehlswortbelegung einer Operation merken wir uns für ein Feld $f \in$ *parnode*(T) mit Grenzen <i..j> die Länge des Feldes. 'Don't care' Positionen werden durch ein passendes Symbol instructionword<j> repräsentiert.

4.28 Definition

Seien A, OP und $f_1,\dots,f_n$ wie in Definition 4.26.

(1) Sei OP.instructionfields eine vollständige Definition des Instruktionswortes von OP, $l_r = |j_r - i_r| + 1$ die Länge des r-ten Feldes f_r, und $l = \sum_{j=1}^{n} l_j$ die Länge des (gegebenenfalls um extensionwords erweiterten) Befehlswortes von OP.

Ist $p = \sum_{i=1}^{r-1} l_i + m$ für ein $r \in \{1,\dots,n\}$, $m \in \{1,\dots,l_j\}$, so ist der Wert des *partiellen Befehlswortes* von OP, *penc*(OP) an der Position p gegeben durch

$$penc(OP)\,\langle p\rangle = \begin{cases} \beta\,\langle m\rangle & \text{falls } f_r = \beta \in OP.\underline{instructionfields} \\ & \text{und } \beta\,\langle m\rangle \in \{0,1\} \\ |\underline{instructionword}\,\langle p\rangle| & \text{sonst .} \end{cases}$$

□

4.27 Beispiel (Fortsetzung)

Die partielle Befehlswortbelegung von ST ist gegeben durch

penc(ST) =

010|instructionword<3..4>|0|instructionword<6..7>|instructionword<8..15> □

Die *Art* der Einbindung dieses Wissens über den Wert des Befehlswortes ist dadurch motiviert, daß - insbesondere bei programmierbaren Architekturen - nicht davon ausgegangen werden kann, daß der Wert oder die Position des Speicherelementes, das den aktuellen auszuführenden Befehl enthält, während der Ausführung dieses Befehls stabil bleiben. Daher wird der Wert des Befehlswortes vor Ausführung der Operation durch eine geeignete Gleichung auf einer *Hilfsvariablen* instructionword (der Länge des Befehlswortes der Operation) "gerettet", so daß er für sämtliche Zustände der Implementierung (und Spezifikation) der Operation bekannt ist. Um die Lesbarkeit der Spezifikation zu erhöhen, verwenden wir die in $ geklammerten Feldnamen als Synonym für das entsprechende Teilfeld (vgl. 4.26(1)) der Hilfsvariablen instructionword. Das Wissen über die Einschränkung an die Belegung des Befehlswortes wird daher als eine teilweise Festlegung des Wertes der Hilfsvariablen instructionword durch eine geeignete Gleichung repräsentiert. Insbesondere führen die nicht-determinierten Werte instructionword<j> zu trivialen Identitäten instructionword<j> = instructionword<j> und bewirken somit keine Einschränkung.

4.28 Definition (Fortsetzung)

(2) Mit *encoding*(OP) bezeichnen wir die Konkatenation

$$\$f_1\$ \mid \ldots \mid \$f_n\$$$

der Hilfsvariablen, die den Feldern $f_1, \ldots, f_n$ des Instruktionswortes von OP entsprechen.

(3) Die Einschränkung an die Belegung des Befehlswortes ist repräsentiert durch die Formel

decconstraint(OP) ≡ *encoding*(OP) = *penc*(OP) □

Man beachte, daß darüberhinaus die Formel *sparconstraint*(OP) (negatives) Wissen über die Belegung des Befehlswortes repräsentiert.

4.27 Beispiel (Fortsetzung)

Für die Operation ST ergibt sich somit *decconst*

$main.zero-bit$ | $move-data.function$ | $move-data.accu$

| $move-data.address-type$ | $move-data.index$ | $move-data.displacement$

= 010 | instructionword <3..4> | 0 | instructionword <6..7> | instructionword <8..15> □

Um die Eingabebedingung der axiomatischen Spezifikation von OP definieren zu können, muß abschließend das "Retten" des aktuellen Befehlswortes durch eine Formel präzisiert werden.

Wir gehen dazu zunächst davon aus, daß A eine aktivierbare Architektur definiert. In diesem Fall muß das akutell auszuführende Befehlswort in dem unter stored in deklarierten Speicherausdruck vom Basistyp abgelegt werden, den wir als *Befehlsregister* von A bezeichnen. In diesem Fall läßt sich das Retten des Befehlswortes offensichtlich durch Gleichsetzung des Befehlsregisters und der Hilfsvariablen instructionword erreichen.

4.29 Definition

Sei A eine aktivierbare Architektur, und OP eine Operation von A.

(1) Das *Befehlswort* von A ist gegeben als

instructionreg(A) = A.instructionformat.stored in

(2) Die Formel *saveinstruction*(OP) ist definiert als

instructionreg(A) = *encoding*(OP)

(3) Die Eingangsbedingung *entry*(OP) von OP ist definiert als

saveinstruction(OP) ∧ *decconstraint*(OP) ∧ *wdp*(OP, *exit* OP)

(4) Die *axiomatische Spezifikation von* OP ist das Tripel

entry *entry*(OP) exit *exit*(OP) with *storageconstraint*(OP) □

Ist A eine programmierbare Architektur, so ist die Position des aktuell auszuführenden Befehlswortes dynamisch durch den unter selected by deklarierten *Befehlszähler* von A innerhalb des unter stored in deklarierten *Programmspeicher* von A festgelegt. Um eine uniforme Formalisierung zu ermöglichen, wird davon ausgegangen, daß der Programmspeicher von A als ein *eindimensionales* Feld angegeben ist, so daß zur Ablegung des Befehls benötigte *extension words* durch einfaches Inkrementieren des Befehlszählers von A gewonnen werden können. Dies stellt keine Einschränkung an die Architektur dar, da unter Verwendung des Konstruktors makearray jedes mehrdimensionale Feld geeignet linearisiert werden kann. Ebenso können unterschiedliche zur Abspeicherung von Programmen verwendete Speicher durch diesen Konstruktor zu einem eindimensionalen Feld zusammengefaßt werden. In beiden Fällen kann der Befehlszähler durch makesequence aus den einzelnen Adreßregistern gewonnen werden.

4.30 Beispiel

Wir betrachten als Beispiel einen in 8 separat adressierbare Speicherbänke aufgeteilten Speicher, in dem jede Bank in 2^{14} Seiten aufgeteilt ist.

```
blockdiagram memory
  type
    memoryword = seq <63..0> bit,
    page = array [0..2^10-1] of memoryword,
    bank = array [0..2^14-1] of page,
    wordaddress = seq <9..0> bit ,
    pageaddress = seq <13..0> bit ,
    address = pageaddress | wordaddress
  var
    bank 1,..,bank 8 : bank,
    adreg 1,..,adreg 8 : address
endblockdiagram
```

Können Programme in jeder Speicherbank 'bank j' abgelegt und unter dem entsprechenden Adreßregister 'adreg j' adressiert werden, so kann die Deklaration des Programmspeichers und Programmzählers der Architektur durch die folgende Spezifikation gegeben werden.

Wir führen zunächst ein fiktives Register 'switch' ein, das festlegt, in welchem Speicher der aktuell auszuführende Befehl liegt:

```
var switch : seq <2..0> bit
```

Die Speicherzelle, in der der aktuell auszuführende Befehl liegt, kann dann durch

```
selected by
   switch | if switch = 000 ⇒ adreg 1.
                  :
               switch = 111 ⇒ adreg 8 fi
```

adressiert werden. (Offensichtlich ist dieser Ausdruck durch makesequence definierbar.) Die Linearisierung des Speichers ist dann kanonisch gegeben:

```
stored in
   makearray index : [0..2^27-1] of
      case binrep(index) <27..25> of
         000 → bank 1[binrep(index) <24..10>] [binrep(index) <9..0>]
          :
         111 → bank 8[binrep(index) <24..10>] [binrep(index) <9..0>]
      endcase
   endarray
```
□

Die Formel *saveinstruction* läßt sich somit wie bei aktivierbaren Architekturen definieren, wobei zusätzlich die Anzahl der für einen Befehl benötigten extensionwords zu berücksichtigen ist.

4.31 Definition

Sei A eine programmierbare Architektur, und OP eine Operation von A.

(1) Der *Programmspeicher memory*(A) von A ist das unter stored in deklarierte eindimensionale Feld.

(2) Der *Befehlszähler pcounter*(A) von A ist der unter selected by deklarierte Speicherausdruck vom Basistyp.

(3) Sei $0 \leq n = extensionno(OP)$ die Anzahl der zur Kodierung von OP benötigten *extensionwords*. Die Formel *saveinstruction*(OP) ist definiert als

$$memory(A)[pcounter(A)]\ \underbrace{|\ memory(A)[pcounter(A)+1]\ |\ \ldots\ memory(A)[pcounter(A)+n]}_{n}$$
$$= encoding(OP)$$

(4) Die Eingangsbedingung *entry*(OP) von OP ist die Formel

saveinstruction(OP) ∧ *decconstraint*(OP) ∧ *wdp*(OP, *exit*(OP))

(5) Die *axiomatische Spezifikation von* OP ist das Tripel

entry *entry*(OP) exit *exit*(OP) with *storageconstraints*(OP) □

4.32 Beispiel (Fortsetzung 4.20)

Wir fassen für spätere Anwendungen die axiomatische Spezifikation von ST zusammen.

```
entry
   memory[pcounter] =
      $main.zero-bit$ | $move-data.function$ | $move-data.accu$
      | $move-data.address-type$ | $move-data.index$ | $move-data.displacement$
```

```
∧  010 | instructionword<3..4> | 0 | instructionword<6..7> | instructionword<8..15>
   = $main.zero-bit$ | $move-data.function$ | $move-data.accu$
     | $move-data.address-type$ | $move-data.index$ | $move-data.displacement$
∧  $move-data.index$ ≠ 00  ∧  $move-data.index$ ≠ 01
∧  MEM =
      makearray index : [0..32767] of
         if index = 0
            ⇒ if pre
                 ⇒ returnaddress
                 else if 0 = effective address
                         ⇒ accu
                         else memory[0]
                      fi
              fi
            else if index = effective address
                    ⇒ accu
                    else memory[index]
                 fi
         fi
      endarray
∧  PC =
      if pre
         ⇒ if 1 = effective address
              ⇒ accu
              else memory[1]
           fi <1..15>
         else <programcounter + 1, interrupt-handler>
      fi
∧  IF =
      if pre ⇒ bin 0 else interrupt-on fi
   exit
      MEM = memory ∧ PC = programcounter ∧ IF = interrupt-on
   with
      {memory, programcounter, interrupt-on}
```

Dabei verwenden wir die Abkürzungen

```
pre =
<INTERRUPT(interrupt-on, done, interrupt-disable) = bin 1, interrupt-handler> ,
effectiveaddress ≡
   < if $move-data.index$ = 10 ⇒ accu(2),
```

```
        $move-data.index$ = 11 ⇒ accu(3) fi
    + $move-data.displacement$, base register address> ,
accu ≡
   if $move-data.accu$ = 00 ⇒ accu(0),
      $move-data.accu$ = 01 ⇒ accu(1),
      $move-data.accu$ = 10 ⇒ accu(2),
      $move-data.accu$ = 11 ⇒ accu(3) fi,
returnaddress = bin 0 | <programcounter + 1, interrupt handler>
```
□

Damit ist für die Operation einer beliebigen Architektur gezeigt, daß sich ihre Spezifikation in AADL systematisch in eine rein axiomatische Darstellung übersetzen läßt, die die Schnittstelle zu formalen Verfahren zum Nachweis der Korrektheit der Implementierung darstellt. Insbesondere sind durch die axiomatische Spezifikation sämtliche für höhere Entwurfsebenen in AADL ausdrückbaren Konzepte formal definiert.

4.1.3 Die Einbindung der axiomatischen Spezifikation als Anforderung an die Implementierung

Die in diesem Abschnitt vorgestellten Konzepte spannen den Bogen zwischen Spezifikation und Implementierung. Sie präzisieren die Anforderung an die Implementierung und binden sie - im wesentlichen als Vor- und Nachbedingung - an ein S*-Programm, so daß die *Konsistenz* von Spezifikation und Implementierung auf die *Verifikation* von S*-Programmen (über einer passenden Architektur) reduziert wird.

Wir gehen dazu vom j-ten Schritt

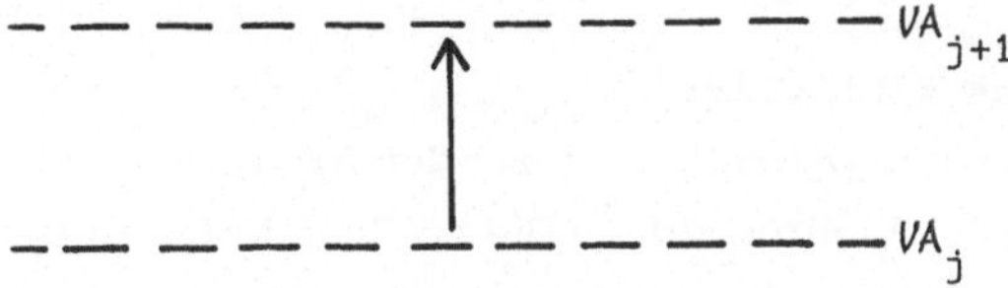

eines hierarchischen Entwurfs einer Rechnerarchitektur aus und setzen zunächst nur voraus, daß der Entwickler des Systems bereits die zugehörige Speicherabbildung $attach_j$ definiert hat.

Wir gehen nun nacheinander auf die Einbindung der Anforderung bei der Realisierung einer passiven, aktivierbaren, und schließlich programmierbaren Architektur ein.

Sei nun zunächst VA_{j+1} eine *passive* Architekturebene. In diesem Fall beinhaltet der j-te Entwurfsschritt die Entwicklung von Prozeduren (bzw. Funktionen), die auf VA_j die Operationen von VA_{j+1} implementieren.

Wir generieren nun für jede Operation OP von VA_{j+1} das *Gerüst* für eine sie implementierende Prozedur OP, das aus der Deklaration ihrer Ein- und Ausgebeparameter, einer

Vor- und Nachbedingung sowie einer Speichereinschränkungsbedingung besteht. Aufgabe des Entwicklers ist es dann, den *Körper* der Prozedur so zu realisieren, daß er dieser Spezifikation genügt. Die *Beweismethoden*, die die Verifikation der so spezifizierten Prozedur gestatten, werden in Abschnitt 4.2 vorgestellt. (Man beachte, daß durch die Normalisierung der Spezifikation von OP - Def. 4.4 - OP keine Parameter von Typ Adressierungsart besitzt.)

<u>4.33 Definition</u>

Sei VA_{j+1} eine passive Architekturebene, OP eine Operation von VA_{j+1}, und $attach_j$ eine Speicherabbildung von VA_{j+1} auf VA_j.

Das *Implementierungsgerüst von* OP, *impskel*(OP) $\in S^*(VA_j)$, ist definiert als

```
procedure OP(a_1,...,a_n):
   entry attach_j(entry(OP))
   exit  attach_j(exit(OP))
   with attach_j(storageconstraints(OP))
   pending
endprocedure
```

falls OP eine function- oder transfer-Operation ist; hierbei sei $a_1,...,a_n$ eine Aufzählung aller Elemente von $attach_j(strip(inputlocations(\text{OP}) \cup outputlocations(\text{OP})))$. Ist OP eine test- oder decode-Operation, so ist das Implementierungsgerüst von OP eine Funktion

function OP ... endfunction $\in S^*(VA_j)$

mit wie oben definierten Komponenten. □

<u>4.34 Beispiel</u> (Fortsetzung 4.22, 3.18)

Das Implementierungsgerüst der Operation 'store' der Architektur NOVA/modular-level ist die folgende S*(MICRODATA)-Prozedur. (Die zu Grunde liegende Speicherabbildung wurde in Beispiel 3.18 eingeführt; die axiomatische Spezifikation von 'store' wurde in Beispiel 4.22 entwickelt; die Synonyme OU, OL, IU, IL bezeichnen die 'primary-file'-Register 15, 14, 2, 3.)

```
procedure store
    (rev(OU|OL)
        /* contains effective address */,
     rev(IU|IL)
        /* bits <3..4> encode selected accumulator */,
     rev(primary-file[7]|primary-file[6]),
     rev(primary-file[9]|primary-file[8]),
     rev(primary-file[11]|primary-file[10]),
     rev(primary-file[13]|primary-file[12]),
        /* emulate the four NOVA accumulators */,
```

```
 makearray index : [0..32767] of
    rev(memory[2 • index]|memory[2 • index + 1])
 endarray  /* emulates NOVA main memory*/ ):
 entry
    file-bank-select = bin 0
 ∧ MEM =
      makearray index : [0..32767] of
         if index = rev (OU|OL)
            ⇒ if
               rev(IU|IL) <3..4> = 00
               ⇒  rev(primary-file[7]|primary-file[6]),
               rev(IU|IL) <3..4> = 01
               ⇒  rev(primary-file[9]|primary-file[8]),
               rev(IU|IL) <3..4> = 10
               ⇒  rev(primary-file[11]|primary-file[10]),
               rev(IU|IL) <3..4> = 11
               ⇒  rev(primary-file[13]|primary-file[12])
              fi
            else
               makearray index : [0..32767] of
                  rev(memory[2 • index]|memory[2 • index + 1])
               endarray [index]
         fi
      endarray
 exit
    MEM =
      makearray index: [0..32767] of
         rev(memory[2 • index]|memory[2 • index + 1])
      endarray
with
   {makearray index : [0..32767] of
     rev(memory[2 • index]|memory[2 • index + 1])
    endarray,
    rev(primary-file[2]|primary-file[3]) <8..15> , rev(OU OL), link}
 pending
endprocedure
```

Für die weiteren Anwendungen vereinfachen wir dieses Implementierungsgerüst unter Anwendung trivialer Regeln (vgl. Anhang 4). Zusätzlich lösen wir Konstruktoren bei Parameterlisten und der Speichereinschränkungsbedingung auf, wenn sie für die Verifikation nicht relevant sind. Somit ergibt sich folgende vereinfachte Darstellung, von der wir im folgenden ausgehen:

```
procedure store
   (OU, OL, IU, IL, memory, primary-file[6],...,primary-file[13]):
   entry
      file-bank-select = bin 0
   ∧ MEM =
        makearray index : [0..32767] of
           if index = OU|OL    /* rev verändert nur Numerierung */
              ⇒ if
                    IU <4..3> = 00 ⇒ primary-file[7]|primary-file[6],
                    IU <4..3> = 01 ⇒ primary-file[9]|primary-file[8],
                    IU <4..3> = 10 ⇒ primary-file[11]|primary-file[10],
                    IU <4..3> = 11 ⇒ primary-file[13]|primary-file[12]
                fi
              else memory[2 · index]|memory[2 · index + 1]
           fi
        endarray
  exit
     MEM =
        makearray index : [0..32767] of memory[2 · index]|memory[2 · index + 1] endarray
  with
     {memory, primary-file[3], OU,OL, link}
  pending
endprocedure
```

□

Ausgehend von diesem Implementierungsgerüst, das eine vollständige Schnittstellendefinition liefert und genau die zur Implementierung zur Verfügung stehenden Speicherelemente definiert, kann der Entwerfer inkrementell den Körper der Prozedur verfeinern und verifizieren.

Wir gehen nun auf die Einbindung der axiomatischen Spezifikation im *Modularisierungsschritt* ein. Dazu halten wir zunächst einen grundsätzlichen Unterschied fest, der bei der Verifikation dieses Entwurfsschrittes zu berücksichtigen ist: während mit den Operationen einer passiven Architekturebene die sie implementierenden Prozeduren terminieren, stellt das Rahmenprogramm ein in der Regel nicht terminierendes Programm dar.
So ist nach Ausführung einer Instruktion der Zielarchitektur entweder (bei programmierbaren Architekturen) die Ausführung des Folgebefehls einzuleiten oder (bei aktivierbaren Architekturen) zu überprüfen, ob ein neu auszuführender Befehl im Instruktionsregister abgelegt worden ist[10]. Gemäß der in 3.3.3 getroffenen Konvention spiegelt sich diese Eigenschaft des Rahmenprogramms darin wieder, daß durch eine ausgezeichnete Coroutine 'MAIN' die Dekodierung und Ausführung des aktuell auszuführenden Befehls eingeleitet wird, die schließlich zu einer *Reaktivierung* dieser Coroutine (zur Einleitung der Ausfüh-

rung des nächsten Befehls) führen muß. Damit ist aber auch der Teil des Rahmenprogramms identifiziert, der die Dekodierung und Ausführung *eines* Befehls gewährleisten muß: es ist der Teil, der durch *Abwicklung* des Aufrufs der Coroutine 'MAIN' bis zum erneuten Aufruf dieser Coroutine führt. Um einen *modularen* Beweis durchführen zu können, "filtrieren" wir zur Verifikation der Implementierung einer *gegebenen* Operation der Zierlarchitektur das *Segment* der "Abwicklung" heraus, das durch die Kodierung dieser Operation bestimmt ist. Dazu werden die Ergebnisse der zur Dekodierung des Befehls durchgeführten Tests auf Grund der Kenntnis der Kodierung vorausberechnet[11].

Somit muß die axiomatische Spezifikation einer Operation der Zielarchitektur (nach Übersetzung durch die zugehörige Speicherabbildung $attach_n$) als Vor- bzw. Nachbedingung des so ausgewählten Segmentes in die Implementierung eingebunden werden; durch die Speichereinschränkungsbedingungen wird festgelegt, welche Speicherelemente im Rahmen dieses Segmentes verwendet werden dürfen. Wir gehen nun zunächst auf die statische Auswertung von Testen (des Rahmenprogramms) auf Grund der Kenntnis der Kodierung einer gegebenen Operation ein.

Wie in Abschnitt 4.1.1 und 4.1.2 ausgeführt, formalisieren sowohl die Formel *sparconstraints* wie die Formel *decconstraints negatives* bzw. *positives* Wissen über die Belegung von Feldern des Instruktionswortes einer expandierten Operationsdefinition. Der *Grad* der Determiniertheit des Befehlswortes ist durch die Anzahl der *festgelegten Parameter* einer Operationsspezifikation bestimmt. Im Hinblick auf ein ausgewogenes Verhältnis zwischen der Größe der zu verifizierenden Segmente einerseits und der Anzahl der zu verifizierenden Operationen andererseits gehen wir im folgenden von *partiellen Befehlswortbelegungen* (vgl. Def. 4.23) aus, wie sie nach Festlegung der Adressierungsarten entstehen. Während nun positives Wissen gewisse Felder eines Befehlswortes eindeutig festlegt, bestimmt negatives Wissen lediglich eine Menge von ("nicht verbotenen") Belegungen von Feldern eines Befehlswortes. Der *statische Wert* einer Testbedingung kann daher aus den folgenden Gründen bei gegebener Kodierung nicht determiniert sein:

1. Die Auswertung des Testes hängt nicht nur von Feldern des Instruktionwortes ab.
2. Die Auswertung des Testes hängt von Position j des Instruktionswortes ab, die durch die partielle Befehlswortbelegung nicht festgelegt ist.
3. Die Auswertung des Testes hängt von Position j des Instruktionswortes ab, für die - auf Grund von negativem Wissen - unterschiedliche Werte möglich sind, die zu unterschiedlichen Testergebnissen führen.

Wir definieren nun zunächst für eine *einzelne* partielle Befehlswortbelegung den statischen Wert einer Testbedingung induktiv über den Aufbau von boolschen Ausdrücken. Dabei wird die in der Spezifikation von Testen angegebene Abhängigkeit von Quellen des Testes zu Feldern des Instruktionswortes als *Abhängigkeitsumgebung* berücksichtigt: sie ordnet jedem Speicherelement entweder ein (seinen Wert bestimmendes) Teilwort der

Hilfsvariablen <u>instructionword</u> zu oder "?", falls keine Abhängigkeit zu Feldern des Instruktionswortes vorliegt.

4.35 Definition

Die Menge der *Abhängigkeitsumgebungen* ist definiert als

$$denv = \{\rho : bdstex(A) \to (unknown^* + \{?\}) \mid \rho[\![a]\!] \in unknown^* \Rightarrow length(\rho[\![a]\!]) = length(a)\}$$ □

Entsprechend dem Aufbau von boolschen Ausdrücken über A wird der statische Wert simultan induktiv für Ausdrücke über A definiert.

Man beachte, daß Ausdrücke durch Bezeichnungen von Spezifikationen von Adressierungsarten bzw. Operationen annotiert sein können, um die Semantik ihrer architekturspezifischen Funktionen bzw. Prädikate zu definieren. Somit geht bei einer induktiven Definition eine solche Modulbezeichnung $M \in mod(A)$ als Parameter ein. Bei *Standard*funktionen und *Standard*prädikaten wird nicht zwischen ihrer Darstellung und ihrer Semantik unterschieden.

4.36 Definition

(1) Der *statische Wert* von Ausdrücken

$$staticvalue : exp(A) \to denv \to mod(A) \to penc \to (\{0,1\}^* + \{?\})$$

ist definiert durch

- $staticvalue[\![a]\!]\rho\ M\ \varepsilon =$

$$\begin{cases} \varepsilon\langle j_1\rangle \cdot \ldots \cdot \varepsilon\langle j_r\rangle & \text{falls } \rho[\![a]\!] = \underline{\text{instructionword}}\langle j_1\rangle \cdot \ldots \cdot \underline{\text{instructionword}}\langle j_r\rangle \\ & \text{und } \varepsilon\langle j_1\rangle \cdot \ldots \cdot \varepsilon\langle j_r\rangle \in \{0,1\}^* \\ ? & \text{sonst} \end{cases}$$

für $a \in bdstex(A)$

- $staticvalue[\![f(e_1,\ldots,e_n)]\!]\rho\ M\ \varepsilon =$

$$\begin{cases} [\![f]\!](\beta_1,\ldots,\beta_n) & \text{falls } \forall\, 1 \le j \le n \quad \beta_j = staticvalue[\![e_j]\!]\rho\ M\ \varepsilon \in \{0,1\}^* \\ ? & \text{sonst} \end{cases}$$

wobei $n \ge 0$ und

$$[\![f]\!] = \begin{cases} M.\underline{\text{semantics}}.f & \text{falls } f \in fun(A) \\ f & \text{falls } f \in stfun \end{cases}$$

- $staticvalue[\![\langle e, M'\rangle]\!]\rho\ M\ \varepsilon = staticvalue[\![e]\!]\rho\ M'\ \varepsilon$

- $\mathit{staticvalue}[\underline{\text{if}}\ b_1 \Rightarrow e_1,\dots,b_n \Rightarrow e_n\ \underline{\text{fi}}]\rho\,M\,\varepsilon =$

$$\begin{cases} \mathit{staticvalue}[e_j]\rho\,M\,\varepsilon & \\ \quad \text{falls } j \text{ das kleinste } r \text{ ist mit} & \\ \quad \mathit{staticvalue}[b_r]\rho\,M\,\varepsilon = \underline{\text{true}} \wedge \forall i < r\ \mathit{staticvalue}[b_i]\rho\,M\,\varepsilon = \underline{\text{false}} & \\ ? \quad \text{falls kein solches } j \text{ existiert} & \end{cases}$$

(2) Die statische Semantik von boolschen Ausdrücken

$$\mathit{staticvalue} : \mathit{bexp}(A) \to \mathit{denv} \to \mathit{mod}(A) \to \mathit{penc} \to (\{\underline{\text{true}},\ \underline{\text{false}}\} + \{?\})$$

ist die kanonische strikte (bzgl. "?") Erweiterung der unter (1) definierten Semantikfunktion. Als Beispiel behandeln wir den Basisfall:

$\mathit{staticvalue}[e_1 = e_2]\rho\,M\,\varepsilon =$

$$\begin{cases} \mathit{staticvalue}[e_1]\rho\,M\,\varepsilon = \mathit{staticvalue}[e_2]\rho\,M\,\varepsilon & \\ \quad \text{falls } \mathit{staticvalue}[e_j]\rho\,M\,\varepsilon \neq ?\ (j = 1,2) & \\ ? \quad \text{sonst}\ . & \end{cases}$$

□

Die statische Auswertung von Testen wird auf (durch negatives Wissen entstehende) Mengen von partiellen Befehlswortbelegungen ausgeweitet, indem überprüft wird, ob alle gewonnenen Testergebnisse konsistent sind[12].

4.36 Definition

(3) Ist $\hat{\varepsilon} = \{\varepsilon_1,\dots,\varepsilon_n\} \subseteq \mathit{penc}$, dann ist

$\mathit{staticvalue}[b]\rho\,M\,\hat{\varepsilon} =$

$$\begin{cases} \underline{\text{true}} & \text{falls } \forall j\ \mathit{staticvalue}[b]\rho\,M\,\varepsilon_j = \underline{\text{true}} \\ \underline{\text{false}} & \text{falls } \forall j\ \mathit{staticvalue}[b]\rho\,M\,\varepsilon_j = \underline{\text{false}} \\ ? & \text{sonst}\ . \end{cases}$$

□

4.37 Beispiel

Zur Bildung des Segmentes der Operation 'store accumulator' mit Adressierungsart 'base register address' ist der folgende Test 'not page zero address' der Zwischenarchitektur 'NOVA/modular-level' auszuwerten, der von dem Feld 'move-data.index' abhängt:

```
test not-page-zero address:
   pattern instructionreg <6..7> ≠ bin 00
   sources instructionreg <6..7> depends on instructionword <6..7>
endtest
```

Sei somit $M \equiv$ not-page-zero-address, ρ[instructionreg <6..7>] = instructionword <6..7> und $\hat{\varepsilon}$ die durch 'store accumulator' bei dieser Adressierungsart bestimmte Menge von partiellen Befehlswörtern:

$\hat{\varepsilon}$ = {010|instructionword <3..4> |0|10|instructionword <8..15>
,010|instructionword <3..4> |0|11|instructionword <8..15>}.

Offensichtlich ist

$$\textit{staticvalue}[\text{instructionreg} <6..7> \neq \underline{\text{bin}}\ 00]\rho\ M\ \hat{\varepsilon} = \underline{\text{true}}$$

□

Wir leiten nun aus den Formeln *sparconstraints*(OP) (Def. 4.4) und *decconstraints*(OP) (Def. 4.28) die Menge von möglichen partiellen Befehlswortbelegungen ab, die eine Operation OP (für unterschiedliche Wahlen von Parametern) kodieren können. Da durch die beiden Formeln Aussagen über unterschiedliche Felder des Befehlswortes von OP gemacht werden, läßt sich diese Menge durch *Überlagerung* von positivem und negativem Wissen gewinnen.

4.38 Definition

Seien $\varepsilon, \varepsilon' \in \textit{penc}$ mit $\varepsilon<j> \in \{0,1\} \wedge \varepsilon'<j> \in \{0,1\} \Rightarrow \varepsilon<j> = \varepsilon'<j>$. Die *Überlagerung* $\varepsilon \sqcup \varepsilon' \in \textit{penc}$ *von* ε *und* ε' ist definiert durch

$$(\varepsilon \sqcup \varepsilon')<j> = \begin{cases} \varepsilon<j> & \text{falls } \varepsilon<j> \in \{0,1\} \\ \varepsilon'<j> & \text{falls } \varepsilon'<j> \in \{0,1\} \\ |\underline{\text{instructionword}}<j>| & \text{sonst}. \end{cases}$$

□

4.39 Definition

Sei OP eine Operation der Zielarchitektur $A \in$ AADL, und l die Länge des Befehlswortes von OP.

(1) Sei $p \in \textit{spar}(\text{OP})$, n und m die Anfangs- bzw. Endposition des p kodierenden Feldes *field*(p). Die Menge der durch p bestimmten partiellen Befehlswortbelegungen *pencset*(p) ist die Menge

$$\{\underline{\text{instructionword}}<1..n-1>|\beta|\underline{\text{instructionword}}<m+1..l>|\beta \in \{0,1\}^{m-n+1} \setminus \textit{error}(p)\}$$ [13]

(2) Die *Menge der partiellen Befehlswortbelegungen von* OP, *pencset*(OP), ist die Menge

$$\textit{penc}(\text{OP}) \sqcup \bigsqcup \{\textit{pencset}(p) \mid p \in \textit{spar}(\text{OP}) \wedge \textit{error}(p) \neq \emptyset\}$$ [14]

□

4.40 Beispiel

Offensichtlich ist *pencset*(store accumulator, memoryaddress = base register address) gerade die in Beispiel 4.37 definierte Menge $\hat{\varepsilon}$.

□

Damit haben wir die Konzepte formalisiert, die zur Auswahl des einer Operation OP implementierenden Segmentes des Rahmenprogramms benötigt werden: ausgehend vom Hauptprogramm werden alle statisch eindeutig (auf Grund der Kenntnis der Kodierung der Operation) auswertbaren Verzweigungsbedingungen aufgelöst und nur der ausgewählte Pfad weiter verfolgt; trifft man dabei auf den Aufruf einer Coroutine, so wird dieser expandiert, um Verzweigungsbedingungen innerhalb der Coroutine aufzulösen. Trifft man in diesem Prozeß der Abwicklung des Rahmenprogramms zum wiederholten Male auf die Aktivierung einer Coroutine, so beinhaltet das Segment eine *Schleifenstruktur*; in diesem Fall ist eine Verifikation nur möglich, wenn der Benutzer das Verhalten dieser Coroutine durch Angabe einer *Invariante* spezifiziert hat. Gemäß der Floydschen Methode (zum Beweis von Flußdiagrammen [154]) wird daher die Abwicklung bei einem wiederholten Aufruf der Coroutine abgebrochen und durch Generierung einer entsprechenden Zusicherung (unter Verwendung des *assert*-Befehls) verlangt, daß beim Aufruf in der Tat die durch den Benutzer spezifizierte Invariante erfüllt ist. Da ebenso beim ersten Aufruf einer Coroutine überprüft wird, ob eine gegebenenfalls spezifizierte Invariante erfüllt wird, wird so insgesamt gezeigt, daß bei jedem Aufruf einer Coroutine ihre Invariante erfüllt ist[15]. Eine Sonderstellung nimmt dabei die Coroutine 'MAIN' ein: da mit dem Rücksprung zur Coroutine 'MAIN' die Befehlsauswertung abgeschlossen ist, muß an dieser Stelle die Nachbedinung (nach Übersetzung durch $attach_n$) gelten, falls beim ersten Aufruf die (entsprechend übersetzte) Eingangsbedingung von OP erfüllt ist. Schließlich wird die durch den Benutzer spezifizierte Abhängigkeit zwischen bei der Auswertung von Testen benutzten Speicherelementen und Feldern des Instruktionswortes durch Generierung geeigneter Zusicherungen überprüft. Insgesamt wird so für eine gegebene Operation aus dem Rahmenprogramm ein um Zusicherungen angereichertes S*-Programm derart generiert, daß das Rahmenprogramm die Operation genau dann korrekt implementiert, wenn sämtliche Zusicherungen dieses Segmentes erfüllt werden und das Segment den Speichereinschränkungsbedingungen der Operation genügt. Methoden zum Nachweis der Gültigkeit der Zusicherungen werden in Abschnitt 4.2 vorgestellt. Bevor wir auf den Algorithmus eingehen, diskutieren wir kurz die Eigenschaften der beiden Befehle, die zur Einbettung von Zusicherungen in das Programm verwendet werden (vgl. 4.2.4).

Durch assert<Kommentar>:p wird verlangt, daß an dieser Stelle des Programms die Formel p erfüllt wird. Die stärkere Form strongassert<Kommentar>:p verlangt darüberhinaus, daß sämtliche "später" geltende Eigenschaften aus der Kenntnis, daß an dieser Stelle p gilt, abgeleitet werden können. Sie wird zur Erzeugung von Verifikationsbedingungen verwendet und an dieser Stelle im Hinblick auf die starke Form des *pending*-Befehls (s.u.) erwähnt.

Durch pending<Kommentar>:entry p exit q endpending wird typischerweise ein noch nicht entwickelter Programmabschnitt axiomatisch charakterisiert. Hierbei unterliegen p und q gewissen syntaktischen Einschränkungen, die es wieder gestatten (vgl. die Behandlung von Seiteneffekten in 4.1.1), diesen Befehl durch Entwicklung einer entsprechenden Rückwärtssubstitution zu axiomatisieren. Bei der Einbindung von Vor- und Nachbedingungen verwenden wir die stärkere Form

strongpending<Kommentar>:entry p exit q endpending ,

die verlangt, daß *sämtliche* nachfolgenden Eigenschaften aus q ableitbar sind, falls an dieser Stelle p gilt.

Die folgende induktive Definition der Segmentbildung geht davon aus, daß das Rahmenprogramm ausschließlich unter Verwendung der für diese Ebene des Entwurfes adäquaten höheren Sprachkonstrukte von S* (vgl. 3.2) aufgebaut ist. Zum besseren Verständnis fügen wir Erklärungen unmittelbar in die Definition ein. Dabei bezeichne A die Zielarchitektur des Entwurfes, VA_n die oberste virtuelle Zwischenarchitektur, und $attach_n$ die Speicherabbildung von A auf VA_n.

4.41 Definition

(1) Für eine Test- oder Dekodieroperation OP bezeichne *depends*(OP) $\in$ *denv* die durch die Spezifikation der Abhängigkeit induzierte Abbildung:

$$a \mapsto \begin{cases} \underline{\texttt{instructionword}} \ \langle j_1 \ldots j_r \rangle \\ \quad \text{gdw. } a \in \texttt{OP.}\underline{\texttt{sources}} \cup \texttt{OP.}\underline{\texttt{auxiliary sources}} \\ \quad \text{und } \underline{\texttt{instructionword}} \ \langle j_1 \ldots j_r \rangle \equiv a.\underline{\texttt{depends on}} \\ ? \quad \text{sonst} \end{cases}$$

(2) Die Liste der bereits expandierten Coroutinen wird durch ein Element ν aus der Menge

$$visits = \{\nu \in \langle \text{identifier} \rangle^* \mid \forall i \neq j \quad \nu\langle i \rangle \neq \nu\langle j \rangle\}$$

repräsentiert. Wir verwenden die Schreibweise

$C \notin \nu$ für $\forall j \ \nu\langle j \rangle \neq C$ und $\underline{\texttt{nil}}$ für die leere Besuchsliste.

(3) Sei $(\rho \in)$ *env* eine Umgebung, die Bezeichner von Coroutinen an ihre (syntaktische) Deklaration bindet. Den Körper bzw. die Invariante einer Deklaration selektieren wir unter Verwendung von .inv bzw. .body. Ist keine Invariante in $\rho[\![C]\!]$ deklariert, so sei $\rho[\![C]\!]$.inv = true . □

4.42 Algorithmus

Sei OP eine Operation der Zielarchitektur A. Wir definieren induktiv über den Aufbau eines $S^*(VA_n)$-Befehls S eine Abbildung OP-*segment*[S] : *env* → *visits* → $S^*(VA_n)$

```
• OP-segment[act C]ρν =
    if C ≠ MAIN
      ⇒ if C ∉ ν
            ⇒   ┌────────────────────────────────┐
                │ assert 'enter C' : ρ[C].inv ;  │
                │ OP-segment [ρ[C].body]ρ C·ν    │
                └────────────────────────────────┘
           else ┌────────────────────────────────┐
                │ strongpending 'return to C' :  │
                │    entry ρ[C].inv              │
                │    exit false                  │
                │ endpending                     │
                └────────────────────────────────┘
        fi
    else if MAIN ∉ ν
```

```
⇒   ┌──────────────────────────────────────────────────┐
    │ strongpending 'enter MAIN' :                      │
    │     entry ρ[MAIN].inv                             │
    │     exit attach_n (entry(OP)) ∧ ρ[MAIN].inv       │
    │ endpending ;                                      │
    │ OP-segment[ρ[MAIN].body]ρ MAIN·ν                  │
    └──────────────────────────────────────────────────┘
else┌──────────────────────────────────────────────────┐
    │ strongpending 'return to MAIN' :                  │
    │     entry ρ[MAIN].inv ∧attach_n (exit(OP))        │
    │     exit false                                    │
    │ endpending                                        │
    └──────────────────────────────────────────────────┘
  fi
fi
```

Erläuterung

1. Wir betrachten zunächst den Fall C ≢ MAIN. Ist C nocht nicht expandiert worden (C∉ν), so wird durch den *assert*-Befehl verlangt, daß die Invariante von C beim Aufruf gilt; diese Zusicherung wird sequentiell mit dem Segment des Körpers von C verbunden. Die Information, daß C expandiert wurde, wird durch Erweiterung der *visit*-Liste um C festgehalten. Ist C bereits expandiert worden, so wird durch die *entry*-Bedingung des *pending*-Befehls wiederum verlangt, daß die Invariante an dieser Stelle erfüllt ist. Da möglicherweise im Anschluß an act C (etwa in einem Befehl if b ⇒ act C fi ; S') ein Befehl S' auszuführen ist, die Kontrolle aber (auf Grund des Sprungs an den Körper von C) nicht zu S' gelangt, wird durch die exit-Bedingung sichergestellt, daß bei Aktivierung der Coroutine die Semantik von S' irrelevant ist; in der Tat gilt false → p für jede (durch symbolische Ausertung von S' gewonnene) Vorbedingung p von S'. Die Expansion wird an dieser Stelle abgebrochen[16].

2. Ist C ≡ MAIN und MAIN ∉ ν, so wird durch die Eingangsbedingung verlangt, daß eine möglicherweise spezifizierte Invariante sichergestellt wird durch die vorigen Befehle des Hauptprogramms (die typischerweise im Rahmen eines Initialisierungsteils einen internen Status setzen, der zu Beginn jeder neuen Befehlsholphase vorausgesetzt werden muß). Andererseits soll die Eingangsbedingung - möglicherweise in Verbindung mit einer Invariante von MAIN - so stark sein, daß sich sämtliche Eigenschaften der Implementierung von OP in der Tat auf sie zurückführen lassen. Wurde MAIN bereits expandiert, so ist ("durch Rückwärtsrechnen") nachzuweisen, daß an dieser Stelle die Nachbedingung von OP und eine möglicherweise spezifizierte Invariante von OP gilt.

- OP-*segment*[*doc*]ρν = *doc* für jeden Dokumentationsbefehl (comment, assert, pending, ...)
- OP-*segment*[$a_1, \dots, a_n := e_1, \dots, e_n$]ρν = $a_1, \dots, a_n := e_1, \dots, e_n$
- OP-*segment*[call P]ρν = call P

Erläuterung

Da auf Grund der statischen Semantik von S* [141] nicht aus einer Prozedur hinausgesprungen werden darf, können innerhalb einer Prozedur keine (nur im Hauptprogramm deklarierten) Coroutinen angesprungen werden. Eine analoge Bemerkung gilt für Funktionen.

- OP-*segment*[T := <b, T'>]ρν =

  let *sval* = *staticvalue*[b] *depends*(T')T' *pencset*(OP) in

  case *sval* of

```
true →  | assert 'check dependancy specification of T':
        | ⋀{a = depends(T')[a] | depends(T')[a] ≠ ?} ;
        | test <b, T'> ;
        | T := true

false → | assert 'check dependancy specification of T' ':
        | ⋀{a = depends(T')[a] | depends(T')[a] ≠ ?} ;
        | test <b, T'> ;
        | T := false

?  →    | T := <b, T'>

esac
```

Erläuterung

Bei einer Funktionswertübergabe wird zunächst der statische Wert *sval* der Test-Operation T' mit Verzweigungsbedingung (pattern) b (mit passenden Parametern) berechnet[17]. Ist das Ergebnis auf Grund der Menge der möglichen Befehlsworte eindeutig bestimmt, so wird die der statischen Testauswertung zu Grunde liegende Abhängigkeit zu Feldern des Instruktionswortes durch Generierung einer geeigneten Zusicherung überprüft und das Ergebnis der statischen Auswertung als Funktionswert übergeben. Da der Test möglicherweise Seiteneffekte hat, wird er als atomare Aktion aufgerufen (; offensichtlich kann dieser Aufruf unterbleiben, wenn der Test seiteneffektfrei ist). Andernfalls wird der Befehl unverändert ausgegeben. Eine analoge Behandlung ergibt sich bei der folgenden Übergabe von Funktionswerten vom Typ int.

- OP-*segment*[D := <a, D'>]ρν =

```
let sval = staticvalue[a]depends(D')D' pencset(OP) in
  if sval ≠ ?

    ⇒     | assert 'check dependancy specification of D' :
          | ⋀{a = depends(D')[a] | depends(D')[a] ≠ ?} ;
          | decode <a, D'> ;
          | D := D'.semantics.decode(sval)

    else  | D := <a, D'>

  fi
```

Erläuterung

Die Konversion des Binärwortes *sval* zu einem Integer-Wert, erfolgt durch eine Konversionsfunktion, die in der Spezifikation von D' unter semantics mit dem Namen 'decode' angegeben sein muß.

- OP-*segment*[S_1;S_2]ρν = OP-*segment*[S_1]ρν ; OP-*segment*[S_2]ρν

Erläuterung

Die *visit*-Liste wird nur beim Eintritt in eine Coroutine verlängert. Wird nun in S_1 eine Coroutine (etwa bedingt) aktiviert, so kehrt die Kontrolle nicht zu S_2 zurück, so daß die Expansion von S_2 irrelevant ist; ist dagegen (etwa auf Grund des Verletzens der Aktivierungsbedingung) in S_1 keine Coroutine aktiviert worden, so *muß* S_2 bzgl. ν ausgewertet werden.

```
OP-segment[if <b1, T1> ⇒ S1,...,<bn, Tn> ⇒ Sn fi]ρν =
   let sval1 = staticvalue[b1]depends(T1)T1 pencset(OP),
       :
       svaln = staticvalue[bn]depends(Tn)Tn pencset(OP) in
    let try-me = {j|svalj = true ∧ ∀i < j svali = false} in
     if try-me ≠ ∅
      ⇒ let min = min (try-me) in

        ┌──────────────────────────────────────────────────────────┐
        │ assert 'check dependancy specification of T1 ' :         │
        │  ∧{a = depends(T1)[a]|depends(T1)[a] ≠ ?} ;              │
        │ test <b1, T1> ;                                          │
        │                      :                                   │
        │ assert 'check dependancy specification of Tn ' :         │
        │  ∧{a = depends(Tn)[a]|depends(Tn)[a] ≠ ?} ;              │
        │ test <bn, Tn> ;                                          │
        │ OP-segment[Smin]ρν                                       │
        └──────────────────────────────────────────────────────────┘
     else
       let don't-try-me = {j|svalj = false} in
        if don't-try-me = {1,...,n}

            ⇒  ┌────────────────────────────────────────────────────┐
               │ assert 'check dependancy specification of T1 ' :   │
               │  ∧{a = depends(T1)[a]|depends(T1)[a] ≠ ?} ;        │
               │ test <b1, T1> ;                                    │
               │                :                                   │
               │ assert 'check dependancy specification of Tn ' :   │
               │  ∧{a = depends(Tn)[a]|depends(Tn)[a] ≠ ?} ;        │
               │ test <bn, Tn>                                      │
               └────────────────────────────────────────────────────┘
           else┌────────────────────────────────────────────────────┐
               │ if <b1, T1> ⇒ OP-segment[S1]ρν                     │
               │             :                                      │
               │    <bn, Tn> ⇒ OP-segment[Sn]ρν fi                  │
               └────────────────────────────────────────────────────┘

        fi
   fi
```

Erläuterung

In zwei Fällen können Vereinfachungen vorgenommen werden:

1. Auf Grund der statischen Auswertung der Teste $<b_j, T_j>$ kann eindeutig der erste positiv ausfallende Test bestimmt werden - insbesondere müssen alle vorhergehende

Teste eindeutig negativ ausfallen ($try\text{-}me \neq \emptyset$). In diesem Fall werden zunächst geeigenete Zusicherungen generiert und die Teste bzgl. ihrer Seiteneffekte ausgewertet. Anschließend wird das Segment des Befehls gebildet, der durch den ersten positiven Test bestimmt ist.

2. Auf Grund der statischen Auswertung der Teste <b_j, T_j> kann eindeutig festgestellt werden, daß alle Teste negativ ausfallen werden. In diesem Fall reduziert sich die Semantik des Verzweigungsbefehls auf die möglicherweise auftretenden Seiteneffekte der Teste. Es werden wieder die benötigten Zusicherungen generiert.

Die Behandlung des if...else...fi-Befehls ergibt sich analog.

```
OP-segment[case <a, D> of i1 → Si1,...,in → Sin else S esac]ρν
 let sval = staticvalue[a]depends(D)D pencset(OP) in
   if sval ≠ ?
     ⇒ let intval = D.semantics.decode(sval) in
       if intval ∈ {i1,...,in}
          ⇒  ┌ assert 'check dependancy specification of D' :
             │ ∧{depends(D)[a] = a|depends(D)[a] ≠ ?} ;
             │ decode <a, D> ;
             └ OP-segment[S_intval]ρν
        else ┌ assert 'check dependancy specification of D' :
             │ ∧{depends(D)[a] = a|depends(D)[a] ≠ ?} ;
             │ decode <a, D> ;
             └ OP-segment[S]ρν
       fi
     else
       ┌ case <a, D> of
       │    i1 → OP-segment[Si1]ρν ,
       │      :
       │    in → OP-segment[Sin]ρν
       └ esac
   fi
```

Erläuterung

Ist der statische Wert von <a, D> eindeutig bestimmt, so wird im Anschluß an die passende Zusicherung und Auswertung der Dekodierungsoperation bzgl. Seiteneffekten der ausgewählte Zweig expandiert, andernfalls die Segmentbildung ohne Vereinfachung induktiv fortgesetzt. Der Fall ohne else-Zweig wird analog behandelt.

```
OP-segment[while <b, T> do S od]ρν =
  let sval = staticvalue[b]depends(T)T pencset(OP) in
    case sval of
```

```
true   →  ┌ assert 'check dependancy specification of T' :
          │ ∧ {depends(T)[a] = a|depends(T)[a] ≠ ?} ;
          │ test <b, T> ;
          └ while true do skip od

false  →  ┌ assert 'check dependancy specification of T' :
          │    {depends(T)[a] = a|depends(T)[a] ≠ ?} ;
          └ test <b, T>

?      →  [ while <b, T> do OP-segment[S]ρν od ]

esac
```

Erläuterung

Ergibt die statische Auswertung des Testes true, so läuft das Rahmenprogramm an dieser Stelle in eine endlos-Schleife. Ergibt die statische Auswertung false, so wird der Schleifenkörper nie durchlaufen.

Tritt in einer der Verzweigungsbedingungen (bei if, while, oder case) ein *Funktionsaufruf* auf, so wird diese Verzweigungsbedingung so behandelt, als ob die statische Auswertung dieser Bedingung "?" ergeben würde. Die Generierung von *Zusicherungen* für diese Bedingung entfällt, jedoch ist die Funktion in jedem Fall zur Berücksichtigung möglicher Seiteneffekte (durch test bzw. decode) aufzurufen. □

4.41 Definition (Fortsetzung)

(4) Sei P das im Modularisierungsschritt entwickelte Rahmenprogramm und ρ die durch die Deklaration seiner Coroutinen bestimmte Umgebung.

Das *durch* OP *bestimmte Segment von* P ist definiert als

```
segment OP :
   reference architecture VA_n
      with attach_n(storageconstraints(OP))
      < Synonymdeklaration von P >
      < Prozedur- und Funktionsdefinition von P >
      OP-segment[< Initialisierungsteil von P >; < Körper von P >]ρ nil
endsegment
```
□

4.43 Beispiel

Wir berechnen als Beispiel das Segment des Rahmenprogramms NOVA-emulator ∈ S*(NOVA/modular-level)(vgl. Bsp. 3.19) für die normalisierte Darstellung ST der Operation

= *expand*(store accumulator, memoryaddress = base register address)

(vgl. Bsp. 4.32). Sei dazu ρ die durch die Deklaration der Coroutinen aufgebaute Umgebung, und $\hat{\varepsilon}$ = *pencset*(ST) gegeben als

{010|instructionword <3..4> |0|10|instructionword <8..15> ,
010|instructionword <3..4> |0|11|instructionword <8..15>} .

Da sämtliche statisch auswertbaren Teste seiteneffektfrei sind, sind die entsprechenden Test-Befehle unterdrückt worden.

Zur Illustration berechnen wir einen Teil des Segmentes der Coroutine EXEC-MEMORY-REF-INST und geben im Anschluß das vollständige ST-Segment des Rahmenprogramms an.

```
(1) Sei   ν ≡ EFFECTIVE-ADDRESS-CALCULATION · MAIN
      ST-segment[act EXEC-MEMORY-REF-INST]ρν
      = assert 'enter EXEC-MEMORY-REF-INST' : true ;
        ST-segment[ρ[EXEC-MEMORY-REF-INST].body]ρν'
            wo ν' = EXEC-MEMORY-REF-INST · ν

      = assert 'enter EXEC-MEMORY-REF-INST' : true ;
        ST-segment[if <instructionreg <1..2> = 00 , jump-or-skip> ⇒ S1 else S2 fi]ρν'

      = assert 'enter EXEC-MEMORY-REF-INST' : true ;
        assert 'check dependancy specification of jump-or-skip' :
                instructionreg <1..2> = instructionword <1..2> ;
        ST-segment[S2]ρν'
    da
        staticvalue[instructionreg <1..2> = 00]depends(jump-or-skip) jump-or-skip ε̂
        = false

      = assert 'enter EXEC-MEMORY-REF-INST' : true ;
        assert 'check dependancy specification of jump-or-skip' :
                instructionreg <1..2> = instructionword <1..2> ;
        ST-segment[if <instructionreg <1> = 0, load> ⇒ S3 else S4 fi; act CONTINUE]ρν'

      = assert 'enter EXEC-MEMORY-REF-INST' : true ;
        assert 'check dependancy specification of jump-or-skip' :
                instructionreg <1..2> = instructionword <1..2> ;
        assert 'check dependancy specification of load' :
                instructionreg <1> = instructionword <1> ;
        ST-segment[S4]ρν' ; ST-segment[act CONTINUE]ρν'
    da
        staticvalue[instructionreg <1> = 0]depends(load)load ε̂
        = false

      = assert 'enter EXEC-MEMORY-REF-INST' : true ;
        assert 'check dependancy specification of jump-or-skip' :
                instructionreg <1..2> = instructionword <1..2> ;
        assert 'check dependancy specification of load' :
                instructionreg <1> = instructionword <1> ;
        memory[buffer] := that accu of instructionreg <3..4> ;
        ST-segment[act CONTINUE]ρν'
```

(2) Wir geben an dieser Stelle das vollständige Segment ST-*segment*[NOVA-emulator] des Rahmenprogramms an. Man beachte, daß die diesem Entwurfsschritt zu Grunde liegende Speicherabbildung $attach_1$ (vgl. Bsp. 3.18) lediglich eine Längenanpassung vornimmt.

```
segment ST :
   reference architecture NOVA/modular-level

   with memory, programcounter <1..15>, interrupt-on

   pending 'initialization block' :
      entry true
      exit interrupt-on = interrupt-flag ∧ file-flag = 0
   endpending ;

   strongpending 'enter MAIN' :
      entry interrupt-on = interrupt-flag ∧ file-flag = 0
      exit interrupt-on = interrupt-flag ∧file-flag = 0
        ∧ memory[programcounter <1..15>] =
        $main.zero-bit$|$move-data.function$|$move-data.accu$
        |$move-data.address-type$|$move-data.index$|$move-data.displacement$

        ∧ 010|instructionword<3..4>|0|instructionword<6..7>|instructionword<8..15>
        = $main.zero-bit$|$move-data.function$|$move-data.accu$
        |$move-data.address-type$|$move-data.index$|$move-data.displacement$

        ∧ $move-data.index$ ≠ 00 ∧ $move-data.index$ ≠ 01

        ∧ MEM =
      makearray index : [0..32767] of
        if index = 0
           ⇒   if pre
                  ⇒ bin 0|<programcounter <1..15> + 1 , interrupt handler>
                  else if 0 = effective address
                          ⇒ accu
                          else memory[0]
                       fi
               fi
           else if index = effective address
                  ⇒ accu
                  else memory[index]
               fi
        fi
      endarray
```

```
   ∧ PC =
        if pre
           ➡ if 1 = effective address
                  ➡ accu
                  else memory[1]
             fi <1..15>
           else <programcounter <1..15> + 1, interrupt handler>
        fi
   ∧ IF = if pre ➡ bin 0 else interrupt-on fi
  endpending ;
  instructionreg := memory[bin 0|programcounter <1..15>]  ;
  assert 'check dependancy specification of not-memory-reference instruction' :
         instructionreg <0..2> = instructionword <0..2> ;
  assert 'enter EFFECTIVE-ADDRESS-CALCULATION' : true  ;
  buffer := hex 00|instructionreg <8..15> ;
  assert 'check dependancy specification of not-page-zero-address' :
         instructionreg <6..7> = instructionword <6..7> ;
  buffer := buffer + that base of instructionreg <6..7> ;
  assert 'check dependancy specification of indirect-addressing' :
         instructionreg <5> = instructionword <5> ;
  assert 'enter EXEC-MEMORY-REF-INST' : true ;
  assert 'check dependancy specification of jump-or-skip' :
         instructionreg <1..2> = instructionword <1..2> ;
  assert 'check dependancy specification of load' :
         instructionreg <1> = instructionword <1> ;
  memory[buffer]  = that accu of instructionreg <3..4> ;
  assert 'enter CONTINUE' : true ;
  programcounter := programcounter + 1 ;
  assert 'enter INTERRUPT-HANDLER' : true ;
  interrupt-on := interrupt-on or interrupt-flag ;
  strongpending 'return to MAIN' :
     entry interrupt-on = interrupt-flag ∧file-flag = 0 ∧
          MEM = memory ∧ PC = programcounter <1..15> ∧ IF = interrupt-on
     exit false
  endpending
endsegment
```

Die in der Eingangsbedingung vorkommenden Abkürzungen *pre*, *accu*, *effective address* sind wie in Beispiel 4.32 definiert.

□

Damit haben wir gezeigt, daß auch im Modularisierungsschritt die axiomatische Spezifikation automatisch so als Anforderung in die Implementierung eingebettet werden kann, daß der Nachweis der Anforderungen (durch die im folgenden Abschnitt vorgestellte Logik) die Korrektheit der Implementierung der Zielarchitektur garantiert. Besonderen Wert wurde dabei darauf gelegt einerseits dem Entwickler größtmögliche Freiheit im Aufbau des Rahmenprogramms - insbesondere im Entwurf der Endo-Architektur der Ablaufsteuerung - zu lassen (so werden etwa keine Annahmen über die Abfolge von Dekodierung und Auswertung gemacht), andererseits automatisch die Teile zu erkennen (und durch Anforderungen zur Sicherstellung der Korrektheit anzureichern), die für die Ausführung einer einzelnen Operation verantwortlich sind, um so *modular* die Korrektheit des Rahmenprogramms beweisen zu können.

Insgesamt haben wir damit das Problem der Verifikation des Entwurfes einer Rechnerarchitektur zurückgespielt auf die Aufgabe, dokumentierte Teilmoduln des hierarchischen Entwurfes zu beweisen. Wir haben so Voraussetzungen geschaffen, die eine erfolgreiche Verifikation realistisch erscheinen lassen: kleine Programme in einer höheren (Mikro-) Programmiersprache in im wesentlichen festen logischen Theorien zu beweisen. Der Entwicklung der dazu dienenden (Mikro-) Programmlogik wollen wir uns im folgenden Abschnitt zuwenden[18].

4.2 EINE AXIOMATISCHE DEFINITION DER S*-FAMILIE

In diesem Abschnitt beschreiben wir eine Programmlogik, die es gestattet, als Zusicherungen oder durch Vor- und Nachbedingungen formulierte Anforderungen an Programme der S*-Familie syntax-gerichtet zu beweisen.

Der dazu entwickelte Hoare-Kalkül (vgl. 2.4) unterscheidet sich von Axiomatisierungen höherer Programmiersprachen dadurch wesentlich, daß explizit Wissen über die der Sprache zu Grunde liegende Architektur $A \in$ AADL in den Beweisprozeß einfließen muß. Dabei wird die Art dieses Wissens zunehmend komplexer, je tiefere Ebenen des Entwurfes zu verifizieren sind. So mag als Testfall für die zu entwickelnde Logik die Präzision dienen, mit der über die typischen Charakteristika von Mikroarchitekturen - ihr zeitliches Verhalten, transiente Sprachelemente, den Grad an inhärenter Parallelität, die damit verbundenen Konfliktanalysen, die Möglichkeiten, Kontrollinformationen auszulagern und schließlich die Behandlung von Mikrooperationen, die Mikrobefehle ändern - formal argumentiert werden kann. Die folgenden Ausführungen legen daher eine *Mikroarchitektur* $A \in$ AADL zu Grunde und entwickeln den Kalkül für den auf dieser Ebene zur Verfügung stehenden vollen Sprachumfang der S*-Familie. Kalküle für höhere Architekturebenen können als "degenerierte" Versionen dieses Kalküls angesehen werden, in denen bestimmte Aspekte des vollen Kalküls entfallen.

Im Rahmen der Axiomatisierung von Mikrooperationen (Abschn. 4.2.1) wird gezeigt, wie die Auslagerung von Kontrollinformationen sowie die Überprüfung von Stabilitätseigenschaften beim Zugriff auf transiente Speicherelemente verifiziert werden können. Der folgende Unterabschnitt entwickelt eine (vollständige[19]) Beweisregel für die parallele Komposition von Mikrooperationen. Auf Grund der Pragmatik der parallelen Komposition im Kontext der Mikroprogrammierung (die insbesondere eine *interleaving*-Semantik [129] ausschließt, vgl. Einleitung zu 4.2.2) muß sichergestellt werden, daß Mikrooperationen, deren Ausführung sich zeitlich überlappt, *konfliktfrei* ausgeführt werden können. Wir zeigen dazu, wie nur dynamisch erkennbare Konfliktmöglichkeiten durch prädikatenlogische Formeln charakterisiert werden können und daher durch entsprechende Verifikationsbedingungen (durch prädikatenlogische Prämissen der Beweisregel) sichergestellt werden kann, daß eine parallele Komposition von Mikrooperationen konfliktfrei ausgeführt werden kann. Es wird gezeigt, wie durch die entwickelten Konfliktanalysemethoden bereits während der statischen Analyse von Mikroprogrammen detaillierte Informationen über mögliche Konflikte dem Benutzer zur Verfügung gestellt werden können, die wesentlich detaillierter als die Kompaktifizierungsalgorithmen zu Grunde liegenden Konfliktanalysen sind. Neben der damit erreichbaren höheren Zuverlässigkeit von Mikroprogrammen dürfte eine Einbettung dieser Analysemethoden in Kompaktifizierungsalgorithmen zu einer Erhöhung der Kompaktheit automatisch generierten Mikrocodes beitragen. Schließlich werden in zwei weiteren Abschnitten prozessorabhängige und prozessorunabhängige Kontrollstrukturen von S* axiomatisiert.

4.2.1 Axiomatisierung von Mikrooperationen

Bezüglich der Modellierung unterscheiden sich *Mikro*operationen von Operationen höherer Architekturebenen wesentlich durch ihre *zeitabhängigen Aspekte*. Dagegen kann die Änderung des Zustandes einer Mikroarchitektur, die durch Ausführung einer Mikrooperation bewirkt wird, unter Verwendung der in Abschnitt 4.1.1 entwickelten *schwächsten ableitbaren Vorbedingung* einer Operation axiomatisiert werden: in Anlehnung an das *Zuweisungsaxiom* (vgl. 2.4) wird jeder Nachbedingung p die schwächste Vorbedingung zugeordnet, die p nach Ausführung der Mikrooperation garantiert. Nach 4.1.1 hat das Axiom einer Mikrooperation OP daher im wesentlichen die Form $\{ok(\mathrm{OP}) \wedge sub(\mathrm{OP})\}$ OP.pattern {p}, jedoch sind die folgenden Besonderheiten bei der Axiomatisierung von Mikrooperationen zu berücksichtigen.

1. Die für Zielarchitekturen spezifischen Konzepte, insbesondere die Berücksichtigung von Adressierungsarten, entfallen. Wir gehen somit von Operationen aus, die lediglich Parameter vom Typ einer Variablen oder einer Konstante haben.

2. Im Kontext der Verifikation werden Operationen einer Architektur *im Rahmen eines Programms* (durch ihr *pattern*) aktiviert, wobei (formale) Parameter im *pattern* durch aktuelle Parameter ersetzt werden. Wir setzen daher im Kontext der Verifikation eine Substitution *parsub* voraus, die sämtliche Parameter einer Operation

an Speicherelemente bzw. Konstante vom spezifizierten Typ bindet. Die Frage der *Typüberprüfung* wird hier ausgeklammert, da sie im Rahmen der statischen Analyse erfolgt [141].

3. Somit sind Angaben über die *Kodierung* einer Operation nicht für die Axiomatisierung von Mikrooperationen relevant.

Wir diskutieren nun zunächst die Verifikation zeitabhängiger Aspekte und zeigen dann, wie die oben angedeutete Axiomatisierung zu erweitern ist.

Zeitabhängige Aspekte beeinflußen in zweierlei Weise die Axiomatisierung von Mikrooperationen: beim lesenden Zugriff auf transiente Speicherelemente muß überprüft werden, ob die gelesenen Daten stabil sind. Dazu verwenden wir in der Zusicherungssprache (vgl. 2.4) eine Hilfsvariable *time*, deren Wert die aktuelle Zeit angibt, sowie für jedes transiente Speicherelement a eine Hilfsvariable a.last, auf der der Zeitpunkt des letzten schreibenden Zugriffs auf a festgehalten wird. Auf Grund dieser Werte kann einerseits bestimmt werden, ob ein lesender Zugriff auf ein transientes Speicherelement innerhalb des durch die Stabilitätsangaben spezifizierten zulässigen Zeitintervalls erfolgt, und andererseits die Phasenbedingung einer Mikrooperation gegen die aktuelle Zeit bei Aktivierung der Operation verifiziert werden. Um dies zu ermöglichen, muß durch die Ausführung einer Mikrooperation - analog zu Seiteneffekten - die globale Zeit aktualisiert werden, sowie gegebenenfalls der Zeitpunkt des schreibenden Zugriffs auf transiente Speicherelemente auf der entsprechenden Hilfsvariablen abgespeichert werden.

Wir beziehen uns bei den folgenden Ausführungen auf die aus der Spezifikation einer Mikrooperation OP' durch Ersetzung von formalen durch aktuelle Parameter gewonnenen parameterlosen Operationsdefinition OP ≡ OP' *parsub*.

Wir entwickeln nun zunächst zwei Hilfsfunktionen im Zusammenhang mit transienten Speicherelementen. Wir erinnern daran, daß die Stabilitätseigenschaften eines solchen Speicherelementes im Blockdiagramm unter Verwendung des Schlüsselwortes stable festgelegt sind (vgl. Abb. 3.6), und setzen auf Grund der Pragmatik voraus, daß nur Speicherelemente vom Basistyp transientes Speicherverhalten zeigen[20].

4.44 Definition

(1) Für eine Phase π und einen Zeitpunkt t gebe die (Standard-) Funktion nextstart-π (bzw. nextend-π) die Anzahl der Zeiteinheiten an, die ausgehend von t bis zum nächsten Zeitpunkt t'>t verstreichen, an dem startof-π(t') (bzw. endof-π(t')) gilt:

- nextstart-π(t) := min{n > 0 | startof-π(t + n)}
- nextend-π(t) := min{n > 0 | endof-π(t + n)}

(2) Sei a ein transientes Speicherelement (Schreibweise: a ∈ *trans*(A)).

Der Zeitpunkt, bis zu dem a spätestens gelesen werden muß, *failtime*(a), ist der durch

$$failtime(a) \equiv \begin{cases} a.\underline{last} + n & \text{falls } a.\underline{stable} \equiv \underline{during}\ n \\ a.\underline{last} + \underline{nextstart\text{-}\pi}(a.\underline{last}) & \\ & \text{falls } a.\underline{stable} \equiv \underline{until}\ \underline{startof\text{-}\pi} \\ a.\underline{last} + \underline{nextend\text{-}\pi}(a.\underline{last}) & \\ & \text{falls } a.\underline{stable} \equiv \underline{until}\ \underline{endof\text{-}\pi} \end{cases}$$

definierte Ausdruck der Zusicherungssprache. (Man beachte, daß dieser Zeitpunkt vom Zeitpunkt a.last des letzten schreibenden Zugriffs auf a abhängt.) □

Im Zuge der Berechnung, ob ein lesender Zugriff auf ein transientes Speicherelement a vor seiner Fehlerzeit erfolgt, ist zu berücksichtigen, ob das Speicherelement während einer initialen Phase der Ausführung benötigt wird (vgl. Abb. 3.6): wenn durch eine entsprechende Spezifikation (unter Verwendung des Schlüsselwortes used) a bereits nach n Zeitpunkten freigegeben wird, dann muß garantiert werden, daß der Fehlerzeitpunkt erst n Zeiteinheiten nach Aktivierung der Operation erfolgt; andernfalls muß der Fehlerzeitpunkt nach Abschluß der Operation liegen.

4.45 Definition

(1) Die *Ausführungsdauer* einer Mikrooperation OP, *duration*(OP), läßt sich kanonisch aus seiner Phasenbindung OP.timingvalidity und der Spezifikation der Uhr des Prozessors (gegebenenfalls unter Berücksichtigung überlappender Phasen) berechnen. Die Länge des durch eine Phasenbedingung *phase* bestimmten Zeitintervalls bezeichnen wir mit *length*(*phase*).

(2) Die *Sperrdauer von* a *in* OP, während der ein Speicherelement a ∈ *inputlocations*(OP) vom Zeitpunkt der Aktivierung von OP an (exklusiv) für OP zur Verfügung stehen muß, bezeichnen wir mit *needed-until*(OP)(a)[21]:

$$needed\text{-}until(OP)(a) = \begin{cases} duration(OP) & \text{falls a nicht freigegeben wird} \\ n & \text{falls } a.\underline{used} \equiv \underline{until}\ n \\ length(phase) & \text{falls } a.\underline{used} = \underline{in}\ phase \\ & \text{für eine initiale Phasenbedingung } phase \end{cases}$$

□

Damit ist ein lesender Zugriff auf ein transientes Speicherelement a dann unkritisch, wenn der Fehlerzeitpunkt wenigstens soviele Zeiteinheiten nach der Aktivierungszeit von OP liegt, wie a in OP benötigt wird. Da die entsprechende Formel in die Vorbedingung des Axioms integriert wird, ist die Aktivierungszeit durch den Wert der Hilfsvariablen *time* gegeben.

4.46 Definition

Sei *transient-input*(OP) = *trans*(A) ∩ *inputlocations*(OP). Die *Stabilitätsbedingung* von OP ist die Formel

$$stable(\text{OP}) \equiv \bigwedge\{failtime(a) \geq time + needed\text{-}until(\text{OP})(a) \mid a \in transient\text{-}input(\text{OP})\}$$ □

Als Bestandteil der Axiomatisierung von Mikrooperationen definieren wir eine auf diesen Kontext angepaßte Formel *vc-ok*. Sie besteht aus einer Konjunktion der Aktivierungsbedingung von OP - die in diesem Kontext auch die Startphase von OP beinhaltet, sowie der Stabilitätsbedingung von OP. Man beachte, daß durch die Integration der Aktivierungsbedingungen OP.cond in die Vorbedingung des Axioms insbesondere gewährleistet wird, daß eventuell für die Ausführung der Mikrooperation OP vorausgesetzte ausgelagerte Kontrollinformationen durch vorige Mikrooperationen gesetzt werden müssen. Insbesondere kann bei einem so verifizierten Mikroprogramm eine gesonderte Behandlung ausgelagerter Kontrollinformationen während der Codegenerierung entfallen.

4.47 Definition

Sei π die in OP.timingvalidity spezifizierte Startphase von OP. Die Formel *vc-ok*(OP) ist definiert als

$$startof\text{-}\pi(time) \wedge \langle \text{OP.cond}, \text{OP}\rangle \wedge stable(\text{OP})$$ □

Diese Überprüfung der Stabilität von transienten Quellen setzt voraus, daß ihr Initialisierungszeitpunkt im Rahmen der Axiomatisierung korrekt (unter Verwendung der entsprechenden Hilfsvariablen a.last) festgehalten wird. Hierbei ist zu berücksichtigen, daß das Überschreiben eines Speicherelementes im Rahmen von Seiteneffekten durch (Aktivierungs-) Bedingungen kontrolliert werden kann, und daß der Zeitpunkt innerhalb der Ausführung einer Mikrooperation, zu dem ein Speicherelement überschrieben wird, durch Angabe einer terminalen Phasenbedingung bzw. eines Zeitpunktes, ab dem frühestens auf das Speicherelement zugegriffen wird, genauer eingegrenzt sein kann (vgl. Abb. 3.6). Die Bedingungen, unter denen ein Speicherelement einer Operation aktiviert wird, wurden bereits in der Hilfsfunktion *outputenable*(OP) (Definition 4.18(5)) charakterisiert. Analog zur Hilfsfunktion *needed-until* fassen wir die Angabe über den Zeitpunkt nach Aktivierung von OP, vor dem mit Sicherheit nicht auf ein Speicherelement schreibend zugegriffen wird, in einer Hilfsfunktion *needed-after* zusammen[22].

4.48 Definition

Sei $a \in outputlocations(\text{OP})$. Die *Freigabedauer von* a *in* OP (während der a nach Aktivierung von OP für lesenden Zugriff parallel auszuführender Mikrooperationen freigegeben ist) bezeichnen wir mit *needed-after*(OP)(a):

$$needed\text{-}after(\text{OP})(a) = \begin{cases} duration(\text{OP}) - length(phase) & \text{falls } a.\underline{\text{used}} \equiv \underline{\text{in}}\ phase \text{ für eine terminale Phasenbedingung } phase \\ n & \text{falls } a.\underline{\text{used}} \equiv \underline{\text{after}}\ n \\ 0 & \text{sonst} \end{cases}$$ □

Um zeitabhängige Eigenschaften einer Nachbedingung von OP korrekt symbolisch auszuwerten, muß somit die (in 4.18 definierte) Substitution von OP um eine zeitabhängige Komponente *timesub* ergänzt werden, die die aktuelle Zeit *time* um die Ausführungsdauer der Operation erhöht und die Hilfsvariablen a.last von durch die Operation überschriebenen transienten Speicherelementen korrekt initialisiert. Hierbei machen wir die konservative Annahme, daß ein Speicherelement zum frühestmöglichen Zeitpunkt überschrieben wird, zu dem es als Senke der Operation gesperrt ist.

4.49 Definition

(1) Sei *transient-output*(OP) = *transient*(A) ∩ *outputlocations*(OP).

Die Substitution *timesub*(OP) ist induziert durch

time ↦ *time* + *duration*(OP)

a.last ↦ if *outputenable*(OP)(a)
⇒ *time* + *needed-after*(OP)(a)
else a.last
fi

für alle a ∈ *transient-output*(OP)

(2) Die symbolische Auswertung einer Mikrooperation OP wird beschrieben durch die Substitution *vc-sub*(OP) = *sub*(OP) ‖ *timesub*(OP) . □

Damit sind auch die zeitabhängigen Aspekte von Mikrooperationen so formalisiert, daß sie in die axiomatische Definition der Semantik einer Mikrooperation eingebettet werden können. Das folgende Axiom einer Mikrooperation formalisiert die symbolische Auswertung einer Nachbedingung p .

4.50 Definition

Das (*Zuweisungs-*) *Axiom* einer Mikrooperation OP, *ax*(OP), ist definiert als

{*vc-ok*(OP) ∧ p *vc-sub*(OP)} *pattern* {p}

wobei

pattern ≡
- OP.pattern falls OP eine Transfer- oder Funktionsmikrooperation spezifiziert
- test OP.pattern falls OP eine Testmikrooperation spezifiziert
- decode OP.pattern falls OP eine Dekodiermikrooperation spezifiziert □

4.51 Beispiel

(1) Wir diskutieren als erstes Beispiel die Axiomatisierung der Mikrooperation 'write-memory' (siehe Anhang 1.2).

Offensichtlich ist

duration(write-memory) = 400

und *vc-sub*(write-memory) gegeben durch

```
memory ⟼ makearray i : [0..65535] of
                if i = A-register
                     ⇒    memory[A-register]  and T-register
                     else memory[i]
                fi
            endarray
time ⟼  time + 400
```

Da auf keine transienten Speicherelemente zugegriffen wird, ergibt sich die Formel *vc-ok* zu

```
startof-P4 (time) ∧ modify-register = hex FF
```

(Wäre das T-register als transientes Speicherelement mit Stabilitätsdauer 400 deklariert, so würde als zusätzliches Konjunktionsglied die Formel

```
T-register.last + 400 ≥ time + 50
```

sicherstellen, daß der Wert des T-registers während der gesamten Sperrdauer

```
needed-until(write-memory)(T-register) = 50
```

stabil ist.)

Als Beispiel für die Anwendung des Axioms von 'write-memory' gehen wir von der Nachbedingung

```
q ≡
  MEM = makearray index : [0..32676] of
             memory[2 · index]|memory[2 · index + 1]
        endarray
  ∧ <memory = memory, defining equation>
```

aus (die sich durch "Aufbrechen" der Nachbedingung von 'store' (Bsp. 4.34) auf die beiden Zweige des parallelen Befehls *par* aus Beispiel 4.53 ergibt; diese Methodik sowie die Rolle der Hilfsvariablen *memory* wird in 4.2.2 erläutert).

Die Anwendung von *ax*(write-memory) ergibt (nach Vereinfachung) die folgende gültige Korrektheitsaussage.

```
{startof-P4 (time) ∧ modify-register = hex FF
∧ MEM = makearray index : [0..32767] of
           if 2 · index = A-register
              ⇒    memory[A-register] and T-register
              else memory[2 · index]
           fi
```

```
        | if 2· index + 1 = A-register
            ⇒    memory[A-register] and T-register
          else memory[2· index + 1]
        fi
      endarray
∧ <memory = makearray i : [0..65535] of
          if i = A-register
            ⇒    memory[A-register] and T-register
            else memory[i]
          fi
        endarray , defining equation> }
  memory[A-register] := memory[A-register] and T-register
{q}
```

Auf diese Vorbedingung werden wir in weiteren Beispielen unter der Bezeichnung p Bezug nehmen.

(2) Als weiteres Beispiel betrachten wir die Aktivierung der Mikrooperation logical-or-primary-with-modification (vgl. Bsp. 3.3 sowie Anhang 1.2) durch die S*(MICRO-DATA)-Anweisung

```
T-register := LOR(primary-file[int 1 or U-register <3..0>], T-register, move)
```

Beachte, daß in dieser Zuweisung die formalen Parameter 'reg', 'file-address', und 'operand-control' (vom Typ 'register', 'file-select', bzw. 'modifier') durch die aktuellen Parameter 'T-register', int 1, bzw. 'move' (= bin 0; dieses Synonym ist im Rahmenprogramm Abb. 3.11 definiert) ersetzt wurden. Damit ergibt sich, daß - unabhängig von einer möglichen Befehlsmodifikation durch 'modify-lower-command' - lediglich der Seiteneffekt 'move' der Mikrooperation aktiviert wird. Durch Anwendung einer entsprechenden Vereinfachung ergibt sich *vc-sub*(logical-or-primary-with-modification) zu

```
T-register ↦ primary-file[int 1 or U-register <3..0>]
modify-register ↦ hex FF
time ↦ time + 400 .
```

Die Aktivierungsbedingungen werden in *vc-ok*(logical-or-primary-with-modification) überprüft:

```
startof-P1 (time)
∧ file-bank-select = primary
∧ modify-register <2..0> = oct 7
∧ modification-enable = on
∧ U-register <7..4> = hex C
```

Als Beispiel für die Anwendung des Axioms von 'logical-or-primary-with-modification' gehen wir von der Nachbedingung

```
q'1 =
   startof-P4 (time + 150) ∧ modify-register = hex FF
∧  MEM = makearray index : [0..32767] of
            if 2 · index = A-register
               ⇒   memory'[A-register] and T-register
               else memory'[2 · index]
            fi
          | if 2 · index + 1 = A-register
               ⇒   memory'[A-register] and T-register
               else memory[2 · index + 1]
            fi
         endarray
∧ <memory = makearray i : [0..65535] of
               if i = A-register
                  ⇒   memory'[A-register] and T-register
                  else memory'[i]
               fi
            endarray, defining equation>
  ∧ <T-register = T-register, defining equation>
  ∧ <modify-register = modify-register, defining equation>
```

aus (die sich durch Aufbrechen von p in Nachbedingungen für 'initiate-write' und 'logical-or-primary-with-modification' - vgl. 4.2.2 - ergibt). Eine Anwendung des Axioms 'logical-or-primary-with-modification' ergibt nach Vereinfachung folgende Korrektheitsformel.

```
{startof-P1 (time)
  ∧ file-bank-select = primary
  ∧ modify-register <2..0> = oct 7
  ∧ modification-enable = on
∧ U-register <7..4> = hex C
∧ MEM =
     makearray index : [0..32767] of
        if 2 · index = A-register
           ⇒   memory'[A-register] and primary-file[int 1 or U-register <3..0>]
           else memory'[2 · index]
        fi
      | if 2 · index + 1 = A-register
           ⇒   memory'[A-register] and primary-file[int 1 or U-register <3..0>]
           else memory'[2 · index]
        fi
     endarray
```

```
∧<memory =
     makearray i : [0..65535] of
        if i = A-register
           ⇒   memory'[A-register] and primary-file[int 1 or U-register <3..0>]
           else memory'[i]
        fi
     endarray , defining equation>
∧<T-register = primary-file[int 1 or U-register <3..0>], defining equation>
∧<modify-register = hex FF, defining equation>
   T-register := LOR(primary-file[int 1 or U-register <3..0>], T-register, move)
{q'_1}
```

Wir beziehen uns in folgenden Beispielen unter der Bezeichnung p'_1 auf die Vorbedingung dieser Korrektheitsformel.

□

4.2.2 Konfliktanalyse in Mikroarchitekturen und ihre Einbettung in Beweisregeln für die parallele Ausführung von Mikrooperationen

Horizontale oder "diagonale" Mikroarchitekturen gestatten die unabhängige Aktivierung von Mikrooperationen in überlappenden Zeitintervallen. Eine maximale Ausnutzung dieser (*low-level*) Parallelität ist die Aufgabe der Kompaktifizierungsphase der Mikrocodegenerierung; jede Zusammenfassung von Mikrooperationen zu Mikroinstruktionen muß jedoch gewährleisten, daß zu keinem Zeitpunkt der Ausführung der Instruktionen Konflikte beim Zugriff auf Resourcen von Mikrooperationen, (den benutzten Speicherelementen und Funktionseinheiten, aber auch den zur Kodierung der Operationen benötigten Feldern des Mikroinstruktionswortes) entstehen. Je genauer die möglichen Konflikte zwischen Mikrooperationen analysiert und zeitlich eingegrenzt werden können, je dichter können Mikrooperationen in Mikroinstruktionen gepackt werden, und umso zeitoptimaler ist der resultierende Mikrocode. Ziel dieses Abschnittes ist es, auf Grund der in AADL ausdrückbaren detaillierten Informationen über die Anforderungen von Resourcen durch Mikrooperationen eine detaillierte (statische) Analyse von Konfliktmöglichkeiten zwischen parallel aktivierten Mikrooperationen zu entwickeln und diese in Beweisregeln einzubetten, durch die die parallele Komposition von S*-Befehlen axiomatisiert wird. Kern der Konfliktanalyse ist eine Charakterisierung *dynamischer* Konfliktmöglichkeiten eines Paares von parallel ausgeführten Mikrooperationen durch eine prädikatenlogische Formel. Diese kann als Bestandteil von Verifikationsbedingungen, die Konfliktfreiheit garantieren, in eine Beweisregel für die parallele Komposition von Mikroprogrammen eingebettet werden, um so zu *beweisen*, daß Mikrooperationen konfliktfrei zu einer Mikroinstruktion zusammengefaßt werden können, selbst wenn statisch Konflikte nicht ausgeschlossen werden können (und somit Kompaktifizierungsalgorithmen nicht-optimalen Code erzeugen würden). Im Bedarfsfall kann so von Hand eine Kompaktifizierung durchgeführt werden; durch Verwendung der Schlüsselwörter region ... endregion können optimierte Befehlssequenzen dem Codegenerator kenntlich gemacht werden. Da diese Konfliktanalyse rein statisch erfolgt, kann dem Mikroprogrammierer bereits bei der Erstellung eines parallelen Befehls mitgeteilt werden, zu welchen Zeitpunkten der Ausführung des Befehls und unter welchen Bedingungen Konflikte auftreten können. Damit stellen die in diesem Abschnitt vorgestellten Methoden einen wesentlichen Beitrag zur Erhöhung der Sicherheit von Mikroprogrammen horizontaler oder diagonaler Mikroarchitekturen dar, die über bekannte Analyseverfahren hinausgehen.

Auf einen wesentlichen Unterschied der Semantik der parallelen Komposition im Softwarebereich (vgl. etwa [129],[130]) im Gegensatz zum hier betrachteten Kontext der Mikroprogrammierung sei an dieser Stelle hingewiesen: sind $S_1, \ldots, S_n$ Befehle einer höheren Programmiersprache, so wird i.allg. (bei Verwendung von gemeinsamen Speicherbereichen) die Semantik ihrer parallelen Komposition *par* ≡ $\underline{\text{do}}\ S_1 \| \ldots \| S_n\ \underline{\text{do}}$ durch Vermischung (engl.: *interleaving*) ihrer Ausführungsfolgen bestimmt; insbesondere wird die "parallele" Ausführung $A_1 \| A_2$ von *atomaren* (unteilbaren) Aktionen A_1 und A_2 als Menge aller möglichen sequentiellen Kombinationen $\{A_1;A_2\ ,\ A_2;A_1\}$ von A_1 und A_2 formalisiert. Damit entfällt auch die Frage nach Konflikten während der parallelen Ausführung von A_1 und A_2; in der Tat wir "Parallelität" durch *Nicht-Determinismus* modelliert.

Im Kontext der Mikroprogrammierung dagegen modelliert der Paralleloperator die Parallelität, die durch unabhängige Aktivierung von Mikrooperationen in einem Mikroinstruktionswort gegeben ist[23]. Damit ergibt sich einerseits, daß die Komponenten S_i eines Befehls *par* der S*-Familie nur aus einer sequentiellen oder parallelen Komposition von Mikrooperationen aufgebaut sein können[23], und andererseits für jedes Vorkommen einer Mikrooperation in *par* aus der Phasenbedingung der Mikrooperation und seinem Vorkommen in *par* eindeutig ihr Aktivierungszeitpunkt relativ zum Startpunkt der Auswertung von *par* bestimmt werden kann. Die formale Semantik von *par* muß daher diese zeitliche Abfolge der Mikrooperationen, die typischerweise als *Zeitdiagramm* dargestellt wird, respektieren. Sie muß somit modellieren, daß gewisse Mikrooperationen - die wir als *kritische Paare* bezeichnen werden - *zeitlich überlappend* ausgeführt werden und daher Konflikte zwischen ihnen ausschließen. Die Kenntnis des Zeitdiagramms führt aber auch zu einer anders strukturierten Beweisregel: sie gestattet die "Kommunikationsstellen" zwischen den einzelnen Teilbefehlen S_i zu lokalisieren und so *Kooperation* von Teilbeweisen über Verifikationsbedingungen zu überprüfen, die fordern, daß aus den *Nachbedingungen* von zu einem Zeitpunkt t *terminierenden* Mikrooperation die *Vorbedingungen* der zu diesem Zeitpunkt *aktivierten* Mikrooperationen beweisbar sind. Dies beinhaltet jedoch, daß der Beweis nicht syntaxgerichtet, sondern an Hand des Zeitdiagramms aus Teilbeweisen der einzelnen in *par* vorkommenden Mikrooperationen aufgebaut wird[24,25]. Schließlich muß wie in jedem Beweissystem über parallele Prozesse [5] die *Interferenzfreiheit* der Teilbeweise nachgewiesen werden, die sich im Kontext der Parallelität von Mikrooperationen darauf reduziert, daß kein Teilbeweis einer Mikrooperation Annahmen über den Wert von Ausgabevariablen einer weiteren zeitlich überlappend ausgeführten Mikrooperation machen darf.

Wir entwickeln nun zunächst den Begriff der *statischen Konfliktfreiheit* und betten diesen in eine Beweisregel für *par* ein. Anschließend zeigen wir, wie eine genauere Konfliktanalyse die Charakterisierung dynamischer Datenkonflikte ermöglicht und leiten daraus eine schärfere Beweisregel ab (die zu einer relativ vollständigen [31] Axiomatisierung führt [13]). Ausgangspunkt unserer Analyse eines parallelen Befehls *par* bildet das *Zeitdiagram* von *par*, das wir in Form der folgenden - leicht aus der AADL-Beschreibung der Uhr, der Phasenbedingung der Mikrooperationen und der syntaktischen Struktur von *par* ableitbaren [141] - Hilfsfunktionen als gegeben voraussetzen.

4.52 Definitionen

Sei $par \equiv \underline{do}\ S_1 \| \ldots \| S_n\ \underline{od} \in S^*(A)$ gegeben. Für *par* bezeichne

- t_{init}

  den Zeitpunkt (modulo der Zyklusdauer von A), zu dem die Ausführung von *par* beginnt (d.h. das kleinste t modulo *duration*(A.clock) mit startof-π(t), wo π die Startphase einer in *par* vorkommenden Mikrooperation ist, die in *par* keinen sequentiellen Vorgänger hat);

- t_{end}

  den Zeitpunkt, mit dem bei Aktivierung von *par* zur Zeit t_{init} die Ausführung von *par* abgeschlossen ist;

- *activated*(t)

  für $t_{init} \leq t < t_{end}$ die Menge der in *par* vorkommenden Mikrooperationen, die zum Zeitpunkt t aktiviert werden;

- *terminated*(t)

  für $t_{init} < t \leq t_{end}$ die Menge der in *par* vorkommenden Mikrooperationen, die zum Zeitpunkt terminieren;

- *start*(OP,t)

  den Zeitpunkt, zu dem OP ∈ *terminated*(t) aktiviert werden muß. □

Wir gehen in den folgenden Ausführungen davon aus, daß durch eine (in [141] beschriebene) statische Analyse sämtliche "Zeitlücken" zwischen der Termination einer Mikrooperation und der Aktivierung einer sequentiell folgenden Mikrooperation durch Einfügen passender Befehle delay(n) überbrückt worden sind, sowie daß alle Teilbefehle einer parallelen Komposition (möglicherweise durch Einfügung entsprechender Verzögerungsbefehle) simultan aktiviert werden und simultan terminieren. Diese Anpassungen werden während der semantischen Analyse von S*-Programmen in der in [37] beschriebenen Entwicklungsumgebung automatisch vorgenommen.

4.53 Beispiel

Sei *par* der folgende Teilbefehl der in Abb. 3.12 wiedergegebenen Prozedur 'store' ∈ S*(MICRODATA) [23].

```
par ≡
  do
    do
      <memory[A-register] := hex FF, initiate-before-write> ;
      <memory[A-register] := memory[A-register] and T-register, write-memory>
    od
   ||do
      delay (50);
      cocycle
        <T-register := LOR(primary-file[int 1 or U-register <3..0>],
                  T-register, move) , logical-or-primary-with-modification>
      coend
    od
  od
```

Die Mikrooperationen von *par* sind unter der als Kommentar angefügten Bezeichnung in der Beschreibung der MICRODATA deklariert.

Der Startzeitpunkt des ersten Teilbefehls S_1 von *par* ergibt sich als Startzeitpunkt von 'initiate before write'. Da 'initiate before write' durch Phase P4 aktiviert wird, ist $t_{init}(S_1) = 150$ (*mod* 200).

Der Startzeitpunkt des zweiten Teilbefehls S_2 von *par* ergibt sich ausgehend von dem Startzeitpunkt 200 (= 0 *mod* 200) des *cocyle*-Befehls durch Subtraktion der Dauer 50 des Verzögerungsbefehls ebenfalls zu $t_{init}(S_2) = 150$). Somit ist $t_{init} = 150$.

Der Endzeitpunkt von S_1 ergibt sich als Summe der Ausführungsdauern von 'initiate-before-write' und 'write-memory' (beachte, daß keine Zeitlücke zwischen diesen Mikrooperationen vorliegt) sowie dem Anfangszeitpunkt $t_{init}(S_1)$ von S_1 zu

$$t_{end}(S_1) = 400 + 400 + 150 = 950 .$$

Der Endzeitpunkt von S_2 ergibt sicht als Summe der Ausführungsdauern des Verzögerungsbefehls und des *cocycle*-Befehls sowie des Startzeitpunktes von S_2 zu

$$t_{end}(S_2) = 50 + 200 + 150 = 400 .$$

(Beachte, daß der Befehl 'logical-or-primary-with-modification' innerhalb eines Zyklus der Uhr ausgeführt werden kann.) Somit würde im Zuge der statischen Analyse S_2 um delay(550) ergänzt und es ist $t_{end} = 950$.

Die Hilfsfunktionen *activated*, *terminated*, und *start* sind unmittelbar Abb. 4.3 zu entnehmen.

Hierbei kennzeichntet ʌʌʌʌ durch Verzögerungsbefehle überbrückte Zeitintervalle.

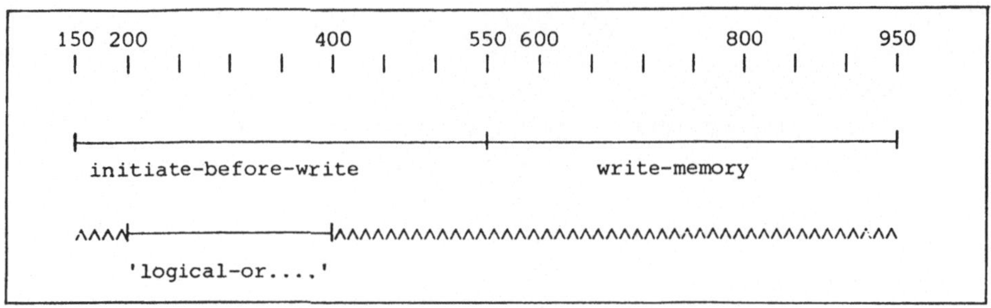

- Das Zeitdiagramm von *par* -

- Abb. 4.3 -

□

Wir entwickeln nun Konfliktbedingungen und Beweisregeln in zwei Schritten, die sich durch die Genauigkeit der Analyse von Konfliktmöglichkeiten unterscheiden. Im ersten Schritt abstrahieren wir von nur dynamisch unterscheidbaren Konfliktmöglichkeiten. Wir formalisieren damit die aus AADL Spezifikationen von Mikrooperationen ableitbaren Konfliktmöglichkeiten, wie sie in Kompaktifizierungsalgorithmen Verwendung finden.

Konfliktmöglichkeiten müssen für solche Paare von (Vorkommen von) Mikrooperationen (in *par*) untersucht werden, deren Ausführung sich gemäß dem Zeitdiagramm von *par* zeitlich überlappt. Wir charakterisieren solche Paare in der folgenden Definition.

4.53 Definition (*kritische Paare von Mikrooperationen*)
Seien OP und OP' Vorkommen von Mikrooperationen im Zeitdiagramm von *par*, $OP \not\equiv OP'$.

(1) Sei $d \geq 0$ eine positive Zahl. OP heißt *d-parallel* zu OP' (in Zeichen: $OP_d \| OP'$) genau dann, wenn OP' d Zeiteinheiten nach OP aktiviert wird und OP zu diesem Zeitpunkt noch aktiv ist. Formal gilt $OP_d \| OP'$ gdw.

$$\exists t_{OP}, t_{OP'} \in \{t_{init}, \ldots, t_{end}\}\ OP \in \mathit{terminated}(t_{OP}) \wedge OP' \in \mathit{terminated}(t_{OP'})$$
$$\wedge\ \mathit{start}(OP, t_{OP}) + d = \mathit{start}(OP', t_{OP'}) < t_{OP}\ .$$

Wir verwenden die Schreibweise $OP \|_d OP'$ für $OP'_d \| OP$.

(2) Die Menge der *kritischen Paare* (*von Mikrooperationen*) *von par* ist die Menge

$$\mathit{crititical\text{-}pairs}(par) = \{(OP, OP') \mid \exists d \geq 0\ \ OP_d \| OP' \vee OP \|_d OP'\}$$

□

Während formal somit Verzögerungsoperationen in kritischen Paaren auftreten, sind diese offensichtlich für die Konfliktanalyse irrelevant, da sie keine Speicherelemente der Architektur verändern. Wir erreichen eine homogene Behandlung, indem wir für Verzögerungsbefehle $\mathit{inputlocations}(\underline{\mathtt{delay}}(n)) = \mathit{outputlocations}(\underline{\mathtt{delay}}(n)) = \emptyset$ setzen und davon ausgehen, daß weder Instruktionsfelder noch Funktionseinheiten zu ihrer Ausführung benötigt werden.

Die Behandlung von *Datenkonflikten* ist am Prinzip der *Unteilbarkeit* von Mikrooperationen orientiert: ist eine Mikrooperation OP aktiviert worden, so ist der Zustand der Mikroarchitektur nach Ausführung der Mikrooperation vollständig durch den Zustand der Aktivierung von OP bestimmt. Insbesondere beeinflussen eventuelle während der Ausführung von OP auftretende Zustandsänderungen nicht das Ergebnis der Ausführung von OP. Wir veranschaulichen die möglichen Typen von Datenkonflikten an Hand von Abb. 4.4 für ein kritisches Paar $OP_d \| OP'$ mit Eingabevariablen a_{in} bzw. a'_{in} und Ausgabevariablen a_{out} bzw. a'_{out}.

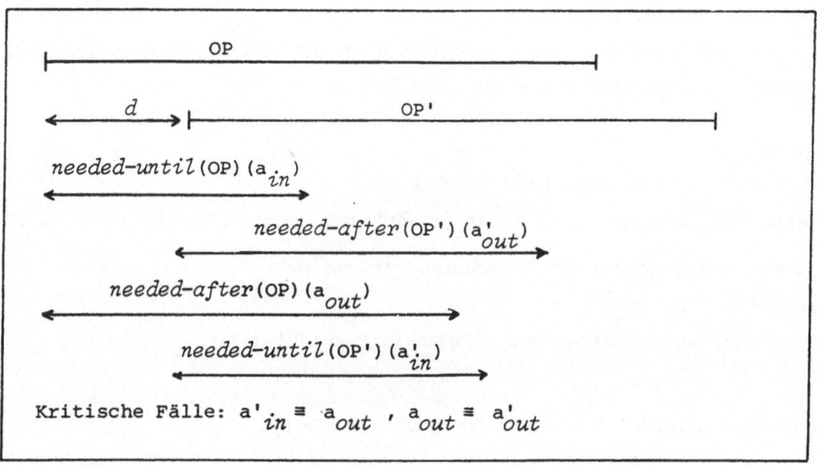

- Möglichkeiten von Datenkonflikten in einem kritischen Paar -

- Abb. 4.4 -

Intuitiv liegt dann ein *Schreib/Lese-Konflikt* zwischen OP und OP' vor, wenn ein Speicherelement durch OP in dem Zeitraum überschrieben werden kann, in dem OP' lesend auf dieses Speicherelement zugreift, da dann das Ergebnis der Leseoperation nicht eindeutig bestimmt werden kann. Ist etwa in Abb. 4.4 $a_{out} \equiv a'_{in}$, so kann auf Grund der in OP bzw. OP' angegebenen Einschränkungen des Zugriffs auf diese Speicherelemente nicht entscheiden werden, in welcher Reihenfolge OP und OP' auf a_{out} zugreifen. Dagegen würde $a_{in} \equiv a'_{out}$ zu keinem Schreib/Lesekonflikt zwischen OP' und OP führen, da sichergestellt ist, daß der schreibende Zugriff auf a'_{out} nach dem lesenden Zugriff erfolgt. Ein *Schreibkonflikt* liegt immer dann vor, wenn in einem kritischen Paar beide Mikrooperatioen dasselbe Speicherelement überschreiben wollen, da in diesem Fall der Speicherzustand nach Ausführung nicht eindeutig determiniert ist. Ein solcher Konflikt läge vor, wenn in Abb. 4.4 $a'_{out} \equiv a_{out}$ gilt.

Um die Unteilbarkeit von Mikrooperationen zu gewährleisten, lassen wir keine Angabe der Art zu, daß eine Ausgabevariable nur *bis* zu einem bestimmten Zeitpunkt der Ausführung benötigt wird, bzw. eine Eingabevariable erst *ab* einem bestimmten Zeitpunkt benötigt wird.

Würde etwa $a_{out} \equiv a'_{in}$ und *needed-after*(OP)(a_{out}) $\leq$ *needed-until*(OP)(a_{out}) < *needed-after*(OP')(a'_{in}) + d $\leq$ *needed-until*(OP')(a'_{in}) + d gelten, so würde zwar hardwaremäßig kein Konflikt beim Zugriff auf a_{out} vorliegen, aber intuitiv erwartet werden, daß das Ergebnis des lesenden Zugriffs auf a'_{in} nicht durch den Wert von a_{out} vor Aktivierung von OP' sondern durch den schreibenden Zugriff durch OP festgelegt ist. Dies würde aber der der Axiomatik zu Grunde liegenden Annahme der Ununterbrechbarkeit der Ausführung von Mikrooperationen widersprechen[26]. Aus ähnlichen Gründen wird ein Schreibkonflikt ohne Berücksichtigung von Sperrdauern berechnet.

In dieser (ersten) Behandlung von Konfliktmöglichkeiten berücksichtigen wir zunächst *statisch erkennbare Konflikte*, unterscheiden also nicht zwischen Zugriffen auf dynamisch ausgewählte Komponenten des gleichen Feldes.

4.54 Definition

Sei (OP,OP') $\in$ *critical-pairs*(*par*) mit $OP_d \| OP'$.
(OP,OP') heißt *frei von Datenkonflikten* (in Zeichen: *no-data-conflict*(OP,OP')) gdw.

- $\forall$a $\in$ *inputlocations*(OP) $\forall$a' $\in$ *outputlocations*(OP')
  strip(a) = *strip*(a') $\Rightarrow$
  needed-until(OP)(a) $\leq$ *d* + *needed-after*(OP')(a')

und

- *stoutputlocations*(OP) $\cap$ *stinputlocations*(OP') = $\emptyset$

und

- *stoutputlocations*(OP) $\cap$ *stoutputlocations*(OP') = $\emptyset$ □

Um durch gemeinsame Benutzung von *Funktionseinheiten* resultierende Konflikte bestimmen zu können, definieren wir zunächst zwei Hilfsfunktionen *needed-until* und *needed-after*, die den End- bzw. Anfangszeitpunkt (relativ zum Zeitpunkt der Aktivierung der Mikrooperation) des Intervalls kennzeichnen, während der eine Funktionseinheit exklusiv zur Ausführung der Mikrooperation zur Verfügung stehen muß.

4.55 Definition

Sei u $\in$ OP.units

(1)

$$needed\text{-}until(OP)(u) = \begin{cases} n & \text{falls } u.\underline{used} \equiv \underline{until}\ n \\ length(phase) + c & \text{falls } u.\underline{used} \equiv \underline{in}\ phase \\ duration(OP) & \text{sonst} \end{cases}$$

(2)

$$needed\text{-}after(OP)(u) = \begin{cases} n & \text{falls } u.\underline{used} \equiv \underline{after}\ n \\ c & \text{falls } u.\underline{used} \equiv \underline{in}\ phase \\ 0 & \text{sonst} \end{cases}$$

wobei c die Länge des Zeitintervalls ist, das von der Aktivierung von OP bis zur Aktivierung der Startphase von *phase* verstreicht. □

Konflikte bzgl. Funktionseinheiten ergeben sich immer dann, wenn die Intervalle sich überlappen, während der eine Funktionseinheit exklusiv für zwei Mikrooperationen eines kritischen Paares zur Verfügung stehen muß.

4.56 Definition

Sei (OP,OP') ∈ *critical-pairs*(*par*) mit $OP_d \| OP'$.
(OP,OP') heißt *frei von Funktionseinheitkonflikten* (in Zeichen: *no-unit-conflict* (OP,OP')) gdw.

$\forall u \in$ OP.units ∩ OP'.units

[*needed-until*(OP)(u) < d + *needed-after*(OP')(u)
∨ *needed-until*(OP')(u) + d < *needed-after*(OP)(u)] □

Intuitiv liegt dann ein Konflikt bzgl. *Mikroinstruktionsfeldern* vor, wenn sich die Mikrooperationen eines kritischen Paares nicht in einem Mikroinstruktionswort kodieren lassen. Dies kann zweierlei Ursachen haben:

1. Die Mikrooperationen eines kritischen Paares setzen unterschiedliche Formatdefinitionen für überlappende Felder des Mikroinstruktionswortes voraus.
2. Beide Mikrooperationen eines kritischen Paares verlangen die Kodierung des selben Feldes f mit nicht kompatiblen Werten.

Die folgenden Begriffsbildungen beziehen sich auf den Formatbaum von A (vgl. 3.1.1und Definition 4.24). Da bei Aktivierung einer Mikrooperation im Rahmen eines S*-Programms sämtliche Parameter der Mikrooperation übergeben werden, setzen wir im Kontext dieses Abschnittes voraus, daß für sämtliche die Ausführung einer Mikrooperation kontrollierenden Felder f ihr Wert *value*(f) $\in \{0,1,X\}^*$ bekannt ist, wobei *don't care*-Positionen durch X gekennzeichnet werden. Wir formulieren nun zunächst (in Anlehnung an Def. 4.38) die Bedingung, unter denen zwei Kodierungen β_1, β_2 eines Feldes des Mikroinstruktionswortes überlagert werden können.

4.57 Definition

Seien $\beta_1, \beta_2 \in \{0,1,X\}^*$ mit *length*(β_1) = *length*(β_2).

β_1 und β_2 heißen *verträglich* (in Zeichen: $\beta_1 \downarrow \beta_2$) gdw.
für alle j ∈ {1,...,*length*(β_1

β_1 <j> $\neq$ β_2 <j> $\Rightarrow$ (β_1 <j> = X ∨ β_2 <j> = X) □

Durch diese Verträglichkeitsbedingung kann offensichtlich die zweite Konfliktmöglichkeit charakterisiert werden. Werden nicht kompatible Formatdefinitionen für zwei kritische

Mikrooperationen OP,OP' gefordert (Konfliktmöglichkeit (1)), so existieren im Formatbaum T von A zur Kodierung von OP und OP' verwendete Entscheidungsknoten, deren kleinster gemeinsamer Vorgänger in T ein Entschscheidungsknoten ist. (Man beachte, daß sämtliche inneren Entscheidungsknoten in *decnodes*(T) ∖ *decleaves*(T) unterschiedliche Formate definieren.)

4.58 Definition

Sei T der Formatbaum von A.

(1) Für zwei Knoten k_1, k_2 sei *father*(k_1,k_2) der kleinste gemeinsame Vorgänger von k_1 und k_2 in T.

(2) Zwei Entscheidungsknoten $f_1, f_2 \in$ *decnode*(T) heißen *formatkompatibel* (in Zeichen: $f_1 \downarrow_{fc} f_2$) gdw. *father*(f_1,f_2) $\notin$ *decnode*(T) □

Wie andere Resourcen können auch Mikroinstruktionsfelder durch Verwendung des Schlüsselwortes used während der Ausführung von Mikrooperationen freigegeben werden. Durch diese Möglichkeiten können insbesondere solche Ablaufsteuerungen von Mikroprogrammen beschrieben werden, die das Laden des Mikroinstruktionsregisters während der Ausführung einer Mikroinstruktion gestatten. Aus naheliegenden Gründen läßt AADL nur die Spezifikation von *initialen* Phasenbedingungen als Sperrdauer zu.

4.59 Definition

Für ein Feld f ∈ OP.microinstructionfields ist die *Sperrdauer von* f *in* OP gegeben durch

$$needed\text{-}until(OP)(f) = \begin{cases} n & \text{falls } f.\underline{used} = \underline{until}\ n \\ length(phase) & \text{falls } f.\underline{used} = \underline{in}\ phase \text{ für eine initiale Phasenbedingung } phase \\ duration(OP) & \text{sonst} . \end{cases}$$

□

Mit diesen Begriffsbildungen können wir Konflikte bzgl. Mikroinstruktionsfeldern formal charakterisieren.

4.60 Definition

Sei (OP,OP') ∈ *critical-pairs*(*par*) mit $OP_d \| OP'$.

(OP,OP') heißt *frei von Feldkonflikten* (in Zeichen: *no-field-conflict*(OP,OP')) gdw.

$$\forall f \in OP.\underline{microinstructionfields}\ \forall f' \in OP'.\underline{microinstructionfields}$$
$$needed\text{-}until(OP)(f) > d \rightarrow [f \downarrow_{fc} f' \wedge (f \equiv f' \rightarrow value(f) \downarrow value(f'))]$$ □

Damit sind sämtliche Konfliktmöglichkeiten, die bei einer parallelen Aktivierung von Mikrooperationen auftreten können, statisch charakterisiert. Eine parallele Komposition *par* von Mikrooperationen heißt dann statisch konfliktfrei, wenn sämtliche kritischen Paare von *par* konfliktfrei bzgl. Daten, Funktionen und Mikroinstruktionsfeldern sind.

4.61 Definition

Eine parallele Komposition $par \in S^*(A)$ heißt *statisch konfliktfrei* (in Zeichen: *statically-disjoint*(*par*)) gdw.

$$\forall (OP,OP') \in \mathit{critical\text{-}pairs}(par)$$
$$\mathit{no\text{-}data\text{-}conflict}(OP,OP')$$
$$\wedge\ \mathit{no\text{-}unit\text{-}conflict}(OP,OP')$$
$$\wedge\ \mathit{no\text{-}field\text{-}conflict}(OP,OP')$$

□

4.62 Beispiel

Für den in Beispiel 4.53 wiedergegebenen Befehl $par \in S^*(\text{MICRODATA})$ gilt offensichtlich

$$\mathit{critical\text{-}pairs}(par) \ni (\text{initiate before write, logical-or ...})$$

mit initiate-before-write $_{50}\|$ logical-or... . Man verifiziert unmittelbar an Hand der in A1.2 gegebenen formalen Definition dieser Mikrooperationen, daß keine Konflikte bzgl. Daten und Funktionseinheiten vorliegen. Ein Konflikt bzgl. Mikroinstruktionsfeldern liegt deshalb nicht vor, weil die zur Kodierung von 'initiate-before-write' benötigten Mikroinstruktionsfelder 50 Nanosekunden nach Aktivierung der Operation freigegeben werden. □

Wir entwickeln nun eine Beweisregel, die aus Teilbeweisen für die in einem parallelen Befehl *par* aktivierten Mikrooperationen eine Korrektheitsaussage für den zusammengesetzten Befehl unter Annahme der statischen Konflikfreiheit von *par* herleitet.

Seien dazu Korrektheitsaussagen $\{p_{OP(t)}\}\ OP\ \{q_{OP(t)}\}$ für sämtliche in *par* (zu einem Zeitpunkt $t \in \{t_{init},\ldots,t_{end}\}$) aktivierten Mikrooperationen gegeben. Ein wesentlicher Bestandteil der Beweisregel sind Verifikationsbedingungen, die die Kooperation dieser Teilbeweise garantieren. Ein *Kooperationstest* muß immer dann erfolgen, wenn eine Kommunikation (in unserer Sprache durch Übergabe von Werten in gemeinsam verwendeten Speicherbereichen) zwischen Mikrooperationen erfolgt, also immer dann, wenn eine neue Mikrooperation aktiviert wird, deren Ergebnis von bereits terminierten Mikrooperationen von *par* abhängt. Die Menge dieser Zeitpunkte fassen wir zusammen in der Menge *ctime*.

4.63 Definition

Sei $par \equiv \underline{do}\ S_1 \| \ldots \| S_n\ \underline{od} \in S^*(A)$.

(1) Die Menge der *Kommunikationszeitpunkte* von *par* ist gegeben durch

$$\mathit{ctime} = \{t \mid \mathit{activated}(t) \neq \emptyset \wedge \exists t' \leq t\ \mathit{terminated}(t') \neq \emptyset\}$$

□

Der Kooperationstest zum Zeitpunkt $t \in \mathit{ctime}$ garantiert nun, daß die Konjunktion der Nachbedingungen der Mikrooperationen, die das Verhalten einer zum Zeitpunkt t aktivierten Mikrooperationen beeinflußen, die Vorbedingungen von Mikrooperationen in *activated*(t) (und damit eventuelle Annahmen über Eingabevariablen dieser Mikrooperationen) implizieren. Dazu fassen wir die zum Zeitpunkt t durch bereits terminierte Mikrooperationen gewonnenen Nachbedingungen zu einer Formel *post*(t) zusammen. Analog bezeichnen wir mit *pre*(t) die Konjunktion der Vorbedingungen von Mikrooperationen, die zum Zeitpunkt t aktiviert werden. Die folgende Definition setzt voraus, daß zu jedem Zeitpunkt der Ausführung von *par* wenigstens eine Mikrooperation (gegebenenfalls eine im Rahmen der statischen Analyse eingefügte <u>delay</u> Operation) aktiv ist, sowie daß sämtliche Teilbefehle S_i von *par* gleichzeitig terminieren. Man beachte, daß im Kooperationstest zum Zeitpunkt t gegebenenfalls auch Nachbedingungen von Mikrooperationen OP berücksichtigt werden müssen, die zu einem Zeitpunkt $t' \leq t$ terminieren. Dies ist immer dann der Fall, wenn keine Mikrooperation OP' existiert, die nach t' aktiviert wird und vor t terminiert: in diesem Fall können nach Annahme der statischen Konfliktfreiheit die Ausgabevariablen von OP durch keine weitere Mikrooperation verändert werden, die zum Zeitpunkt t terminiert, da diese mit OP ein kritisches Paar bilden würde.

<u>4.64 Beispiel</u>

Abbildung 4.3 (Bsp. 4.53) veranschaulicht diese Situation: hier muß die Veränderung des Wertes des T-registers, die durch die Operation 'logical-or...' bis zum Zeitpunkt t'=400 erfolgt, bei Aktivierung von 'write-memory' zum Zeitpunkt t = 550 berücksichtigt werden.

□

Existiert dagegen eine solche Mikrooperation OP', so können durch OP' Ausgabevariablen von OP überschrieben werden; in diesem Fall ist i.allg. die Konjunktion der Nachbedingungen von OP und OP' kontradiktorisch; insbesondere darf in diesem Fall die Nachbedingung von OP im Kooperationstest nicht berücksichtigt werden. Man beachte, daß für den Fall, daß OP' keine Ausgabevariablen von OP verändert, Wissen über deren Werte (auf Grund des Invarianzaxiomes, vgl. 4.2.4) an die Nachbedingung von OP' "weitergereicht" werden kann. Damit folgt, daß auch in diesem Fall die Nachbedingung von OP im Kooperationstest nicht berücksichtigt werden muß.

Schließlich muß bei der Bildung der für den Kooperationstest relevanten Nachbedingungen berücksichtigt werden, daß Ausdrücke der Zusicherungssprache zeitabhängig sind und daher der Zeitraum zwischen der "Erzeugung" einer Nachbedingung (bei Termination der zugehörigen Mikrooperation) und ihrer "Auswertung" zum Kommunikationszeitpunkt durch eine Substitution, die den Wert der Hilfsvariablen *time* verändert, überbrückt werden muß.

<u>4.63 Definition</u> (Fortsetzung)

(2) Für eine Formel p der Zusicherungssprache bezeichne $p\uparrow n$ die Formel $p[time/time - n]$.

(3) Die *Vorbedingung* $pre(t)$ *zum Zeitpunkt* t (mit $activated(t) \neq \emptyset$) ist gegeben durch $pre(t) = \bigwedge\{p_{OP} \mid OP \in activated(t)\}$.

(4) Die *Nachbedingung* $post(t)$ *von par zum Zeitpunkt* t (mit $terminated(t) \neq \emptyset$) ist gegeben durch

- für $t \in ctime$

  $post(t) = \bigwedge\{q_{OP} \uparrow d \mid$

  $OP \in terminated(t')$ für ein $t' \geq t_{init}$, $d \geq 0$ mit $t' + d = t$ und

  $\forall \tilde{t} \in \{t', \ldots, t\}\ OP' \in terminated(\tilde{t}) \rightarrow start(OP', \tilde{t}) < t'\}$

- für $t \equiv t_{end}$

  $post(t_{end}) \equiv \bigwedge\{q_{OP} \mid OP \in terminated(t_{end})\}$

(5) Der *Kooperationstest* $ctest(t)$ *von par zum Zeitpunkt* t (mit $t \in ctime$) ist die Verifikationsbedingung

$$ctest(t) \equiv post(t) \rightarrow pre(t)$$

□

4.65 Beispiel

Wir erläutern die Begriffsbildungen von Definition 4.63 an Hand des Beispielbefehls *par* aus Beispiel 4.53. Dazu gehen wir von den folgenden Korrektheitsaussagen der in *par* vorkommenden Mikrooperationen aus:

ass(1) ≡

{p} memory[A-register] := memory[A-register] <u>and</u> T-register {q},

ass(2) ≡

{q'} <u>delay</u> (550) {q'} ,

ass(3) ≡

{p_1} memory[A-register] := <u>hex</u> FF {q_1} ,

ass(4) ≡

{p_1'} T-register := LOR(primary-file[<u>int</u> 1 <u>or</u> U-register <3..0>], T-register, move) {q_1'},

ass(5) ≡

{p_2'} <u>delay</u> (50) {q_2'} .

Die Zusicherungen p, q, q_1', p_1' wurden in Beispiel 4.51 hergeleitet. Die weiteren Zusicherungen - deren Form sich aus Anwendung von Axiomen auf gemäß Algorithmus 4.70 "aufgebrochenen" (Zwischen-) Vorbedingungen ergibt - sind wie folgt definiert:

q' ≡ MEM = <u>makearray</u> index = [0..32767] <u>of</u>
memory[2 · index] | *memory*[2 · index + 1]
<u>endarray</u>

q_1 ≡ <u>startof</u>-P4(*time*) ∧ *modify-register* = <u>hex</u> FF
∧ MEM = <u>makearray</u> index : [0..32767] <u>of</u>
<u>if</u> 2 · index = A-register
⇒ memory[A-register] <u>and</u> *T-register*

```
                    else memory[2 · index]
                fi
              | if 2 · index + 1 = A-register
                    ⇒   memory[A-register] and T-register
                    else memory[2 · index + 1]
                fi
            endarray
    ∧ <memory = makearray i : [0..65535] of
                    if i = A-register
                        ⇒   memory[A-register] and T-register
                        else memory[i]
                    fi
                endarray, defining equation>
    ∧ <memory' = memory, defining equation>
p1 ≡  startof-P4(time + 400) ∧ modify-register = hex FF
    ∧  MEM = makearray index : [0..32767] of
                if 2 · index = A-register
                    ⇒   T-register
                    else memory[2 · index]
                fi
              | if 2 · index + 1 = A-register
                    ⇒   T-register
                    else memory[2 · index + 1]
                fi
            endarray
    ∧ <memory = makearray i : [0..65535] of
                    if i = A-register
                        ⇒   T-register
                        else memory[i]
                    fi
                endarray, defining equation>
    ∧ <memory' = makearray i : [0..65535] of
                    if i = A-register
                        ⇒   hex FF
                        else memory[i]
                    fi
                endarray, defining equation>
```

$q_2' \equiv p_1'$, und $p_2' \equiv p_1'$ [*time*/*time* + 50].

(1) Die Kommunikationszeitpunkte von *par* bilden die Menge *ctime* = {200, 400, 500}. Beachte, daß zum Zeitpunkt t = 200 die Operation delay(50) terminiert, und zum Zeitpunkt t = 400 die Operation delay(550) aktiviert wird.

(2) Wir berechnen die Vorbedingungen *pre*(t) für die Zeitpunkte, zu denen Mikrooperationen in *par* aktiviert werden, sowie die Nachbedingung *post*(t) für die Zeitpunkte, zu denen Mikrooperationen in *par* terminieren. Damit ergeben sich die Kooperationsteste für die Zeitpunkte 200, 400, 550.

t	*pre*(t)	*post*(t)	*ctest*(t)
150	$p_1 \wedge p_2'$	—	—
200	p_1'	q_2'	$q_2' \rightarrow p_1'$
400	q'	q_1'	$q_1' \rightarrow q'$
550	p	$q_1 \wedge (q_1' \uparrow 150)$	$q_1 \wedge (q_1' \uparrow 150) \rightarrow p$
950	—	$q \wedge q'$	—

- Kooperationstest von *par* -

- Abb. 4.5 -

Man verifiziert leicht, daß die drei Kooperationsteste sich zu true reduzieren und somit die Teilbeweise *ass*(1) bis *ass*(5) kooperieren. □

Die Kooperation der Teilbeweise reicht nicht aus, um die *Konsistenz* der Teilbeweise sicherzustellen; sie verifiziert lediglich Annahmen über *Kommunikation* zwischen Mikrooperationen (über gemeinsam verwendete Speicherelemente, indem sie von Nachbedingungen der Informationen weitergebenden Mikrooperationen ausgeht). Dies schließt jedoch nicht aus, daß in unterschiedlichen Nachbedingungen sich ausschließende Aussagen über Werte von Ausgabevariablen gemacht werden. Ist etwa (a := 2, b := 5) ein kritisches Paar, so kooperieren (trivialerweise) die Teilbeweise {true} a := 4 {true}, {a = 3} b := 5 {b = a + 2}, aber offensichtlich ist die Korrektheitsaussage {a = 3} do a := 4 ∥ b := 5 od {b = a + 2} ungültig. In der Tat kann nur dann die Korrektheitsaussage über *par* aus den Konjunktionen der (initialen) Vorbedingung und der (terminalen) Nachbedingung der Teilbeweise der in *par* vorkommenden Mikrooperationen gewonnen werden, wenn die in Teilbeweisen verwendeten Formeln nicht von Speicherelementen abhängig sind, die in nebenläufigen Mikrooperation verändert werden. Auf Grund der speziellen Struktur der angestrebten Beweisregel für Parallelität, in der nur auf Teilbeweise *atomarer* Befehle Bezug genommen wird, können wir diese Bedingung der *Interferenzfreiheit* (vgl. [5],[129]) durch Vergleich der in einer Nachbedingung $q_{OP(t)}$ vorkommenden dynamischen Speicherelemente mit den Ausgabevariablen aller zu OP parallelen Mikrooperationen überprüfen (; beachte, daß die Teilbeweise atomarer Befehle außer den Zuweisungs- und Verzögerungsaxiomen nur logische Schlußregeln verwenden können).

4.66 Definition

(1) Die Menge der in einer Formel p vorkommenden dynamischen Speicherausdrücke bezeichnen wir mit *dstex*(p).

(2) Die Korrektheitsaussagen $\{p_{OP(t)}\}$ OP $\{q_{OP(t)}\}$ (OP$\in$*activated*(t), t$\in\{t_{init},\ldots, t_{end}\}$) heißen *interferenzfrei* gdw. für alle Vorkommen von Mikrooperationen OP, OP' in *par* mit Startzeitpunkten t,t' und (OP,OP')$\in$*critical-pairs*(*par*) gilt

$$\mathit{stoutputlocations}(\mathrm{OP}) \cap \mathit{strip}(\mathit{dstex}(q_{\mathrm{OP'}(t')})) = \emptyset$$

$$= \mathit{stoutputlocations}(\mathrm{OP'}) \cap \mathit{strip}(\mathit{dstex}(q_{\mathrm{OP}(t)}))$$ □

Wir werden im Anschluß an die Beweisregel einen Algorithmus vorstellen, der für eine gegebene Nachbedingung q von *par* die schwächste Vorbedingung von q bzgl. *par* so konstruiert, daß die verwendeten Korrektheitsaussagen über Mikrooperation von *par* kooperieren und interferenzfrei sind. Somit beinhaltet diese Formulierung der Interferenzfreiheit keine Einschränkung an die Stärke des Beweissystems.

4.67 Beispiel

Wir zeigen, daß die in Beispiel 4.65 verwendeten Korrektheitsaussagen über die Mikrooperation des Befehls *par* aus Beispiel 4.53 interferenzfrei sind. Offensichtlich brauchen bei diesem Nachweis keine Verzögerungsbefehle berücksichtigt werden, da diese keine Speicherelemente verändern. Somit bleibt die Interferenzfreiheit der Korrektheitsaussagen *ass*(3) und *ass*(4) über 'initiate-write' bzw. 'logical-or-primary-with-modification' nachzuweisen.

Es ist

strip(*dstex*(q_1)) = {A-register, memory}

und

stoutputlocations
(logical-or-primary-with-modification
(reg = T-register, file-address = int 1, operand-control = move))
= {T-register, modify-register}

und somit der Schnitt dieser Mengen leer. Man beachte, daß ohne die Umbenennung von T-register in *T-register* und modify-register in *modify-register* in q_1 die Interferenzfreiheit verletzt wäre.

Andererseits ist

strip(*dstex*(q_1')) = {modify-register, A-register, T-register}

und

stoutputlocations(initiate-write) = {memory}

und somit der Schnitt dieser Mengen leer. Man beachte, daß ohne die Umbenennung von memory in *memory* in q_1' die Interferenzfreiheit verletzt wäre. □

Kooperieren nun die Korrektheitsaussagen über die in *par* vorkommenden Mikrooperationen und sind sie interferenzfrei, so läßt sich offensichtlich (unter der Annahme der statischen Konfliktfreiheit) aus der Gültigkeit der Konjunktion der Vorbedingungen der zu t_{init} aktivierten Mikrooperationen vor Ausführung von *par* die Gültikeit der Konjunktion der Nachbedingungen der zu t_{end} terminierenden Mikrooperationen nach Ausführung von *par* folgern. Wir haben somit die folgende Beweisregel für die parallele Ausführung von Mikrooperationen hergeleitet.

$$\frac{\{ctest(t) \mid t \in ctime\}\ ,\ \{\{p_{OP(t)}\}\ OP\ \{q_{OP(t)}\} \mid OP \in activated(t),\ t_{init} \leq t \leq t_{end}\}}{\{pre(t_{init})\}\ par\ \{post(t_{end})\}}$$

falls gilt

- die Korrektheitsaussagen $\{p_{OP(t)}\}$ OP $\{q_{OP(t)}\}$ sind interferenzfrei
- *statically-disjoint(par)*

- Die Beweisregel *par* 1 -

- Abb. 4.6 -

4.68 Beispiel

Auf Grund der Kooperation und Interferenzfreiheit der in 4.65 angegebenen Korrektheitsaussagen *ass*(1),...,*ass*(5) und der statischen Konfliktfreiheit des Befehls *par* aus Beispiel 4.53 ist somit die Korrektheitsaussage $\{p_1 \wedge p_2'\}$ *par* $\{q \wedge q'\}$ ableitbar. Durch Einsetzung der in den definierenden Gleichungen angegebenen Terme für die Hilfsvariablen läßt sich die Vorbedingung äquivalent umformen zu

```
pre' ≡
      startof-P4(time) ∧ file-bank-select = primary ∧
      modify-register <2..0> = oct 7 ∧ modification-enable = on ∧
      U-register <7..4> = hex C
   ∧  MEM =
         makearray index : [0..32767] of
            if 2· index = A-register
               ⇒   primary-file[int  1 or U-register <3..0>]
               else memory[2· index]
            fi
          | if 2· index + 1 = A-register
               ⇒   primary-file[int 1 or U-register <3..0>]
               else memory[2· index + 1]
            fi
         endarray
```

```
∧ <memory =
      makearray i : [0..65535] of
        if i = A-register
           ⇒   primary-file[int 1 or U-register <3..0>]
           else memory[i]
        fi
      endarray, defining equation>
∧ <memory' =
      makearray i : [0..65535] of
        if i = A-register
           ⇒   hex FF
           else memory[i]
        fi
      endarray, defining equation>
∧ <T-register = primary-file[int 1 or U-register <3..0>], defining equation>
∧ <modify-register = hex FF, defining equation>
```

und die Nachbedingung abzuschwächen zu

```
post ≡
     MEM = makearray index : [0..32676] of   .
              memory[2 · index]|memory[2 · index + 1]
           endarray .
```

Da die Nachbedingung *post* nicht von den Hilfsvariablen abhängt und diese durch die Ausführung von *par* nicht verändert werden, kann in der Vorbedingung für die Hilfsvariablen ein beliebiger Wert substituiert werden, ohne die Gültigkeit der Korrektheitsformel zu verändern (; dies ist die Aussage der in 4.2.4 eingeführten Substitutionsregel). Insbesondere können für die Hilfsvariablen in *pre'* die Terme substituiert werden, die auf der rechten Seite der jeweiligen definierenden Gleichung vorkommen, die damit zu Tautologien werden. Bezeichnet *pre* die Formel, die durch weglassen der definierenden Gleichungen aus *pre'* entsteht, so ist somit {*pre*} *par* {*post*} eine gültige Korrektheitsaussage. □

Wir geben nun einen Algorithmus an, der für eine gegebene Nachbedingung q von *par* Teilbeweise für in *par* vorkommenden Mikrooperationen findet, so daß die initiale Vorbedingung (zur Zeit t_{init}) gerade die schwächste ableitbare Vorbedingung von *par* bzgl. q ist und sich somit die Gültigkeit von q *nach* Ausführung von *par* auf die Gültigkeit dieser Formel *vor* Ausführung von *par* reduziert. Auf der Basis dieses Algorithmus läßt sich leicht die (relative) Vollständigkeit [31] dieser Beweisregel nachweisen [13].

Wir setzen nun im folgenden voraus, daß *par* statisch konfliktfrei ist. Um die prinzipielle Vorgehensweise des Algorithmus zu erläutern, betrachten wir zunächst den in Abb. 4.7

wiedergegebenen Ausschnitt aus dem Zeitdiagramm eines parallelen Befehls *par* und nehmen an, daß wir bereits für die Operation OP eine geeignete Vorbedingung p_{OP} konstruiert haben. Zunächst sind die Mikrooperationen zu suchen, deren Teilbeweise mit p_{OP} kooperieren müssen; insbesondere müssen deren Nachbedingungen p_{OP} garantieren.

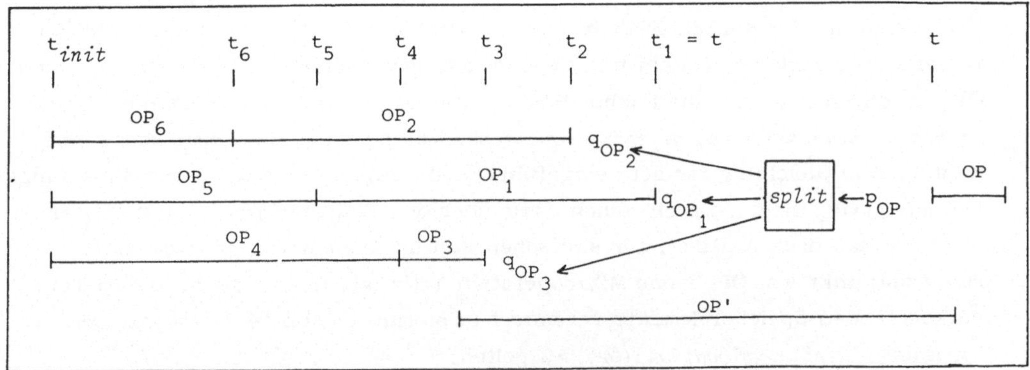

- Die Berechnung der Nachbedingung eines Schnittes -

- Abb. 4.7 -

Es sind dies in Abb. 4.7 die Operationen OP_1, OP_2, OP_3, da alle weiteren Operationen kein unmittelbarer Vorgänger von OP sind. Die Menge der Mikrooperationen von *par*, die die Vorbedingung zum Zeitpunkt t sicherstellen müssen, fassen wir zusammen zum *Schnitt von par* zur Zeit t .

4.69 Definition

Sei $t \in \{t_{init},\dots,t_{end}\}$ mit $terminated(t) \neq \emptyset$.

(1) Der *Schnitt von par zur Zeit* t ist die Menge

$$cut(t) = \{OP \in terminated(t') \mid \exists d \geq 0 \; t_{init} \leq t' \wedge t' + d = t \wedge \forall \tilde{t} \in \{t',\dots,t\} \; \forall OP' \in terminated(\tilde{t}) \; start(OP', \tilde{t}) < t'\} \; .$$

(2) Für $OP \in cut(t)$ sei $end(OP,t)$ der Terminierungszeitpunkt dieses Vorkommens von OP in *par*.

(3) Die Menge $outputlocations(cut(t))$ der *Ausgabevariablen* von $cut(t)$ ist die Vereinigung der Menge der Ausgabevariablen der Mikrooperationen des Schnittes. □

Die Vorbedingung p_{OP} ist nun so auf die Nachbedingungen der im Schnitt vorkommenden Mikrooperationen zu verteilen, daß Kooperation und Interferenzfreiheit zum Kommunikationszeitpunkt t gewährleistet sind. Dazu werden die *Nachbedingungen* aus p_{OP} durch *Umbenennung* der Speicherausdrücke gewonnen, die zu einer Verletzung der Interferenzfreiheit führen. Durch Anwendung des jeweiligen Zuweisungsaxioms läßt sich aus der so konstruierten Nachbedingung die Vorbedingung für den nächst früheren Kommunikationszeitpunkt gewinnen und damit das Verfahren iterieren. Um die Form der Umbenennung zu motivieren, diskutieren wir an Hand der Operation OP_1 aus Abb. 4.7 zwei Fälle, die zur Verletzung der Interferenzfreiheit führen können.

(1) Der Speicherausdruck a wird von OP_1 verändert und kommt in p_{OP} (frei) vor: Nach Annahme der Konfliktfreiheit wird a nicht in OP_2, OP_3 verändert. Wir führen eine Hilfsvariable a(t) ein und benennen in den Nachbedingungen von OP_2 und OP_3 a durch a(t) um. Die Nachbedingung von OP_1 wird erweitert um die *Definitionsgleichung* <a(t) = a, *defining equation*>. Man beachte, daß somit genau eine definierende Gleichung für a(t) eingeführt wird. Durch Anwendung des Zuweisungsaxioms von OP_1 wird a durch einen Term über den Eingabevariablen von OP_1 ersetzt, so daß nach Annahme der statischen Konfliktfreiheit von *par* zum Aktivierungszeitpunkt von OP_1 keine Mikrooperation aktiv ist, welche die in diesem Term vorkommenden Speicherelemente verändert (; so muß in Abb. 4.7 *stoutputlocations*$(OP_4) \cap$ *stinputlocations*$(OP_1) = \emptyset$ gelten).

(2) p_{OP} hängt von einem Speicherausdruck a ab, der nicht zu den Ausgabevariablen des Schnittes gehört:

In diesem Fall kann ein "weiterreichen" von a an die Nachbedingung q_{OP_1}, q_{OP_2}, q_{OP_3} zu einer Verletzung der Interferenzfreiheit in Vorgängerkommunikationszeitpunkten führen (die zur Aktivierung von Mikrooperationen aus *cut*(t) gehören). Ist etwa a eine Ausgabevariable von OP_4, so würde beim Aufbrechen von p_{OP_1} a an die Nachbedingungen von OP_5 und OP_6 ohne Umbenennung weitergereicht, da $OP_4 \notin$ *cut*(t). Damit wäre aber $a \in$ *stoutputlocations*$(OP_4) \cap$ *strip*(*dstex*(q_{OP_5})) und somit die Interferenzfreiheit verletzt.

Wir nehmen also dann eine Umbenennung solcher in p_{OP} vorkommenden Speicherausdrücke a , die nicht im Schnitt verändert werden, vor, falls eine Mikrooperation OP_4 mit Terminationszeitpunkt t_4 existiert, deren Ausführung sich mit Mikrooperationen des Schnittes überlagert und den Wert von a verändert. Ist t_4 der maximale dieser Zeitpunkte, so wird a zu $a(t_4)$ umbenannt und die definierende Gleichung an die Mikrooperationen des Schnittes weitergegeben, die zum Zeitpunkt t_4 aktiviert werden (; im Beispiel ist dies die Operation OP_3).

Man beachte, daß auch in diesem Fall $a(t_4)$ eindeutig definiert ist, da die definierende Gleichung unverändert an die Vorbedingungen dieser Mikrooperationen weitergereicht wird. Darüberhinaus gilt (induktiv) nach Konstruktion von p_{OP} das ein solches a durch keine Mikrooperation OP' verändert wird, die nicht zum Schnitt zur Zeit t gehört, aber zur Zeit t_3 (und somit auch zur Zeit t) aktiv ist, so daß durch die definierende Gleichung <$a(t_4) = a$> die Interferenzfreiheit nicht verletzt wird. Umgekehrt gilt, daß für solche Speicherelemente, die nicht durch den Schnitt, aber durch eine parallel zum Schnitt aktive Mikrooperation verändert werden, keine definierende Gleichungen eingeführt werden müssen, da diese nicht (frei) in p_{OP} vorkommen können.

Offensichtlich ist in beiden Fällen die Kooperation der konstruierten Nachbedingungen mit p_{OP} sichergestellt, da in der Konjunktion der Nachbedingungen für jede eingeführte Hilfsvariable eine definierende Gleichung existiert. Für einen formalen Nachweis der Interferenzfreiheit verweisen wir auf [13,14]. Der folgende Algorithmus berücksichtigt die im obigen Beispiel vernachlässigte Möglichkeit, daß ein Vorkommen einer Mikrooperation in *par* zu mehreren Schnitten gehören kann.

4.70 Algorithmus

Sei q eine Formel der Zusicherungssprache. Wir konstruieren für alle Vorkommen OP von Mikrooperationen in *par* Teilbeweise $\{p_{OP}\}$ OP $\{q_{OP}\}$, die die Gültigkeit von q nach Ausführung von *par* auf die Gültigkeit der initialen Vorbedingung

$$\bigwedge \{p_{OP} \mid OP \in \mathit{activated}(t_{init})\}$$

durch Anwendung der Beweisregel *par* 1 reduzieren.

Sei $t \in \{t_{init}, \ldots, t_{end}\}$ mit $\mathit{terminated}(t) \neq \emptyset$ gegeben, und $\mathit{pre}(t)$ bereits konstruiert ($\mathit{pre}(t_{end}) \equiv q$).

- Für $a \in \mathit{strip}(\mathit{dstex}(A))$ wird der *Definitionszeitpunkt von* a (*relativ zu* t) berechnet durch

$$\mathit{deftime}(a,t) = \begin{cases} \mathit{end}(OP, t) & \text{falls } OP \in \mathit{cut}(t) \text{ existiert mit} \\ & a \in \mathit{stoutputlocations}(OP) \\ \mathit{max}(\mathit{defines}(a, t)) & \\ & \text{falls } a \notin \mathit{strip}(\mathit{outputlocations}(\mathit{cut}(t))) \\ & \text{und } \mathit{defines}(a, t) \neq \emptyset \\ ? & \text{sonst} \end{cases}$$

  wobei

$$\mathit{defines}(a, t) = \{t' \in \{t_{init}, \ldots, t\} \mid \exists OP \in \mathit{cut}(t)\ \exists OP' \in \mathit{terminated}(t')\ (OP, OP') \in \mathit{criticalpairs}(\mathit{par}) \wedge a \in \mathit{stoutputlocations}(OP')\}.$$

  Sei $OP \in \mathit{cut}(t)$ mit Aktivierungszeitpunkt t_i und Terminierungszeitpunkt t_e.

- Die Variablenumbenennung $\mathit{new}(OP,t)$ zur Gewinnung der Nachbedingung dieses Vorkommens von OP ist gegeben durch

$$a \mapsto \begin{cases} a & \text{falls } a \in \mathit{stoutputlocations}(OP) \text{ oder } \mathit{deftime}(a, t) = ? \\ & \textbf{oder } \mathit{deftime}(a, t) = t_i \\ a(\mathit{deftime}(a, t)) & \text{sonst} \end{cases}$$

- Die Definitionsgleichungen von OP für vor dem Schnitt *cut*(t) definierte Speicherelemente (die durch OP "weitergereicht" werden) fassen wir zusammen in der Formel *aux*(OP, t):

  $aux(OP, t) \equiv$

  $\bigwedge\{<a(deftime(a, t)) = a, \textit{defining equation}>$
  $\quad | a \notin strip(outputlocations(cut(t))) \wedge deftime(a, t) \leq t_i$
  $\quad \wedge \neg [\exists OP' \exists t' > t \; OP' \in terminated(t') \wedge start(OP', t) < t_e$
  $\quad \wedge a \in stoutputlocations(OP')]\}$

- Die Nachbedingung von OP, die durch Aufbrechen von *pre*(t) resultiert, ist die Formel

  $$q_{OP}(t) \equiv pre(t){\downarrow}(t - t_e) \; new(OP, t) \wedge aux(OP, t)$$

  (wobei $p{\downarrow}d = p[time/time + d]$).

- Die Definitionsgleichungen für Ausgabevariablen von OP fassen wir zusammen in der Formel

  $$aux(OP) \equiv \bigwedge\{<a(t_e) = a, \textit{defining equation}> | a \in stoutputlocations(OP)\} .$$

  Seien $t_1 < \ldots < t_r$ alle Zeitpunkte aus $\{t_{init}, \ldots, t_{end}\}$ mit $OP \in cut(t_1) \cap \ldots \cap cut(t_r) \cap activated(t_i)$

- Die *Nachbedingung* q_{OP} für dieses Vorkommen von OP in *par* ist die Formel

  $$q_{OP} \equiv q_{OP}(t_1) \wedge \ldots \wedge q_{OP}(t_r) \wedge aux(OP) .$$

- Die *Vorbedingung* p_{OP} für dieses Vorkommen von OP erhält man durch Anwendung von *ax*(OP) auf die Nachbedingung q_{OP} :

  $$p_{OP} = vc\text{-}ok(OP) \wedge vc\text{-}sub(q_{OP}) .$$

□

4.71 Beispiel

(1) Man verifiziert leicht, daß die in Beispiel 4.68 verwendeten Nachbedingunen gemäß Algorithmus 4.70 konstruiert wurden.

(2) Zur weiteren Illustration der Umbenennungstechnik verwenden wir das folgende Zeitdiagramm:

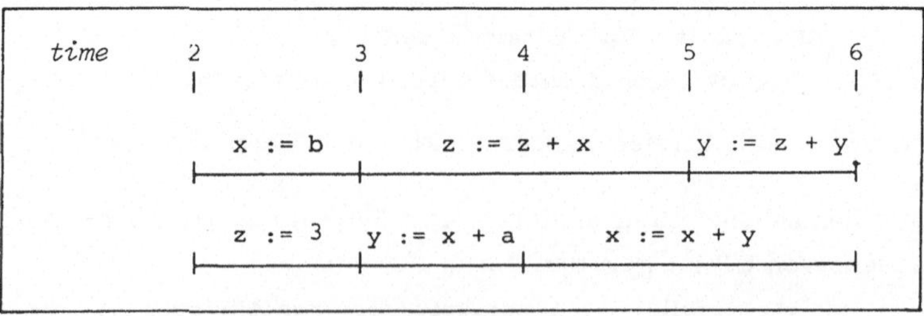

- Abb. 4.8 -

Wir nehmen an, daß die dort aufgeführten Zuweisungen statisch konfliktfrei sind. Wir stellen den konstruierten Beweis als (Petri-)Netz [136] dar (vgl. Fußnote [24]), in dem *split*-Transitionen die Anwendung des obigen Algorithmus anzeigen, und führen ihn schematisch für eine beliebige Nachbedingung q . Zeitverschiebungen wurden aus Gründen der Übersichtlichkeit nicht berücksichtigt.

Somit ist die schwächste Vorbedingung für den Beispielbefehl aus Abb. 4.8 relativ zu einer Nachbedingung q gegeben durch $pre(2) = p_2^1 \wedge p_2^2$. Durch sukzessive Substitution (beginnend mit den Hilfsvariablen mit kleinstem Zeitindex) lassen sich die Hilfsvariablen in *pre*(2) (mit der in 4.2.4 vorgestellten *Substitutionsregel*) eliminieren.

Wir geben nun die dem Beweis zu Grunde liegenden Berechnungen an:

t = 6

cut(6) = {y := z + y , x := x + y}

deftime(y, 6) = *deftime*(x, 6) = 6

deftime(z, 6) = 5 , *deftime*(a, 6) = *deftime*(b, 6) = ?

Somit gilt

new(y := z + y, 6) = x ↦ x(6)

aux(y := z + y, 6) ≡ <z(5) = z, *defining equation*>

new(x := x + y, 6) = y ↦ y(6), z ↦ z(5)

aux(x := x + y, 6) ≡ true

t = 5

cut(5) = {z := z + x , y := x + a}

deftime(z, 5) = 5 , *deftime*(y, 5) = 4,

deftime(x, 5) = 3, *deftime*(a, 5) = *deftime*(b, 5) = ?

Beachte, daß x ∈ *stoutputlocations*(x := x + y) und (z := z + x , x := x + y) ∈ *critical-pairs* und x := x + y ∈ *terminated*(6) und somit die Nachbedingung für z := z + x keine definierende Gleichung für x(3) enthält. In der Tat kommt x nicht in p_5 vor. Da *deftime*(x, 5) = *start*(y := x + a, 4) gilt somit:

new(z := z + x, 5) = y ↦ y(4)

aux(z := z + x, 5) ≡ true

new(y := x + a, 5) = z ↦ z(5)

aux(y := x + a, 5) ≡ true

t = 4

cut(4) = {y := x + a}

deftime(y, 4) = 4, *deftime*(x, 4) = 3 = *deftime*(z, 4),

deftime(a, 4) = ? = *deftime*(b, 4)

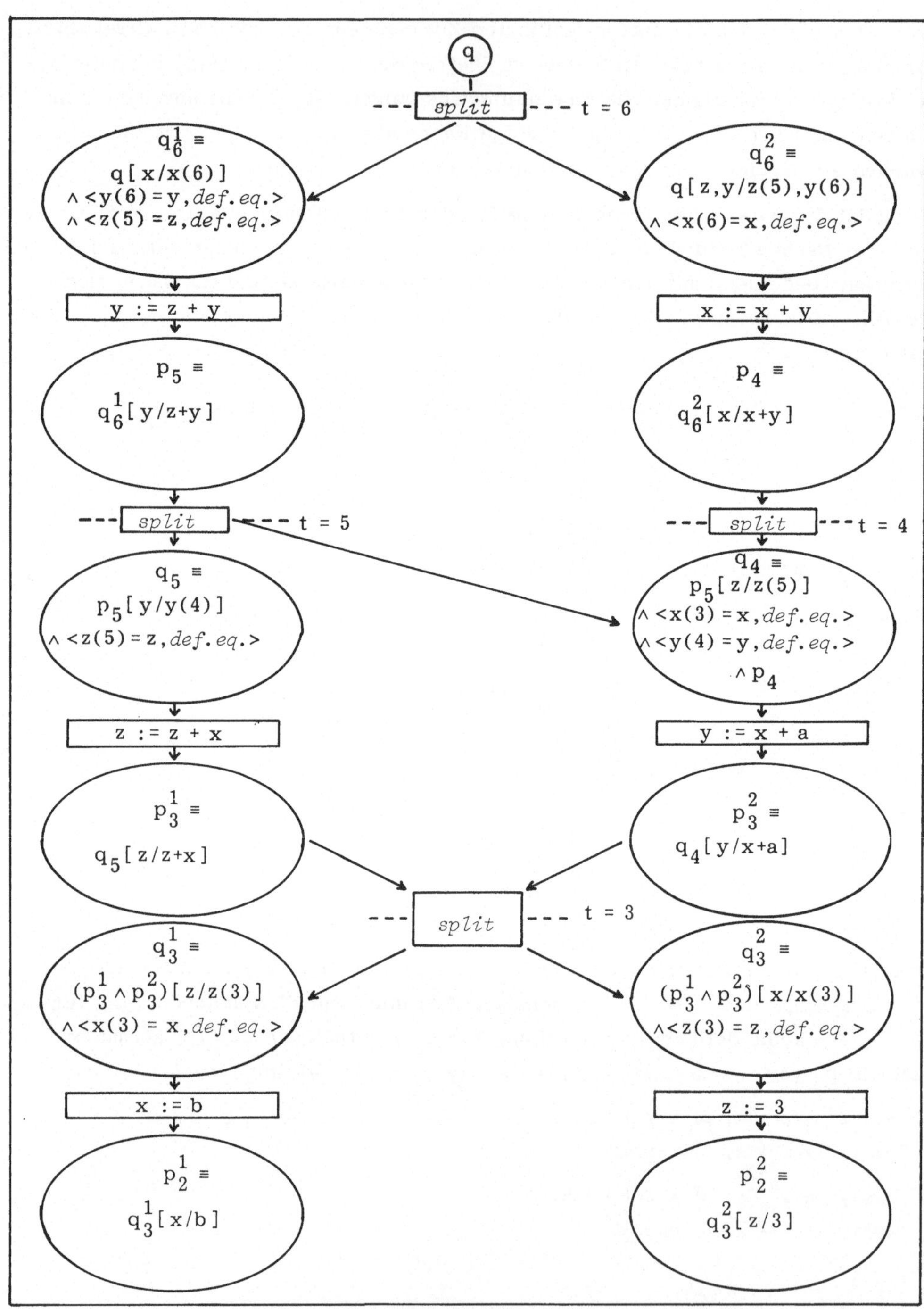

- Netzdarstellung eines Beweises für einen parallelen Befehl -

- Abb. 4.9 -

Beachte, daß $z \in$ *stoutputlocations*(z := z + x) und (y := x + a , z := z + x) $\in$ *critical-pairs* und z := z + x $\in$ *terminated*(5) und somit die Nachbedingung für y := x + a keine definierende Gleichung für z(3) erhält. In der Tat kommt z nicht in p_4 vor. Somit gilt:

new(y := x + a, 4) = *id*

aux(y := x + a, 4) ≡ <x(3) = x, *defining equation*>

t = 3

cut(3) = {x := b , z := 3}

deftime(x, 3) = *deftime*(z, 3) = 3 ,

deftime(y, 3) = ? = *deftime*(a, 3) = *deftime*(b, 3)

Somit gilt

new(x := b, 3) = z ⟼ z(3)

aux(x := b, 3) ≡ true

new(z := 3, 3) = x ⟼ x(3)

aux(z := 3, 3) ≡ true □

Mit dem obigen Algorithmus haben wir gezeigt, daß sich jede statisch konfliktfreie parallele Kombination von Mikrooperationen automatisch symbolisch auswerten läßt und damit eine wesentliche Voraussetzung zur automatischen Generierung von Verifikationsbedingungen geschaffen.

Die zu Grunde liegende Konfliktanalyse entspricht mit der Berücksichtigung der Sperrdauer der Resourcen den Konfliktanalysen aktueller lokaler Kompaktifizierungsalgorithmen (vgl. etwa [19]). Indem sie auf der Analyse *statisch* erkennbarer Konflikte basiert, schließt sie jedoch solche Mikroinstruktionen aus, die parallelen Zugriff auf ein RAM oder einen Multiportspeicher ermöglichen, da in diesem Fall Zugriffskonflikte nur dynamisch erkennbar sind. Wir zeigen im folgenden, daß sich (nur dynamisch erkennbare) Datenkonflikte zwischen Mikrooperationen eines kritischen Paares auf Grund ihrer AADL-Beschreibung durch Formeln in der Zusicherungssprache charakterisieren lassen. Durch Integration dieser Formeln in Verifikationsbedingungen, die zu Kommunikationszeitpunkten die Konfliktfreiheit garantieren, läßt sich *verifizieren*, daß eine parallele Kombination von Mikrooperationen konfliktfrei ausgeführt werden kann und damit in ein Mikroinstruktionwort gepackt werden kann. Für zeitkritische Anwendungen bietet diese Beweisregel somit die Möglichkeit, einen Grad an Kompaktifizierung zu erzielen und zu verifizieren, der durch automatische Kompaktifizierungsalgorithmen nicht erreichbar ist.

Eine Analyse dynamischer Konfliktmöglichkeiten in S*(A) muß einerseits berücksichtigen, daß Datenkonflikte durch gemeinsamen Zugriff auf Feldelemente entstehen können und andererseits ein schreibender Zugriff auf ein Speicherelement möglicherweise nur unter bestimmten Bedingungen - seinen *Aktivierungsbedingungen* - erfolgt. Während die Aktivierungsbedingungen einer Ausgabevariablen innerhalb einer Mikrooperation bereits formal definiert wurden (vgl. Definition 4.18(5)), wenden wir uns nun zunächst einer Charakterisierung der Bedingungen zu, unter denen zwei dynamische Speicherausdrücke das selbe Speicherelement bezeichnen. Dazu berechnen wir für zwei dynamische Speicherausdrücke a und a' (von strukturell gleichem Typ) die Bedingung *conflictcond*(a,a') an Selektoren von Feldelementen in a und a', unter denen a und a' auf das selbe Element eines Feldes zugreifen. Der Algorithmus basiert auf der trivialen Beobachtung, daß offensichtlich für ein eindimensionales Feld a ein Konflikt bei parallelem Zugriff auf a[i] und a[j] vorliegt, wenn i=j gilt; somit ist in diesem Fall *conflictcond*(a[i], a[j]) ≡ i = j. I.allg. kann jedoch a bzw. a' entsprechend dem induktiven Aufbau von dynamischen Speicherausdrücken (vgl. Def. 4.6) von der Form a_1[i] bzw. a_1'[j] sein - in diesem Fall ist neben i=j noch die Unifizierbarkeit [155] von a_1 und a_1' zu überprüfen, so daß induktiv die Formel *conflictcond*(a_1,a_1')) ∧ i = j berechnet werden kann. Die formale Definition dieser Hilfsfunktion erfolgt durch eine geschachtelte Induktion über den Aufbau ihrer Argumente und ist in Anhang 3 wiedergegeben. Sie wird dadurch erschwert, daß Folgen (im Gegensatz zu Feldern) als *single-access* Struktur aufgefaßt werden und somit ein simultaner Zugriff zu zwei unterschiedlichen Elementen einer Folge als Konflikt interpretiert wird. Diese Sonderbehandlung erfordert eine entsprechende Erweiterung des Unifikationsalgorithmus.

Durch eine Berechnung der Konfliktbedingungen zwischen Ein- bzw. aktivierten Ausgabevariablen von Mikrooperationen eines kritischen Paares lassen sich somit die möglichen Datenkonflikte eines kritischen Paares (OP,OP') durch eine Formel *dynamic-data-conflict*(OP,OP') der Zusicherungssprache charakterisieren. Die genaue Definition dieser Formel hängt von dem Zeitpunkt ab, zu dem diese Konfliktbedingung ausgeschlossen werden soll: ist $OP_d \| OP'$ für ein $d>0$, so kann eine Überprüfung zur Aktivierungszeit von OP' nur dann erfolgen, wenn keine Mikrooperation $\widetilde{OP}$ existiert, die für die Konfliktanalyse relevante Eingabevariablen von OP verändert. Abbildung 4.10 veranschaulicht diese Situation.

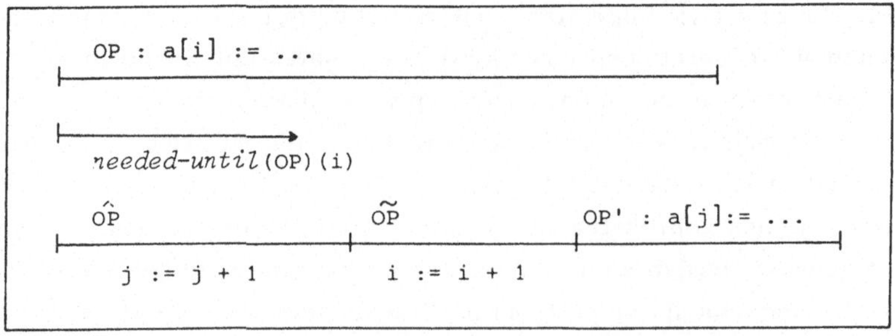

- Überprüfung dynamischer Konflikte -
- Abb. 4.10 -

Wird umgekehrt die Konfliktbedingung zwischen OP und OP' zur Aktivierungszeit von OP überprüft, so sind mögliche Veränderungen von kritischen Eingabevariablen von OP' durch eine solche Mikrooperation OP zu berücksichtigen, die nach OP aktiviert werden, deren Ausführung jedoch vor Ausführung von OP' abgeschlossen ist.

In diesem Fall müssen die für die Konfliktanalyse relevanten Eingabevariablen von OP' durch eine geeignete Substitution durch Terme dargestellt werden, die ihren Wert zur Aktivierungszeit von OP beschreiben. Eine induktive Definition einer solchen Substitution, die für einen parallelen Befehl eine symbolische Auswertung für beliebige Zeitpunkte t und t' vornimmt, läßt sich leicht induktiv über den Abstand von t und t' definieren und wird in [13] gegeben. In dieser Arbeit verwenden wir den technisch einfacheren ersten Lösungssatz und müssen daher solche Mikrooperationen in *par* verbieten, die das Ergebnis der Konfliktanalyse verfälschen.

Wir gehen somit in der folgenden Charakterisierung dynamischer Datenkonflikte eines kritischen Paares $\text{OP}_d\|\text{OP}'$ davon aus, daß Aktivierungsbedingungen von Ausgabevariablen von OP zur Aktivierungszeit von OP' ausgewertet werden können und ebenso Indizes von Feldern in OP - soweit sie für die Konfliktanalyse relevant sind - nicht zwischen der Aktivierungszeit von OP und der Aktivierungszeit von OP' verändert werden.

4.72 Definition

Seien (OP,OP') ∈ *critical-pairs*(*par*) mit $\text{OP}_d\|\text{OP}'$. Die *Datenkonfliktbedingung von* (OP,OP') *dynamic-data-conflict*(OP,OP') ist die Disjunktion der Formeln

- (*Konflikte zwischen Ausgabevariablen*)

  $\bigvee\{outputenable(\text{OP})(a) \wedge outputenable(\text{OP}')(a') \wedge conflictcond(a,a')$
  $\quad | a \in outputlocations(\text{OP}) \wedge a' \in outputlocations(\text{OP}')\}$

- (*Konflikte zwischen Eingabevariablen von* OP *und Ausgabevariablen von* OP')

  $\bigvee\{outputenable(\text{OP}')(a') \wedge conflictcond(a,a')$
  $\quad | a \in inputlocations(\text{OP}) \wedge a' \in outputlocations(\text{OP}') \wedge$
  $\quad needed\text{-}until(\text{OP})(a) > d + needed\text{-}after(\text{OP}')(a')\}$

- (*Konflikte zwischen Ausgabevariablen von* OP *und Eingabevariablen von* OP')

  $\bigvee\{outputenable(\text{OP})(a) \wedge conflictcond(a,a')$
  $\quad | a \in outputlocations(\text{OP}) \wedge a' \in inputlocations(\text{OP}')\}$

□

Die folgende Bedingung garantiert, daß diese Konfliktbedingung zur Aktivierungszeit von OP' ausgewertet werden kann.

4.73 Definition

par heißt wohlgeformt (in Zeichen: *well-formed*(*par*)) gdw.

$\forall(\text{OP},\text{OP}') \in critical\text{-}pairs(par)$ mit $\text{OP}_d\|\text{OP}'$
$\quad \forall a \in bdstex(dynamic\text{-}data\text{-}conflict(\text{OP},\text{OP}')) \cap inputlocations(\text{OP})$
$\quad\quad needed\text{-}until(\text{OP})(a) < d \rightarrow$

$\forall \widetilde{OP}$ mit $OP_{\tilde{d}} \| \widetilde{OP}$

$\tilde{d} > \textit{needed-until}(OP)(a) \wedge \tilde{d} + \textit{duration}(OP) \leq d$

$\rightarrow a \notin \textit{outputlocations}(\widetilde{OP})$. □

Eine triviale aussagenlogische Vereinfachung dieser Konfliktbedingung deckt die kritischen Paare auf, für die dynamische Datenkonflikte möglich sind, die rein statisch nicht ausgeschlossen werden können. Sei dazu *reduce* eine Abbildung auf Formeln, die Disjunktionen $d_1 \vee \ldots \vee d_n$ durch true ersetzt, sobald ein $d_i \equiv$ true ist, durch false ersetzt, sobald alle $d_i \equiv$ false sind, und sie in alle anderen Fälle auf "?" (für: "ein Datenkonflikt ist möglich") abbildet. Konjunktionen werden dual behandelt. Ist der Wert der Datenkonfliktbedingung eines kritischen Paares ≡ true , so wird während der Ausführung ein Konflikt auftreten. Ist während der Ausführung ein Konflikt möglich, so kann diese Aussage während der semantischen Analyse an den Mikroprogrammierer weitergeleitet werden und durch die genauen Bedingungen ergänzt werden, unter denen ein Datenkonflikt für dieses kritische Paar ausgeschlossen werden kann. Da gegebenenfalls bereits durch eine Analyse der Aktivierungsbedingungen sichergestellt werden kann, daß kein simultaner Zugriff auf Speicherelemente erfolgt, scheint es sinnvoll, bereits während der statischen Analyse automatische Beweiswerkzeuge (etwa in Form eines *simplifiers* [97]) zur Verfügung zu stellen, um Datenkonflikte in parallelen Befehlen auszuschließen. Analog würde die Auswertung dieser Konfliktbedingungen während der Kompaktifizierungsphase unter Verwendung einfacher Beweiswerkzeuge eine wesentliche Verbesserung der Dichte des Mikrocodes erwarten lassen.

Im Rahmen der Verifikation eines parallelen Befehls schließen wir Datenkonflikte zwischen OP und OP' aus, indem wir fordern, daß die Nachbedingungen zur Aktivierungszeit von OP' die Datenkonfliktbedingung zwischen OP' und OP' ausschließt. Die entsprechenden Verifikationsbedingungen treten als zusätzliche Prämissen der Beweisregel für parallele Befehle auf.

4.74 Definition

(1) Sei $t \in ACT = \{t \in \{t_{init}, \ldots, t_{end}\} \mid \textit{activated}(t) \neq \emptyset\}$.

Die *Datenkonfliktbedingung zur Zeit* t ist die Formel

$\textit{dynamic-data-conflict}(t) \equiv$

$\bigvee\{\textit{dynamic-data-conflict}(OP,OP') \mid OP_d \| OP'$ für ein $d \geq 0$

und $OP' \in \textit{activated}(t)\}$

(2) Die *Verifikationsbedingung zum Ausschluß von Datenkonflikten zur Zeit* $t \in \textit{ctime}$ ist die Formel

$\textit{conflict-test}(t) \equiv \textit{post}(t) \longmapsto \neg\, \textit{dynamic-data-conflict}(t)$. □

Offensichtlich ist die in 4.66 formulierte Bedingung der Interferenzfreiheit für solche parallelen Befehle zu einschränkend, deren Konfliktfreiheit nur durch Erzeugung von Verifikationsbedingungen garantiert werden kann, da sie etwa bei einem parallelen Zugriff auf ein RAM im Rahmen einer Mikroinstruktion verbieten würde, für *beide* Mikrooperationen Aussagen über den Inhalt des RAMs nach Ausführung der Mikrooperation zu machen. Somit muß in diesem Fall die Interferenzfreiheit der Beweise ebenfalls durch Verifikationsbedingungen sichergestellt werden. Die zu Grunde liegende Konfliktanalyse orientiert sich an der Datenkonfliktanalyse eines kritischen Paares: ist $OP_d \| OP'$ ein kritisches Paar, so wird durch eine Verifikationsbedingung zur Aktivierungszeit von OP' überprüft, daß keine Ausgabevariable von OP mit der Nachbedingung von OP' und keine Ausgabevariable von OP' mit der Nachbedingung von OP interferiert.

4.75 Definition

Seien Korrektheitsformeln $\{p_{OP(t)}\}$ OP $\{q_{OP(t)}\}$ für alle Vorkommen von Mikrooperationen $OP \in activated(t)$, $t \in ACT$ gegeben.

(1) Die *Interferenzbedingung* eines kritischen Paares $(OP,OP') \in critical\text{-}pairs(par)$ mit $OP \in activated(t)$, $OP' \in activated(t')$ ist gegeben durch

$$interferencecond(OP,OP') \equiv \bigvee\{outputenable(OP)(a) \wedge conflictcond(a,a') \mid a \in outputenable(OP) \wedge a' \in bdstex(q_{OP'(t')})\} \vee \bigvee\{outputenable(OP')(a') \wedge conflictcond(a,a') \mid a' \in outputlocations(OP') \wedge a \in bdstex(q_{OP(t)})\} .$$

(2) Die *Interferenzbedingung zur Zeit* t ist gegeben durch

$$interferencecond(t) \equiv \bigvee \{interferencecond(OP,OP') \mid OP_d \| OP' \text{ für ein } d \geq 0 \wedge OP' \in activated(t)\} .$$

(3) Die *Interferenzfreiheitsbedingung zur Zeit* $t \in ctime$ ist die Verifikationsbedingung

$$itest(t) \equiv post(t) \mapsto \neg\, interferencecond(t) .$$ □

Abschließend fassen wir die statischen Bedingungen zusammen, unter denen eine um dynamische Konfliktüberprüfung angereicherte Beweisregel für die parallele Ausführung von Mikrooperationen angewandt werden kann. Sie stellen eine Abschwächung der statischen Konfliktfreiheit und der Interferenzfreiheit dar und schließen aus, daß bereits rein statisch erkennbare Datenkonflikte bzw. Verletzungen der Interferenzfreiheit vorliegen.

4.76 Definition

(1) Eine parallele Komposition $par \in S^*(A)$ heißt *schwach statisch konfliktfrei* (in Zeichen: *weakly-statically-disjoint*(*par*)) gdw.

wellformed(*par*) gilt und für alle (OP,OP') ∈ *critical-pairs*(*par*)

die folgenden Bedingungen erfüllt sind:

- *reduce*(*dynamic-data-conflict*(OP,OP')) $\not\equiv$ <u>true</u>
- *no-unit-conflict*(OP,OP')
- *no-field-conflict*(OP,OP') .

(2) Die Korrektheitsformel $\{p_{OP(t)}\}$ OP $\{q_{OP(t)}\}$ für Vorkommen von Mikrooperationen in *par* heißen *schwach interferenzfrei* gdw.

∀(OP,OP') ∈ *critical-pairs*(*par*) *reduce*(*interferencecond*(OP,OP'))$\not\equiv$ <u>true</u> . □

Damit haben wir eine Beweisregel hergeleitet, die die Verifikation jeder parallelen Zusammenfassung von Mikrooperationen gestattet, die (dynamisch) konfliktfrei ausgeführt werden kann. Für gegebene Teilbeweise der in *par* vorkommenden Mikrooperationen werden Kooperation, Konfliktfreiheit, und Interferenzfreiheit automatisch durch entsprechende Verifikationsbedingungen überprüft. Der Ausschluß von Datenkonflikten und die Sicherstellung der Interferenzfreiheit für die zu t_{init} aktivierten Mikrooperationen werden in die Vorbedingung von *par* integriert und so zur Verifikation an vorher aktivierte Befehle weitergereicht.

$$\frac{\{conflicttest(t),\ ctest(t),\ itest(t) \mid t \in ctime\},\ \{\{p_{OP(t)}\}OP\{q_{OP(t)}\} \mid OP \in activated(t),\ t \in ACT\}}{\{conflicttest(t_{init}) \wedge itest(t_{init}) \wedge pre(t_{init})\}\ par\ \{post(t_{end})\}}$$

falls gilt

- *weakly-statically-disjoint*(*par*)
- die Korrektheitsaussagen $\{p_{OP(t)}\}$ OP $\{q_{OP(t)}\}$ sind schwach interferenzfrei

- Die Beweisregel *par*2 für parallele Ausführung von Mikrooperationen mit dynamischer Konfliktanalyse -
- Abb. 4.11 -

Mit dieser Beweisregel haben wir den Grad der Genauigkeit der Modellierung von Mikroarchitekturen in AADL voll ausgenutzt um einen möglichst hohen Grad an Parallelisierung von Mikrooperationen durch Verifikationswerkzeuge zu unterstützen. Ein Nachweis der *Vollständigkeit* dieser Beweisregel - der auf einer Verfeinerung der in Alg. 4.70 vorgestellten Methode zum Aufbrechen von Vorbedingungen beruht - wird in [13] gegeben. Wir sehen die an Hand der Beweisregel für die parallele Ausführung von Mikrooperationen vorgenommene Formalisierung als einen Nachweis dafür an, daß sich die in AADL modellierbare Komplexität von Mikroarchitekturen in der Tat derart präzisieren und in ein formales Beweissystem einbetten läßt, daß sie auf Grund der damit gewinnbaren Unterstützungswerkzeuge handhabbar und zuverlässig einsetzbar wird. Im Hinblick auf die vielfältigen relevanten Anwendungsmöglichkeiten horizontaler Mikroarchitekturen - nicht zuletzt im Bereich der Signalverarbeitung - mit heute üblichen Mikroinstruktionslängen von über 100 Bit - scheint eine derartige formale Aufbereitung zur Entwicklung in diesem Bereich einsetzbarer CAD-Werkzeuge unverzichtbar.

Die in den Abschnitten 4.2.1 und 4.2.2 vorgenommene Axiomatisierung beinhaltet den Kern der (*Mikro-*) *programmiersprachenlogik*. Sämtliche wesentlichen für diesen Anwendungsbereich relevanten Konzepte und Hilfsfunktionen wurden motiviert und eingeführt.

Die beiden folgenden Abschnitte stellen der Vollständigkeit halber die weiteren Beweisregeln und Axiome des Beweissystems für S*(A) vor und können beim ersten Lesen dieser Arbeit überschlagen werden. Ein ausführliches Verifikationsbeispiel, das einen Eindruck von der Komplexität der in realen Anwendungen auftretenden Formeln und der durchzuführenden logischen Vereinfachungen bei der Erzeugung von Verifikationsbedingungen gibt, wird in Anhang 4 gegeben. Eine Implementierung der vorgestellten Logik in Form eines Verifikationsbedingungsgenerators für die S*-Familie wird im Rahmen von [157] vorgenommen.

4.2.3 Axiomatisierung prozessorabhängiger Kontrollstrukturen von S*

Wir gehen in diesem Abschnitt auf die Axiomatisierung weiterer prozessorabhängiger Kontrollstrukturen von S* ein. Dies sind einerseits die zeitabhängigen Befehle <u>cocycle</u> bzw. <u>stcycle</u>, die zur Kennzeichnung von in einem bzw. mehreren Zyklen ausführbaren und in einem Instruktionswort kodierbaren Mikrooperationen dienen, und - auf abstrakterer Ebene - die aus höheren Programmiersprachen bekannten Verzweigungs- und Iterationsbefehle, deren Verzweigungsbedingungen Teste bzw. Dekodiermikrooperationen der zu Grunde liegenden Mikroarchitektur aktivieren.

In seiner Grundform dient der *cocycle*-Befehl <u>cocycle</u> S <u>coend</u> zur Kennzeichnung solcher sequentieller oder paralleler Kombinationen von Mikrooperationen, die innerhalb eines Zyklus der Uhr des Prozessors ausgeführt werden können und in einem Mikroinstruktionswort kodiert werden können. Diese Eigenschaften sind beide durch eine statische Überprüfung verifizierbar und treten daher als Bedingungen für die Anwendbarkeit der Beweisregel für *cocycle* auf.

Überspannt die Ausführung des Körpers S des *cocycle*-Befehls nicht den gesamten Zyklus der Uhr, so werden die Vor- bzw. Nachbedingung des Gesamtbefehls durch entsprechende Substitutionen der Hilfsvariablen *time* an die Aktivierungs- bzw. Terminationszeit des Körpers S angeglichen. Da diese Situation bereits während der statischen Analyse erkannt wird kann der Körper durch Einfügen von passenden Verzögerungsbefehlen so ergänzt werden, daß sich eine Ausführung über die gesamte Dauer des Zyklus erstreckt [141]. Ein solcher *Verzögerungsbefehl* delay(n) bewirkt ein Verstreichen der globalen Zeit um n Zeiteinheiten. Der Effekt der Ausführung dieses Befehls kann daher durch eine Substitution beschrieben werden, die die Hilfsvariable *time* durch *time* + n ersetzt.

{p↓n} delay(n) {p}

- Das Verzögerungsaxiom -

- Abb. 4.12 -

Das Verstreichen eines gesamten Zyklus der Uhr von A kann durch delay spezifiziert werden.

Wir überprüfen daher im Rahmen der Axiomatik lediglich, ob S *genau* in einem Zyklus ausführbar ist. Schließlich gilt, daß die Ausführung eines *cocycle*-Befehls stets mit dem Start eines neuen Zyklus der Uhr des Prozessors erfolgt und somit vor Ausführung startof-C(*time*) gelten muß, falls C die Uhr der Mikroarchitektur A bezeichnet. Die Überprüfung, ob der Körper des *cocycle*-Befehls in *einem* Mikroinstruktionswort kodierbar ist, setzt eine Analyse möglicher Feldkonflikte zwischen *sämtlichen* in S vorkommenden Mikrooperationen voraus. Man beachte, daß in diesem Kontext Angaben über Sperrdauern von Feldern irrelevant sind, da sie lediglich die Überlappung der Ausführungsphasen aufeinanderfolgender (multizyklen) Mikroinstrunktionen ermöglichen sollen (die dann als sich zeitlich überlappende *stcycle*- bzw. *cocycle*-Befehle programmiert würden).

Wir fassen diese statische Bedingung in der folgenden Definition zusammen.

4.77 Definition

Sei *co* ≡ cocycle S coend ∈ S*(A) gegeben, und C ≡ A.clock die die Mikroarchitektur A kontrollierende Uhr.

(1) t_{init} bzw. *dur* bezeichne den Startzeitpunkt bzw. die Ausführungsdauer von S (die unmittelbar aus der Deklaration von C, der Phasenbedingung der in S vorkommenden Mikrooperationen sowie der syntaktischen Struktur von S definierbar sind, vgl. [141]). *mop*(S) bezeichne die Menge der in S vorkommenden Mikrooperationen.

(2) *co* heißt *compilierbar* (in Zeichen: *compilable*(*co*)) gdw.

- t_{init} = 0 mod *duration*(C) ∧ *dur* = *duration*(C)
- für je zwei verschiedene Mikrooperationen OP,OP' ∈ *mop*(S) gilt:

∀f ∈ OP.microinstructionfields ∀f' ∈ OP'.microinstructionfields

[f $\downarrow_{fc}$ f' ∧ (f ≡ f' ⇒ *value*(f) ↓ *value*(f') □

Damit können wir eine erste Beweisregel für den *cocycle*-Befehl formulieren.

{p} S {q}
{startof-C(*time*) ∧ p} cocycle S coend {q}
falls gilt
∘ *compilable*(cocycle S coend)

\- Die Beweisregel *Co* für den *cocycle*-Befehl -
\- Abb. 4.13 -

Eine weitere Beweisregel, die die Auswahl der Folgeinstruktion auf Grund von während der Ausführung einer Mikroinstruktion entstandenen Bedingungen formalisiert, wird im Zusammenhang mit der Axiomatisierung der Verzweigungsbefehle vorgestellt.

Der *stcycle*-Befehl stcycle S stend dient zur Kennzeichnung solcher sequentiellen oder parallelen Kombinationen von Mikrooperationen, die in einem Mikroinstruktionswort kodierbar sind, deren Ausführung sich jedoch über mehrere Zyklen erstreckt. Ist - auf Grund der Angaben über Sperrdauern für Mikroinstruktionsfelder - nach Aktivierung der Mikroinstruktion eine weitere Mikroinstruktion aktivierbar, so kann diese innerhalb des Körpers S des *stcycle*-Befehls aktiviert werden, falls diese durch *cocycle*- bzw. *stcycle*-Befehle gekennzeichnet ist (vgl. Bsp. Abb. 3.13)[27].

Daher darf die Analyse möglicher Kodierungskonflikte nur solche Mikrooperationen des Körpers berücksichtigen, die außerhalb tiefer geschachtelter *cocycle*-Befehle vorkommen.

Die folgende Definition der statischen Einschränkung an die Anwendbarkeit einer Beweisregel für den *stcycle*-Befehl setzt voraus, daß im Rahmen der statischen Analyse des Körpers der *stcycle*-Befehl so durch Verzögerungsbefehle ergänzt wurde, daß seine Aktivierung mit Beginn eines neuen Zyklus der Uhr erfolgt und mit Termination eines (möglicherweise weiteren) Zyklus die Ausführung beendet wird.

4.78 Definition

Sei *st* ≡ stcycle S stend ∈ S*(A) und C = A.clock die die Mikroarchitektur A kontrollierende Uhr.

(1) t_{init} bzw. *dur* bezeichne den Startzeitpunkt bzw. die Ausführungsdauer von S.

(2) Die Menge der Mikrooperationen in S, die durch ein Mikroinstruktionswort kodiert werden sollen, bezeichnen wir mit *visible*(S).

(Sie ist induktiv definiert durch

- *visible*(<u>delay</u>(n)) = ∅
- *visible*(<$a_1,\ldots,a_n$:= $e_1,\ldots,e_n$, F>) = {F}
- *visible*(<b, T>) = {T}
- *visible*(<a, D>) = {D}
- *visible*(<u>do</u> $S_1;\ldots;S_n$ <u>od</u>) = *visible*(<u>do</u> $S_1 \| \ldots \| S_n$ <u>od</u>) = $\bigcup_{1 \le j \le n}$ *visible*(S_j)
- *visible*(<u>cocycle</u> S' <u>coend</u>) = ∅ = *visible*(<u>stcycle</u> S' <u>stend</u>))

(3) *st* heißt *compilierbar* (in Zeichen: *compilable*(*st*)) gdw.

- t_{init} = 0 <u>mod</u> *duration*(C) = t_{init} + *dur* <u>mod</u> *duration*(C)
- für je zwei verschiedene Mikrooperationen OP,OP' ∈ *visible*(S) gilt:

  ∀f ∈ OP.<u>microinstructionfields</u> ∀f' ∈ OP'.<u>microinstructionfields</u>

  [f $\downarrow_{fc}$ f' ∧ (f ≡ f' ∧ *value*(f) ↓ *value*(f') □

Unter Vernachlässigung der Folgebefehlsauswahl erhalten wir somit die folgende Beweisregel für den *stcycle*-Befehl.

{p} S {q}
{<u>startof</u>-C(*time*) ∧ p} <u>stcycle</u> S <u>stend</u> {q}
falls gilt • *compilable*(<u>stcycle</u> S <u>stend</u>)

- Die Beweisregel *st* für den *stcycle*-Befehl -

- Abb. 4.14 -

<u>4.79 Beispiel</u>

Wir wählen als Beispiel den folgenden Teilbefehl *st* des S*(MICRODATA)-Mikroprogramms aus Abb. 3.12.

```
stcycle
   <M-register := MOD(no-side-effect), transfer-primary-before-memory-reference> ;
   par
stend
```

Hier bezeichnet wieder *par* den parallelen Befehl aus Beispiel 4.53.

(1) Wir überprüfen zunächst, ob *st* compilierbar ist.

Es ist

visible(st) =

{transfer-primary-before-memory-reference, initiate-before-write, write-memory} .

Diese Mikrooperationen werden alle im Format 'memory-reference' kodiert und sind somit formatkompatibel. Man verifiziert leicht die Verträglichkeit der Kodierung für die verschiedenen Felder des Formates an Hand der folgenden Tabelle. Man beachte, daß die Kodierung der den Speicherzugriff einleitenden Mikrooperation durch die Belegung der Parameter

(reg = M-register, file-address = int 15, operation = bin 00)

bestimmt wird. Das Synonym OU für primary-file[15] und die Konstante 'no-side-effect' =bin 00 vom Typ 'r/w-modifier' sind im Hauptprogramm Abb. 3.11 deklariert. Durch Anwendung der Funktion *codeof*(memory-reference.destination-register) bzw. der Konversionsfunktion der Konstantentypen 'file-select' bzw. 'r/w-modifier' ergibt sich ihre tatsächliche Kodierung.

mop / *field*	transfer-primary...	initiate-before-write	write-memory
op-code	hex A	hex A	hex A
file-register	1111	XXXX	XXXX
modifier	00	XX	XX
cycle	X	0	X
direction	X	1	1
file-write-inhibit	1	X	X
destination register	010	XXX	XXX

Der Körper von *st* wird zur Zeit $t_{init} = 0$ mit der Ausführung von 'transfer-primary-before-write' aktiviert. Der Startzeitpunkt von *par* ist gleich dem Terminierungszeitpunkt dieser Mikrooperation, somit ergibt sich als Ausführungsdauer von *st* der Wert *dur* = 150 + 800 = 950. Somit muß im Rahmen der statischen Analyse eine Verzögerungsoperation *delay*(50) in Anschluß an *par* eingefügt werden. Nach dieser Modifikation ist *st* compilierbar.

(2) Wir führen den Beweis aus Beispiel 4.68 fort. Durch Anwendung des Zuweisungsaxioms für transfer-primary (nach Substitution der aktuellen Parameter) auf die Nachbedingung *pre* erhält man nach Vereinfachung die Formal *iass* ≡

```
    startof-P1(time) ∧ file-bank-select = primary
  ∧ modify-register <2..0> = oct 7 ∧ U-register = hex C
  ∧ MEM =
          makearray index : [0..32767] of
              if 2 • index = OU|N-register
                 ⇒    primary-file[int 1 or U-register <3..0>]
                 else memory[2 • index]
              fi
             |if 2 • index + 1 = OU|N-register
                 ⇒    primary-file[int 1 or U-register <3..0>]
                 else memory[2 • index + 1]
              fi
          endarray
```

Da die Nachbedingung *post* von *par* nicht zeitabhängig ist, folgt somit mit der Kompositionsregel (vgl. 2.4) und der Regel für *stcycle*, die Gültigkeit von {*iass*} *st* {*post*}. Die symbolische Auswertung bis zu dieser Stelle zeigt somit, daß das Adreßregister bereits teilweise mit der Adresse OU|OL des höherwertigen Byte der in 'store' adressierten NOVA-Speicherzelle geladen ist (und somit dieser Wert eine gerade Zahl darstellt). U-register<3..0> enthält zu diesem Zeitpunkt der Ausführung die file-Register-Adresse des niederwertigen Byte des ausgewählten Akkumulators, die durch die Addition um 1 zur Adresse des höherwertigen Bytes umgeformt wird. Die Bedingung modification-enable = on wurde durch die den Speicherzugriff einleitende Mikrooperation sichergestellt. Der vollständige Beweis der Prozedur 'store' ist in Anhang 4 wiedergegeben. □

Um eine uniforme Darstellung der Beweisregeln für Verzweigungs- und Iterationsbefehle zu ermöglichen, gehen wir im folgenden nicht gesondert auf in Verzweigungsbedingungen vorkommende implizite Funktionsaufrufe ein.

In allen Fällen erfolgt die Behandlung vollkommen analog zu der Behandlung von Verzweigungen auf Grund von Test- oder Dekodiermikrooperationen, die vorab zur Berücksichtigung eventueller Seiteneffekte ausgewertet werden.

Die Beweisregel für einen *Verzweigungsbefehl* *if* ≡ <u>if</u> $\langle b_1, T_1\rangle \Rightarrow S_1, \ldots, \langle b_n, {}_n\rangle \Rightarrow S_n$ <u>fi</u> läßt sich unmittelbar aus der in Abschnitt 2.4 dargestellten Kompositions- und Verzweigungsregel ableiten, indem man berücksichtigt, daß die Verzweigung erst nach einer sequentiellen Auswertung sämtlicher Testbedingungen erfolgt. Man beachte, daß die Ausführung eines Testes <u>test</u> $\langle b_j, T_j\rangle$ nicht nur das Resultat der Auswertung von b_j

an T_j bindet (vgl. Def. 4.12(1)) sondern i.allg. Seiteneffekte bewirkt, so daß die Reihenfolge der Testauswertung kritisch ist. Entsprechend der sequentiellen Auswertung von links nach rechts wird ein möglicher Nichtdeterminismus bei der Ausführung von *if* durch Selektion des ersten Zweiges mit positivem Testergebnis umgangen.

$$\frac{\{p\}\ \underline{do}\ \langle b_1,T_1\rangle;\ldots;\langle b_n,T_n\rangle\ \underline{od}\ \{r\},\{\{r \wedge \bigwedge_{j<i} \neg T_j \wedge T_i\}\ S_i\{q\} \mid 1 \leq i \leq n\},\ r \wedge \bigwedge_{i=1}^{n} \neg T_i \rightarrow q}{\{p\}\ \underline{if}\ \langle b_1,T_1\rangle \Rightarrow S_1,\ldots,\langle b_n,T_n\rangle \Rightarrow S_n\ \underline{fi}\ \{q\}}$$

- Die Beweisregel *If* -
- Abb. 4.15 -

Die Axiomatisierung des Verzweigungsbefehls $\underline{if}\ \langle b_1,T_1\rangle \Rightarrow S_1,\ldots,\langle b_n,T_n\rangle \Rightarrow S_n$ $\underline{else}\ S\ \underline{fi}$ erfolgt vollkommen analog und wird daher übergangen.

Als weiteren Verzweigungsbefehl stellt S* die *Fallunterscheidung* $ca \equiv \underline{case}\ \langle a,D\rangle$ $\underline{of}\ i_1 \rightarrow S_{i_1},\ldots,i_n \rightarrow S_{i_n}\ \underline{else}\ S\ \underline{esac}$ zur Verfügung, in dem D eine Dekodiermikrooperation der Architektur A bezeichnet. Die Mikrooperation legt insbesondere die Konversionsfunktion *decode* ≡ D.semantics.decode fest, die den Wert des Speicherausdrucks a als natürliche Zahl ausdrückt. Die Ausführung der Dekodiermikrooperation bindet diesen Wert von a (vom Typ int) an D und kann i.allg. Seiteneffekte bewirken.

$$\frac{\{p\}\ \underline{decode}\langle a,D\rangle\ \{r\},\{\{r \wedge D = i_j\}\ S_{i_j}\ \{q\} \mid 1 \leq j \leq n\},\{r \wedge \bigwedge_{j=1}^{n} D \neq i_j\}\ S\ \{q\}}{\{p\}\ \underline{case}\ \langle a,D\rangle\ \underline{of}\ i_1 \rightarrow S_{i_n},\ldots,i_n \rightarrow S_{i_n}\ \underline{else}\ S\ \underline{esac}\ \{q\}}$$

- Die Beweisregel *ca* -
- Abb. 4.16 -

Die Axiomatisierung des Verzweigungsbefehls $\underline{case}\ \langle a,D\rangle\ \underline{of}\ i_1 \rightarrow S_{i_1},\ldots,i_n \rightarrow S_{i_n}\ \underline{esac}$ erfolgt vollkommen analog und wird übergangen.

Ebenso läßt sich die aus Abschnitt 2.4 bekannte Axiomatik der Iterationsbefehle leicht so verallgemeinern, daß mögliche Seiteneffekte bei der Auswertung der Iterationsbedingung berücksichtigt werden. In diesem Fall darf die Invariante bei positivem Testergebnis durch die sequentielle Ausführung des Testes und des Schleifenkörpers nicht verändert werden. Wir geben als Beispiel die angepaßte Beweisregel für *while* an.

$$\frac{\{inv\}\ \underline{\text{test}}\ \langle b,T\rangle\ \{r\}\ ,\ \{r \wedge T\}\ S\ \{inv\}\ ,\ r \wedge \neg T \rightarrow q}{\{inv\}\ \underline{\text{while}}\ \langle b,T\rangle\ \underline{\text{do}}\ S\ \underline{\text{od}}\ \{q\}}$$

- Die Beweisregel *while* -
- Abb. 4.17 -

Die Axiomatisierung des Iterationsbefehls repeat S until <b,T> taeper erfolgt vollkommen analog und wird übergangen.

Wir diskutieren schließlich die Axiomatisierung einer erweiterten Form des *cocycle*- und *stcycle*-Befehls, der die direkte Nachbildung der Folgebefehlsauswahl von Mikroarchitekturen ermöglichen soll. Typischerweise kontrollieren einige Felder des Mikroinstruktionswortes den (*sequencer*-) Baustein der Mikroarchitektur, der auf Grund der anliegenden Statusinformationen aus verschiedenen Quellen die Folgeadresse des nächsten auszuführenden Mikrobefehls bildet. Wir gestatten daher als Bestandteil der Ausführung der S*-Befehle, die unmittelbar Mikroinstruktionen entsprechen, einen bedingten Sprung in Abhängigkeit der im Körper vorkommenden Test- bzw. Dekodiermikrooperationen, der in einer *Sprungliste* mit Einträgen der Form

$\underline{\text{on}}\ T\ \underline{\text{do}}\ S\ \underline{\text{od}}$

$\underline{\text{on}}\ D\ \underline{\text{do}}\ i_1 \rightarrow S_1, \ldots, i_n \rightarrow S_n\ \underline{\text{od}}$

(in denen typischerweise $S, S_1, \ldots, S_n$ Sprungbefehle und T bzw. D eine Test- bzw. Dekodiermikrooperation bezeichnen) aufgeführt wird[28].

Die verschiedenen Einträge einer Sprungliste werden durch "," getrennt und von links nach rechts ausgewertet, um unterschiedliche Prioritäten bei der Reaktion auf Statussignale (etwa zur Behandlung von Unterbrechungswünschen) modellieren zu können. Somit kann die Axiomatisierung der *cocycle*- bzw. *stcycle*-Befehle in Anlehnung an die Axiomatisierung der Verzweigungsbefehle erweitert werden.

Dazu definieren wir für jeden Eintrag B_j einer Sprungliste $B_1, \ldots, B_r$ die zugehörigen Prämissen *premises*(B_j) in der erweiterten Beweisregel. Sie überprüfen, ob die Aktivierungsbedingung *enable*(B_j) von B_j die erste Bedingung ist, die in dem durch Ausführung des Körpers des Befehls resultierenden Zustand - der durch eine Zwischenzusicherung r repräsentiert ist - wahr ist, und verifizieren unter dieser Annahme den Körper von B_j.

<u>4.79 Definition</u>

Sei $B_1, \ldots, B_m$ eine Sprungliste.

(1) Mit *mop*(B_j) bezeichnen wir den Namen der in B_j überprüften Test- bzw. Dekodiermikrooperation.

(2) Die *Aktivierungsbedingung* $enable(B_j)$ von B_j wird durch Fallunterscheidung definiert.

- $enable(\underline{on}\ T\ \underline{do}\ S\ \underline{od}) \equiv T$
- $enable(\underline{on}\ D\ \underline{do}\ i_1 \rightarrow S_1,\ldots,i_n \rightarrow S_n\ \underline{od}) \equiv \bigvee_{j=i}^{n} D = i_j$.

(3) Die zu B_j gehörige Prämisse $premises(B_j)$ ist gegeben durch

$$premises(B_j) = \begin{cases} \{\{r \wedge \bigwedge\{\neg\, enable(B_i) \mid i < j\} \wedge T\}\ S\ \{q\}\} \\ \quad \text{falls} \quad B_j \equiv \underline{on}\ T\ \underline{do}\ S\ \underline{od} \\ \{\{r \wedge \bigwedge\{\neg\, enable(B_i) \mid i < j\} \wedge D = i_p\}\ S_p\ \{q\} \mid 1 \leq p \leq n\} \\ \quad \text{falls} \quad B_j \equiv \underline{on}\ D\ \underline{do}\ i_1 \rightarrow S_1,\ldots,i_n \rightarrow S_n\ \underline{od} \end{cases}$$

□

Damit ergibt sich unmittelbar die erweiterte Beweisregel für den *cocycle*-Befehl. Die folgende Axiomatisierung setzt wieder voraus, daß eventuelle Zeitlücken im Rahmen der statischen Analyse (durch Verzögerungsbefehle) überbrückt sind. Insbesondere müssen sämtliche in der Sprungliste auftretenden Befehle mit dem Start eines neuen Zyklus der Uhr der Mikroarchitektur aktivierbar sein.

$$\frac{\{p\}\ S\ \{r\}\ ,\ \bigcup\{premises(B_j) \mid 1 \leq j \leq m\}\ ,\ r \wedge \bigwedge_{j=1}^{m} \neg\, enable(B_j) \rightarrow q}{\{\underline{startof}\text{-}C(time) \wedge p\}\ \ \underline{cocycle}\ S\ \underline{coend}\ B_1,\ldots,B_m\ \{q\}}$$

falls gilt

- $compilable(\underline{cocycle}\ S\ \underline{coend})$
- $\{mop(B_1),\ldots,mop(B_m)\} \subseteq mop(S)$

\- Die Beweisregel *cojump* -

\- Abb. 4.18 -

In der obigen Beweisregel bezeichnet wieder C die Uhr der Mikroarchitektur A. Die Beweisregel für *stcycle*-Befehle verlangt, daß die Verzweigungsmikrooperationen einer Sprungliste im Sichtbarkeitsbereich des Körpers aktiviert werden.

$$\frac{\{p\}\ S\ \{r\}\ ,\bigcup\{premises(B_j)\mid 1 \le j \le m\}\ ,\ r \wedge \bigwedge_{j=1}^{n} \neg\ enable(B_j) \rightarrow q}{\{\underline{\text{startof}}\text{-}C(time) \wedge p\}\ \underline{\text{stcycle}}\ S\ \underline{\text{stend}}\ B_1,\ldots,B_m\ \{q\}}$$

falls gilt

- *compilable*(stcycle S stend)
- $\{mop(B_1),\ldots,mop(B_m)\} \subseteq visible(S)$

- Die Beweisregel *stjump* -

- Abb. 4.19 -

Damit haben wir sämtliche Konstrollstrukturen von S* axiomatisiert, deren Ausführung durch die Mikroarchitektur *A* beeinflußt wird.

4.2.4 Axiomatisierung prozessorunabhängiger Kontrollstrukturen und der Dokumentationsbefehle von S*

Wir gehen in diesem Abschnitt zunächst auf die Axiomatisierung von Prozeduraufrufen und Funktionsaufrufen ein, da von der üblichen Axiomatisierung (vgl. etwa [127]) aus pragmatischen Gründen abgewichen wird. Die Axiomatisierung der sequentiellen Komposition und von Sprüngen ist aus der Literatur bekannt [4],[25] und wird übergangen.

Die Axiomatisierung von Prozedur- bzw. Funktionsaufrufen setzt voraus, daß für sämtliche deklarierten Prozeduren und Funktionen eine axiomatische Spezifikation ihres Verhaltens durch *entry*- bzw. *exit*-Bedingungen vorliegt, damit der Beweis der Korrektheit der Prozeduren einmalig während der Deklaration und unabhängig von ihrem Aufruf erfolgen kann. Für solche Prozeduren bzw. Funktionen, die eine Operation einer höheren Entwurfsebene implementieren, wird eine axiomatische Spezifikation automatisch durch das System generiert (vgl. Abschn. 4.1.3). Die Spezifikation weiterer Hilfsfunktionen ist Aufgabe des Entwicklers.

Wir nutzen nun die spezielle Form der automatisch generierten Spezifikation aus, um den Effekt des Aufrufs einer Prozedur bzw. einer Funktion durch eine Substitution zu charakterisieren. Ebenso werden wir die syntaktische Form der *entry*- und *exit*-Spezifikationen von Hilfsprozeduren und Funktionen so einschränken, daß ihre Ausführung durch eine Substitution repräsentiert werden kann (vgl. die Behandlung der Seiteneffekte in 4.1.1).

Eine automatisch generierte Spezifikation einer Prozedur bzw. einer Funktion M hat nach Def. 4.21, 4.29 und 4.31 die Form

$\underline{\text{entry}}\ c \wedge \$a_1\$ = e_1 \wedge \ldots \wedge \$a_n\$ = e_n$

$\underline{\text{exit}}\ \ \$a_1\$ = a_1 \wedge \ldots \wedge \$a_n\$ = a_n$

wobei c ein quantorenfreie Formel, $e_1,\ldots,e_n$ Ausdrücke der Zusicherungssprache und $a_1,\ldots,a_n$ durch M veränderte Speicherelemente bezeichnen. Man beachte, daß M über $a_1,\ldots,a_n$ hinaus nur dann weitere Speicherelemente a verändern darf, wenn (durch eine Datenflußanalyse) sichergestellt wurde, daß jeder folgende Modul zuerst schreiben auf a zugreift und somit Annahmen über a innerhalb dieses Moduls verifiziert werden können[29]. Wir können somit davon ausgehen, daß eine Nachbedingung q eines Aufrufs von M nur solche von M veränderten Speicherelemente enthält, die in der Ausgangsbedingung von M aufgeführt sind. Unter dieser Annahme und der Voraussetzung, daß die Korrektheit der Implementierung von M relativ zu seiner Spezifikation bereits nachgewiesen ist, läßt sich der Effekt des Aufrufs von M bzgl. einer Nachbedingung q durch eine Substitution beschreiben die parallel a_j durch e_j ersetzt.

4.80 Definition

Sei M eine Funktion oder Prozedur mit automatisch generierter Eingangs- und Ausgangsbedingung der Form entry $c \wedge \$a_1\$ = e_1 \wedge \ldots \wedge \$a_n\$ = e_n$
exit $\$a_1\$ = a_1 \wedge \ldots \wedge \$a_n\$ = a_n$.

(1) Die Menge der spezifizierten Ausgabevariablen von M ist

$$specoutput(M) = strip(\{a_1,\ldots,a_n\}).$$

(2) Die M *charakterisierende Substitution* *sub*(M) ist induziert durch

$$a_1 \mapsto e_1,\ldots,a_n \mapsto e_n \ .$$

(3) Die *schwächste ableitbare Vorbedingung von* M *bezüglich* q ist die Formel

$$wdp(M,q) \equiv c \wedge q\ sub(M) \ .$$

□

Wir zeigen nun, daß unter Annahme der Korrektheit von M relativ zu seiner Spezifikation ein Aufruf von M unter Verwendung der oben definierten schwächsten ableitbaren Vorbedingung axiomatisiert werden kann. Dazu setzen wir die Gültigkeit der drei folgenden logischen Schlußregeln voraus, die in jedem Beweissystem für eine Sprache mit Prozeduren benötigt werden, und die unmittelbar einsichtig sind (vgl. [4]).

Das *Invarianzaxiom* formalisiert, daß die Gültigkeit einer Formal p , die nicht von dem durch den Befehl S veränderten Speicherelementen *outputlocations*(S) abhängt, durch die Ausführung von S nicht verletzt wird.

$$\{p\}\ S\ \{p\}$$

falls gilt

$$stoutputlocations(S) \cap strip(bdstex(p)) = \emptyset$$

- Das Invarianzaxiom -

- Abb. 4.20 -

Die *Konjunktionsregel* gestattet, zwei gültige Korrektheitsaussagen über einen Befehl S durch Konjunktion der jeweiligen Vor- bzw. Nachbedingungen zu verschmelzen.

$$\frac{\{p_1\}\ S\ \{q_1\}\ ,\ \{p_2\}\ S\ \{q_2\}}{\{p_1 \wedge p_2\}\ S\ \{q_1 \wedge q_2\}}$$

- Die Konjunktionsregel -
- Abb. 4.21 -

Die *Substitutionsregel* wurde informal bereits im Zusammenhang mit der Beweisregel für die parallele Ausführung von Mikrooperationen eingeführt, um Hilfsvariablen, die nur in der Prämisse einer Korrektheitsformel auftreten, durch Substitution zu eliminieren. Wir geben sie in einer leichten Einschränkung an, die für den Kontext des vorgestellten Beweissystems ausreicht.

$$\frac{\{p\}\ S\ \{q\}}{\{p\Theta\}\ S\ \{q\}}$$

für jede Substitution Θ mit

- $\mathit{dom}(\Theta) \cap \mathit{dstex}(A) = \emptyset$
- $\mathit{dom}(\Theta) \cap \mathit{free}(q) = \emptyset$

- Die Substitutionsregel -
- Abb. 4.22 -

Hierbei bezeichnet $\mathit{free}(q)$ die Menge der (frei) in q vorkommenden logischen Variablen (vgl. [137]).

<u>4.81 Beispiel</u> (Fortsetzung 4.71)
Sei im Beispiel 4.71 die Nachbedingung q die Formel $z=5 \wedge y=8 \wedge x=6$. Man verifiziert leicht an Hand des in Abb. 4.9 gegebenen schematischen Beweises, daß die initiale Vorbedingung $\mathit{pre}(2) = p_2^1 \wedge p_2^2$ in diesem Fall sich reduziert zu

b = 2 ∧ a = 1
∧ <y(6) = 8 , *defining equation*>
∧ <x(6) = 5 , *defining equation*>
∧ <z(5) = 5 , *defining equation*>
∧ <y(4) = 3 , *defining equation*>
∧ <x(3) = 5 , *defining equation*>
∧ <z(3) = 3 , *defining equation*>

Ist Θ die durch

$$y(6) \mapsto 8 \ , \ x(6) \mapsto 5 \ , \ z(5) \mapsto 5 \ , \ y(4) \mapsto 3 \ , \ x(3) \mapsto 5 \ , \ z(3) \mapsto 3$$

induzierte Substitution, so erfolgt durch Anwendung der Substitutionsregel

$$\{b = 2 \wedge a = 1\} \ \mathit{par} \ \{z = 5 \wedge y = 8 \wedge x = 6\}$$

für den in Abb. 4.8 wiedergegebenen Beispielbefehl *par*.

In der Tat ist $b = 2 \wedge a = 1$ die schwächste Vorbedingung von *par* relativ zu q . □

Ist nun q eine Formel mit

$$\mathit{strip}(\mathit{bdstex}(q)) \cap \mathit{stoutputlocations}(M) \subseteq \{a_1, \ldots, a_n\} \ ,$$

und Θ die durch $a_1 \mapsto \$a_1\$, \ldots, a_n \mapsto \$a_n\$$ induzierte Substitution und S der Körper von M , so gilt nach dem Invarianzaxiom

$$\{q\Theta\} \ S \ \{q\Theta\} \ .$$

Nach Annahme der Korrektheit von M gilt

$$\{c \wedge \$a_1\$ = e_1 \wedge \ldots \wedge \$a_n\$ = e_n\} \ S \ \{\$a_1\$ = a_1 \wedge \ldots \wedge \$a_n\$ = a_n\}$$

Somit ergibt die Anwendung der Konjunktionsregel

$$\{c \wedge \$a_1\$ = e_1 \wedge \ldots \wedge \$a_n\$ = e_n \wedge q\Theta\} \ S \ \{\$a_1\$ = a_1 \wedge \ldots \wedge \$a_n\$ = a_n \wedge q\Theta\} \ .$$

Offensichtlich gilt aber

$$\$a_1\$ = a_1 \wedge \ldots \wedge \$a_n\$ = a_n \wedge q\Theta \rightarrow q$$

und somit durch Anwendung der Konsequenzregel (vgl. 2.4)

$$\{c \wedge \$a_1\$ = e_1 \wedge \ldots \wedge \$a_n\$ = e_n \wedge q\Theta\} \ S \ \{q\} \ .$$

Da die Hilfsvariablen nun weder in S noch in q vorkommen, folgt mit der Substitutionsregel

$$\{c \wedge e_1 = e_1 \wedge \ldots \wedge e_n = e_n \wedge q \ \mathit{sub}(M)\} \ S \ \{q\}$$

und somit (durch Anwendung der Konsequenzregel)

$$\{\mathit{wdp}(M,q)\} \ S \ \{q\} \ .$$

Da schließlich der Aufruf von M semantisch äquivalent zur Ausführung des Körpers von M ist, läßt sich der Aufruf so spezifizierter Funktionen oder Prozeduren unter Verwendung der schwächsten ableitbaren Vorbedingung axiomatisieren.

Ist M eine durch den Benutzer spezifizierte Hilfsprozedur oder Hilfsfunktion, so verlangen wir, daß die gegebene Spezifikation der in Abb. 4.2 gegebenen Form genügt:

<u>entry</u> p
<u>exit</u> $q^1 \rightarrow a_1^1 = e_1^1 \wedge \ldots \wedge a_{n_1}^1 = e_{n_1}^1$
$\vdots$
$\wedge \ q^n \rightarrow a_1^n = e_1^n \wedge \ldots \wedge a_{n_n}^n = e_{n_n}^n$

In diesem Fall verlangen wir, daß M ausschließlich die Speicherelemente in

$$specoutput(M) = strip\{a^1_1,\ldots,a^1_{n_1},\ldots,a^n_1,\ldots,a^n_{n_n}\}$$

verändert.

Sei *sub*(M) die wie in Definition 4.12(5) konstruierte Substitution. Dann läßt sich analog der Aufruf von M relativ zu einer Nachbedingung q durch *wdp*(M,q) ≡ q *sub*(M) axiomatisieren, falls die Korrektheit von M zur Deklarationszeit nachgewiesen wird.

Wir haben damit die folgenden Axiome für den Aufruf von Funktionen bzw. Prozeduren hergeleitet.

specprocax

- {*wdp*(P,q)} call P {q}
- {*wdp*(T,q)} test T {q}
- {*wdp*(D,q)} decode D {q}

falls für M ∈ {P,T,D} gilt

- *stoutputlocations*(M) ∩ *strip*(*bdstex*(q)) ⊆ *specoutput*(M)

\- Die Axiomatisierung von Funktions- und Prozeduraufrufen -
\- Abb. 4.23 -

Die Axiomatisierung der Funktions- bzw. Prozeduraufrufe rechtfertigt zugleich die *hierarchische Verifikationsmethode*. Durch Induktion über die Länge des Korrektheitsbeweises eines $S^*(VA_{n+1})$-Moduls M sieht man leicht, daß durch Übersetzung der Zusicherungen des Beweises durch die Speicherabbildung $attach_n$ ein Beweis für die Expansion dieses Moduls gemäß Abb. 3.14 gefunden werden kann. Ist etwa

$$\{vc\text{-}ok(A) \wedge q\ vc\text{-}sub(A)\}\ \langle a_1,\ldots,a_n := e_1,\ldots,e_n, A\rangle\ \{q\}$$

ein Teilbeweis in M und der Körper der A implementierender Prozedur A (∈ $S^*(VA_n)$) korrekt relativ zu seinem Implementierungsgrüst, so gilt

$$\{attach_n(vc\text{-}ok(A) \wedge q\ vc\text{-}sub(A))\}\ \underline{call}\ A\ \{attach_n(q)\}\ ,$$

da nach Konstruktion

$$wdp\ (\underline{call}\ A,\ attach_n(q)) \equiv attach_n(vc\text{-}ok(A) \wedge q\ vc\text{-}sub(A))\ .$$

Somit folgt die Korrektheit des Gesamtentwurfes in der Tat aus der Korrektheit seiner Moduln[30].

Wir gehen nun auf die Axiomatisierung der Funktionswertübergabe ein. Die *Übergabe des*

Funktionswertes einer S*-Funktion T bzw. D vom Typ bool bzw. int erfolgt in Form einer Zuweisung T:=<b,T'> bzw. D:=<a,D'> an den Namen der Funktion, wobei T' bzw. D' Test- bzw. Dekodiermikrooperationen der Architektur A bezeichnen. Die Auswertung der Funktionswertübergabe beginnt mit der Ausführung der Verzweigungsoperation, die insbesondere das Test- bzw. Dekodierergebnis an den Namen dieser Mikrooperation bindet.

Alternativ kann der Wert der Funktion durch den Aufruf einer weiteren Funktion $\hat{T}$ bzw. $\hat{D}$ bestimmt werden, deren Seiteneffekte vor Übergabe des Funktionswertes berücksichtigt werden. Damit ergeben sich mit dem Zuweisungsaxiom bzw. der oben definierten schwächsten ableitbaren Vorbedingung einer Funktion die folgenden Axiome für die vier möglichen Typen der Funktionswertübergabe. Sie setzen wiederum voraus, daß die Korrektheit einer Funktion relativ zu ihrer Spezifikation bereits bewiesen wurde.

- {*vc-ok*(T') ∧ (p[T/T'])*vc-sub*(T')} T := <b,T'> {p}
  falls T' eine Testmikrooperation von A ist.
- {*wdp*($\hat{T}$, p[T/$\hat{T}$])} T := $\hat{T}$ {p}
  falls $\hat{T}$ eine S*(A)-Funktion vom Typ bool ist
- {*vc-ok*(D') ∧ (p[D/D'])*vc-sub*(D')} D := <a,D'> {p}
  falls D' eine Dekodiermikrooperation von A ist
- {*wdp*($\hat{D}$, p[D/$\hat{D}$])} D := $\hat{D}$ {p}
  falls $\hat{D}$ eine S*(A)-Funktion vom Typ int ist

- Die Axiomatisierung der Funktionswertübergabe -
- Abb. 4.24 -

Wir gehen nun auf die Beweisregeln für die Dokumentationsbefehle von S* ein, die mit Ausnahme des semantisch irrelevanten *Kommentarbefehls* die Gültigkeit der Zusicherungen während der Ausführung des Programms behaupten.
Der *Zusicherungsbefehl* assert p fordert, daß der Zustand der Architektur A zum Zeitpunkt der Ausführung des Befehls die Formel p erfüllt. Sollen darüberhinaus sämtliche Aussagen über nachfolgende Befehle aus p ableitbar sein, so wird dies durch den Befehl strong assert p gefordert. Diese zweite Form erzeugt für jede Nachbedingung q eine Verifikationsbedingung p→q und bietet so im Zuge eines Korrektheitsbeweises die Möglichkeit, die Größe der weiterzureichenden Formel q unter Verwendung bereits hergeleiteter Fakten p einzuschränken.

$$\{p \wedge q\}\ \underline{\text{assert}}\ p\ \{q\}$$

$$\frac{p \rightarrow q}{\{p\}\ \underline{\text{strong assert}}\ p\ \{q\}}$$

- Die Axiomatisierung der Zusicherungsbefehle -
- Abb. 4.25

Der *Expansionsbefehl* *pend* ≡ pending entry p exit q endpending kennzeichnet noch nicht ausprogrammierte Programmabschnitte, deren Verhalten axiomatisch durch die Vorbedingung p und die Nachbedingung q spezifiziert wird. In dieser schwachen Form müssen die Formeln p und q der in Abb. 4.2 gegebenen Einschränkung genügen, so daß das Verhalten des Expansionsbefehls (nach Def. 4.12(5)) durch eine Substitution *sub(pend)* axiomatisiert werden kann.

{q' *sub(pend)*} pending entry p exit q endpending {q'}

- Die Axiomatisierung des schwachen Expansionsbefehls -
- Abb. 4.26 -

Sollen sämtliche Eigenschaften nachfolgender Befehle bereits aus der Nachbedingung q ableitbar sein, so kann dies durch die Verwendung von strongpending entry p exit q endpending angezeigt werden. In diesem Fall wird eine Verifikationsbedingung erzeugt, die die Ableitbarkeit einer gegebenen Nachbedingung aus q garantiert, so daß keine Voraussetzung an die syntaktische Form der Vor- und Nachbedingung gemacht werden muß.

$$\frac{q \rightarrow q'}{\{p\}\ \underline{\text{strongpending}}\ \underline{\text{entry}}\ p\ \underline{\text{exit}}\ q\ \underline{\text{endpending}}\ \{q'\}}$$

- Die Axiomatisierung des starken Expansionsbefehls -
- Abb. 4.27 -

Damit ist die axiomatische Definition der S*-Familie abgeschlossen. Wir haben somit für sämtliche Befehle der S*-Familie Axiome oder Schlußregeln angegeben, so daß insgesamt die Korrektheit eines Moduls eines hierarchischen Entwurfes reduziert wird auf die Gültigkeit der Verifikationsbedingungen, die als Prämissen in den Teilbeweisen des Entwurfes auftreten. Wie an Hand der Beispiele und in Anhang 4 gezeigt wurde, sind die so erzeugten prädikatenlogischen Formeln automatischen Beweisverfahren gut zugänglich, da ihre Komplexität im wesentlichen syntaktischer Natur ist: typischerweise sind tief geschachtelte Fallunterscheidungen in a priori bekannten Theorien zu vereinfachen. Die Entwicklung darauf abgestimmter spezieller prädiaktenlogischer Beweiser ist Gegenstand von [138].

ZUSAMMENFASSUNG

Die Zielsetzung dieser Arbeit lag in der Bereitstellung von Modellen, die als Grundlage für CAD-Werkzeuge zur Unterstützung der Entwicklung mikroprogrammierter Rechnerarchitekturen dienen können. Mit der Rechnerbeschreibungssprache AADL haben wir ein solches Modell vorgestellt. Die Anwendbarkeit dieser Sprache zur Strukturierung des Entwurfs von Firmware und zur Beschreibung der dafür relevanten Ebenen einer Rechnerarchitektur haben wir aufgezeigt. Schließlich haben wir an Hand der Verifikation nachgewiesen, daß die vorgenommene Modellbildung die automatische Generierung von Entwicklungswerkzeugen unterstützt. Entscheidend dafür ist die axiomatische Natur und der damit verbundene tabellenartige Aufbau von AADL. Die Vorteile axiomatischer Rechnerbeschreibungssprachen wurden inzwischen auch von weiteren Autoren erkannt [54]. Wir sehen die Resultate dieser Arbeit als eine Bestätigung dafür an, daß in der Tat eine automatisch umrüstbare vollständige Firmwareentwicklungsumgebung unter Verwendung der in dieser Arbeit vorgenommenen Modellbildung prinzipiell realisierbar ist. Der Aufbau einer solchen Entwicklungsumgebung ist im Rahmen des in [73] dargestellten Forschungsvorhabens vorgesehen.

DANKSAGUNG

Diese Arbeit entstand aus dem Wunsch, die Relevanz formaler Modellbildung - wie sie in der "theoretischen" Informatik üblich sind - an einem konkreten Anwendungsbeispiel deutlich zu machen. Sie verdankt daher zwei Quellen ihre Entstehung. Zum einen möchte ich mich bei Herrn Prof. Indermark für die so fruchtbare Arbeitsatmosphäre und die theoretische Schulung an unserem Lehrstuhl bedanken. Zum anderen verdanke ich Herrn Prof. Dasgupta die Einführung in die Problematik der formalen Modellierung von Rechnerarchitekturen; seine Erfahrung und positive Kritik haben wesentlich zur Entstehung dieser Arbeit beigetragen.

In dem Maße, wie sich die Grundkonzepte dieser Arbeit verdichteten, verstärkte sich die Frage nach der Realisierbarkeit und praktischen Einsetzbarkeit. In diesem Zusammenhang bin ich Herrn Prof. Langmaack, Herrn Dr. Penner, und Herrn Prof. Richter sehr für zahlreiche Diskussionen über den Einsatz von AADL zur Generierung von Entwicklungswerkzeugen und Möglichkeiten des Aufbaus einer umfassenden Firmwareentwicklungsumgebung verbunden, aus denen schließlich die Definition eines gemeinsamen Forschungsvorhabens erwuchs.

Besonderen Dank schulde ich den Mitgliedern der Projektgruppe, insbesondere Klaus Merkel, Leonidas Bardis, Mathilde Romberg, Gert Döhmen, Ralf Beccard und Ingo Sichelschmidt. Meine Arbeit profitierte sehr von ihrer engagierten Mitarbeit und Unterstützung bei der Entwicklung und dem Austesten der der Arbeit zu Grunde liegenden Ideen.

Schließlich möchte ich mich bei Frau Carla Meckler für ihre Künste und ihre Geduld bei der Dechiffrierung meiner Handschrift und der Gestaltung der Maschinenschrift bedanken.

FUSSNOTEN

zu Kapitel 1

1 Der Begriff *Firmware* wurde 1967 von Opler [128] für mikroprogrammierte Teilsysteme einer Rechnerarchitektur geprägt um die Zwitterstellung der Mikroprogramme - einerseits programmierbar, andererseits oft in Festwertspeichern abgelegt - hervorzuheben.

2 Mit "random logic" wird ein Schaltwerkentwurf bezeichnet, in dem speichernde Elemente und kombinatorische Elemente unsystematisch verteilt sind.

3 Vgl. dazu ausführlicher die Einleitung zu Abschnitt 3.2.

4 Der vergleichsweise hohe Aufwand formaler Verifikationsmethoden ist in diesem Anwendungsbereich weniger kritisch, da er i.allg. beim Rechnerhersteller (und nicht beim Anwender) einmalig anfällt und Mikroprogramme auf Grund ihrer Struktur - "kurze" Programme, einfache Datenstrukturen, viele Fallunterscheidungen, selten tiefe algorithmische Konzepte - automatischen Beweismethoden besser zugänglich sind.

5 Auf die Problematik der Compilierung von Mikroprogrammen wird in Abschnitt 3.2 eingegangen.

6 Vergleiche die ausführliche Diskussion in Abschnitt 2.4.

7 In dem für Programmverifikation üblichen Sinne; der Kalkül reduziert Korrektheitsaussagen über Programme auf die Gültigkeit von prädikatenlogischen Sätzen der zu Grunde liegenden Datenstrukturen. Diese sind jedoch - im Gegensatz zur Situation bei höheren Programmiersprachen - in diesem Kontext der Entwicklung von Rechnerarchitekturen im wesentlichen durch die Datentypen der Rechnerbeschreibungssprache fest vorgegeben und zeigen eine geringe logische Komplexität, so daß automatische prädikatenlogische Beweiser mit Erfolg eingesetzt werden können (vgl. Anhang 4.4).

8 Die Fallstudie behandelt die Emulation des NOVA 1200 Computer [56] auf einer von der MICRODATA Corp. entwickelten Mikroarchitektur [117].

zu Kapitel 2

1 Die dort verwendeten Grundbegriffe werden in dieser Arbeit vorausges sprechende Einführungen finden sich etwa in [126], [20], [8].

2 Die Bezeichnung *Ziel*architektur erklärt sich aus dem Spezialfall, wo die realisierte Ebene gerade der Makroarchitektur eines Rechners entspricht und daher als Zielarchitektur für die Compilierung höherer Programmiersprachen auftritt.

3 Für eine ausführliche Darstellung dieses Emulationsbeispiels verweisen wir auf [8, Kapitel 9].

4 Dargestellt sind lediglich die Teile, die für die Ausführung von Befehlen mit Speicherzugriff relevant sind, da auf diese im Zusammenhang mit Verifikationsbeispielen eingegangen wird; unter IOA sind sämtliche darüberhinaus für I/O- und ALU-Befehle relevanten Teile zusammengefaßt. Für detailliertere Kommentare zum Programm vgl. Abschnitt 3.3.

5 Die explizite Angabe der Speicherabbildung ist notwendig, da i.allg. weder davon ausgegangen werden kann, daß die Speicherelemente der Zielarchitektur identisch mit Speicherelementen der Gastarchitektur sind, noch daß der durch einen Compiler für höhere Mikroprogrammiersprachen gelieferte Abstraktionsgrad eine *automatische* Speicherabbildung durchführt (vgl. Abschnitt 3.2).

6 Für die in dieser Arbeit verwendete Rechnerbeschreibungssprache AADL wird eine modelltheoretische Präzisierung der Äquivalenz in Bemerkung 3.13 gegeben.

7 In einem solchen Programm werden Speicherelemente der Makroarchitektur durch Variable nachgebildet.

8 Die aus diesen Nachteilen resultierenden Probleme bei der Behandlung realer Architekturen haben beim MCS-System zur Einstellung des Projektes geführt [96] und erfordern beim SDVS-Projekt möglicherweise den Übergang von operationalen Beschreibungen der Zielarchitektur in ISPS [10,11] zu axiomatischen Beschreibungen [107, S. 243].

9 Eine Formalisierung der Begriffe "Speicherabbildung" und "Umbenenung" wird in Abschnitt 3.3.2 gegeben.

10 Ist die Abbildung f die Identität, so wird der Bezug auf die Abbildung weggelassen (wie in "P implementiert (p,q)").

11 Hoare betrachtet in seiner Arbeit *partielle* Korrektheitsaussagen {p} P {q}, die auch dann wahr sind, wenn die Berechnung von P bei einem Anfangszustand, der p erfüllt, nicht abbricht.

12 Für eine Formalisierung der Begriffe "Beweis", "Ableitung" in einem Kalkül siehe [137].

zu Kapitel 3

1 Die Notwendigkeit der *Neuentwicklung* einer Rechnerbeschreibungssprache wird in der Einleitung und in 2.4 diskutiert.

2 Dabei ist im Rahmen des Erstellens der formalen Spezifikation damit zu rechnen, daß mehrdeutige oder offen gelassene Aspekte der Architektur festgelegt werden müssen.

3 Eine Erweiterung des Modells zur Beschreibung *asynchron* arbeitender Prozessoren setzt wesentlich neue Techniken im Bereich der Entwicklungswerkzeuge voraus. (Bsp.: Microcodegeneratoren für mikroprogrammierbare Mehrprozessor-Architekturen), die gegenwörtig erst Gegenstand der Grundlagenforschung sind. Im Bereich der Verifikation scheint eine Erweiterung der in Kapitel 4 entwickelten Techniken unter Verwendung der temporalen Logik (vgl. etwa [111]) möglich. So könnten die Kommunikationseigenschaften in *propositinal branching time* Logik getrennt formalisiert und mit Hilfe des in [30] beschriebenen *Modellcheckers* verifiziert werden. Eine solche Erweiterung von AADL zur Spezifikation von Multiprozessorarchitekturen wird in [156] vorgestellt.

4 Eine vollständige Definition der Syntax und statischen Semantik des zur Zeit implementierten Sprachumfangs findet sich in [125] . Wie bereits erwähnt stellt Kapitel 4 eine formale Definition des durch die Beschreibung charakterisierten Zustandsübergangsverhaltens der Operation der Architektur dar. Eine Formalisierung des Effekts der durch S*-Programme kontrollierten Ausführung von Mikrooperationen im Stil der denotationellen Semantik wird in [114] gegeben.

5 Die gegenwärtige Wahl von Datentypen - mit <u>bit</u> und <u>sequence</u> <n..m> <u>bit</u> als Basistypen - wurde von der Definition des S*-Schemas [51] übernommen. Weitere Erfahrungen insbesondere im Entwurf höherer Ebenen einer Rechnerarchitektur - wie etwa direktinterpretierende sprachorientierte Rechnerarchitekturen (vgl. etwa [89], Kapitel 5) sind nötig - um eine endgültige Auswahl der von AADL unterstützten Datentypen vorzunehmen. In jedem Fall bedingt der Ausschluß benutzerdefinierbarer Datentypen wesentliche Vorteile beim automatischen Beweisen der Verifikationsbedingungen, da spezielle Beweiser für die jeweiligen Theorien konstruiert werden können.

6 Vgl. etwa [116], Kapitel 2.

7 Für entsprechende Beispiele wird auf Anhang 1 verwiesen.

8 Von daher erklärt sich auch die Begriffsbildung. In der Tat wird die im Anschluß an die syntaktische Analyse von S*-Programmen notwendige Zuordnung von beispielsweise Zuweisungen zu Funktionsdefinitionen einer Architektur durch

eine bottom-up pattern-matching-Algorithmus auf Bäumen implementiert (vgl. [141]).

9 Die hier gegebene Darstellung vereinfacht zu Gunsten der Übersichtlichkeit von der in AADL darüberhinaus spezifizierbaren Unterstruktur von first bzw. then in Phasen first 1,...,first n bzw. then 1,...,then m.

10 Im Kontext der Beschreibung von Mikroarchitekturen verwenden wir die Bezeichnung *Mikrooperation* für die Operationen dieser Architekturebene.

11 In der Behandlung von transienten Speicherelementen wird in [19] auf die Stabilitätsdauer nicht eingegangen. Die hier vorgestellte Modellierung gestattet daher eine weitergehende Analyse der resultierenden Abhängigkeiten in der Kompaktifizierungsphase.

12 Auf den Zusammenhang zwischen der Unteilbarkeit von Mikrooperationen und der Beschränkung auf initiale bzw. terminale Phasenbedingungen bei der Freigabe von sources bzw. sinks wird in Kapitel 4 eingegangen.

13 Aussagen über *obere Schranken* der Laufzeit der Implementierung einer Operation lassen sich mit den in Abschnitt 4.2 vorgestellten Hoare-Kalkül für S*-Mikroprogramme verifizieren.

14 Man beachte, daß auf dieser Architekturebene *vertikale* Instruktionsformate vorausgesetzt werden können und somit eine (für aus horizontalen oder diagonalen Instruktionsformaten resultierende low-level Parallelität notwendige) Konfliktanalyse entfällt; insbesondere ist eine zeitliche Auffächerung der Konfliktmöglichkeiten für diese Ebene irrelevant.

15 In Beweisen und Simulationen werden Vorkommen von Funktionen oder Prädikate unter Verwendung der Semantikdefinition interpretiert, die in der (textlich nächsten) als Beschriftung angegebenen Komponente einer Architektur definiert sind.

16 Diese Bedingungen werden bei der statischen Analyse von AADL Spezifikationen überprüft.

17 In vielen Anwendungsfällen ist der Aufbau der Gastarchitektur selbst Bestandteil des Entwurfes; diese zusätzliche Entwurfsaufgabe - die bei der Verwendung normierter Bausteine wie bit-slices [1],[90] im Rahmen des S*-Systems mit unterstützt wird - tangiert jedoch nicht unmittelbar die in diesem Abschnitt dar gestellten Überlegungen, sondern vereinfacht die in dieser Phase des Entwurfs auftretenden Probleme (etwa bzgl. Längenkompatibilität von Ziel- und Gastarchitektur). Für eine formale Behandlung des Entwurfs von Bit-slice Prozessoren auf der Basis von AADL verweisen wir auf [145].

18 Vgl. hierzu z.B. [78].

19 Auch die neuere in [113] gegebene Darstellung des MIMOLA-Compilers bietet an verschiedenen Stellen explizite Bindungsmöglichkeiten bzw. Kompaktifizierung durch den Benutzer an. Nicht implementierte höhere Mikroprogrammiersprachen wie etwa MARBLE [59] oder die in [62] und [68] vorgeschlagenen Sprachen wurden in der Darstellung nicht berücksichtigt, da für eine Wertung ihrer Implementierbarkeit keine Unterlagen zur Verfügung standen.

20 Zu diesem Bereich liegen inzwischen eine Vielzahl von Algorithmen vor. Da das Problem, eine Folge von Mikrooperationen unter Berücksichtigung ihrer Abhängigkeiten zu maximal parallel ausführbaren Gruppen in Mikroinstruktionen zusammenzufassen, NP-vollständig ist (vgl. [61],[103]), arbeitet man mit heuristischen Verfahren. Für *lokale* Kompaktifizierungsalgorithmen, die jeweils nur nichtverzweigte Sequenzen von Mikrooperationen untersuchen, sind in $O(n^2)$ arbeitende fast-optimale Algorithmen bekannt (siehe etwa [110], [55]). *Globale* Kompaktifizierungsalgorithmen (auf der Basis von Datenflußgraphen) werden etwa in [91], [124] beschrieben. Der in [91] verwendete Algorithmus führte bei der Compilierung zweier Testprogramme (Betriebssystemroutinen) zu Abweichungen vom optimalen Code von 3 % bzw. 5 %.

21 So erlaubt etwa die in Anhang 1 gegebene Beschreibung der MICRODATA 1600 dem S*-Mikroprogrammierer verschiedene Arten von Befehlsmodifikationen.

22 Eine Definition der Syntax von S* wird in Anhang 2 gegeben. Für eine Definition der denotationellen und statischen Semantik von S*(A) verweisen wir auf [114] bzw. [141]. Eine experimentelle Implementierung einer *ad hoc* aus S* gewonnen auf die NANODATA QM-1 abgestimmte höheren Mikroprogrammiersprache S*(QM-1) wird in [100] und [139] beschrieben. Dieser Implementierung liegt jedoch keine formale Beschreibung dieser Mikroarchitektur zu Grunde.

23 Der Sprachumfang des Schemas S* (vgl. [51]) wurde in der S*-Familie um Funktionen, Dokumentationsbefehle, eigenständige Test- bzw. Dekodierbefehle sowie um die damit verbundene Verzweigungsliste erweitert, um die in AADL modellierbaren Eigenschaften von Mikroarchitekturen voll auszuschöpfen und modulare Beweistechniken zu ermöglichen.

24 Die folgenden Befehle können nur im Zusammenhang mit Mikroarchitekturen verwendet werden:

- atomare Befehle: test, decode, goto
- zusammengesetzte Befehle: cocycle, stcycle, ||, region

25 Der Aufbau eines entsprechenden Mikrocodegenerators, der S* (*Abstrakte Sicht der Gastarchitektur*)-Mikroprogramme in Mikrocode der Gastarchitektur übersetzt ist Gegenstand von [102].

26 Die Kommutativitätsbedingung für Test- bzw. Dekodieroperationen muß zusätzlich noch den berechneten Wahrheitswert bzw. den (als natürliche Zahl repräsentier-

ten) dekodierten Wert berücksichtigen, so daß für diese Fälle das Diagramm durch

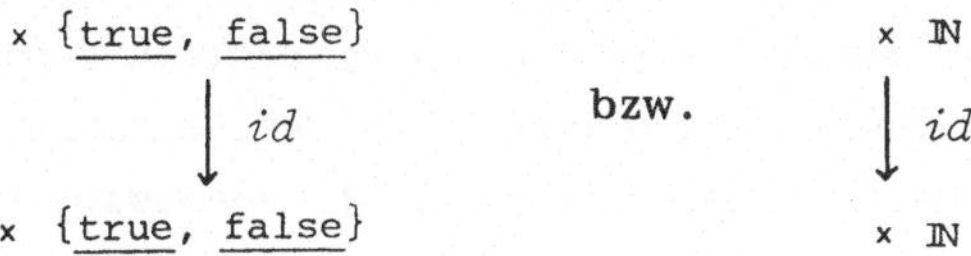

zu erweitern ist.

27 Es wird davon ausgegangen, daß höhere virtuelle Zwischenarchitekturen (für $j \geq 2$) keine Angabe über eine zeitliche Synchronisation der Operationen beinhalten.

28 Man beachte, daß an dieser Stelle nicht verlangt wird, daß in der Tat der Wert des Feldes instructionreg<3..4> identisch mit dem Wert des entsprechenden Teilfeldes der aktuellen auszuführenden Instruktion ist; stattdessen wird durch die Definition des Synonyms lediglich der Bezug zur Funktion *variableof*(move-data. accu) geliefert, die für die Definition der Operation 'store' verwendet wird. Daß die Auswahl des Akkumulators 'korrekt' ist, wird im Rahmen der Verifikation durch die Definition der zu beweisenden Vor- und Nachbedingung (vgl. 4.1) sichergestellt. Im Beispiel 3.20 wird dagegen auf Grund der angegebenen Abhängigkeit zu Feldern des Instruktionswortes des aktuell auszuführenden Befehls das Programm in Segmente zerlegt, so daß in diesem Fall (durch Generierung einer entsprechenden Zusicherung) sichergestellt werden muß, daß in der Tat zum Zeitpunkt der Auswertung des Testes die sources mit den Werten der spezifizierten Teilfelder des aktuell auszuführenden Befehls belegt sind.

29 Die Angabe der Speicherabbildung ist für das Verständnis der Arbeitsweise der Prozedur nicht notwendig, da sämtliche Speicherelemente der Zielarchitektur auf der gewählten Zwischenarchitektur bekannt sind (und auch zu ihrer Emulation verwendet werden).

30 Man beachte, daß eine Freigabe von zusätzlichen Speicherelementen einer Operation der *Zielarchitektur Bestandteil der Spezifikation* ist und leicht zu Fehlspezifikationen führen kann.

Als Alternative zur Überprüfung der Lebendigkeitseigenschaften von unter auxiliary storage aufgeführten Speicherelementen durch eine Datenflußanalyse - die die statische Erkennbarkeit dieser Speicherelemente voraussetzt - werden in [66] Substitutionen *sub*(auxst) der Form $a \longmapsto$ anyvalue (für jedes $a \in$ OP.auxiliary storage) in die Definition der Substitution einer Operation integriert (zu den Begriffsbildungen siehe 4.1.1). Tritt somit ein unter auxiliary storage deklariertes Speicherelement a in einer Nachbedingung von OP auf, so wird durch die Substitution a durch den Sonderwert anyvalue ersetzt, der durch keine Operation gesetzt wird und somit zu ungültigen Verifikationsbedingungen führt.

31 Die Emulation von I/O-Operationen der NOVA erfolgt in zwei Schritten. Der 'buffer' der peripheren Geräte der NOVA wird in einem 'secondary-file register' nachgebildet, so daß die Emulation zunächst den Inhalt des Registers, das den angewählten Akkumulator emuliert, in das entsprechende 'secondary-file register' transportiert. In einer zweiten Phase wird dann unter Verwendung von I/O-Operationen der MICRODATA dieser Inhalt auf das entsprechende periphere Gerät übertragen.

zu Kapitel 4

1 In der Theorie der Programmverifikation wird üblicherweise mit dem dualen Konzept der stärksten Nachbedingung gearbeitet. Es läßt sich für den Fall *terminierender* Operationen, der in diesem Kontext der Beschreibung der Operationen einer Architektur vorausgesetzt wird, zeigen, daß beide Konzepte äquivalent sind (vgl. [92]).

2 Die folgende Transformation entfällt, falls A eine passive Architekturebene bespezifiziert.

2 In der Implementierung wird die Rücksubstitution nur in der internen Darstellung vorgenommen, um die Lesbarkeit der im Beweis auftretenden Formeln zu erhalten.

4 Konjunktionsglieder der Form $c \equiv a_1^j = e_1^j \wedge \ldots \wedge a_{n_j}^j = e_{n_j}^j$ werden als Abkürzung der Formel $\mathrm{true} \rightarrow c$ betrachtet. Entsprechende Vereinfachungen der formalen Bezeichnungen werden in Beispielen implizit vorgenommen.

5 Im Kontext dieses Kapitels verstehen wir unter einer *Substitution* eine Abbildung

$$\Theta : dstex(A) \rightarrow exp(A)$$

mit endlichem *Definitionsbereich* $dom(\Theta) = \{a \in dstex(A) \mid \Theta(a) \neq a\}$. Daher ist eine Substitution eindeutig durch Angabe einer endlichen Menge von Paaren $a_j \longmapsto e_j$ festgelegt. Die Anwendung einer Substitution Θ auf eine Formel φ (bzw. einen (boolschen) Ausdruck) schreiben wir $\varphi\Theta$ (bzw. $b\Theta$, $e\Theta$); sie ersetzt parallel alle (freien) Vorkommen von $a \in dom(\Theta)$ durch $\Theta(a)$. Eine formale Definition dieser Begriffsbildung beinhaltet die Behandlung beliebiger geschachtelter Felder; dazu wird auf [13], [85] verwiesen. Im wesentlichen ist zur korrekten Behandlung von Substitutionen auf Feldern die Schreibweise einer Substitution

$$a[e] \longmapsto e'$$

für ein Feld a mit Grenzen [n..m] aufzufassen als eine Ersetzung jedes Vorkommens von a durch makearray index: [n..m] of if index=e ⇒ e' else a[index] endarray. Die Substitution *bedingter* Speicherausdrücke wird (durch Transformation der Substitution) vermieden.

6 Diese Bedingung wird im Rahmen der statischen Analyse von AADL Beschreibungen überprüft. Sie läßt sich leicht durch Einführung neuer Zustande realisieren.

7 Somit erfüllt (per Definitionem) eine Speichertransformation eine erweiterte Spezifikation entry p exit q with *constraint* genau dann, wenn sie die Spezifikation

$$\underline{\text{entry}}\ p \wedge \bigwedge\{a = \$a\$ \mid a \notin \textit{constraint}\}\ \underline{\text{exit}}\ q \wedge \bigwedge\{a = \$a\$ \mid a \notin \textit{constraint}\}$$

erfüllt, wobei das Komplement relativ zu der Menge *strip*(*dstex*(A)) gebildet wird. Offensichtlich läßt sich die Semantik erweiterter Spezifikationen leicht denotationell unter Einschränkung der Menge der zulässigen Speichertransformationen charakterisieren.

8 Wir verwenden in Beispielen auch Großbuchstaben statt $ zur Kennzeichnung von Hilfsvariablen.

9 Per Konvention haben wir vorausgesetzt, daß sämtliche Konstanten $c \in con(A)$ durch ihre binäre Darstellung $repfun(c) \in \{0,1\}^*$ gegeben sind.

10 Hier wird "*busy waiting*" vorausgesetzt.

11 Die Abhängigkeit solcher Teste von Feldern des Instruktionswortes muß im Rahmen der Spezifikation der Teste durch den Entwickler angegeben werden, vgl. 3.3.3 .

12 Man beachte, daß die statische Auswertungsfunktion nicht *induktiv* über *Mengen* von partiellen Befehlswortbelegungen definiert werden kann.

13 Ist $error(p) = \{0,1\}^{m-n}$, so liegt offensichtlich ein Fehler in der Spezifikaiton der Operation OP vor.

14 Man beachte, daß die Formel *constraint*(p) nur dann "Wissen" über die Belegung des Befehlswortes repräsentiert, wenn in der Tat gewisse Belegungen ausgeschlossen sind, also $error(p) \neq \emptyset$ ist.

15 Abstrakt gesehen liefert eine vollständige Abwicklung des Rahmenprogramms einen regulären unendlichen Baum, der somit durch eine endliche Menge endlicher Teilbäume eindeutig definiert ist; bis auf den initialen Teilbaum (der dem Hauptprogramm entspricht) sind die anderen Teilbäume gerade die Körper der im Hauptprogramm deklarierten Coroutinen. Durch die Generierung von Zusicherungen wird nun nachgewiesen, daß aus der Gültigkeit der Invariante bei einem Aufruf (an der Wurzel eines Teilbaumes) die Gültigkeit der Invariante bei einem Folgeaufruf (an Blättern des Teilbaumes) folgt. Da der Gesamtbaum durch Zusammensetzen dieser Teilbäume bestimmt ist, folgt durch Induktion, daß die Invariante bei *jedem* Auf-

Aufruf erfüllt ist. Dieses induktive Argument unterliegt dem Beweis der Korrektheit von Floyd's Beweisprinzip [154].

16 Im Rahmen der statischen Semantik wird überprüft, daß jede Aktivierung von MAIN schließlich wieder zu einer Aktivierung von MAIN führt. Daher muß - da MAIN als erste Coroutine aktiviert wird - jede Coroutine die Kontrolle explizit an eine andere Coroutine weiterreichen. Andernfalls müßte auch im Fall $C \notin \nu$ durch Einfügen von ;strongpending entry true exit false endpending an die Expansion des Körpers von C sichergestellt werden, daß möglicherweise sequentiell folgende Befehle S' semantisch irrelevant sind.

17 Durch die statische Analyse wird jedem *pattern* als Kommentar der Name der Operation zugeführt, die durch dieses pattern aktiviert wird [141].

18 Auf die triviale (rein statische) Überprüfung der Speichereinschränkungsbedingung sei nur im Rahmen dieser Fußnote eingegangen. Offensichtlich reicht es dazu aus, die Hilfsfunktion *stoutputlocations* von einzelnen Operationen auf S*-Befehle auszu weiten; für sämtliche Kontrollstrukturen geschieht dies durch *Vereinigung* der entsprechenden Mengen von Ausgabevariablen der Komponenten. Somit läßt sich zu jedem Modul $M \in S^*(VA_j)$ die Menge *stouputlocations*(M) berechnen. M genügt nun der im Modul als Spezifikation unter with angegebenen Speichereinschränkungsbedingung $\{a_1,...,a_n\}$ genau dann, wenn

$$stoutputlocations(M) \cap attach_j(strip(dstex(VA_{j+1}))) \subseteq \{a_1,...,a_n\}$$

d.h. wenn nur solche unter $attach_j$ sichtbaren Speicherelemente von VA_j verändert werden, die unter with aufgeführt sind.

19 Im Sinne von Cook [31]. Der Nachweis der Vollständigkeit beruht auf der Charakterisierung von dynamischen Konflikten und der in 4.2.2 vorgestellten Berechnung der schwächsten Vorbedingung einer parallelen Ausführung von Mikrooperationen.

20 Somit ist für transiente Speicherelemente $strip(a) = \{a\}$.

21 Die Überprüfung, daß es sich bei einer unter a.used angegebenen Phasenbedingung *phase* einer Quelle a um eine *initiale* Phasenbedingung handelt, erfolgt im Rahmen der statischen Semantik von AADL. Eine analoge Aussage gilt für terminierende Phasenbedingungen für Senken einer Operation.

22 Die Dualität in der Behandlung von Quellen und Senken einer Operation bezüglich der Freigabe wird im Zusammenhang mit der Konfliktanalyse in Abschnitt 4.2.2 motiviert.

23 Diese Darstellung abstrahiert zu Gunsten der Klarheit der Argumentation zunächst von der Anwendung der parallelen Komposition zur Beschreibung einander über-

lappender Ausführungsphasen von *Mikroinstruktionen*. Diese bewirkt jedoch keine wesentliche Änderung in der Charakteristik, daß die relative zeitliche Lage der Ausführung der einzeinen in *par* vorkommenden Mikrooperationen durch ein Zeitdiagramm vollständig beschrieben werden kann. Diese Anwendung beinhaltet lediglich, daß *cocycle*-Befehle als Teilbefehle von *par* auftreten können und beeinflußt so die Definition der in 4.52 zusammengefaßten Hilfsfunktionen.

24 Analog würde es sich anbieten, eine Beweisregel für die parallele Komposition von Prozessen in CSP [88] nicht syntax-gerichtet (wie etwa in [5]) sondern auf Grund ihrer als Prozeß (im Sinne der Netz-Theorie [136]) dargestellten kausalen Abhängigkeit durchzuführen, da im Netz die Kommunikationsstellen explizit ersichtlich sind. Dazu reicht es, die Hoare-Logik auf (entsprechend beschriftete) Petri-Netze zu erweitern. Das *Kommunikationsaxiom* (vgl. [5]) würde so die Form

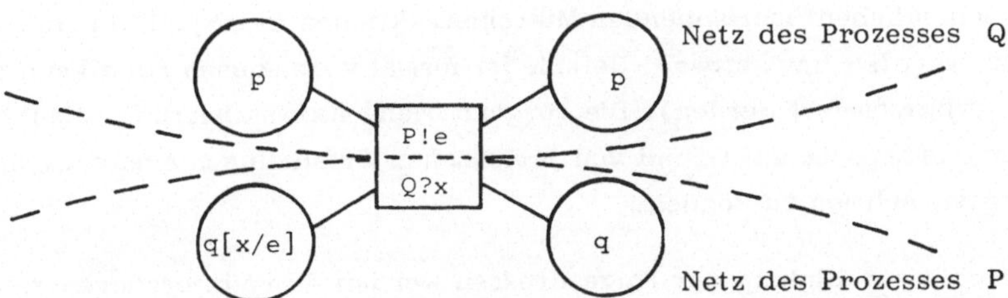

erhalten, wobei die Transition P!e / Q?x in der Netzsemantik von CSP [81] gerade die Kommunikation zwischen Prozeß P und Q repräsentiert. In einem solchen Aufbau der Logik kann der Kooperationstest vollkommen entfallen und der Test auf Interferenzfreiheit wesentlich vereinfacht werden. Dies zeigt, daß in der Tat die Modellierung von Parallelität durch Nichtdeterminismus selbst für CSP zu einer unnötigen Komplexität der Begriffsbildungen führt.

25 Eine naheliegende Beweisregel der Form

$$\frac{\{p_1\}\ S_1\ \{q_1\}\ ,\ldots,\ \{p_n\}\ S_n\ \{q_n\}}{\{p_n \wedge \ldots \wedge p_n\}\ \mathit{par}\ \{q_1 \wedge \ldots \wedge q_n\}}$$

falls ...

wäre dann streng syntax-gerichtet, wenn jede Kommunikation zwischen den S_i durch entsprechende Einschränkung an die Menge der Ein- bzw. Ausgabevariablen der S_i ausgeschlossen würde. Diese Einschränkungen wären offensichtlich für praktische Anwendung zu einschneidend. Verzichtet man auf diese Einschränkung, so muß untersucht werden, ob die Beweise der S_i kooperieren; dazu muß auf die interne Struktur der Teilbeweise $\{p_i\}$ s_i $\{q_i\}$ (in Form sogenannter *proofoutlines*) Bezug genommen werden. So müßte etwa in Beispiel 4.52 nachgewiesen werden, daß Annahmen über den Wert des T-registers bei Aktivierung der Mikrooperation 'memory-write' durch den Teilbeweis des Teilbefehls S_2, insbesondere über 'logical-or ...', sichergestellt werden. Die im folgenden entwickelte Beweisregel geht daher unmittelbar von Teilbeweisen von in *par* vorkommenden Mikrooperationen aus.

26 Diese Argumentation ist dann inkorrekt, wenn hardwaremäßig die Unteilbarkeit von OP' sichergestellt ist. Die vorgenommene Einschränkung dient zum Ausschluß möglicherweise zweideutiger Interpretationen seitens des Benutzers, und damit zur Vermeidung von Programmierfehlern.

27 Diese Unsauberkeit in der Sprachdefinition resultiert aus [51]; eine Trennung der unterschiedlichen überlappenden Mikroinstruktionen in disjunkte parallel ausgeführte *cocycle*- bzw. *stcycle*-Befehle ist formal vorzuziehen (und kann auch so in S*(A) programmiert werden). Die vorgenommene Axiomatisierung erlaubt beide Darstellungsarten, um auf Grund von praktischen Erfahrungen eine endgültige Festlegung vornehmen zu können.

28 Die Regeln zur Bildung der Folgeadressen werden dem Mikrocodegenerator innerhalb der Seiteneffekte dieser Mikrooperationen zur Verfügung gestellt.

29 Vgl. Fußnote 30, Kapitel 3.

30 Für Hilfsfunktionen oder Prozeduren folgt aus der Einschränkung auf nicht rekursive Aufrufstrukturen, daß stets die Korrektheit ihrer Implementierung vor der Verifikation eines Aufrufes bewiesen werden kann.

LITERATURVERZEICHNIS

[1] Advanced Micro Devices *Bipolar Microprocessor Logic and Interface* AM 2900 Family 1983 Databook, Sunnyvile, California, 1983

[2] Amdahl, G.M., Blaauw, G.A., Brooks, F.P. *Architecture of the IBM System/360* IBM Journal of Research and Development, Vol. 8, 1964, 87-101

[3] Andrews, M. *Principles of Firmware Engineering in Microprogram Control* Pitman Publishing Ltd., London, 1980

[4] Apt, K.R. *Ten Years of Hoare's Logic: A Survey - Part One* ACM TOPLAS, Vol. 3, 1981, 431-483

[5] Apt, K.R., Francez, N., de Roever, W.P. *A Proof-System for Communicating Sequential Processes* ACM TOPLAS, Vol. 2, 1980, 359-385

[6] Baba, T., Hagiwara, H. *The MPG-System: A Machine-Independent Efficient Microprogramm Generator* IEEE Trans. on Computers, Vol. C-30, No. 6, 1981, 373-395

[7] de Bakker, J. *Mathematical Theory of Programm Correctness* Prentice Hall, 1980

[8] Banerji, D.K., Raymond, J. *Elements of Microprogramming* Prentice Hall, Englewood Cliffs, 1982

[9] Barbacci, M.R., Parker, A. *Using Emulation to Verify Formal Architecture Descriptions* Computer, 1978, 51-66

[10] Barbacci, M.R., Diets, W.B., Azewerenko, L. *Specification, Evaluation, and Validation of Computer Architectures using Instruction Set Processor Descriptions* Technical Report, Department of Computer Science, Carnegie-Mellon-University, Pittsburgh, Pennsylvania, 1979

[11] Barbacci, M.R., Barnes, G.E., Catell, R.G., Siewiorek, D.P. *The ISPS Computer Description Language* Technical Report, Department of Computer Science, Carnegie-Mellon-University, Pittsburgh, Pennsylvania, 1983

[12] Bardis, L. *Ein Simulator-Generator für die S*-Familie* Diplomarbeit, RWTH Aachen, 1984

[13] Beccard, R. *Automatische und vollständige Generierung von Korrektheitsbeweisen für eine Familie höherer Mikroprogrammiersprachen* Diplomarbeit, RWTH Aachen, 1986

[14] Beccard, R., Damm, W., Döhmen, G., Sichelschmidt, M. *Two Techniques for Automating Firmware Design Verification* Proc. CHDL '87, North-Holland Publsihing Comp., 1987

[15] Bell, C.G., Newell, A. *Computer Structures: Readings and Examples* McGraw Hill, New York, 1971

[16] Berg, H.K. *Correctness of Firmware - An Overview* Seminar über Firmware-Engineering, Informatik-Fachberichte Nr. 31, 1980, 173-224

[17] Berg, H.K., Franta, W.R. *Firmware Engineering: Critical Remarks and a Proposed Strategy* in: Firmware, Microprogramming and Restructurable Hardware, Herausgeber: G. Chroust und J.R. Mühlbacher, North-Holland, 1980, 41-63

[18] Berg, H.K., Rao, R., Shriver, B.D. *Firmware Quality Assurance* National Computer Conference, 1982, 4-10

[19] Bode, A. *Mikroarchitekturen und Mikroprogrammierung: Formale Beschreibung und Optimierung* Informatik-Fachberichte Nr. 82, Springer-Verlag, 1984

[20] Bode, A., Händler, W. *Rechnerarchitektur* Springer-Verlag, 1980 (Teil I) und 1983 (Teil II)

[21] Bode, A., Kilgenstein, R. *Systementwurf mit Bitslice Mikroprozessoren* Elektronik Praxis-Special, Vogel-Verlag, Würzburg, 1983

[22] Brand, D., Joyner, W.H. *Verification of Protocols using Symbolic Execution* Computer Network, Vol. 2, 1978, 351-360

[23] Brand, D., Joyner, W.H. *Verification of HDLC* IEEE Trans. on Communications, Vol. Com-30, No. 5, 1982, 1136-1142

[24] Brix, H. *Abschlußbericht zum CARTESIANA-Projekt* Technischer Bericht, Siemens AG, München, 1984

[25] de Bruin, A. *Goto Statements* in [7], 401-443

[26] Carter, W.C., Joyner, W.H., Brand, D. *Microprogram Verification Considered Necessary* Proc. National Computer Conference, Vol. 47, 1978, 657-664

[27] Carter, W.C., Joyner, W.H., Brand, D. *Symbolic Simulation for Correct Machine Design* Proc 16th Design Automation Conference, 1979, 280-286

[28] Chu, Y. *An Algol-like Computer Design Language* Communications ACM, Vol. 8, 1965, 607-615

[29] Chu, Y. *Computer Organization and Microprogramming* Englewood-Cliffs, Prentice Hall, 1972

[30] Clarke, E.M., Emmerson, E.A., Sistla, A.P. *Automatic Verification of Finite State Concurrent Systems Using Temporal Logic Specifications: A Practical Approach* Proc. 10th Conference on Principles of Programming Language, 1983, 117-126

[31] Cook, S.A. *Soundness and Completeness of an Axiom System for Programm Verification* SIAM Journal of Computing, Vol. 7, 1978, 70-90

[32] Crocker, S.D. *State deltas: A formalism for presenting Segments of Computation* Technical Report ISI/RR-77-61, University of Southern California, Marina del Rey, Calif. 1977

[33] Crocker, S.D., Marcus, L., van Mierop, D. *The ISI Microcode Verification System* in: Firmware, Microprogramming and Restructurable Hardware, Herausgeber: G. Chroust und J.R. Mühlbacher, North-Holland, 1980, 89-103

[34] Crocker, S.D., Marcus, L., Landauer, J.R. *SDVS: A System for Verifying Microcode Correctness* Proc. 17th Annual Workshop on Microprogramming, IEEE Computer Society Press, 1984, 246-255

[35] Damm, W. *Automatic Generation of Simulation Tools: A Case Study in the Design of a Retargetable Firmware Development System* in: Advances in Microprocessing and Microprogramming, Herausgeber: B. Myhrhaug und D.R. Wilson, North-Holland, 1984, 165-176

[36] Damm, W. *An Axiomatization of Low-Level Parallelism in Microarchitectures* Proc. 17th Annual Workshop on Microprogramming, IEEE Computer Society Press, 1984, 314-323

[37] Damm, W., Langmaack, H., Olderog, E.R., Penner, V., Richter, M. *Ein System zur inkrementellen Entwicklung und Verifikation von Mikroprogrammen und Rechnerarchitekturen* RWTH Aachen und Christian-Albrechts Universität Kiel, 1984

[38] Damm, W., Josko, B. *A sound and relatively* complete Hoare-Logic for a Language with Higher Type Procedures* Acta Informatica, Vol. 20, 1983, 59-101

[39] Damm, W. *Design and Specification of Microprogrammed Computer Architectures* Proc. 18th Annual Workshop on Microprogramming, 1985

[40] Damm, W., Döhmen, G. *Verification of Microprogrammed Computer Architectures in the S*-System: A case study* Proc. 18th Annual Workshop on Microprogramming, IEEE Computer Society Press, 1985, 61-73

[41] Dasgupta, S. *Towards a Microprogramming Language Scheme* Proc. 11th Annual Workshop on Microprogramming, 1978, 144-153

[42] Dasgupta, S. *Some Implications of Programming Methodology for Microprogramming Language Design* in: Firmware, Microprogramming and Restructurable Hardware, Herausgeber: G. Chroust und J.R. Mühlbacher, North-Holland, 1980, 243-252

[43] Dasgupta, S. *Some Aspects of High-Level Microprogramming* Computing Surveys, Vol. 12, 1980, 195-223

[44] Dasgupta, S. *S*A: A Language for Describing Computer Architectures* in: Computer Hardware Description Languages and their Applications, Herausgeber: M. Breuer und R. Hartenstein, North-Holland, 1981, 65-78

[45] Dasgupta, S. *Computer Design and Description Languages* Advances in Computers, Vol. 21, Academic Press, New York, 1982, 91-154

[46] Dasgupta, S., Olafson, M. *Towards a Family of Languages for the Design and Implementation of Machine Architectures* Proc. 8th Symposium on Computer Architecture, SIGARCH Newsletter, Vol. 10, 1982, 158-167

[47] Dasgupta, S. *A Definition of the Architecture Description Language S*A* Technical Report, Department of Computer Science, University of Southwestern Louisiana, 1983

[48] Dasgupta, S. *Abstraction Issues in Architecture Description Language* Technical Report, Department of Computer Science, University of Southwestern Louisiana, 1983

[49] Dasgupta, S. *On the Verification of Computer Architectures Using an Architecture Description Language* Proc. 10th Annual Symposium on Computer Architecture, IEEE Computer Society Press, 1983

[50] Dasgupta, S., Wagner, A. *The Use of Hoare-Logic in the Verification of Horizontal Microprograms* International Journal of Computer and Information Sciences, Vol. 13, 1984, 461-490

[51] Dasgupta, S. *The Design and Description of Computer Architectures* John Wiley & Sons, New York, 1984

[52] Dasgupta, S. *Principles of Firmware Verification* in: Handbook of Microprogramming and Firmware Engineering, Herausgeber: S. Habib und S. Dasgupta, van Nostrand, New York, erscheint

[53] Dasgupta, S. *A Model of Clocked Micro-Architectures for Firmware-Engineering and Design Automation Application* Proc 17th Annual Workshop on Microprogramming, IEEE Computer Society Press, 1984, 298-308

[54] Dasgupta, S., Heinanen, J. *On the Axiomatic Specification of Computer Architectures* Proc. 7th International Symposium on Computer Hardware Description Languages and their Applications, Tokyo, North-Holland, 1985

[55] Dasgupta, S., Tartar, J. *The Identification of Maximal Parallelism in Straightline Microprograms* IEEE Transactions on Computers, Vol. C-25, 1976, 986-992

[56] Data General Corporation *How to Use the NOVA Computers* Southboro, Massachusetts, 1972

[57] Davidson, S., Shriver, B.D. *Firmware Engineering: an Extensive Update* in: Firmware, Microprogramming and Restructurable Hardware, Herausgeber: G. Chroust und J.R. Mühlbacher, North-Holland, 1980, 1-37

[58] Davidson, S., Landskov, D., Shriver, B.D., Mallet, P.W. *Some Experiments in Local Microcode Compaction for Horizontal Machines* IEEE Transactions on Computers, Vol. C-30, 1981, 460-477

[59] Davidson, S., Shriver, B.D. *MARBLE: A High-Level Machine Independent Language for Microprogramming* in: Firmware, Microprogramming and Restructurable Hardware, Herausgeber: G. Chroust und J.R. Mühlbacher, North-Holland, 1980, 253-266

[60] Davidson, S., Shriver, B.D. *Specifying Target Resources in a Machine Independent Higher Level Language* National Computer Conference, 1981, 81-85

[61] De Witt, D.J. *A Machine-Independent Approach to the Production of Horizontal Microcode* Dissertation, University of Michigan, Ann Arbor, 1976

[62] De Witt, D.J. *Extensibility - A new Approach for Designing Machine Independent Microprogramming Languages* Proc. 9th Annual Workshop on Microprogramming, SIGMICRO Newsletter, Vol. 7, 1977, 33-41

[63] Digital Equipment Corporation *VAX Architecture Handbook* Maynard, Massachusetts, 1981

[64] Digital Equipment Corporation *VAX Hardware Handbook* Maynard, Massachusetts 1982

[65] Dobry, T.P., Patt, Y.N., Despain, A.M. *Design Decisions Influencing the Microarchitecture for a PROLOG Machine* Proc. 17th Annual Workshop on Microprogramming, IEEE Computer Society Press, 1984, 217-231

[66] Döhmen, G. *Verifikation eines Emulators: Eine Fallstudie zur Verifikation mikroprogrammierter Rechnerarchitekturen* Diplomarbeit, RWTH Aachen, 1985

[67] Donahue, J.E. *Complementary Definitions of Programming Language Semantics* Lecture Notes in Computer Science, Vol. 42, Springer-Verlag, 1976

[68] Eckhouse, R.H. *A High Level Microprogramming Language* Dissertation, Department of Computer Science, State University of New York at Buffalo, 1971

[69] Ehrig, H., Mahr, B. *Fundamentals of Algebraic Specification 1* EATCS Monographs on Theoretical Computer Science, Springer-Verlag, Berlin, 1985

[70] Epstein, R., Hawthorn, P. *Design Decisions for the Intelligent Data Base Machine* Proc. National Computer Conference, AFIPS Press, 1980, 237-241

[71] Fisher, J.A. *The Optimization of Horizontal Microcode Within and Beyond Basic Blocks: An Application of Processor Scheduling with Resources* Technical Report, Dept. of Mathematics and Computing, New York University, 1979

[72] Fisher, J.A. *Trace Scheduling: A Technique for Global Microcode Compaction* IEEE Transactions on Computers, Vol. C-30, 1981, 478-490

[73] Fisher, J.A., Landskov, D., Shriver, B.D. *Microcode Compaction: Looking Backward and Looking Forward* Proc. National Computer Conference, 1981, 95-102

[74] Fuller, S.H., Shaman, P., Lamb, D., Burr, W.E. *Evaluation of Computer Architectures via Test Programs* Proc. National Computer Conference, Vol. 46, 1977, 147-160

[75] Ganapathi, M., Fischer, C.N. *A Review of Automatic Code-Generation Techniques* Technical Report 407. University of Madison, 1981

[76] Gieser, J.L. *On Horizontally Microprogrammed Microarchitecture Description Techniques* IEEE Transactions on Software Engineering, Vol. SE-8, 1982, 513-525

[77] Giloi, W.K., Behr, P., Güth, D. *FIT - A System for Firmware Specification, Implementation, and Validation* in: Firmware, Microprogramming, and Restructurable Hardware, Herausgeber: G. Chroust und J.R. Mühlbacher, North-Holland, 1980, 217-232

[78] Giloi, W.K., Güth, D., Shriver, B.D. *Firmware Engineering: Method and Tools for Firmware Specification and Design* Proc. National Computer Conference, 1981, 49-55

[79] Giloi, W.K. *Rechnerarchitektur* Heidelberger Taschenbücher, Sammlung Informatik, Springer-Verlag, Berlin, 1981

[80] Goguen, J.A., Thatcher, J.W., Wagner, E.G. *An Initial Algebra Approach to the Specification, Correctness, and Implementation of Abstract Data Types* in: Current Trends in Programming Methodology IV: Data Structuring, Herausgeber: R. Yeh, Prentice Hall, 1978, 80-144

[81] Goltz, U., Reisig, W. *CSP-Programs as Nets with Individual Tokens* Proc. 1984 Workshop on Advances in Petri Nets, Lecture Notes in Computer Science, Vol. 188, Springer-Verlag, 1985, 169-196

[82] Gordon, M. *LCF-LSM* Technical Report 41, University of Cambridge, 1983

[83] Gordon, M. *Proving a Computer Correct* Technical Report 42, University of Cambridge, 1983

[84] Gorelick, G.A. *A Complete Axiomatic System for Proving Assertions about Recursive and Nonrecursive Programs* Technical Report 75, Department of Computer Science, University of Toronto, 1975

[85] Gries, D. *The Science of Programming* Texts and Monographs in Computer Science, Springer-Verlag, New York, 1981

[86] Guttag, J.V. *Abstract Data Types and the Development of Data Structures* Communications ACM, Vol. 20, 1977, 396-404

[87] Hoare, C.A.R. *An Axiomatic Basis for Computer Programming* Communications ACM, Vol. 12, 1969, 576-580

[88] Hoare, C.A.R. *Communicating Sequential Processes* Communications ACM, Vol. 21, 1978, 666-667

[89] Iliffe, J.K. *Advanced Computer Design* Prentice Hall, London, 1982

[90] Intel Corporation *Series 3000 Bipolar Microprocessors* Santa Clara, California 1978

[91] Isoda, S., Kobayaski, Y., Ishida, R. *Global Compaction of Horizontal Microprograms Based on the Generalized Data Dependancy Graph* IEEE Transactions on Computers, Vol. C-32, 1983, 922-933

[92] Josko, B. *A Note on Expressivity Definitions in Hoare-Logics* Schriften zur Informatik und Angewandten Mathematik Nr. 80, RWTH Aachen, 1982

[93] Joyner, W.H., Birman, A. *Proving Simulations between Programs* IBM Research Report RC 5091, 1974

[94] Joyner, W.H., Carter, W.C., Brand, D. *Using Machine Descriptions in Program Verification* in: Information Technology, Herausgeber: J. Moneta, North-Holland, 1978

[95] Joyner, W.H., Carter, W.C., Leeman, G.B. *Automated Proofs of Microprogram Correctness* Proc. 9th Annual Workshop on Microprogramming, 1976, 51-55

[96] Joyner, W.H. persönliche Mitteilung

[97] King, J.C. *A Program Verifier* Dissertation, Carnegie-Mellon University, Pittsburgh, Pennsylvania, 1969

[98] Klaeren, H. *Algebraische Spezifikation - Eine Einführung* Springer Lehrbuch Informatik, Springer-Verlag, Berlin, 1983

[99] Klar, R., Wichmann, H. *Mikroprogrammierung* Arbeitsberichte des IMMD, Vol. 8, Universität Erlangen-Nürnberg, 1975

[100] Klassen, A.B. *S*(QM-1): An Experimental Evaluation of the High-Level Microprogramming Language Scheme S* using the NANODATA-QM-1* Technical Report TR 81-10, Department of Computer Science, The University of Alberta, Edmonton, Alberty, 1981

[101] Lamport, L. *"Sometime" is Sometimes "Not Never"* Proc. 7th Conference on Principles of Programming Languages, 1980, 174-185

[102] Langmaack, H., Olderog, E.R. *Automatische Erzeugung von Mikrocodegeneratoren* Teilprojekt von [37]

[103] Landskov, D., Davidson, S., Shriver, B.D., Mallet, P.W. *Local Microcode Compaction Techniques* Computing Surveys, Vol. 12, 1980, 261-294

[104] Landskov, D., Fisher, J.A., Shriver, B.D. *Microcode Compaction: Extending the Boundaries* International Journal of Computer and Information Sciences, Vol. 13, 1984, 1-21

[105] Levitt, K., Robinson, L. *Proof Techniques for Hierarchically Structured Programs* in: Current Trends in Programming Methodology II, Herausgeber: R. Yeh, Englewood Cliffs, Prentice Hall, New Jersey, 1977

[106] Levitt, K., Robinson, L., Silverberg, B.A. *The HDM Handbook* Volumes 1-3, Computer Science Laboratory, SRI International, Menlo Park, California, 1979

[107] Levy, B. *Microcode Verification Using SDVS - The Method and A Case Study* 17th Annual Workshop on Microprogramming, IEEE Computer Society Press, 1984, 234-245

[108] Ma, P.-Y. *The Design of a Firmware Engineering Tool: The Microcode Compiler* Proc. National Computer Conference, AFIPS Press, 1981, 87-94

[109] Ma, P.-Y., Lewis, T.G. *On the Design of a Microcode Compiler for a Machine Independent High-Level Language* IEEE Transactions on Software Engineering, Vol. SE-7, 1981, 261-274

[110] Mallett, P. *Methods of Compacting Microprograms* Dissertation, Department of Computer Science, University of Southwestern Louisiana, Lafayette, Louisiana, 1978

[111] Manna, Z., Pnuelli, A., *Verification of Concurrent Programs: the Temporal Framwork* in: The Correctness Problem in Computer Science, Herausgeber R.S. Boyer und J.S. Moore, Int. Lecture Series in Computer Science, Academic Press, New York, 1981

[112] Marwedel, P. *A Retargetable Microcode Generation System for a High-Level Microprogramming Language* Proc. 14th Annual Workshop on Microprogramming, 1981, 115-123

[113] Marwedel, P. *A Retargetable Compiler for a High-Level Microprogramming Language* Proc. 17th Annual Workshop on Microprogramming, IEEE Computer Society Press, 1984, 267-274

[114] Merkel, K. *Eine formale Definition einer Familie von höheren Mikroprogrammiersprachen* Diplomarbeit, RWTH Aachen, 1983

[115] Mezzalama, M., Prinetto, P. *A Machine-Independent Approach to Microprogram Synthesis* Software-Practice and Experience, Vol. 12, 1982, 385-400

[116] Mick, J., Brick, J. *Bitslices-Microprocessor Design* Mac Graw-Hill, New York 1980

[117] Microdata Corporation *Microprogramming Handbook* Irvine, California, 1972

[118] Milner, R. *An Algebraic Definition of Simulation between Programs* Proc. 2nd Conference on Artificial Intelligence, London, 1971, 481-489

[119] Milutmović, V., Roberts, D., Hwang, K. *Mapping HLL Constructs into Microcode for Improved Execution Speed* Proc. 17th Annual Workshop on Microprogramming, IEEE Computer Society Press, 1984, 2-11

[120] Motorola Inc. *MC 68000 16 Bit Users Manual* 3rd edition, Prentice-Hall, Englewood-Cliffs, New Jersey

[121] Mueller, R.A. *Automated Microprogram Synthesis* UMI Research Press, Ann Arbor, Michigan, 1984

[122] Mueller, R.A., Varghese, J. *Flow Graph Machine Models in Microcode Synthesis* Proc. 16th Annual Workshop on Microprogramming, 1983, 159-167

[123] Mueller, R.A., Varghese, J. *Retargetable Microcode Generation* Technical Report CS-84-01, Department of Computer Science, Colorado State University, Fort Collins, 1984

[124] Mueller, R.A., Varghese, J., Allan, V.H. *Global Methods in the Flow Graph Approach to Retargetable Microcode Generation* Proc. 17th Annual Workshop on Microprogramming, IEEE Computer Society Press, 1984, 275-284

[125] Nießen, K. *Entwicklung eines inkrementellen Parsers für die Rechnerbeschreibungssprache MDL* Diplomarbeit, RWTH Aachen, 1985

[126] Oberschelp, W., Vossen, G. *Logischer Aufbau von Rechenanlagen* Schriften zur Informatik und Angewandten Mathematik 97, RWTH Aachen, 1984

[127] Olderog, E.R. *Sound and Complete Hoare-Like Calculi Based on Copy-Rules* Acta Informatica, Vol. 16, 1981, 161-197

[128] Opler, A. *Fourth Generation Software* Datamation, Vol. 13, 1967, 22-24, nachgedruckt in: Microprocessing and Microprogramming, Vol. 8, 1981, 145-148

[129] Owicki, S., Gries, D. *Verifying Properties of Parallel Programs: An Axiomatic Approach* Communications ACM, Vol. 19, 1976, 279-285

[130] Owicki, S., Gries, D. *An Axiomatic Proof Technique for Parallel Programs* Acta Informatica, Vol. 6, 1976, 319-340

[131] Patterson, D. *STRUM: Structured Microprogram Development System for Correct Firmware* IEEE Transactions on Computers, Vol. C-25, 1976, 974-984

[132] Patterson, D. *Verification of Microprograms* Technical Report ENG-7707, University of California, Los Angeles, California, 1977

[133] Patterson, D. *An Approach to Firmware Engineering* Proc. National Computer Conference, Vol. 47, 1978, 643-647

[134] Patterson, D. *An Experiment in High-Level Language Microprogramming and Verification* Communications ACM, Vol. 24, 1981, 699-709

[135] Piloty, R., Barbacci, M., Borrione, D., Dietmeyer, D., Hill, F., Skelly, P. *CONLAN - Report* Lecture Notes in Computer Science 151, Springer-Verlag, Berlin, 1983

[136] Reisig, W. *Petrinetze - Eine Einführung* Springer-Verlag, Berlin, 1982

[137] Richter, M. *Logikkalküle* Teubner-Verlag, 1978

[138] Richter, M. *Beweiswerkzeuge zur Verifikation von Mikroprogrammen* Teilprojekt von [37]

[139] Rideout, P.J. *Considerations for Local Compaction of Nanocode for the Nanodata QM-1* Proc. 14th Annual Workshop on Microprogramming, 1981, 205-214

[140] Robinson, L., Levitt, K.N. *Proof Techniques for Hierarchically Structured Programs* Communications ACM, Vol. 20, 1977, 271-283

[141] Romberg, M. *Statische Analyse von höheren Mikroprogrammiersprachen* Diplomarbeit, RWTH Aachen, 1985

[142] Schweppe, H., Zeidler, H.Ch., Hell, W., Leilich, H.-O., Stiege, G., Taich, W. *RDBM-A Decidated Multiprocessor System for Database Management* in: Advanced Database Machine Architecture, Herausgeber: D. Hsiao, Prentice-Hall, 1983

[143] Sherega, R.J., Gieser, J.L. *Experiments in Automatic Microcode Generation* IEEE Transactions on Computers, Vol. C-32, 1983, 557-569

[144] Shoenfield, J.R. *Mathematical Logic* Addison Wesley, 1967

[145] Sichelschmidt, I. *Formaler Entwurf von Bitslice-Mikroprozessoren in AADL* RWTH Aachen, in Vorbereitung

[146] Simon, H.A. *The Sciences of the Artificial* MIT Press, Cambridge, Massachusetts, 1981

[147] Sint, M. *A Survey of High-Level Mikroprogramming Languages* Proc. 13th Annual Workshop on Microprogramming, IEEE Computer Society Press, 1980, 141-153

[148] Symbolics, Inc. *Symbolics 3600 Technical Summary* Cambridge, Massachusetts, 1984

[149] Tick, E. *Sequential Prolog Machine: Image and Host Architectures* Proc. 17th Annual Workshop on Microprogramming, IEEE Computer Society Press, 1984, 204-216

[150] Weiß, R. *Mikroprogrammierbare Mikrocomputer in neuen Anwendungen der Prozeßdatenverarbeitung* R. Oldenburg Verlag, München, 1980

[151] Wilkes, M.V. *The Best Way to Design an Automatic Calculating Machine* Manchaster University Computer Inaugural Conference, nachgedruckt in: Microprocessing and Microprogramming, Vol. 8, 1981, 141-144

[152] Wilkes, M.V. *Microprogramming Principles and Development* in: Microprogramming and Systems Architecture, Herausgeber: C. Boon, Infotech State of the Art Report 23, Infotech Information Ltd., 1975, 163-179

[153] Jensen, K., Wirth, N. *PASCAL User Manual and Report* Springer-Verlag, New York, 1975

[154] Floyd, R.W. *Assigning Meaning to Programs* in: Proc. Symposium on Applied Mathematics, Herausgeber: J.T. Schwartz, American Mathematical Society, 1967, 19-32

[155] Chang, C.L., Lee, R.C.-T. *Symbolic Logic and Mechanical Theorem Proving* Academic Press, New York, 1973

[156] Damm, W., Döhmen, G. *An Axiomatic Approach to the Specification of Distributed Computer Architectures* Proc. PARLE (Parallel Architectures And Languages Europa), Lecture Notes in Computer Science, Springer-Verlag, 1987, erscheint

[157] Maeder, C. *Ein Verifikationsbedingungsgenerator für die S*-Familie höherer Mikroprogrammiersprachen* Diplomarbeit, RWTH Aachen, 1987

ANHANG 1

A1.1 Spezifikation der Makroarchitektur der NOVA 1200

Eine informelle Beschreibung der Architektur sowie ein Blockdiagramm einer Konfiguration wurden im Beispiel 3.2 gegeben. Für eine ausführliche Diskussion verweisen wir auf [56] sowie [8, Anhang A]. Im Rahmen dieser Arbeit werden lediglich die Teile der Architektur formalisiert, die für das Verständnis des in Beispiel 3.2 dargestellten Teil des Emulators relevant sind. Für eine formale Beschreibung weiterer Aspekte der Architektur - insbesondere der ALU- und I/O-Operationen - siehe [66].

```
architecture NOVA 1200/top-level:
   blockdiagram register section:
      types
         low-accu, high-accu = sequence <0..15> bit
      variables
         accu(0), accu(1) : low-accu,
         accu(2), accu(3) : high-accu,
         carry : bit
      units
         ALU, SHIFTER
   endblockdiagram /* register section */
   blockdiagram memory section:
      types
         memoryword = sequence <0..15> bit,
         address = sequence <1..15> bit
      variables
         memory : array [0..32767] of memoryword
      pseudovariables
         programcounter, buffer : address
      constants
         direct = bin 0 : bit,
         indirect = bin 1 : bit
      constanttypes
         displacement = dom signed-value-rep
                        where signed-value-rep : dec → bit(8)
                        /* Darstellung im Zweierkomplement*/
         page-zero-address = dom positive-value-rep
                        where
                           positive-value-rep : int → bit(15)
                        with
                           positive-value-rep(A) :=
                              if A <256
                                 ⇒ bin 0000000 | binary(A,8)
                                 else undefined
                              fi
      units
         MUX
   endblockdiagram /* memory section */
```

```
blockdiagram I/O section:
   types
      device = tuple
                  busy : bit,
                  done : bit,
                  interrupt-disable : bit,
                  A-buffer : sequence <0..7> bit
               endtuple
   endtypes
   variables
      interrupt-on : bit,
      power-failure : bit,
      TTI : device,
      TTO : device,
      PTR : device,
      RTC : device
   endvariables
   synonyms
      done = TTI.done |TTO.done | PTR.done | RTC.done,
      interrupt-disable =   TTI.interrupt-disable
                          | TTO.interrupt-disable
                          | PTR.interrupt-disable
                          | RTC.interrupt-disable
   endsynonyms
   units RTC, PTR, TTO, TTI,
      I/O-DATA-BUS, DEVICE ADDRESS BUS
endblockdiagram /* I/O section */
```

```
addressingmodes
   mode page zero address:
      pattern address
      type address
      sources
         address : page-zero-address
      encoding
         typ : bit := direct,
         mode : sequence <0..1> bit  := bin 00,
         dir-op : sequence <0..7> bit := address <7..0>
   endmode
   mode relative address:
      pattern programcounter  + displacement
      type address
      sources
         programcounter,
         displacement : displacement
      semantics
         + : bit(15) × bit(8) → bit(15)
             with A + B := if B <7> = bin 0
                                 ⇒  A add (bin 0000000 | B)
                                else A add (bin 1111111 | B)
                           fi
      encoding
         type : bit := direct,
         mode : sequence <0..1> bit := bin 01,
         dir-op : sequence <0..7> bit := displacement
   endmode
   mode base register address:
      pattern base + displacement
      type address
      sources
         base : high-accu
         displacement : displacement
      semantics
         + : bit(16) × bit(8) → bit(15)
             with A + B := if B<7> = bin 0
                                 ⇒  (A add (hex 00 | B) <14..0>
                                else (A add (hex 11 | B)) <14..0>
                           fi,
```

```
   encoding
      type : bit := direct,
      mode : sequence <0..1> bit := codeof base,
      dir-op := sequence <0..7> bit := displacement
endmode
mode indirect page zero address:
   pattern IND-ADR memory  USING buffer, address
   type address
   sources
      memory,
      address : page-zero-address,
      buffer
   auxiliarysinks memory
   sideeffects
      first
         modify memory : pre true
            post memory = MEM(CALC(memory', address))
               ∧ buffer = ADDR(CALC(memory', address))
   semantics
      MEM, ADDR, CALC, IND-ADR...USING : extern
   encoding
      type : bit := indirect,
      mode : sequence <0..1> bit := 00,
      dir-op : sequence <0..7> bit := address <7..0>
endmode
mode indirect relative address:
   pattern IND-ADR memory, USING buffer, programcounter + displacement
   sources
      memory buffer
      programcounter,
      displacement : displacement
   auxiliarysinks
      memory
   sideeffects
      first
         modify memory : pre true
            post memory = MEM (CALC (memory', programcounter + displacement))
               ∧ buffer = ADDR(CALC(memory', programcounter + displacement))
```

```
  semantics
     + : bit(15) × bit(8) → bit(15)
        with A + B := if B<7> = bin 0
                             ⇒ A add (bin 0000000 | B)
                           else A add (bin 1111111 | B)
                        fi
     MEM, ADDR, CALC, IND-ADR...USING : extern
  encoding
     type : bit := indirect,
     mode : sequence <0..1> bit := bin 01,
     dir-op : sequence <0..7> bit := displacement
endmode
mode indirect base register address:
  pattern IND-ADR memory USING buffer, base + displacement
  type address
  sources
     memory, buffer,
     base : high-accu,
     displacement : displacement
  auxiliarysinks
     memory
  sideeffects
     first
        modify memory : pre true
           post memory = MEM (CALC (memory', base + displacement))
              ∧ buffer = ADDR(CALC(memory', base + displacement))
  semantics
     + : bit(16) × bit(8) → bit(15)
        with A + B := if B<7> = bin 0
                             ⇒  (A add (hex 00 | B) <14..0>
                           else (A add (hex 11 | B)) <14..0>
                        fi,
     IND-ADR memory USING buffer, base + displacement
  encoding
     type : bit := indirect,
     mode : sequence <0..1> bit := codeof base,
     dir-op : sequence <0..7> bit := displacement
endmode
```

```
extern
   CALC : array [0..32.767] of bit(16) × bit(15) → array [0.32767] of bit(16) × bit(15)
      with
         CALC(mem, ad) =
            if oct 00017 < ad < oct 00030
                  ⇒ if (mem[ad] add hex 0001) <0> = bin 0
                     ⇒(makearray ind : [0..32767] of
                        if ind = ad
                           ⇒ mem[ad] add hex 0001
                           else mem[ind] fi
                       endarray,
                       (mem[ad] add hex 0001) <1..15>)
                    else
                       CALC
                           (makearray ind : [0..32767] of
                              if ind = ad
                                 ⇒ mem[ad] add hex 0001
                                 else mem[ind] fi
                            endarray
                            (mem[ad] add hex 0001) <1..15>)
                 fi
            else if oct 00027 < ad < oct 00040
                ⇒ if (mem[ad] add hex FFFF) <0> = bin 0
                    ⇒ (makearray ind : [0..32767] of
                       if ind = ad
                          ⇒ mem[ad] add hex FFFF
                          else mem[ind] fi
                       endarray,
                       (mem[ad] add hex FFFF) <1..15>
                    else
                       CALC
                          (makearray ind : [0..32767] of
                             if ind = ad
                                ⇒ mem[ad] add hex FFFF
                                else mem[ind] fi
                           endarray,
                           (mem[ad] add hex FFFF) <1..15>)
                fi
             else if mem[ad] <0> = bin 0
                     ⇒ (mem, mem[ad] <1..15>
                     else CALC(mem, mem[ad] <1..15>)
                  fi
          fi,
```

```
        MEM : array [0..32767] of bit(16) × bit(15) → array [00.32767] of bit(16)
           with MEM(mem,ad) = mem,
        ADDR : array [0.32767] of bit(16) × bit(15) → bit(15) → bit(15)
           with ADDR(mem,ad) = ad,
        IND...USING... , ... : array [0..32767] of bit(16) × bit(15) × bit(15) → bit(16)
           with IND mem USING buf,ad = mem[buf],
        IND-Ad...USING... , ... : array [0.32767] of bit(16) × bit(15) × bit(15) × bit(16)
           with IND-AD mem USING buf,ad = buf
     endextern
  endaddressingmodes

  interrupt handler
     auxiliary sinks
        memory[0], programcounter, interrupt-on
     auxiliary sources
        interrupt-on, done, interrupt-disable, memory[1]<1..15>, programcounter
     sideeffects
        first
           increment programcounter:
              pre true
              post programcounter = programcounter' + 1
        then
           activate interrupt service routine:
              pre INTERRUPT (interrupt-on, done, interrupt-disable) = bin 1
              post memory[0] = bin 0 | programcounter'
                   ∧ programcounter = memory[1]<1..15>
                   ∧ interrupt-on = bin 0
     semantics
        INTERRUPT : bit (1) × bit (4) × bit (4) → bit (1)
           with INTERRUPT (A,B,C) = A and notzero (B and complement (C)),
     + 1 : bits(15) → bits(15),
           with A + 1 = A add oct 00001,
endinterrupt handler
```

```
instructions memory-section:
   function load accumulator(memoryaddress:      page zero address
                                               or relative address
                                               or base register address
                                               or indirect page zero address
                                               or indirect relative address
                                               or indirect base register address ):
      pattern accu := memory[memoryaddress.pattern]
      sinks accu : low-accu or high-accu
      sources
         memoryaddress.sources, memoryaddress.pattern
      sideeffects
         first
            memoryaddress.sideeffects.first
         main
            interrupt handler.sideeffects.first
         then
            interrupt handler.sideeffects.then
      instructionfields
         main.zero-bit = bin 0,
         move-data.function = bin 01,
         move-data.accu = codeof accu,
         move-data.address-type = memoryaddress.encoding.type,
         move-data.index = memoryaddress.encoding.mode,
         move-data.displacement = memoryaddress.encoding.dir-op
   endfunction
   function store accumulator(memoryaddress:     page zero address
                                               or relative address
                                               or base register address
                                               or indirect page zero address
                                               or indirect relative address
                                               or indirect base register address ):
      pattern memory[memoryaddress.pattern] := accu
      sinks
         memoryaddress.pattern
      sources accu : low-accu or high-accu
      sideeffects
         first
            memoryaddress.sideeffects.first
         main
            interrupt handler.sideeffects.first
```

```
      then
         interrupt handler.sideeffects.then
   instructionfields
      main.zero-bit = bin 0,
      move-data.function = bin 10
      move-data.accu = codeof accu,
      move-data.address-type = memoryaddress.encoding.type,
      move-data.index = memoryaddress.encoding.mode,
      move-data.displacement = memoryaddress.encoding.dir-op
endfunction
test jump(memoryaddress:    page zero address
                         or relative address
                         or base register address
                         or indirect page zero address
                         or indirect relative address
                         or indirect base register address):
   auxiliarysinks
      programcounter
   auxiliarysources
      memoryaddress.sources, memoryaddress.pattern
   sideeffects
      first
         memoryaddress.sideeffects.first
      main
         jump : pre true
            post programcounter = memoryaddress.pattern
      then
         interrupt handler.sideeffects.then
   instructionfields
      main.zero-bit = bin 0,
      no-ali.formatselect = bin 00,
      jump-and-modify-memory.function = bin 00,
      jump-and-modify-memory.address-type = memoryaddress.encoding.type,
      jump-and-modify-memory.index = memoryaddress.encoding.mode,
      jump-and-modify-memory.displacement = memoryaddress.encoding.dir-op
endtest
test jump to subroutine(memoryaddress:    page zero address
                                       or relative address
                                       or base register address
                                       or indirect page zero address
                                       or indirect relative address
                                       or indirect base register address):
```

```
    auxiliarysinks
       accu(3), programcounter
    auxiliarysources
       programcounter, memoryaddress.sources, memoryaddress.pattern
    sideeffects
       first 1
          save returnaddress : pre true
             post accu(3) = programcounter + 1
       first 2
          memoryaddress.sideeffects.first
       main
          jump : pre true
             post programcounter = memoryaddress.pattern
       then
          interrupt handler.sideeffects.then
    semantics
       + 1 : bits(15) → bits(15)
             with A + 1 := A add oct 00001
    instructionfields
       main.zero-bit = bin 0,
       no-ali.formatselect = bin 00,
       jump-and-modify-memory.function = bin 01,
       jump-and-modify-memory.address-type = memoryaddress.encoding,type,
       jump-and-modify-memory.index = memoryaddress.encoding.mode,
       jump-and-modify-memory.displacement = memoryaddress.encoding.dir-op
endtest
test increment and skip if zero
             (memoryaddress:    page zero address
                             or relative address
                             or base register address
                             or indirect page zero address
                             or indirect relative address
                             or indirect base register address):
   pattern allzero(memory[memoryaddress.pattern] + 1
   sources
      memory[memoryaddress.pattern], memoryaddress.sources
   auxiliarysinks
      programcounter, memory[memoryaddress.pattern]
   auxiliarysources
      programcounter
```

```
  sideeffects
     first 1
        memoryaddress.sideeffects.first
     first 2
        increment memorycontent : pre true
           post memory[memoryaddress.pattern] = memory[memoryaddress.pattern]' + 1
     main
        skip : pre allzero(memory[memoryaddress.pattern] + 1)
           post programcounter = INCR(INCR(programcounter'))
     then 1
        increment programcounter : pre ¬ allzero(memory [memoryaddress.pattern])
           post programcounter = INCR(programcounter'),
     then 2
        interrupt handler.sideeffects.then
  semantics
     + 1 : bit(16) → bit(16)
           with A + 1 := A add hex 0001,
     INCR : bit(15) → bit(15)
           with INCR(A) := A add oct 00001
     allzero : bit (16) → bool
  instructionfields
     main.zero-bit = bin 0,
     no-ali.formatselect = bin 00,
     jump-and-modify-memory.function = bin 10,
     jump-and-modify-memory.address-type = memoryaddress.encoding.type,
     jump-and-modify-memory.index = memoryaddress.encoding.mode,
     jump-and-modify-memory.displacement = memoryaddress.encoding.dir-op
endtest
test decrement and skip if zero
             (memoryaddress:   page zero address
                               or relative address
                               or base register address
                               or indirect page zero address
                               or indirect relative address
                               or indirect base register address):
   pattern allzero( memory[memoryaddress.pattern] -1)
   sources
      memory [memoryaddress.pattern], memoryaddress.sources
   auxiliarysinks
      programcounter, memory [memoryaddress.pattern]
   auxiliarysources
      programcounter
```

```
      sideeffects
         first 1
            memoryaddress.sideeffects.first
         first 2
            decrement memorycontent : pre true
               post memory[memoryaddress.pattern] = memory[memoryaddress.pattern]'-1
         main
            skip : pre allzero(memory [memoryaddress.pattern])
               post programcounter = INCR(INCR(programcounter'))
         then 1
            increment programcounter : pre ¬ allzero(memory[memoryaddress.pattern])
               post programcounter = INCR(programcounter')
         then 2
            interrupt handler.sideeffects.then
      semantics
         -1 : bit(16) ⟶ bit(16)
              with A -1 := A add hex FFFF,
         INCR : bit(15) ⟶ bit(15)
              with INCR(A) := A add oct 00001,
         allzero : bit(16) → bool
      instructionfields
         main.zero-bit = bin 0,
         no-ali.formatselect = bin 00,
         jump-and-modify-memory.function = bin 11,
         jump-and-modify-memory.address-type = memoryaddress.encoding.type,
         jump-and-modify-memory.index = memoryaddress.encoding.mode,
         jump-and-modify-memory.displacement = memoryaddress.encoding.dir-op
   endtest
endinstructions /* memory-section */

instructions I/O-section:
   function interrupt enable:
      pattern
         interrupt-on := not INTERRUPT(interrupt-on, done, interrupt-disable)
      sinks interrupt-on
      sources interrupt-on, done, interrupt-disable
      auxiliarysinks
         programcounter, memory[0]
      auxiliarysources
         programcounter, memory[1]<1..15>
```

```
    sideeffects
       first
          interrupt handler.sideeffects.first
       main
          activate interrupt service routine:
             pre  INTERRUPT(interrupt-on, done, interrupt-disable) = bin 1
             post memory[0] = bin 0 | programcounter'
                     ∧ programcounter = memory[1]<1..15>
    semantics
       INTERRUPT : bit(1) × bit(4) × bit(4) → bit(1)
          with INTERRUPT(flag, request, mask) :=
               flag and notzero (request and complement (mask))
    instructionfields
       main.zero-bit = bin 0,
       no-ali.formatselect = bin 11,
       in/out.device code = oct 77,
       generic-control.code = bin 0000001
   endfunction
endinstructions /* I/O-section */

instructionformat
   instructionword: memoryword
      stored in memory
      selected by programcounter
   format main:
      zero-bit = <0>
         case zero-bit of
            1  → format ali,
            0  → format no-ali
         endcase
   endformat /* main */
   format ali:
      source-accu = <1..2>
         case source-accu of
            00  → accu(0),
            01  → accu(1),
            10  → accu(2),
            11  → accu(3)
         endcase,
```

```
    destination-accu = <3..4>
       case destination-accu of
          00  → accu(0),
          01  → accu(1),
          10  → accu(2),
          11  → accu(3)
       endcase,
    function = <5..7>
       case function of
          000  → complement,
          001  → negate,
          010  → move,
          011  → increment,
          100  → add complement,
          101  → subtract,
          110  → add,
          111  → and
       endcase
    shift = <8..9>,
    carry = <10..11>,
    no-load = <12>,
    skip = <13..15>
endformat /* ali */
format no-ali:
    formatselect = <1..2>
       case formatselect of
          00  → format jump and modify memory,
          01  → format move data,
          10  → format move data,
          11  → format in/out
       endcase
endformat /* no-ali */
format jump and modify memory:
    function = <3..4>
       case function of
          00  → jump,
          01  → jump to subroutine,
          10  → increment and skip if zero,
          11  → decrement and skip if zero
       endcase,
```

```
        address-type = <5>,
        index = <6..7>
           case index of
              10  → accu(2),
              11  → accu(3)
           endcase,
        displacement = <8..15>
   endformat /* jump and modify memory */
   format move-data
        function = <1..2>
           case function of
              01  → load accumulator,
              10  → store accumulator
              else error
           endcase,
        accu = <3..4>
           case accu of
              00  → accu(0),
              01  → accu(1),
              10  → accu(2),
              11  → accu(3)
           endcase,
        address-type = <5>,
        index = <6..7>
           case index of
              01  → programcounter
              10  → accu(2),
              11  → accu(3)
           endcase,
        displacement = <8..15>
   endformat /* move-data */
   format in/out:
        device-code = <10..15>
           case device-code of
              oct 00 → error
              oct 77 → format control,
              else format device
           endcase
   endformat /* in/out */
```

```
format control:
   transfer-function = <5..7>
      case transfer-function of
         000  → format generic-control,
         111  → format generic-control,
         001  → format control-with-accu,
         010  → error
         011  → format control-with-accu,
         100  → format control-with-accu,
         101  → format control-without-accu,
         110  → format control-without-accu
      endcase
endformat /* control */
format generic-control:
   code = <3..9>
      case code of
         0000001  → interrupt enable,
         0000010  → interrupt disable,
         0011100  → skip if interrupt on is nonzero,
         0011101  → skip if interrupt on is zero,
         0011110  → skip if power failure is nonzero,
         0011111  → skip if power failure is zero
         else error
      endcase
endformat /* generic-control */
format control-with-accu:
   accu = <3..4>
      case accu of
         00  → accu(0),
         01  → accu(1),
         10  → accu(2),
         11  → accu(3)
      endcase,
   transfer-function = <5..7>
      case transfer-function of
         001  → read switches,
         011  → interrupt acknowledge,
         100  → mask out
         else error
      endcase,
   control-function = <8..9>
endformat /* control-with-accu */
```

```
format control-without-accu:
   code = <3..7>
      case code of
         00101 → clear IO device,
         00110 → halt
         else error
      endcase,
   control-function = <8..9>
endformat /* control-without-accu */
format device:
   transfer-function = <5..7>
      case transfer-function of
         000  → format control-device,
         111  → format skip-on-device-flag,
         else  → format device-transfer
      endcase
endformat /* device */
format control-device:
   code = <3..9>
      case code of
         0000001  → start device,
         0000010  → idle device
         else error
      endcase,
   device-code = <10..15>
endformat /* control-device */
format skip-on-device-flag:
   code = <3..9>
      case code of
         0011100  → skip if busy is nonzero,
         0011101  → skip if busy is zero,
         0011110  → skip if done is nonzero,
         0011111  → skip if done is zero
      endcase,
   device-code = <10..15>
endformat /* skip-on-device-flag */
```

```
format device-transfer:
  accu = <3..4>
    case accu of
      00 → accu(0),
      01 → accu(1),
      10 → accu(2),
      11 → accu(3)
    endcase,
  transfer-function = <5..7>
    case transfer-function of
      001 → data in A,
      010 → data out A,
      011 → data in B,
      100 → data out B,
      101 → data in C,
      110 → data out C,
      else error
    endcase,
  control-function = <8..9>,
  device-code = <10..15>
endformat /* device-transfer */
endinstructionformat
endarchitecure /* NOVA-top-level */
```

A 1.2 Formale Beschreibung der Mikroarchitektur der MICRODATA 1600

Die MICRODATA 1600 [117] ist ein mikroprogrammierbarer Rechner mit einer Datenwortbreite von 8 bit und einem bis zu 64 K byte ausbaubaren Hauptspeicher, der über die zu einem Register zusammengefaßten Register M und N adressiert wird (vgl. Abb. 2.5). Die Mikroinstruktionen haben eine Breite von 16 bit. Der Mikroprogrammspeicher umfaßt 4 K Worte und wird über das um eine Blockadresse und um eine Seitenadresse erweiterte L-Register adressiert. Das Hauptarbeitsregister ist das T-register, das zusammen mit zwei Sätzen von Arbeitsregistern - primary- bzw. secondary-file - mit der ALU verbunden ist. Zu jedem Zeitpunkt ist jeweils nur ein Satz von Arbeitsregistern aktiv; das Umschalten erfolgt durch Setzen des file-bank-select Bit, das Teil des internen Status der Mikroarchitektur ist.

Die folgenden Aspekte dieser Architektur deuten die Komplexität der Modellierung von Mikroarchitekturen an:

1. Die Mikrooperationen der Microdata sind aus verschiedenen - nicht einzeln aktivierbaren - "Picooperationen" aufgebaut, die durch das Setzen sogenannter *modifier bits* des Mikroinstruktionswortes ein- bzw. ausgeschaltet werden können und die die Charakteristik der Operation wesentlich verändern können (vgl. Bsp. 3.3). Diese Struktur spiegelt sich in der Komplexität der Modellierung einzelner Mikrooperationen wieder, die eine Vielzahl von *Seiteneffekten* enthalten, die in Abhängigkeit der (durch den S*-Mikroprogrammierer dieser Architektur setzbaren) 'modifier' aktiviert werden. Aus Gründen der Übersichtlichkeit werden in der in diesem Anhang gegebenen Formalisierung nur die Modifikationen berücksichtigt, die für die Beispiele in Kapitel 3 und 4 relevant sind. Eine vollständige Beschreibung findet sich in [66].

2. Wie bereits in Beispiel 2.1 ausgeführt, erlaubt die MICRODATA zwei Arten von Befehlsmodifidationen unter Verwendung des EXECUTE bzw. MODIFY LOWER COMMAND Befehls. Beide Modifikationen werden im Emulationsbeispiel verwendet, um extensive Codeverdopplungen zu vermeiden. Die Modellierung des Befehls MODIFY LOWER COMMAND erfolgt - vgl. Bsp. 3.3 - durch Zwischenspeichern des Wertes des OD-Registers in ein fiktives 'modify-register', dessen Inhalt zusätzlich beim Ein-bzw. Ausschalten der durch 'modifier' kontrollierten Seiteneffekte von Mikrooperationen berücksichtigt wird und automatisch bei der Ausführung der Mikrooperation (auf <u>hex</u> FF) zurückgesetzt wird.

Zur Modellierung des EXECUTE Befehls werden sämtliche Mikrooperationen in zwei Versionen beschrieben, die der Entstehung der Kodierung dieser Operation im Mikroinstruktionsregister unter Verwendung des EXECUTE-Befehls (gekennzeichnet durch einen mit 'with modification' endenden Namen) oder durch einfaches Laden des Befehls aus dem Mikroprogrammspeicher entsprechen. Die der Verwendung von Befehlsmodifikationen entsprechenden Versionen werden einheitlich unter Verwendung des op-code's des EXECUTE-Befehls (hex 0) kodiert und Verlangen als condition, daß die für dieses Feld relevanten Positionen des U-Registers gerade den eigentlichen Op-code der Operation enthalten. Die Modifikation der Auswahl des Arbeitsregisters wird explizit als logische Verknüpfung der relevanten Positionen des U-Registers mit der Adresse des Arbeitsregisters berücksichtigt.

3. Sowohl Lese- als auch Schreiboperationen auf dem Hauptspeicher erstrecken sich über mehrere Zyklen und sind in sich komplex strukturiert. Abbildung A 1.1 und A 1.2 - aus [66] - geben einen Überblick über die Struktur des Lese- bzw. Schreibvorgangs. Insbesondere sei auf folgende Eigenschaften dieser Operationen hingewiesen:

3.1 Die Operation *kann* mit einem Datentransport eingeleitet werden, der Daten eines beliebigen file-Registers in ein weiteres (beliebiges) Register überführt und dabei, gesteuert durch 'modifier', diese Daten verändern kann. Damit kann insbesondere innerhalb einer Speicheroperation noch das Adreßregister des Hauptspeichers geändert werden.

3.2 Nach Ablauf des ersten Zyklus einer Speicheroperation kann eine weitere Mikroinstruktion geladen und ausgeführt werden, soweit sie nicht auf den Speicher zugreift.

3.3 Noch im zweiten Zyklus der Mikrooperation "write memory full cycle" kann durch Überschreiben des T-Registers der tatsächlich in den Speicher einzulesende Wert geändert werden. Ebenso kann auf den ausgeschriebenen Wert im T-Register schon zugegriffen werden, bevor die "refresh"-Operation abgeschlossen ist.

Insbesondere die in 3.3 beschriebenen Eigenschaften zeigen, daß es sich bei diesen Operationen nicht um *ununterbrechbare* Aktionen der Hardware handelt, da etwa 400 ns nach Aktivierung einer Speicheroperation ihre Eingabedaten noch verändert werden können. Die *Modellierung* muß deshalb diese komplexen Operationen in einzelne ununterbrechbare Mikroopera-

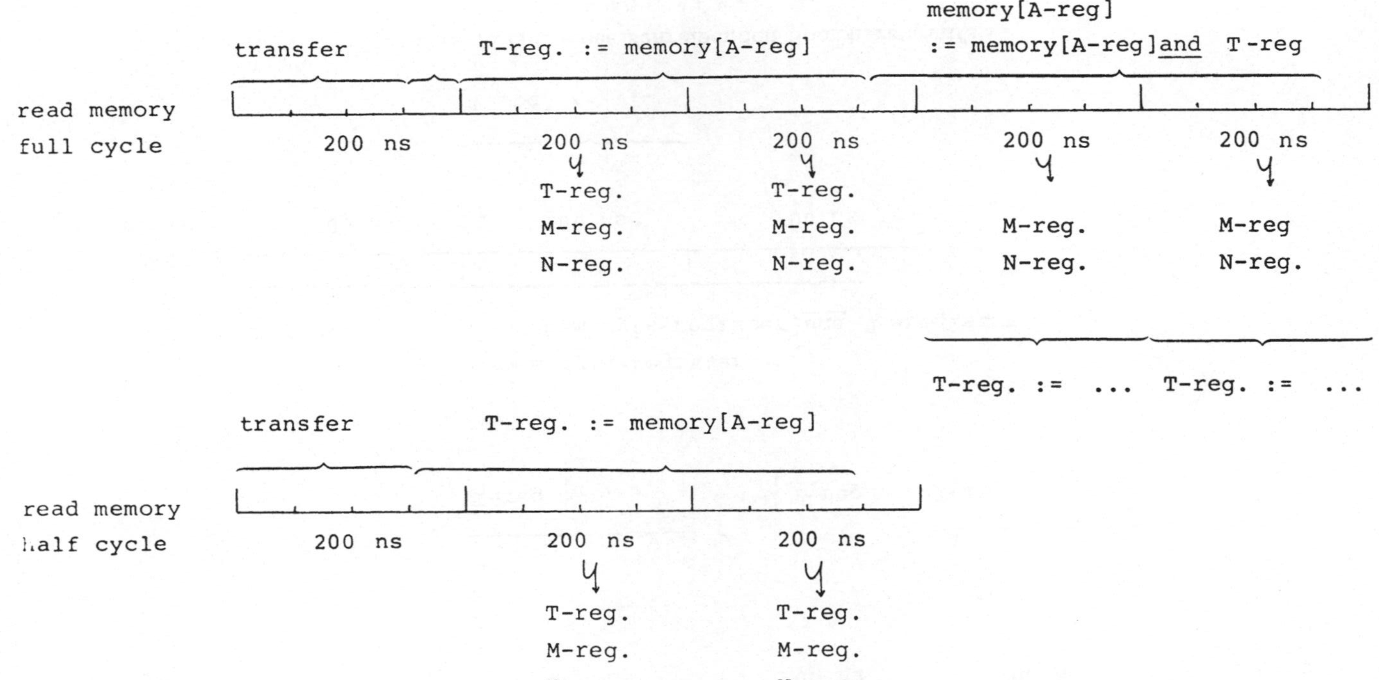

- Zeitlicher Ablauf eines lesenden Speicherzugriffs -

- Abb. A1.1 -

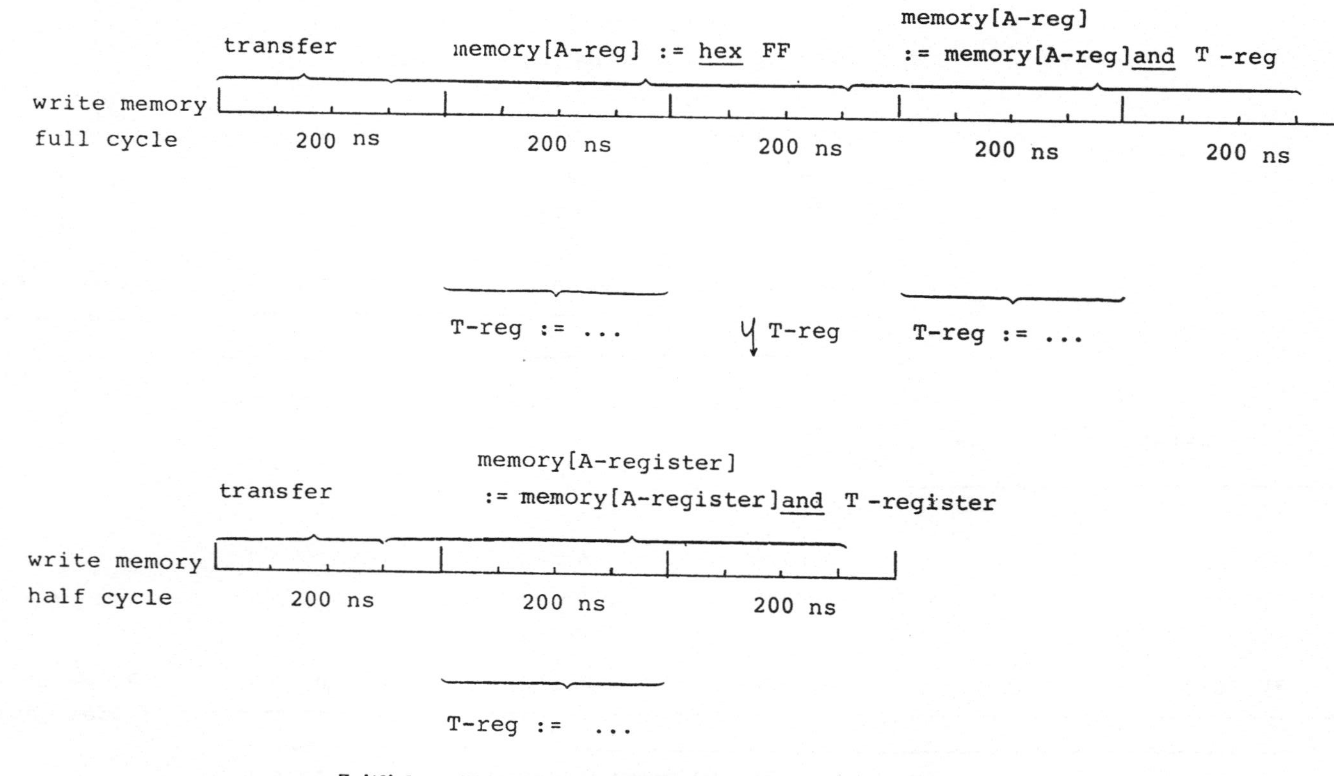

- Zeitlicher Ablauf eines schreibenden Speicherzugriffs -

- Abb. A1.2 -

tionen zerlegen, die durch Verwendung der coupling-Einträge (vgl. Bsp. 3.7) entsprechend gekoppelt werden.
Um sicherzustellen, daß nach Ablauf des ersten Zyklus weitere Instruktionen ausgeführt werden können, müssen die (bei der Konfliktanalyse berücksichtigten) Mikroinstruktionsfelder nach dem ersten Zyklus der Ausführung (durch Verwendung von used until) freigegeben werden.

4. Schließlich sei noch darauf hingewiesen, daß auch diese Architektur zur Reduktion der Mikroinstruktionslänge mit ausgelagerten Kontrollinformationen arbeitet. So wird die Auswahl des aktuellen Registersatzes durch ein Status-Bit kontrolliert; bei einer möglichen Erweiterung des Mikroprogrammspeichers wird die jeweils aktuelle "Bank" des Kontrollspeichers durch zwei weitere Status-Bits angezeigt. Die Modellierung garantiert durch entsprechende conditions das Vorliegen der jeweils relevanten ausgelagerten Kontrollinformationen.

Die folgende aus [66] entnommene AADL-Beschreibung der MICRODATA formalisiert die für die Verifikationsbeispiele relevanten Aspekte der Architektur.

```
architecture Microdata 1600 :
  unittime 1 nanoseconds
  clock CPU-clock dur 200
    phase
      P1 dur 50,
      P2 dur 50,
      P3 dur 50,
      P4 dur 50
    endphase
    synchronization
      startof  CPU-clock  = startof P1
      startof     P2      = endof P1
      startof     P3      = endof P2
      startof     P4      = endof P3
      endof   microphases = endof P4
    endsynchronization
  endclock
```

```
blockdiagram register section :
   types
      mod-reg register, fileregister = sequences <7..0> bit
   variables
      T-register : register,
      primary-file : array [0..15] of fileregister,
      secondary-file : array [0..15] of fileregister,
      link : bit
   synonyms
      primary-flag-zero = primary-file[0] <2>
endblockdiagram /* register section */


blockdiagram data section :
   types
      data : sequence <7..0> bit
   variables
      M-register, N-register : register,
      memory : array [0..65535] of data with A-register
   synonyms
      A-register = M-register | N-register
endblockdiagram /* data section */


blockdiagram control section :
   types
      controlword = sequence <15..0> bit,
   variables
      U-register : mod-reg
      modify-register : data,
      file-bank-select : bit
   pseudovariables
      L-register : data,
      pageaddress : sequence <9..8> bit
      blockadress : sequence <11..10> bit,
      control-memory : array [0..4036] of controlword
      modification-enable : bit
```

```
constanttypes
    file-select = dom file-ptr
                  where file-ptr : int → bit(4),
    directop-bin = dom bin-rep
                   where bin-rep : bin → bit(8),
    directop-hex = dom hex-rep
                   where hex-rep : hex → bit(8),
    modifier = dom switch
               where switch : bin → bit(1),
    r/w-modifier = dom r/w-switch
                   where r/w-swith : bin → bit(2)
endconstanttypes

constants
    0 = bin 0 : bit,
    1 = bin 1 : bit,
    ones = hex FF : sequence <7..0> bit,
    zeroes = hex 00 : sequence <7..   bit,
    primary = bin 0 : bit,
    secondary = bin 1 : bit,
    on = bin 1 : bit,
    off = bin 0 : bit,
    full = bin 0 : bit,
    half = bin 1 : bit,
    read = bin 0 : bit,
    write = bin 1 : bit,
    left = bin 0 : bit,
    right = bin 1 : bit
    select-T = bin 1 : modifier
    link = bin 1 : modifier
endconstants
synonyms
    controladdress = blockaddress | pageaddress | L-register
endblockdiagram /* control section */
```

```
microoperations register section :
  transfer load T :
    pattern T-register := directoperand
    sinks T-register
    sources directoperand  :  directop-bin
                           or directop-hex
    auxiliarysinks modification-enable, modify-register
    auxiliarysources modify-register
    sideeffects
      then  modify : pre true
            post T-register = directoperand and modify-register',
         enable modification : pre true
            post modification-enable = on,
         reset modify-register : pre true
            post modify-register = ones
    timingvalidity P1..P4
    microfield
      load-register-instruction.op-code = hex 11,
      load-register-instruction.literal = directoperand
  endtransfer
  function and primary :
    pattern Y := AND(primary-file[X], T-register, operand-control)
    sinks Y : register or mod-reg
    sources X : file-select,
           primary-file[X],
           T-register,
           operand-control : modifier
    auxiliarysinks modification-enable, modify-register
    auxiliarysources file-bank-select, modify-register
    sideeffects
      then
         select T-register :
           pre operand-control and modify-register' = 1
           post Y = primary-file[X] and T-register',
         set zero :
           pre operand-control and modify-register' = 0
           post Y = zeroes,
         enable modification :
           pre true
           post modification-enable = on,
         reset modify-register : pre true
           post modify-register = ones
```

```
    conditions
       bank select : file-bank-select = primary,
       no destination register modification :
          modify-register <2..0> = oct 7
    semantics
       AND : bit(8) × bit(8) × bit(1) → bit(8)
             with AND(A, B, C) := B
    timingvalidity P1..P4
    microfield
       operate-instruction.op-code = hex E,
       operate-instruction.file-register = X,
       operate-instruction.modifier = bin 00 | operand-control | bin 0,
       operate-instruction.file-write-inhibit = bin 1,
       operate-instruction.destination-register = codeof Y
endfunction
function copy to file register primary :
    pattern primary-file[X] := COP(operand-control)
    sinks primary-file[X]
    sources X : file-select, operand-control
    auxiliarysinks modification-enable, modify-register
    auxiliarysources file-bank-select, modify-register, T-register
    sideeffects
       then
          copy T-register :
             pre operand-control and modify-register' = 1
             post primary-file[X] = T-register,
          copy zeroes :
             pre operand-control and modify-register' = 0
             post primary-file[X] = zeroes,
          enable modification : pre true
             post modification-enable = on,
          reset modify-register : pre true
             post modify-register = ones
    conditions
       bank select : file-bank-select = primary,
       no flag register : X ≠ hex 0
    semantics
       COP : bit(1) → bit(8)
             with COP(A) := zeroes
    timingvalidity P1..P4
```

```
  microfield
     operate-instruction.op-code = hex B,
     operate-instruction.file-register = X,
     operate-instruction.modifier = bin 00 | operand-control | bin 0,
     operate-instruction.file-write-inhibit = bin 0,
     operate-instruction.destination-register = oct 0
endfunction
function shift file register primary :
  pattern primary-file[X] := SHIFT(primary-file[X], link-insert, direction)
  sinks primary-file[X]
  sources X : file-select,
          primary-file[X],
          link-insert : modifier,
          direction : modifier
  auxiliarysinks link, modification-enable, modify-register
  auxiliarysources file-bank-select, modify-register
  sideeffects
     then
        shift left and insert zero :
           pre    link-insert and modify-register<7>' = 0
                ∧ direction and modify-register<5>' = left
           post   link = primary-file[X]<7>'
                ∧ primary-file[X]<7..1> = primary-file[X]<6..0>'
                ∧ primary-file[X]<0> = 0,
        shift left and insert link:
           pre    link-insert and modify-register<7>' = 1
                ∧ direction and modify-register<5>' = left
           post   link = primary-file[X]<7>'
                ∧ primary-file[X]<7..1> = primary-file[X]<6..0>'
                ∧ primary-file[X]<0> = link',
        shift right and insert zero :
           pre    link-insert and modify-register<7>' = 0
                ∧ direction and modify-register<5>' = right
           post   link = primary-file[X]<0>'
                ∧ primary-file[X]<6..0> = primary-file[X]<7..1>'
                ∧ primary-file[X]<7> = 0,
        shift right and insert link:
           pre    link-insert and modify-register<7>' = 1
                ∧ direction and modify-register<5>' = right
           post   link = primary-file[X]<0>'
                ∧ primary-file[X]<6..0> = primary-file[X]<7..1>'
                ∧ primary-file[X]<7> = link',
```

```
        enable modification : pre true
           post modification-enable = on,
        reset modify-register : pre true
           post modify-register = ones
   conditions
      bank select : file-bank-select = primary
   semantics
      SHIFT : bit(8) × bit(1) × bit(1) → bit(8)
              with SHIFT(A, B, C) := A
   timingvalidity P1..P4
   microfield
      operate-instruction.op-code = hex F,
      operate-instruction.file-register = X,
      operate-instruction.modifier = link-insert | bin 0 | direction | bin 0,
      operate-instruction.file-write-inhibit = bin 0,
      operate-instruction.destination-register = oct 0
endfunction
function add directoperand to file register primary :
   pattern primary-file[X] := primary-file[X] + directoperand
   sinks primary-file[X]
   sources X : file-select,
           primary-file[X],
           directoperand : directop-hex
   auxiliarysinks
      modify-register,
      modification-enable
   auxiliarysources
      file-bank-select,
      modify-register
   sideeffects
      then
         modify directoperand : pre true
            post primary-file[X] = primary-file[X]'
                                   + (directoperand and modify-register'),
         reset modify-register : pre true
            post modify-register = hex FF,
         enable modification : pre true
            post modification-enable = on
   conditions
      bank select : file-bank-select = primary,
      not flag-register : X ≠ hex 0
```

```
    semantics
       + : bit(8) × bit(8) → bit(8)
           with A + B := A
    timingvalidity
       P1..P4
    microfield
       file-register-instruction.op-code = hex 3,
       file-register-instruction.file-register-designator = X,
       file-register-instruction.literal = directoperand
endfunction
function log or primary :
   pattern reg := LOR(primary-file[file-address], T-register, operand-control)
   sinks reg : register or mod-reg
   sources file-address : file-select,
           primary-file[file-address]
           T-register,
           operand-control : modifier
   auxiliarysinks
      modification-enable,
      modify-register
   auxiliarysources
      file-bank-select,
      modify-register
   sideeffects
      then
         select T-register :
            pre operand-control and modify-register<5> = 1
            post reg = primary-file[file-address] or T-register',
         move : pre operand-control and modify-register<5> = 0
                post reg = primary-file[file-address],
         enable modification : pre true
            post modification-enable = on
         reset modify-register : pre true
            post modify-register = hex FF
   conditions
      bank select : file-bank-select = primary,
      no destination register modification :
         modify-register<2..0> = oct 7
   semantics
      LOR : bit(8) × bit(8) × bit(1) → bit(8)
            with LOR(A, B, C) := B
```

```
  timingvalidity
     P1..P4
  microfield
     operate-instruction.op-code = hex C,
     operate-instruction.file-register = file-address,
     operate-instruction.modifier = bin 00 | operate-control | bin 0,
     operate-instruction.file-write-inhibite = bin 1,
     operate-instruction.destination-register = codeof
endfunction
function log or primary with modification :
   pattern reg := LOR(primary-file[file-address or U-register<3..0>],
                   T-register, operand-control)
   sinks reg : register
   sources file-address : file-select,
           U-register,
           primary-file[file-address or U-register<3..0>],
           operand-control : modifier
   auxiliarysinks
      modify-register
   auxiliarysources
      file-bank-select, modification-enable, modify-register
   sideeffects
      then
         select T-register :
                pre  operand-control and modify-register<5> = 1
                post reg = primary-file[file-address or U-register<3..0>] or T-register'
         move : pre operand-control and modify-register<5> = 0
                post reg = primary-file[file-address or U-register<3..0>],
         reset modify-register : pre true
                post modify-register = hex FF
   conditions
      bank select : file-bank-select = primary,
      no destination register modification :
         modify-register<2..0> = oct 7,
      correct value in U-register :
         modification-enable = on,
      op-code in U-register : U-register<7..4> = hex C
   semantics
      LOR : bit(8) × bit(8) × bit(1) → bit(8)
            with LOR(A, B,  C) := B
   timingvalidity
      P1..P4
```

```
      microfield
         operate-instruction.op-code = hex 0,
         operate-instruction.file-register = file-address,
         operate-instruction.modifier = bin 00 | operate-control | bin 0,
         operate-instruction.file-write-inhibit = bin 1,
         operate-instruction.destination-register = codeof reg
   endfunction
endmicrooperations  /* register-section */
microoperations memory section :
   function transfer primary before memory reference :
      pattern reg := MOD(primary-file[file-address], operation)
      sinks reg : register or mod-reg
      sources file-address : file-select,
              primary-file[file-address]
              operation : r/w-modifier
      auxiliarysources file-bank-select
      sideeffects
         then  decrement : pre operation = bin 01 ∧ codeof reg ≠ oct 2
                           post reg = primary-file[file-address] -1 ,
               decrement and add link :
                           pre operation = bin 01 ∧ codeof reg = oct 2
                           post reg = (primary-file[file-address] -1) + link,
               add link :  pre operation = bin 10
                           post reg = primary-file[file-address] + link,
               increment : pre operation = bin 11
                           post reg = primary-file[file-address] + 1
               enable modification:
                           pre true
                           post mocification-enable = on
      conditions bank-select : file-bank-select = primary
      semantics MOD : bit(8) × bit(2) → bit(8)
                      with MOD(A, B) = A,
                 -1 : bit(8) → bit(8)
                      with A -1 := A add hex FF,
                  + : bit(8) × bit(1) → bit(8)
                      with A + B := A add (bin 0000000 | B),
                 +1 : bit(8) → bit(8)
                      with A + 1 := A add hex 01
      timingvalidity P1...P3
      coupling followed by read momory or write memory
                         or initiate before write memory
```

```
    microfield
       memory-reference.op-code = hex A,
       memory-reference.file-register = file-address
       memory-reference.modifier = operation,
       memory-reference.cycle = bin X,
       memory-reference.direction = bin X,
       memory-reference.file-write-inhibit = bin 1,
       memory-reference.destination-register = codeof reg
endfunction
transfer read memory :
   pattern T-register := memory[A-register]
   sinks T-register
   sources A-register,
           memory[A-register]
   auxiliarysinks memory[A-register]
   auxiliarysources modify-register
   sideeffects
      then  set memory : pre true
                         post memory[A-register] = hex FF
   conditions no modification : modify-register = hex FF
   timingvalidity P4 next P1 .. P4 next P1 .. P3
   microfield used until 50
      memory-reference.op-code = hex A,
      memory-reference.file-register = hex X,
      memory-reference.modifier = bin XX,
      memory-reference.cycle = bin X,
      memory-reference.direction = read
      memory-reference.file-write-inhibit = bin X,
      memory-reference.destination-register = oct X
endtransfer
transfer refresh after read :
   pattern memory[A-register] := T-register
   sinks memory[A-register]
   sources A-register,
           T-register used in P4
   timingvalidity P4 next P1 .. P4 next P1..P3
   coupling preceded by read memory
   microfield used until  0
      memory-reference.op-code =  hex A,
      memory-reference.file-register = hex X,
      memory-reference.modifier = bin XX,
```

```
        memory-reference.cycle =  full
        memory-reference.direction = read,
        memory-reference.file-write-inhibit = bin X,
        memory-reference.destination-register = oct X
  endtransfer
  transfer initiate before write :
     pattern memory[A-register] := hex FF
     sinks memory[A-register]
     sources A-register
     timingvalidity P4 next P1...P4 next P1...P3
     coupling followed by write memory
     microfield used until 50
        memory-reference.op-code = hex A,
        memory-reference.file-register = hex X,
        memory-reference.modifier = bin XX,
        memory-reference.cycle = full
        memory-reference.direction = write
        memory-reference.file-write-inhibit = bin X,
        memory-reference.destination-register = oct X
  endtransfer
  function write memory :
     pattern memory[A-register] := memory[A-register] and T-register
     sinks memory[A-register]
     sources A-register,
             memory[A-register],
             T-register used in P4
     auxiliarysources modify-register
     conditions no modification : modify-register = hex FF
     timingvalidity P4 next P1...P4 next P1...P3
     microfield used until 0
        memory-reference.op-code = hex A,
        memory-reference.file-register = hex X,
        memory-reference.modifier = bin XX,
        memory-reference.cycle = bin X,
        memory-reference.direction = write
        memory-reference.file-write-inhibit = bin X,
        memory-reference.destination-register = oct X
  endfunction
endmicrooperations /* memory-section */
```

```
microinstructionformat
   microword : controlword
   stored in controlmemory
   selected by controladdress
   format address-instruction :
      op-code = <15..12>,
      address = <11..0>
   endformat
   format load-zero-instruction :
      op-code = <15..8>,
      set-secondary = <7> default bin 0,
      set-primary = <6> default bin 0,
      return = <5> default bin 0,
      spare = <4..0> default bin 00000
   endformat
   format load-register-instruction :
      op-code = <15..8>,
      literal = <7..0>
   endformat
   format load-seven-instruction :
      op-code = <15..8>,
      halt = <7> default bin 0,
      spare1 = <6> default bin 0,
      enable real-time-clock = <5> default bin 0,
      disable real-time-clock = <4> default bin 0,
      enable-external-interrupts = <3> default bin 0,
      disable-external-interrupts = <2> default bin 0,
      spare2 = <1..0> default bin 00
   endformat
   format generic-instruction :
      op-code = <15..0>
   endformat
   format file-register-instruction :
      op-code = <15..12>,
      file-register-designator = <11..8>,
      literal = <7..0>
   endformat
```

```
      format operate-instruction :
         op-code = <15..12>,
         file-register = <11..8>,
         modifier = <7..4>,
         file-write-inhibit = <3>,
         destination-register = <2..0>
            case destination-register of
               bin 001 → T-register,
               bin 010 → M-register,
               bin 011 → N-register,
               bin 110 → U-register
            endcase
      endformat
      format memory-reference :
         op-code = <15..12>,
         file-register = <11..8> default hex 0,
         modifier = <7..6> default bin 00,
         cycle = <5> default half,
         direction = <4>,
         file-write-inhibit = <3> default bin 1,
         destination-register = <2..0> default bin 000
            case destination-register of
               bin 001 → T-register,
               bin 010 → M-register,
               bin 011 → N-register,
               bin 110 → U-register
            endcase
      endformat
   endmicroinstructionformat
endarchitecture /* MICRODATA 1600 */
```

A 1.3 Definition der Zwischenarchitektur

```
architecture NOVA 1200/modular level:
  blockdiagram register section:
    NOVA 1200/top-level.blockdiagram.register section
  blockdiagram memory section:
    types
      memoryword : sequence <0..15> bit,
      address , pc : sequence <0..15> bit
    variables
      memory : array[0..32767] of memoryword
      programcounter : pc
  endblockdiagram /* memory section */
  blockdiagram I/O-section:
    NOVA 1200/top-level.blockdiagram.I/O-section
  blockdiagram auxiliary registers:
    variables
      instructionreg : memoryword,
      buffer : address,
      zero-flag : bit,
      link : bit,
      temp-carry : bit,
      interrupt-flag : bit,
      file-flag : bit
    synonyms
      ali.source-accu = instructionreg<1..2>,
      ali-destination-accu = instructionreg<3..4>,
      jump-and-modify-memory.index = instructionreg<6..7>,
      move-data.accu = instructionreg<3..4>,
      move-data.index = instructionreg<6..7>,
      control-with-accu.accu = instructionreg<3..4>,
      device-transfer.accu = instructionreg<3..4>
  endblockdiagram /* auxiliary registers */
```

```
instructions modular level:
   transfer fetch instruction:
      pattern instructionreg := memory[bin 0 | programcounter <1..15>]
      sinks instructionreg
      sources programcounter <1..15>,
              memory[bin 0 | programcounter  <1..15>]
      auxiliarysinks interrupt-flag, file-flag
      sideeffects
         first  initialize interrupt-flag : pre true
                    post interrupt-flag = bin 0,
               initialize file-flag : pre true
                    post file-flag = bin 0
    auxiliary storage
       buffer, link
    endtransfer
    transfer load address into buffer:
       pattern buffer := hex 00 | instructionreg <8..15>
       sinks buffer
       sources instructionreg <8..15>
       auxiliarysources file-flag
       conditions primary file : file-flag = bin 0
    endtransfer
    function calculate address
       pattern buffer := buffer + that base of move-data.index
       sinks buffer
       sources buffer, move-data.index,
            base : high-accu or pc
    auxiliarysources file-flag
    sideeffects
       then  cut address : pre true
                  post buffer <0> = bin 0,
    auxiliary storage instructionreg <8..15> , link
    conditions not page zero : instructionreg <6..7> ≠ bin 00,
               primary file : file-flag = bin 0
    semantics
       + : bit(16) × bit(16) → bit(16)
           with A + B := if A<7> = bin 1
                             ⇒  (hex FF | A <7..0>) add B
                             else A add B
                         fi,
endfunction
```

```
function indirect addressing:
   pattern buffer := ADDRESS(CALC(memory, buffer))
   sinks buffer
   sources memory,
           buffer
   auxiliarysinks memory
   auxiliarysources file-flag
   sideeffects
      main modify memory : pre true
           post memory = MEMORY(CALC(memory', buffer'))
   auxiliary storage instructionreg <8..15>
   conditions primary file : file-flag = bin 0
   semantics
      ADDR : extern,
      MEM : extern,
      CALC : extern
endfunction
transfer store:
   pattern memory[buffer] := that accu of   move-data.accu
   sinks memory[buffer]
   sources buffer, move-data.accu, accu : high-accu or low-accu
   auxiliarysinks instructionreg <8..15>, link
   auxiliarysources file-flag
   auxiliary storage instructionreg <8..15>, link
   conditions primary-file : file-flag = bin 0
endtransfer
function increment programcounter:
   pattern programcounter := programcounter +1
   sinks programcounter
   sources programcounter
   auxiliarysources file-flag
   semantics
      +1 : bit(16) ⟶ bit(16)
           with A +1 := A add hex 0001
   conditions primary file : file-flag = bin 0
endfunction
```

```
function interrupt-handling
   pattern interrupt-on := interrupt-on or interrupt-flag
   sinks interrupt-on
   sources interrupt-on,
           interrupt-flag
   auxiliarysinks memory [0], file-flag,
                  programcounter,
                  interrupt-flag
   auxiliarysources programcounter,
                    memory [1],
                    done,
                    interrupt-disable
   sideeffects
      first jump to interrupt service routine:
            pre INTERRUPT (interrupt-on, done, interrupt-disable) = bin 1
            post   memory [0] = bin 0|programcounter <1..15>'
                 ∧ programcounter = memory [1]
                 ∧ interrupt-on = bin 0
                 ∧ interrupt-flag = bin 0
      then
          select primary:
            pre true
            post file-flag = bin 0
   semantics INTERRUPT : extern
endfunction
function save return address:
   pattern accu(3) := programcounter +1
   sinks accu(3)
   sources programcounter
   sideeffects
      then cut address : pre true
           post accu(3)<0> = bin 0
   semantics +1: extern
endfunction
transfer jump:
   pattern programcounter := buffer
   sinks programcounter
   sources buffer
endtransfer
```

```
function increment memory location:
   pattern memory[buffer] := memory[buffer] +1
   sinks memory[buffer]
   sources buffer,
           memory[buffer]
   auxiliarysinks  zero-flag
   sideeffects
      then set zero flag : pre true
                 post zero-flag = ALLZERO(memory[buffer']),
   auxiliary storage instructionreg <8..15>, buffer
   semantics +1 : extern,
      ALLZERO : extern
endfunction
function decrement memory location:
   pattern memory[buffer] := memory[buffer] -1
   sinks memory[buffer]
   sources buffer,
           memory[buffer]
   auxiliarysinks zero-flag
   auxiliary storage instructionreg <8..15>, buffer
   sideeffects
      then set zero flag : pre true
                 post zero-flag = ALLZERO(memory[buffer']),
   semantics -1 : bit(16) → bit(16)
              with A -1 := A add hex FFFF,
      ALLZERO : extern
endfunction
function skip if zero flag is set:
   pattern programcounter := programcounter + zero-flag
   sinks programcounter
   sources programcounter,
           zero-flag
   semantics + : extern
endfunction
```

```
test not memory reference instruction:
   pattern instructionreg <0..2> ≥ 3
   sources instructionreg <0..2> depends on instructionword <0..2>
   semantics
     ≥ 3 : bit(3) ⟶ bool
           with A ≥ 3 := if (A = oct 0 ∨ A = oct 1 ∨ A = oct 2)
                             ⇒ false
                             else true
                          fi
endtest
test not page zero address:
   pattern instructionreg <6..7> ≠ bin 00
   sources instructionreg <6..7> depends on instructionword <6..7>
endtest
test indirect addressing:
   pattern instructionreg <5> ≠ bin 0
   sources instructionreg <5> depends on instructionword <5>
endtest
test jump or skip:
   pattern instructionreg <1..2> = bin 00
   sources instructionreg <1..2> depends on instructionword <1..2>
endtest
test jump:
   pattern instructionreg <3> = bin 0
   sources instructionreg <3> depends on instructionword <3>
endtest
test conditional skip with increment:
   pattern instructionreg <4> = bin 0
   sources instructionreg <4> depends on instructionword <4>
endtest
test save return address:
   pattern instructionreg <4> ≠ bin 0
   sources instructionreg <4> depends on instructionword <4>
endtest
test load:
   pattern instructionreg <1> = bin 0
   sources instructionreg <1> depends on instructionword <1>
endtest
endinstructions
endarchitecture /* NOVA/modular-level */
```

ANHANG 2 : DIE SYNTAX VON S*

```
<prog>            ::= program <identifier> :
                       reference architecture <identifier> ;
                       {<syndecl>;}
                       {<coroutinedecl>;}
                       {<moduledecl>;}
                       {init<initlist> endinit;}
                       {assume <form> conclude <form>;}
                       <command>
                        endprogram
<command>         ::= <stat>
                     |<jump>
                     | region <regionlist> endregion
                     | <label>:<command>
                     | call<identifier>
                     | <command>;<command>
                     | while<cond> {<assert>} do <command> od
                     | repeat <command> until <cond> {<assert>}
                     | if <cond> ⇒ <command> <condlist> fi
                     | case <decode cond> of <intlist>:<command>
                                                caselist  endcase
<regionlist>      ::= <regionlist>;<regionlist>
                     |<label>;<regionlist>
                     |<simple stat>
                     |<cocyle>
                     |<stcycle>
<condlist>        ::= ;<cond> ⇒ <command> <condlist>
                     | ε
<caselist>        ::= ;<intlist>:<command> <caselist>
                     | ε
<jump>            ::= goto <identifier>
                     |act <identifier>
<stat>            ::= delay
                     |<label>:<stat>
                     |<simple stat>
                     |<cocycle>
                     |<stcycle>
                     |<stat>;<stat>
                     |do <stat>_1||...||<stat>_r od
```

```
<stcycle>          ::= stcycle <stat> stend {<jumplist>}
<cocycle>          ::= cocycle <simple stat> coend {<jumplist>}
<simple stat>      ::= delay (<unsigned integer>)
                     |<function stat>
                     |<transfer>
                     | push  (<stackid>,<accessexpression>)
                     | pop (<denotable accessexpression>,<stackid>)
                     | test<cond> | decode<decode cond>
                     | do <simple stat>_1||...||<simple stat>_r od
                     | do <simple stat>;<simple-stat-sequence> od
                     | <documentation>
                     | <return of function value>
<simple-stat-sequence>
                   ::= <simple stat>
                     |<simple stat>;<simple-stat-sequence>
<jumplist>         ::=  on<identifier> do <jump> od {,<jumplist>}
<documentation>    ::= comment'<string>'
                     |{strong} <assert>
                     |{strong} pending <identifier> entry <form> exit <form>
<assert>           ::= assert <identifier> inv <form>
<label>            ::= <identifier>{inv<form>}
<return of
 function value>   ::= <identifier>:=<cond>
                     |<identifier>:=<decode cond>
<function stat>    ::= <denotable accessexpression>_1,...,<denotable accessexpr.>_n
                   ::= <assignable expression>_1 {,...,<assignable expression>_n}
                     |<<denotable accessexpression>_1,...,<denotable accessexpr>_n
                    := <assignable expression>_1  {,...,<assignable expression>_n},
                       <identifier>>
<transfer>         ::=  <denotable accessexpression>_1,...,<denotable accessexpr.>_n
                   ::=  <accessexpression>_1 { ,...,<accessexpression>_n}
                     | <<denotable accessexpression>_1,...,<denotable accessexpr>n
                         := <accessexpression>_1{ ,...,<accessexpression>_n} ,<identifier>>

<decode cond>      ::=  <accessexpression>
                     | <<accessexpression>,<identifier>>
                     |  <implicit function call>

<cond>             ::=  <test expr>
                     | <<test expr>,<identifier>
                     |  <implicit function call>
```

```
<test expr>          ::= <accessexpression>
                       | <relational expression>
                       | <test expr><logical infix operator><test expr>
                       | <logical prefix operator>{<test expr>}_0^1
                       | <logical prefix operator>(<test expr>{,<test expr>}_0^n)
                       | (<test expr>)

<relational
 expression>         ::= <assignable expression><relational infix operator>
                                                  <assignable expression>
                       | <relational prefix operator>{<assignable expression>}_0^1
                       | <relational prefix operator>(<assignable expression>_1,...,
                                                  <assignable expression>_n)
                       | (<relational expression>)

<assignable
 expression>         ::= <accessexpression>
                       | <immediate operand>
                       | <assignable expression><bitstring infix operator>
                                                  <assignable expression>
                       | <bitstring prefix operator>{<assignable expression>}_0^1
                       | <bitstring prefix operator>(<assignable expression>_1,...,
                                                  <assignable expression>_n)
                       | (<assignable expression>)
                       | <assignable expression>|<assignable expression>
<accessexpression>   ::= <identifier>|<bound parameter>
                       | <accessexpression>.<identifier>
                       | <accessexpression>[<integer denotation>]
                       | <accessexpression>[<assignable expression>]
                       | <accessexpression><<integer denotation>>
                       | <accessexpression><<accessexpression>>
                       | <accessexpression><<integer denotation>..<integer denotation>>
                       | <accessexpression><<integer denotation>..<accessexpression>>
                       | <accessexpression><<accessexpression>..<integer denotation>>
                       | <accessexpression><<accessexpression>..<accessexpression>>

<bound parameter>::= that<parameter>of<field designator>
```

<denotable accessexpression>

::= <variable identifier>

| <denotable accessexpression>.<identifier>

| <denotable accessexpression>[<integer denotation>

| <denotable accessexpression>[<assignable expression>

| <denotable accessexpression><<integer denotation>>

| <denotable accessexpression><<accessexpression>>

| <denotable accessexpression>
<<integer denotation>..<integer denotation>>

| <denotable accessexpression>
<<integer denotation>..<accessexpression>>

| <denotable accessexpression>
<<accessexpression>..<integer denotation>

| <denotable accessexpression>
<<accessexpression>..<accessexpression>>

<integer denotation>

::= <unsigned integer>

| <parameter identifier>

<immediate operand>

::= < number >

<form> ::= <extensible relational expression>

| <form><logical infix operator><form>

| <logical prefix operator>{<form>}$_0^1$

| <logical prefix operator>(<form>$_1$,...,<form>$_n$)

| (<form>)

| <quantifier><logvar> : < form>

| <extensible relational expression>,<identifier>>

<extensible accessexpression>

::= <accessexpression>

| <accessexpression>'

<extensible relational expression>

::= <extensible assignable expression><relational infix operator>
<extensible assignable expression>

| <relational prefix operator>{<extensible assignable expression>}$_0^1$

| <relational prefix operator>(<extensible assignable
expression>$_1$,...,<extensible assignable expression>$_n$)

| (<relational assignable expression>)

```
<extensible assignable expression>
                ::=  <extensible accessexpression>
                  |  <logvar>
                  |  <bitstring>
                  |  <extensible assignable expression><bitstring infix operator>
                                    <extensible assignable expression>
                  |  <bitstring infix operator>{<extensible assignable expression>}_0^1
                  |  <bitstring prefix operator>(<extensible assignable
                      expression>_1,...,<extensible assignable expression>_n)
                  |   (<extensible assignable expression>)
<syndecl>       ::=  syn <syneqlist> {:<typeid>} endsyn
                  |  <syndecl>;<syndecl>
<syneqlist>     ::=  <identifier> = <selector>
                  |  <syneqlist>,<syneqlist>
<selector>      ::=  <identifier>
                  |  <selector><<integer denotation>>
                  |  <selector><<integer denotation>..<integer denotation>>
                  |  <selector>[<integer denotation>]
                  |  <selector>[<integer denotation>..<integer denotation>]
                  |  <selector>.<identifier>
                  |  <selector>.<identifier>,<I-list>
                  |  <selector>|<selector>
<moduledecl>    ::=  <procdecl>|<functiondecl>
                  |  <moduledecl>;<moduledecl>
<procdecl>      ::=   procedure<identifier>:{<par-list>}
                   {<syndecl>;}
                   { entry<form>exit<form>with<accessexpression>_1,
                          ...,<accessexpression>_n;}
                    <command>
                     endprocedure

<functiondecl>  ::=   function<identifier>{<par-list>}{bocl,int}_1^1;
                   {<syndecl>;}
                    {entry<form>exit<form>;}
                    <command>
                     endfunction
<coroutinedecl> ::=  <coroutinedecl>;<coroutinedecl>
                  |   coroutine<identifier>:
                   {<syndecl>;}
                    {inv<form>;}
                    <command>
                     endcoroutine
```

```
<initlist>          ::=  <initlist>;<initlist>
                       | <denotable accessexpression>:=<number>
<implicit function call>
                    ::=  <identifier>
<I-list>            ::=  <identifier> | <identifier>,<I-list>
<parl-list>         ::=   (<I-list>)
<bitstring>         ::= {<binary numeral>}_1^n
<field designator>
                    ::=  <identifier>
<logvar>            ::=  <identifier>
<parameter>         ::=  <identifier>
<number>            ::=  {bin,dec,oct,hex}_0^n <digit>
```

ANHANG 3 KONFLIKTANALYSE ZWISCHEN DYNAMISCHEN SPEICHERAUSDRÜCKEN

In diesem Anhang geben wir einen Algorithmus zur Berechnung der Bedingungen an, unter denen zwei dynamische Speicherausdrücke auf das selbe Speicherelement zugreifen. Die Definition der Hilfsfunktionen *conflictcond* wurde bereits in Abschnitt 4.2.2 motiviert: sie erfolgt induktiv über den Aufbau ihrer Argumente und verbindet daher konjunktiv Bedingungen an Selektoren von Feldelementen, unter denen beide Argumente das selbe Speicherelement bezeichnen. Der Algorithmus setzt voraus, daß die dynamischen Speicherausdrücke wohlgetypt sind. Er verwendet die Hilfsfunktion *unfoldtype*, die für einen dynamischen Speicherausdruck a seinen *strukturellen* Typ (unter Vernachlässigung von Typbezeichnern) angibt. Mit *hd*(a) bezeichnen wir das in der textlichen Repräsentation erste Symbol von a .

```
conflictcond(a1, a2) =
  case unfoldtype(a1) of
    seq <k1..k2> bit →
      case a1 of
        a1 ≡ I ∈ identifier →
          if hd(a2) ≡ I  then true
                         else false ,
        a1 ≡ a.J →                        (* a1 bezeichnet eine Tupelkompo-
                                             nente vom Typ seq...bit *)
          case a2 of
            a2 ≡ I ∈ identifier → false
            a2 ≡ a'.J' →
              if J = J'  then conflictcond(a,a')
                         else false,
            a2 ≡ a'<n> → conflictcond(a1,a'),
            a2 ≡ a'<n1..n2> → conflictcond(a1,a'),
            a2 ≡ a'<e> → conflictcond(a1,a'),
            a2 ≡ a'<e1..e2> → conflictcond(a1,a'),
            else false
          endcase ,
```

```
a1 ≡ a[n] →                              (* a1 bezeichnet ein Feldelement
                                            vom Typ seq...bit *)
   case a2 of
      a2 ≡ a'[m] →
         if unfoldtype(a2) = seq<l1..l2>bit
            then if n = m   then conflictcond(a,a')
                            else false
            else false ,
      a2 ≡ a'<m> → conflictcond(a1,a')
      a2 ≡ a'[e] →
         if unfoldtype(a2) = seq<l1..l2>bit
            then conflictcond(a,a') ∧ n = e
            else false,
      a2 ≡ a'<e'> → conflictcond(a1,a'),
      a2 ≡ a'<m1..m2> → conflictcond(a1,a'),
      a2 ≡ a'<e1..e2> → conflictcond(a1,a')
      else false
   endcase,
a1 ≡ a[e] →                              (* a1 bezeichnet ein dynamisch aus-
                                            gewähltes Feldelement vom Typ
                                            seq...bit *)
   case a2 of
      a2 ≡ a'<m> → conflictcond(a1,a'),
      a2 ≡ a'[m] →
         if unfoldtype(a2) = seq<l1..l2>bit
            then conflictcond(a,a') ∧ e = m
            else false,
      a2 ≡ a'[e'] →
         if unfoldtype(a2) = seq<l1..l2>bit
            then conflictcond(a,a') ∧ e = e'
            else false,
      a2 ≡ a'<e'> → conflictcond(a1,a'),
      a2 ≡ a'<m1..m2> → conflictcond(a,a'),
      a2 ≡ a'<e1..e2> → conflictcond(a1,a'),
      else false
   endcase,
```

```
a1 ≡ a<n1..n2> →                          (* a1 bezeichnet eine Teilsequenz *)
   case a2 of
      a2 ≡ I ∈ identifier →
         if unfoldtype(I) = seq<l1..l2>bit
            then conflictcond(a,I)
            else false,
      a2 ≡ a'.J →
         if unfoldtype(a2) = seq<l1..l2>bit
            then conflictcond(a,a2)
            else false
      a2 ≡ a'[m] →
         if unfoldtype(a2) = seq<l1..l2>bit
            then conflictcond(a,a2)
            else false,
      a2 ≡ a'<m> → conflictcond(a,a')
      a2 ≡ a'[e] →
         if unfoldtype(a2) = seq<l1..l2>bit
            then conflictcond(a,a2)
            else false,
      a2 ≡ a'<e> → conflictcond(a,a'),
      a2 ≡ a'<m1..m2> → conflictcond(a,a')
      a2 ≡ a'<e1..e2> → conflictcond(a,a'),
      else false
   endcase
a1 ≡ a<e1..e2> →                          (* a1 bezeichnet eine dynamisch
                                             ausgewählte Teilsequenz *)
   case a2 of
      a2 ≡ I ∈ identifier →
         if unfoldtype(I) = seq<l1..l2>bit
            then conflictcond(a,I)
            else false,
      a2 ≡ a'.J →
         if unfoldtype(a2) = seq<l1..l2>bit
            then conflictcond(a,a2)
            else false,
      a2 ≡ a'[m] →
         if unfoldtype = seq<l1..l2>bit
            then conflictcond(a,a2)
            else false,
```

```
            a2 ≡ a'<m> → conflictcond(a,a2),
            a2 ≡ a'<e> → conflictcond(a,a2),
            a2 ≡ a'[e] →
               if unfoldtype(a2) = seq<l1..l2>bit
                  then conflictcond(a,a2)
                  else false,
            a2 ≡ a'<m1..m2> → conflictcond(a,a2)
            a2 ≡ a'<e1'..e2'> → conflictcond(a,a')
            else false
         endcase,
      a1 ≡ a|ā →                          (* a1 bezeichnet die Konkatena-
                                             tion zweier Sequenzen *)
         case a2 of
            a2 ≡ a'|ā' → conflictcond(a,a') v conflictcond(ā,ā') v
                         conflictcond(a,ā') v conflictcond(ā,a')
            else false
         endcase
   endcase,                               (* unfoldtype(a1) = seq...bit *)

array [k1..k2]of τ →                      (* a1 bezeichnet ein Feld *)
   case a1 of
      a1 ≡ I ∈ identifier →
         if HD(a2) ≡ I
            then true
            else false,
      a1 ≡ a.J →
         case a2 of
            a2 ≡ a'.J' →
               if J = J'
                  then conflictcond(a,a')
                  else false,
            else false
         endcase,
      a1 ≡ a[n] →                         (* a1 bezeichnet ein Feldelement
                                             vom Typ array...of... *)
         case a2 of
            a2 ≡ a'[m] →
               if unfoldtype(a2) = array[l1..l2]of τ'
                  then if n = m     then conflictcond(a,a')
                                    else false
                  else false,
```

```
        a2 ≡ a'[e] →
          if unfoldtype(a2) = array[l1..l2]of τ'
             then conflictcond(a,a') ∧ n = e
             else false,
        else false
    endcase
a1 ≡ a[e] →                         (* a1 bezeichnet ein dynamisch
                                       ausgewähltes Feldelement vom
                                       Typ array...of... *)
    case a2 of
        a2 ≡ a'[m] →
          if unfoldtype(a2) = array[l1..l2]of τ'
             then conflictcond(a,a') ∧ e = m
             else false,
        a2 ≡ a'[e'] →
          if unfoldtype(a2) = array[l1..l2]of τ'
             then conflictcond(a,a') ∧ e = e'
             else false,
        endcase,
a1 ≡ a[n1..n2] →                    (* a1 bezeichnet ein Teilfeld,
                                       dies ist durch Synoyme möglich *)
    case a2 of
        a2 ≡ I C identifier →
          if unfoldtype(a2) = array[l1..l2]of τ'
             then conflictcond(a,I)
             else false,
        a2 ≡ a'.J' →
          if unfoldtype(a2) = array[l1..l2]of τ'
             then conflictcond(a,a2)
             else false,
        a2 ≡ a'[m] →
          if unfoldtype(a2) = array[l1..l2]of τ'
             then conflictcond(a,a2)
             else false,
        a2 ≡ a'[e] →
          if unfoldtype(a2) = array[l1..l2]of τ'
             then conflictcond(a,a2)
             else false,
```

```
            a_2 ≡ a'[m_1..m_2] →
               if (n_1 ≤ m_1 ≤ n_2) or (n_1 ≤ m_2 ≤ n_2) or (m_1 ≤ n_1 ≤ n_2 ≤ m_2)
                  then conflictcond(a,a')
                  else false,
            else false
         endcase
      else false
   endcase                                              (* unfoldtype

bit                                                     (* bezeichnet ein einzelnes Bit *)
   case a_1 of
      a_1 ≡ I ∈ identifier →
         if a_2 ≡ I then true
                     else false,
      a_1 ≡ a<n> →
         case a_2 of
            a_2 ≡ I ∈ identifier →
               if unfoldtype(I) = seq[l_1..l_2]bit
                  then conflictcond(a,I)
                  else false,
            a_2 ≡ a'.J' →
               if unfoldtype(a_2) = seq[l_1..l_2]bit
                  then conflictcond(a,a_2)
                  else false,
            a_2 ≡ a'<m> → conflictcond(a,a'),
            a_2 ≡ a'[m] →
               if unfoldtype(a_2) = seq[l_1..l_2]bit
                  then conflictcond(a,a_2)
                  else false,
            a_2 ≡ a'<e> → conflictcond(a,a')
            a_2 ≡ a'[e] →
               if unfoldtype(a_2) = seq[l_1..l_2]bit
                  then conflictcond(a,a_2)
                  else false,
            a_2 ≡ a'<m_1..m_2> → conflictcond(a,a'),
            a_2 ≡ a'<e_1..e_2> → conflictcond(a,a')
            else false,
         endcase,
```

```
a₁ ≡ a<e> → ...                          (* genauso wie für a₁ ≡ a<n> *)
a₁ ≡ a.J →
   if a₂ ≡ a'.J'
      then if J = J'   then conflictcond(a,a')
                       else false
      else false,
a₁ ≡ a[n] →                              (* a₁ bezeichnet ein Feldelement
                                            vom Typ bit *)
   case a₂ of
      a₂ ≡ a'[m] →
         if unfoldtype(a₂) = bit and n = m
            then conflictcond(a,a')
            else false,
      a₂ ≡ a'[e'] →
         if unfoldtype(a₂) = bit
            then conflictcond(a,a') ∧ n = e'
            else false,
      else false
   endcase,
a₁ ≡ a[e] → ...                          (* genauso wie für a₁ ≡ a[n] *)
else false
endcase,                                 (* unfoldtype(a₁) = bit *)

tuple J₁:τ₁;...;Jₙ:τₙ endtuple →          (* a₁ bezeichnet ein Tupel *)
   case a₁ of
      a₁ ≡ I ∈ identifier →
         if a₂ ≡ I' ∈ identifier
            then if I = I' then true
                           else false
            else false,
      a₁ ≡ a[n] →
         case a₂ of
            a₂ ≡ a'[m] →
               if unfoldtype(a₂) = tuple...endtuple
                  then if n = m then conflictcond(a,a')
                                else false
                  else false,
```

```
            a2 ≡ a'[e] →
               if unfoldtype(a2) = tuple...endtuple
                  then conflictcond(a,a') ∧ n = e
                  else false,
            else false
         endcase,
      a1 ≡ a[e] →
         case a2 of
            a2 ≡ a'[m] →
               if unfoldtype(a2) = tuple...endtuple
                  then conflictcond(a,a') ∧ e = m
                  else false,
            a2 ≡ a'[e'] →
               if unfoldtype(a2) = tuple...endtuple
                  then conflictcond(a,a') ∧ e = e'
                  else false,
            else false
         endcase,
      a1 ≡ a.I1,...,Ir →
         case a2 of
            a2 ≡ I' →
               if unfoldtype(a2) = tuple...endtuple
                  then conflictcond(a.I')
                  else false,
            a2 ≡ a'[m] →
               if unfoldtype(a2) = tuple...endtuple
                  then conflictcond(a,a2)
                  else false,
            a2 ≡ a'[e] →
               if unfoldtype(a2) = tuple...endtuple
                  then conflictcond(a,a2)
                  else false,
            a2 ≡ a'.I'1,...,I's → conflictcond(a,a'),
            else false
         endcase,
      else false                          (* unfoldtype(a1) =
                                                  tuple...endtuple *)
   endcase                     (* unfoldtype(a1) *)
```

ANHANG 4: EIN BEISPIELBEWEIS

A 4.1 Diskussion des Beweises

Zu Illustration der Art der Komplexität der in der Verifikation realer Architekturen auftretenden Formeln geben wir in diesem Abschnitt einen vollständigen Korrektheitsbeweis für die S*(MICRODATA)-Prozedur 'store'. Zur Erleichterung des Verständnisses geben wir zunächst eine vollständig dokumentierte Version dieser Prozedur wieder, auf Grund derer die einzelnen Schritte des wiedergegebenen Beweises an Hand der in A 1.2 gegebenen formalen Definition der Mikrooperationen der MICRODATA nachvollziehbar sind. Der Kontext der Deklaration der Prozedur ist in Abb. 3.11 wiedergegeben.

```
procedure store-accumulator (OU|OL, IU):
  comment
     'OU|OL contains the effective NOVA-memory address, IU <4..3>  denotes the se-
     lected accumulator. The procedure uses the T-register and IL as temporary
     storage to generate in the U-register the upper byte of the encoding of a
     transfer microinstruction, which moves the content of the selected accumu-
     lator in two stages into the T-register for a memory write operation. The
     procedure calls an auxiliary procedure MAP, which transforms the effective
     NOVA-memory address  into the corresponding effective MICRODATA main-memory
     address - see fig. 2.8';
 {q0}
     <T-register := hex 18, load T> ;
  comment
     'generates mask with high bits in positions relevant for accumulator selec-
      tion';
 {q1}
     <T-register := AND(IU, T-register, select-T), and primary> ;
  comment
     'picks out accumulator address of NOVA-instruction and puts it into
      T-register <4..3> , with all other positions low' ;
 {q2}
     <IL := COP(select-T), copy to file register primary> ;
  comment
     'Now the encoding is moved into an appropriate position for later command
      modification using an EXECUTE microinstruction - see A1.2' ;
 {q3}
     <IL := SHIFT(IL, link, right), shift file register primary> ;
```

{q_4}

<IL := SHIFT(IL, link, right), shift file register primary> ;

comment

'The lower four bits of the IL-register will be used to generate the file register designator. Thus the two right-shifts place the encoding of the NOVA-accumulator into a position, where it is effectively multiplied by two' ;

{q_5}

call MAP (OU|OL, A-register) ;

comment

'OU|OL will on return contain the effective MICRODATA-memory address corresponding to the higher byte of the effective NOVA-memory address. A-register - the MICRODATA main memory address-register - will on return contain the effective MICRODATA main-memory address corresponding to the lower byte of the effective NOVA address. The call leaves IL and T-register unchanged' ;

{q_6}

<IL := IL + hex C6, add dir-op to file register primary> ;

comment

'Now the upper byte of the encoding of the MICRODATA logical-or - instruction is generated: the four high-order bits contain the opcode hex C, the four low order bits contain the file-register address. Recall from fig. 2.9 that NOVA accumulator n is emulated in the concatenation of the MICRODATA primary file register 2n + 7 and 2n + 6 ' ;

{q_7}

<U-register := LOR(IL, T-register, move), log or primary> ;

comment

'The generated upper byte of the encoding is moved into the U-register for subsequent command modification using the EXECUTE microinstruction. (By setting the modifier "operand-control" to "move", the logical-or microinstruction performs a simple transfer from the specified file register to the destination register.)' ;

{q_8}

<T-register := LOR(primary-file [int 0 or U-register <3..0>],
T-register, move), log or primary with modification> ;

comment

'By oring the upper byte of the EXECUTE instruction - which has opcode hex 0 and file-register designator int 0 as shown in the assignment - with the encoding provided in the U-register, an instruction is loaded into the microinstruction-register which effectivley denotes a logical-or microinstruction whose file-register address denotes the lower part of the selected NOVA accumulator. Since the operand-control-modifier is set to "move", the content of this accumulator is put into the T-register in preparation for subsequent memory write.';

```
{q9}
  stcycle
    comment
      'The next two microoperations together perform a memory write which takes
      five microinstructioncycles. Refer to A1.2 for a description of the complex
      memory write operation.' ;
   {ia1}
      <memory[A-register] := hex FF, initiate before write> ;
   {ia2}
      <memory[A-register] := memory[A-register] and T-register, write memory> ;
   {ia3}
  stend ;
  comment
    'The next two transfers load the MICRODATA main memory address-register with
    the higher byte of the effective NOVA main memory address.';
{q10}
    <N-register := LOR(OL, T-register, move), log or primary> ;
{q11}
  stcycle
    {ia4}
      <M-register := MOD(OU, no-side-effect), transfer primary before memory
                                                              reference> ;
    {ia5}
      do
        {p1} <memory[A-register] := hex FF, initiate before write> ; {p2}
      || {p3} cocycle
               comment
                 'The T-register may be loaded in parallel to initiating the
                 memorywrite process - c.f. A1.2 . Note that the effectively
                 selected file register is now calculated by adding 1  to the
                 file-register  designator in the U-register, thus the higher-
                 byte  of the selected NOVA accumulator is now loaded into
                 the T-register.';
          {p4}
               < T-register := LOR(primary-file[int 1 or U-register <3..4>] ,
                     T-register, move), log or primary with modification>
          {p5} coend {p6}
      od
     <memory[A-register] := memory[A-register] and T-register, write memory>
  {p7}
    stend
  {post}
endprocedure
```

Der Beweisbaum wird ausgehend von der Wurzel in einem depth-first-Verfahren aufgebaut. Er ist in Abbildung A 4.1 bis A 4.5 wiedergegeben. Dieser Prozeß läßt sich automatisieren, da geeignete *intermeidate assertions* (für nicht-rekursive Kontrollstrukturen) durch symbolische Auswertung gewonnen werden können (; vgl. die Konstruktion der schwächsten ableitbaren Vorbedingung einer Operation). Ein vollständiger Kalkül zur Berechnung der schwächsten ableitbaren Vorbedingung wird in [13] gegeben. Für das Verständnis des vorliegenden Beispiels reicht im wesentlichen die Kenntnis der Berechnungsregeln für Mikrooperationen und paralleler Komposition (die in 4.1.1, 4.2.1, sowie 4.2.2 diskutiert wurden), sowie der trivialen Regel

$$wdp(s_1;s_2,q) = wdp(s_1, wdp(s_2,q))$$

für die sequentielle Komposition aus. Durch Rückwärtsrechnen gemäß den Regeln dieses Kalküls erhält man eine *schwächste* Bedingung, unter der nach Ausführung dieser Prozedur die Nachbedingung gilt. Diese Berechnungsschritte sind in A 4.3 wiedergegeben. Somit ist als letzter Schritt nachzuweisen, das die Eingangsbedingung der Prozedur die so gewonnene schwächste Vorbedingung impliziert.

Die zum Beweis benötigten Zwischenzusicherungen

$$q_0,\dots,q_9 \ , \ ia_1,\dots,ia_7 \ , \ p_1,\dots,p_6$$

sind als Dokumentation an dem Kontrollpunkt der Prozedur eingetragen, den sie charakterisieren. Inhaltlich komplexe Berechnungsschritte sind lediglich die Aufspaltung der Zwischenzusicherung 'ia_6' in Nachbedingungen p_6 und p_2 für die Zweige des parallelen Befehls sowie die Gewinnung von ia_5 durch Anwendung der Substitutionsregel aus den Vorbedingungen p_1 und p_3 der beiden Zweige des parallelen Befehls. Diese Schritte wurden in Beispiel 4.65, 4.68 ausführlich diskutiert. Die "Komplexität" der weiteren Berechnungsschritte ist im wesentlichen rein syntaktischer Art und unmittelbar durch die Komplexität der Mikrooperationen der Microdata bedingt, die zu tief geschachtelten Fallunterscheidungen führen. Um die resultierenden Formeln handhaben zu können, wurden die Substitutionsschritte rechnerunterstützt durchgeführt und nach jedem Substitutionsschritt die Formeln weitestgehend vereinfacht. Die dazu verwendeten Regeln sind in A 4.4 wiedergegeben und beinhalten triviale aussagenlogische Regeln, elementare Aussagen über die verwendeten Datenstrukturen, sowie einfache Aussagen über Arithmetik auf Binärworten und die Modulo-Arithmetik, die der Axiomatisierung der Uhr unterliegt. Die Regeln wurden in der Form wiedergegeben, wie sie in diesem konkreten Beweis verwendet wurden. Eine systematische Aufarbeitung und insbesondere der Aufbau eines Simplifiers, der entsprechende Vereinfachungen automatisch durchführt, ist Gegenstand von [138].

Zur Vereinfachung der während der symbolischen Auswertung auftretenden Formeln wurde im formalen Beweis von der Nachbedingung *post* ≡ MEM = memory ausgegangen, sodaß die resultierende schwächste ableitbare Vorbedingung *wdp*(store,*post*) ≡ q_0 lediglich die Änderung des Speichers 'memory'der MICRODATA reflektiert. Geht man von der in Beispiel 4.34 angegebenen Nachbedingung store.exit aus (die die Emulation des NOVA-Speichers durch den Speicher der MICRODATA berücksichtigt), so ergibt sich somit nach Vereinfachung die folgende schwächste ableitbare Vorbedingung *wp* von store.exit bezüglich 'store'.

```
wp ≡
   startof-P1 (time)
 ∧ file-bank-select = bin 0
 ∧ if link = 0 ⇒ hex C else hex 0 fi = hex C
 ∧ MEM =
      makearray index : [0..32767] of
         if 2 · index = OU <6..0>|OL <7..0>|bin 0
            ⇒   primary-file[2·(IU and modify-register) <4..3> + hex 7]
            else memory[2· index]
         fi
        |if 2 · index + 1 = OU <6..0>|OL <7..0>|bin 1
            ⇒   primary-file[2·(IU and modify-register) <4..3> + hex 6]
            else memory[2 · index + 1]
         fi
      endarray
```

Sie deckt bereits einen Programmierfehler auf: durch fehlerhaftes Setzen des *modifier* 'link-insert' wird in der ersten Aktivierung der Mikrooperation 'shift-file-register-primary' auf den Inhalt des 'link'-Registers zugegriffen, dessen Wert bei Aktivierung der Prozedur unbekannt ist. Der Fehler ist durch Setzen dieses *modifier*-Bit auf '0' (für'insert-zero') leicht zu korrigieren.

Vergleicht man nun die in Beispiel 4.34 angegebene Eingangsbedingung store.entry mit *wp* , so sieht man leicht ein, daß die Hauptverifikationsbedingung

vc-main ≡ store.entry → *wdp*(store, store.exit)

dann gilt, wenn vor Aktivierung des Körpers der Prozedur keine Befehlsmodifikation mittels 'modify-lower-command' ausgeführt wurde - dies ist bei Aktivierung der Prozedur über die Mikrooperation 'jump-extended' gegeben- (und daher modify-register = hex FF gilt), und wenn die Aktivierung des

Körpers der Prozedur mit dem Start eines neuen Zyklusses des Prozessors erfolgt. Unter diesen Annahmen reduziert sich *vc-main* auf die Gleichheit zweier Felder:

```
MEM = makearray index : [0..32767] of
          if index = OU|OL
            ⇒ if
                  IU <4..3> = 00 ⇒ primary-file[7]|primary-file[6]
                  IU <4..3> = 01 ⇒ primary-file[9]|primary-file[8]
                  IU <4..3> = 10 ⇒ primary-file[11]|primary-file[10]
              -   IU <4..3> = 11 ⇒ primary-file[13]|primary-file[12]
              fi
            else memory[2 · index]|memory[2 · index + 1]
          fi
        endarray
        →
MEM = makearray index : [0..32767] of
          if 2 · index = OU <6..0>|OL <7..0>|bin 0
            ⇒    primary-file[2 · IU <4..3> + hex 7]
            else memory[2· index]
          fi
         |if 2 ·index + 1 = OU <6..0>|OL <7..0>|bin 1
            ⇒     primary-file[2 · IU <4..3> + hex 6]
            else  memory[2 · index + 1]
          fi
        endarray
```

Damit verlangt *vc-main* gerade die korrekte Realisierung der Speicherabbildung. Wir vergleichen die beiden Felder 'punktweise' für einen beliebigen Index i ∈ [0..32767].

Fall 1

i = OU|OL

Dann folgt:

2 · i = OU <6..0>|OL <7..0>|bin 0

2 · i + 1 = OU <6..0>|OL <7..0>|bin 1 .

Damit ist der Wert des zweiten Feldes an der Stelle i

primary-file[2· IU <4..3> + hex 7]|primary-file [2· IU <4..3> + hex 6] .

Man verifiziert unmittelbar für die möglichen Werte von IU <4..3> , daß der durch 'store' berechnete Index gerade den funktionalen Zusammenhang zwischen der Kodierung des Akkumulators und den Nummern der zu seiner Emulation verwendeten file-Register darstellt.

Fall 2

i ≠ OU|OL

Dann folgt

2· i ≠ OU <6..0>|OL <7..0>|bin 0

2· i + 1 ≠ OU <6..0>|OL <7..0>|bin 1 ,

so daß der Wert beider Felder an der Position i durch

memory[2· i]|memory[2i + 1]

gegeben ist.

Damit ist - unter den beiden obigen Annahmen und nach Verbessserung des Programmierfehlers - die Korrektheit der Implementierung von 'store' nachgewiesen.

A 4.2 Schematische Darstellung des Beweises

Wir geben in diesem Abschnitt eine schematische Darstellung des Korrektheitsbeweises der Prozedur 'store' in dem in 4.2 entwickelten Hoare-Kalkül. Die diesem Beispiel zu Grunde liegende Mikroarchitektur ist in A 1.2 beschrieben. Für die exemplarische Diskussion einzelner Beweisschritte verweisen wir auf die in 4.2 gegebenen Beispiele.

Der Beweis ist als Baum dargestellt; die darin vorkommenden Formeln werden in A 4.3 entwickelt.

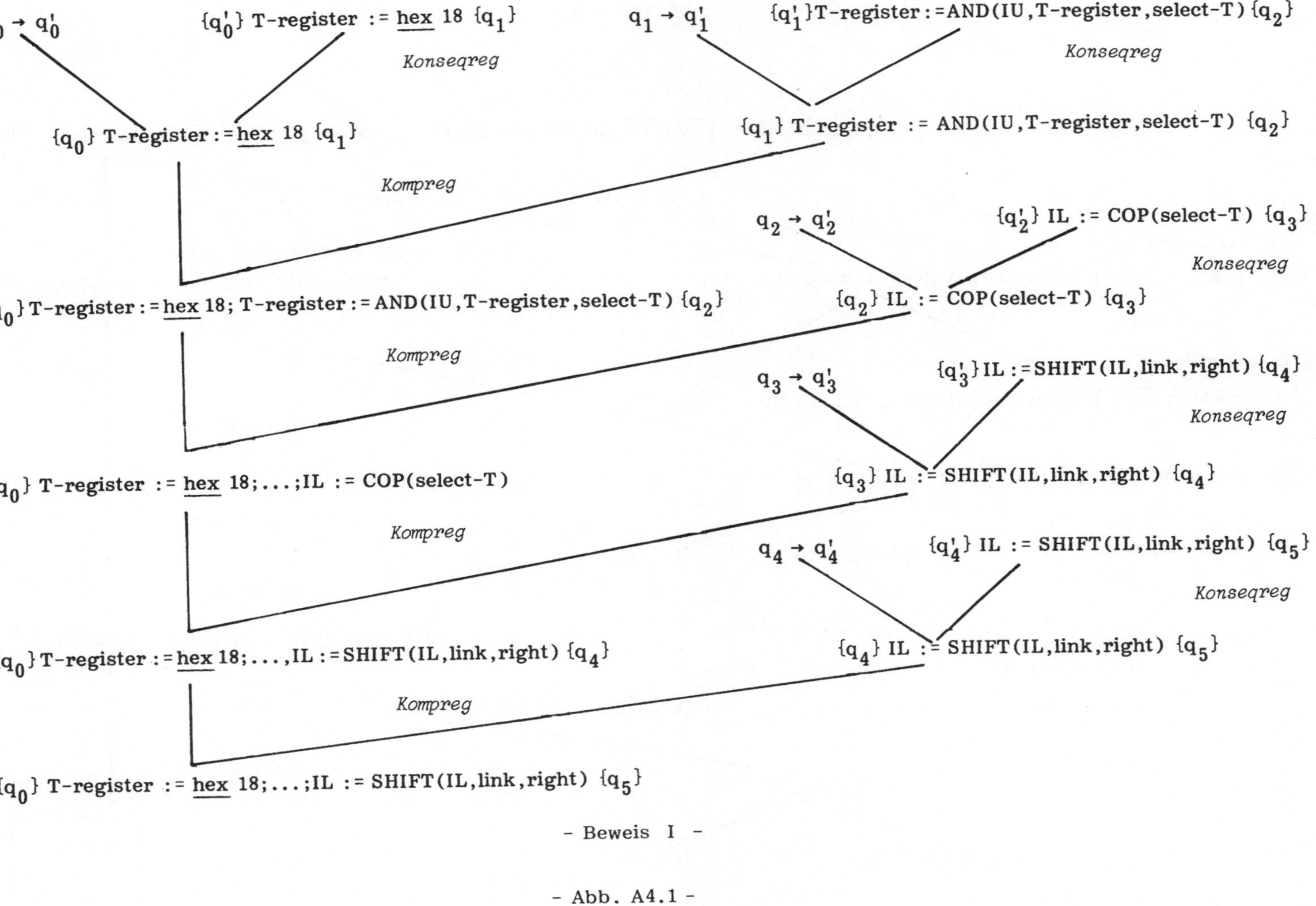

- Beweis I -

- Abb. A4.1 -

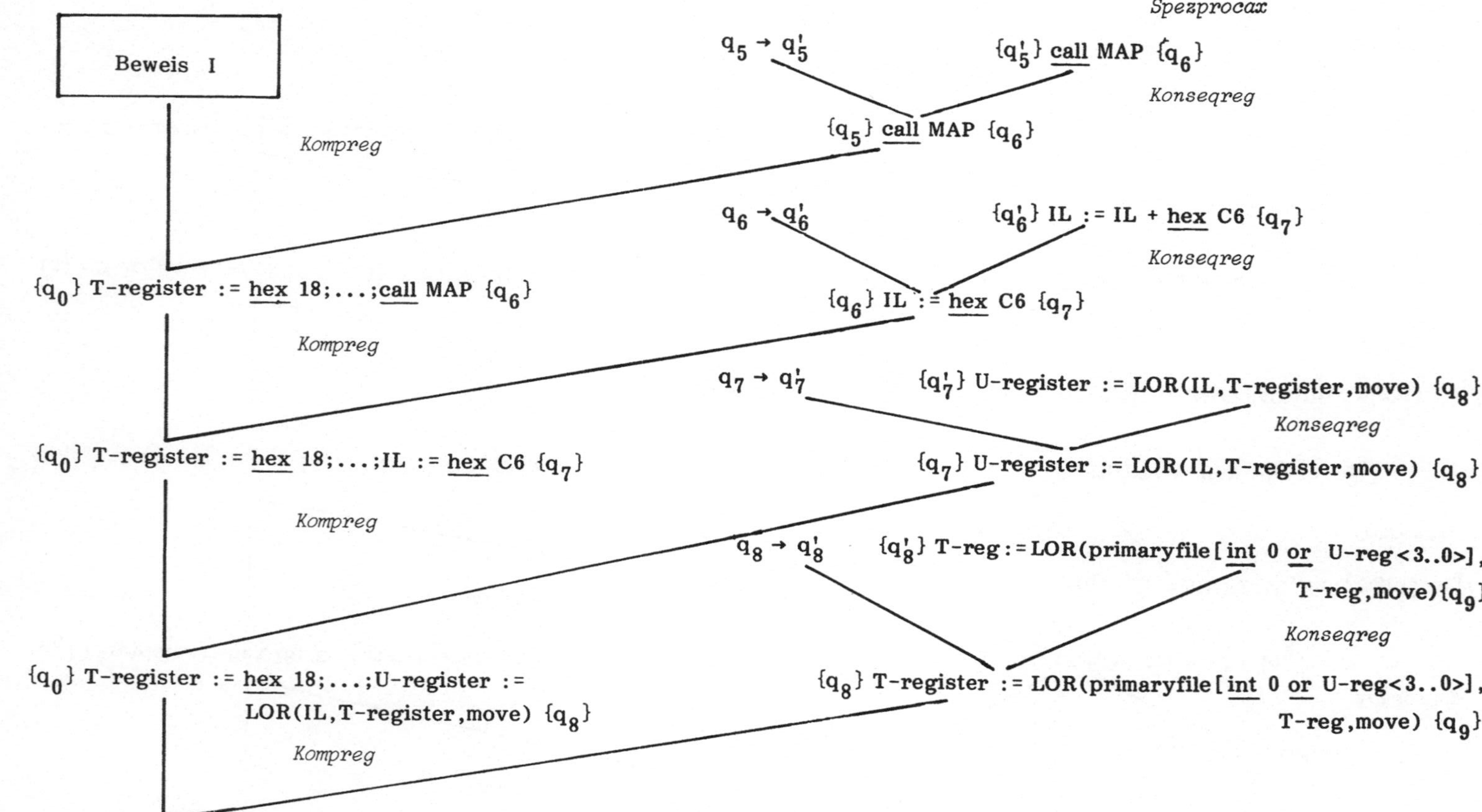

\- Beweis II -

\- Abb. A4.2 -

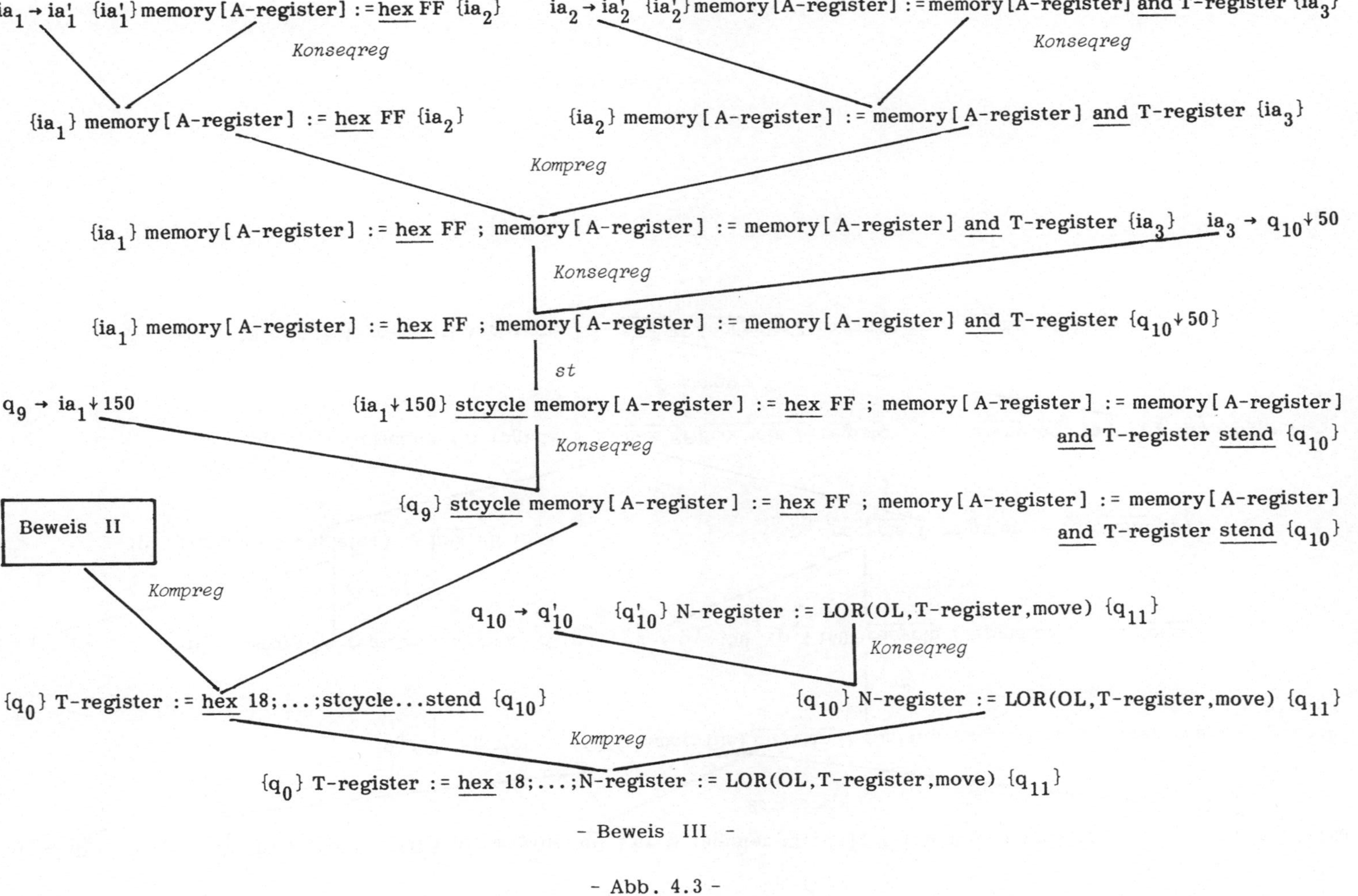

- Beweis III -

- Abb. 4.3 -

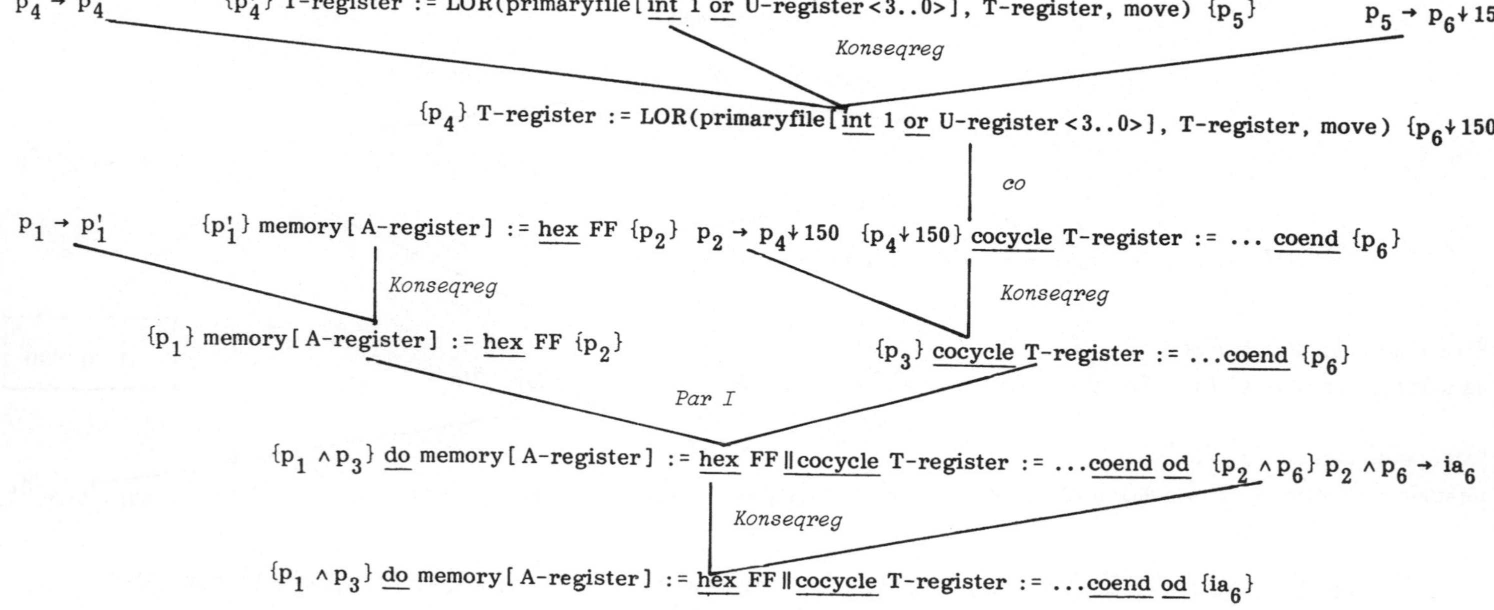

- Beweis IV -

- Abb. A4.4 -

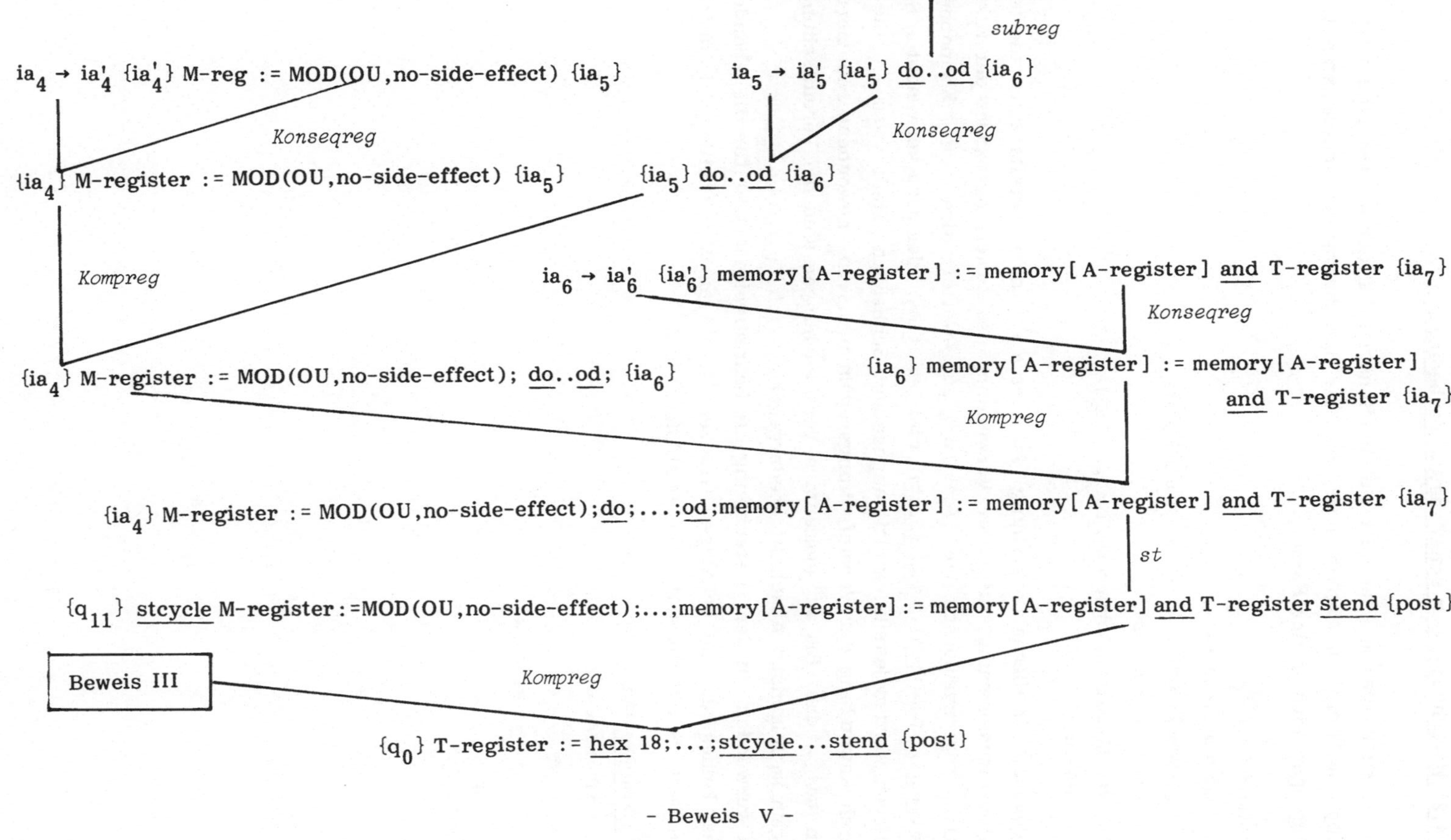

- Beweis V -

- Abb. A4.5 -

A 4.3 Berechnung der schwächsten Vorbedingung

Wir gehen in diesem Abschnitt auf die Konstruktion der schwächsten Vorbedingung von 'store' bezüglich *post* ein. Die Berechnung der schwächsten Vorbedingungen wird in der Form

```
iass n' ≡
   wdp(mop, iass n+1)
   ≡ vc-ok(mop) ∧ iass n+1 vc-sub(mop)
   where vc-sub(mop) = ...
   ⇔ (Vereinfachungsregeln n_1,...,n_k)
   iass n
```

angegeben. In dieser Darstellung ist *iass* n + 1 eine bereits konstruierte Zwischenzusicherung, die unter Verwendung des Zuweisungsaxioms der Mikrooperation *mop* symbolisch zu *iass* n' ausgewertet wird. Die Komponenten *sub*(main), *sub*(then), *sub*(first) und *sub*(time) der dazu verwendeten Substitutionen werden jeweils explizit angegeben. Schließlich stellt *iass* n die durch Anwendung der Vereinfachungsregeln $n_1, \ldots, n_k$ gewonnene reduzierte Form von *iass* n' dar. Bis auf elementare Vereinfachungen sind die Vereinfachungsregeln im folgenden Abschnitt wiedergegeben.
Wir verwenden in der Berechnung die Schreibweise a(i:w) für die Abänderung eines Feldes a (mit beliebigen Grenzen *lb*, *ub*) an der Position i durch den Wert w . Somit steht a(i:w) abkürzend für

```
makearray index : [lb..ub] of
   if index = i
      ⇒    w
      else  a[index]
   fi
endarray
```

post ≡

MEM = memory

ia_7 ≡

post [time/time + 50]

≡

post

ia_6 ≡

wp (memory [A-register] :=

memory [A-register] and T-register, ia_7)

≡

startof-P_4 (time)

∧ modify-register = hex FF

∧ ia_7 sub (time) sub (main)

where

sub (time) = [time/time + 400]

sub (main) = [memory/memory (M-register | N-register :

memory [M-register | N-register] and T-register)]

≡

startof-P_4 (time)

∧ modify-register = hex FF

∧ MEM = memory (M-register | N-register :

memory [M-register | N-register] and T-register)

p_2 ≡

<memory = *memory*, defining-equation>

∧ ia_6 [modify-register, T-register/ *modify-register*, *T-register*]

≡

<memory = *memory*, defining-equation>

∧ startof-P_4 (time)

∧ *modify-register* = hex FF

∧ MEM = memory (M-register | N-register :

memory [M-register | N-register] and *T-register*)

p_1 ≡

wp (<memory [A-register] := hex FF, initiate before write>, p_2)

≡

startof-P_4 (time)

∧ p_2 sub (time) sub (main)

where

sub (time) = [time/time + 400]

sub (main) = [memory/memory (M-register | N-register : hex FF)]

⟺ (Vereinfachungsregeln 1,2,*clock*)

startof-P_4(time)

∧ <memory(M-register|N-register:hex FF) = *memory*, defining-equation>

∧ *modify-register* = hex FF

∧ MEM = memory(M-register|N-register: *T-register*)

p_6 ≡

<modify-register = *modify-register*, defining-equation>

∧ <T-register = *T-register*, defining-equation>

∧ ia_6 [memory/*memory*]

≡

<modify-register = *modify-register*, defining-equation>

∧ <T-register = *T-register*, defining-equation>

∧ startof-P_4(time)

∧ modify-register = hex FF

∧ MEM = *memory*(M-register|N-register:
memory[M-register|N-register] and T-register)

p_5 ≡

p_6 ≡ [time/time + 150]

≡

<modify-register = *modify-register*, defining-equation>

∧ <T-register = *T-register*, defining-equation>

∧ startof-P_4(time + 150)

∧ modify-register = hex FF

∧ MEM = *memory*(M-register|N-register:
memory[M-register|N-register] and T-register)

p_4 ≡

wp(T-register := LOR(primaryfile[int 1 or U-register <3..0>],
T-register, move), p_5)

≡

startof-P_1(time)

∧ file-bank-select = bin 0

∧ modify-register <2..0> = oct 7

∧ modification-enable = bin 1

∧ U-register <7..4> = hex C

∧ p_5 sub(time) sub(then) sub(main)

where

sub(time) = [time/time + 200]

sub(then) = [T-register, modify-register/

```
                    if bin 0 and modify-register <5> = 1
                         => primaryfile[int 1 or U-register <3..0 >]
                                or T-register,
                       bin 0 and modify-register <5> = 0
                         => primaryfile[int 1 or U-register <3..0 >]
                    fi ,
                    if true => hex FF fi]
            sub(main) = [T-register/T-register]
          <=> (Vereinfachungsregeln clock)
            startof-P1(time)
          ∧ file-bank-select = bin 0
          ∧ modify-register <2..0> = oct 7
          ∧ modification-enable = bin 1
          ∧ U-register <7..4> = hex C
          ∧ <hex FF = modify-register, defining-equation>
          ∧ <primaryfile[int 1 or U-register <3..0 >]
                    = T-register, defining-equation>
          ∧ MEM = memory (M-register|N-register :
                    memory[M-register|N-register] and
                         primaryfile[int 1 or U-register <3..0 >]

p3    ≡
        p4[time/time + 50]
        ≡
            startof-P1(time + 50)
          ∧ file-bank-select = bin 0
          ∧ modify-register <2..0> = oct 7
          ∧ modification-enable = bin 1
          ∧ U-register <7..4> = hex C
          ∧ <hex FF = modify-register, defining-equation>
          ∧ <primaryfile[int 1 or U-register <3..0 >]
                    = T-register, defining-equation>
          ∧ MEM = memory (M-register|N-register :
                    memory[M-register|N-register] and
                         primaryfile[int 1 or U-register <3..0 >])

ia5   ≡
        wp(do...od, ia6) ≡ p1 ∧ p3
          <=> (Vereinfachungsregeln 1, 2, clock, subst, 12)
            startof-P4(time)
          ∧ file-bank-select = bin 0
          ∧ modify-register <2..0> = oct 7
```

```
       ∧  modification-enable = bin 1
       ∧  U-register <7..4> = hex C
       ∧  MEM = memory(M-register|N-register:
                           primaryfile[int 1 or U-register <3..0 >])

ia4  ≡
     wp(M-register := MOD(OU, no-side-effect), ia5)
     ≡
          startof-P1(time)
       ∧  file-bank-select = bin 0
       ∧  ia5  sub(time)   sub(then)   sub(main)
     where
          sub(time) = [time/time + 150]
          sub(then) = [M-register/
                         if bin 00 = bin 01 ∧ codeof(OU) < > oct 2
                                ⇒ primaryfile[15] - 1 ,
                            bin 00 = bin 01 ∧ codeof(OU) = oct 2
                                ⇒ (primaryfile[15] - 1) + link,
                            bin 00 = bin 10
                                ⇒ primaryfile[15] + link,
                            bin 00 = bin 11
                                ⇒ primaryfile[15] + 1
                         fi]
          sub(main) = [M-register/primaryfile[15]]
       ⟺ (Vereinfachungsregeln clock)
          startof-P1(time)
       ∧  file-bank-select = bin 0
       ∧  modify-register <2..0> = oct 7
       ∧  modification-enable = bin 1
       ∧  U-register <7..4> = hex C
       ∧  MEM = memory(primaryfile[15]|N-register:
                           primaryfile[int 1 or U-register <3..0 >])

q11  ≡
     wp(stcycle...stend, post)
     ≡
     ia4

q10  ≡
     wp(N-register := LOR(OL, T-register, move), q11)
     ≡
```

```
      startof-P_1(time)
    ∧ file-bank-select = bin 0
    ∧ modify-register <2..0> = oct 7
    ∧ q_11  sub(time)  sub(then)  sub(main)
where
      sub(time) = [time/time + 200]
      sub(then) = [N-register, modification-enable, modify-register/
                   if bin 0 and modify-register <5> = 1
                        ⇒ primaryfile[14] or T-register,
                      bin 0 and modify-register <5> = 0
                        ⇒ primaryfile[14]
                   fi ,
                   if true ⇒ bin 1 fi,
                   if true ⇒ hex FF fi]
      sub(main) = [N-register/T-register]
   ⟺ (Vereinfachungsregeln clock)
      startof-P_1(time)
    ∧ file-bank-select = bin 0
    ∧ modify-register <2..0> = oct 7
    ∧ U-register <7..4> = hex C
    ∧ MEM = memory(primaryfile[15]|primaryfile[14]:
                         primaryfile[int 1 or U-register <3..0 >])

ia_3  ≡
      q_10 [time/time + 50]
      ≡
         startof-P_1(time + 50)
       ∧ file-bank-select = bin 0
       ∧ modify-register <2..0> = oct 7
       ∧ U-register <7..4> = hex C
       ∧ MEM = memory(primaryfile[15]|primaryfile[14]:
                         primaryfile[int 1 or U-register <3..0 >])

ia_2  ≡
      wp(memory[A-register] := memory[A-register] and T-register, ia_3)
      ≡
         startof-P_4(time)
       ∧ modify-register = hex FF
       ∧ ia_3  sub(time)  sub(main)
```

```
where
      sub(time) = [time/time + 400]
      sub(main) = [memory/
                     memory(M-register|N-register:
                        memory[M-register|N-register] and T-register)]
   ⟺ (Vereinfachungsregeln clock)
      startof-P_4(time)
   ∧  modify-register = hex FF
   ∧  file-bank-select = bin 0
   ∧  modify-register <2..0> = oct 7
   ∧  U-register <7..4> = hex C
   ∧  MEM = memory(M-register|N-register:
                 memory[M-register|N-register] and T-register)
                    (primaryfile[15]|primaryfile[14]:
                       primaryfile[int 1 or U-register <3..0 >])

ia_1   ≡
      wp(<memory[A-register] := hex FF, initiate before write>, ia_2)
      ≡
            startof-P_4(time)
         ∧  ia_2  sub(time)   sub(main)
      where
            sub(time) = [time/time + 400]
            sub(main) = [memory/memory(M-register|N-register:hex FF)]
         ⟺ (Vereinfachungsregeln 1, 2, clock)
            startof-P_4(time)
         ∧  modify-register = hex FF
         ∧  file-bank-select = bin 0
         ∧  modify-register <2..0> = oct 7
         ∧  U-register <7..4> = hex C
         ∧  MEM = memory(M-register|N-register:T-register)
                      primaryfile[15]|primaryfile[14]:
                         primaryfile[int 1 or U-register <3..0 >])

q_7    ≡
      wp(stcycle...stend, q_10)
      ≡
      ia_1 [time/time + 150]
      ≡
            startof-P_4(time + 150)
         ∧  modify-register = hex FF
         ∧  file-bank-select = bin 0
```

```
        ∧  modify-register <2..0> = oct 7
        ∧  U-register <7..4> = hex C
        ∧  MEM = memory(M-register|N-register : T-register)
                 (primaryfile[15]|primaryfile[14] :
                    primaryfile[int 1 or U-register <3..0 >])

q5   ≡
     wp(T-register := LOR(primaryfile[int 0 or U-register <3..0>],
                                                T-register, move), q9)
     ≡
          startof-P1(time)
        ∧  file-bank-select = bin 0
        ∧  modify-register <2..0> = oct 7
        ∧  modification-enable = bin 1
        ∧  U-register <7..4> = hex C
        ∧  q9  sub(time)   sub(then)   sub(main)
     where
          sub(time) = [time/time + 200]
          sub(then) = [T-register, modify-register/
                          if bin 0 and modify-register <5> = 1
                             ⇒ primaryfile[int 0 or U-register <3..0 >]
                                   or T-register,
                             bin 0 and modify-register <5> = 0
                             ⇒ primaryfile[int 0 or U-register <3..0 >]
                          fi ,
                          if true ⇒ hex FF fi]
          sub(main) = [T-register/T-register]
        ⟺ (Vereinfachungsregeln clock)
          startof-P1(time)
        ∧  file-bank-select = bin 0
        ∧  modify-register <2..0> = oct 7
        ∧  modification-enable = bin 1
        ∧  U-register <7..4> = hex C
        ∧  MEM = memory(M-register|N-register :
                 primaryfile[U-register <3..0 >])
                    (primaryfile[15]|primaryfile[14] :
                       primaryfile[int 1 or U-register <3..0 >])

q7   ≡
     wp(U-register := LOR(IL, T-register, move), q8)
     ≡
       startof-P1(time)
```

```
    ∧  file-bank-select = bin 0
    ∧  modify-register <2..0> = oct 7
    ∧  q8  sub(time)  sub(then)  sub(main)
 where
       sub(time) = [time/time + 200]
       sub(then) = [U-register, modification-enable, modify-register/
                    if bin 0 and modify-register <5> = 1
                          ⇒ primaryfile[3] or T-register,
                       bin 0 and modify-register <5> = 0
                          ⇒ primaryfile[3]
                    fi ,
                    if true ⇒ bin 1 fi ,
                    if true ⇒ hex FF fi]
       sub(main) = [U-register/T-register]
    ⟺ (Vereinfachungsregeln clock)
       startof-P1(time)
    ∧  file-bank-select = bin 0
    ∧  modify-register <2..0> = oct 7
    ∧  primaryfile[3] <7..4> = hex C
    ∧  MEM = memory(M-register|N-register:
                     primaryfile[primaryfile[3] <3..0 >])
                   (primaryfile[15]|primaryfile[14]:
                        primaryfile[int 1 or primaryfile[3] <3..0 >])

q6    ≡
 wp(IL := IL + hex C6, q7)
 ≡
       startof-P1(time)
    ∧  file-bank-select = bin 0
    ∧  3 < > hex 0
    ∧  q7  sub(time)  sub(then)  sub(main)
 where
       sub(time) = [time/time + 200]
       sub(then) = [primaryfile, modify-register, modification-enable/
                      if true ⇒ primaryfile(3:
                         primaryfile[3] + (hex C6 and modify-register))
                      fi ,
                      if true ⇒ hex FF fi ,
                      if true ⇒ bin 1 fi]
       sub(main) = [primaryfile/primaryfile]
```

```
    ⟺ (Vereinfachungsregeln 1, clock)
       startof-P1(time)
    ∧  file-bank-select = bin 0
    ∧  (primaryfile[3] + (hex C6 and modify-register)) <7..4> = hex C
    ∧  MEM = memory(M-register|N-register:
                          primaryfile(3:primaryfile[3]
                             + (hex C6 and modify-register))
                                [primaryfile[3] + (hex C6 and
                                      modify-register) <3..0 >])
                   (primaryfile[15]|primaryfile[14]:
                          primaryfile(3:primaryfile[3]
                             + (hex C6 and modify-register))
                                [(int 1 or (primaryfile[3] +
                                   (hex C6 and modify-register))) <3..0 >])

q5    ≡
      wp(call MAP, q6)
      ≡
         q6 [primaryfile, M-register, N-register/
            primaryfile(15:((primaryfile[15]|primaryfile [14])
                                mult bin 10) <15..8> ;
                         14:((primaryfile[15]|primaryfile [14])
                                mult bin 10) <7..0>),
            (((primaryfile[15]|primaryfile[14]) mult bin 10)
                                add bin 1) <15..8>,
            (((primaryfile[15]|primaryfile[14]) mult bin 10)
                                add bin 1) <7..0>]
      ⟺ (Vereinfachungsregeln 1,2,8,9,10,11)
         startof-P1(time)
      ∧  file-bank-select = bin 0
      ∧  primaryfile[3] + (hex C6 and modify-register) <7..0> = hex C
      ∧  MEM = memory
            (primaryfile[15]<6..0>|primaryfile[14]<7..0>|bin 1 :
               primaryfile
                 (15 : primaryfile[15]<6..0>|primaryfile[14]<7> ;
                  14 : primaryfile[14]<6..0>|bin 0)
                 ( 3 : primaryfile[3]
                       + hex C6 and modify-register))
                 [primaryfile[3] + (hex C6 and modify-register) <3..0>])
```

```
            (primaryfile[15]<6..0>|primaryfile[14]<7..0>|bin 0 :
               primaryfile
                  (15 : primaryfile[15]<6..0>|primaryfile[14]<7> ;
                   14 : primaryfile[14]<6..0>|bin 0)
                    3 : primaryfile[3]
                        + hex C6 and modify-register))
                  [int 1 or primaryfile[3] +
                     ( hex C6 and modify-register) <3..0>])

q4   ≡
     wp(IL := SHIFT(IL, link, right), q5)
     ≡
           startof-P1(time)
        ∧  file-bank-select = bin 0
        ∧  q5  sub(time)   sub(then)   sub(main)
     where
           sub(time) = [time/time + 200]
           sub(then) =
              [link, primaryfile, modification-enable, modify-register/
                 if bin 1 and modify-register<7> = 0
                       ∧ bin 1 and modify-register<5> = 0
                          ⇒ primaryfile[3]<7>,
                    bin 1 and modify-register<7> = 1
                       ∧ bin 1 and modify-register<5> = 0
                          ⇒ primaryfile[3]<7>,
                    bin 1 and modify-register<7> = 0
                       ∧ bin 1 and modify-register<5> = 1
                          ⇒ primaryfile[3]<0>,
                    bin 1 and modify-register<7> = 1
                       ∧ bin 1 and modify-register<5> = 1
                          ⇒ primaryfile[3]<0>
                 fi ,
                 if bin 1 and modify-register<7> = 0
                       ∧ bin 1 and modify-register<5> = 0
                          ⇒ primaryfile(3 : primaryfile[3]<6..0>|bin 0),
                    bin 1 and modify-register<7> = 1
                       ∧ bin 1 and modify-register<5> = 0
                          ⇒ primaryfile(3 : primaryfile[3]<6..0>|link),
                    bin 1 and modify-register<7> = 0
                       ∧ bin 1 and modify-register<5> = 1
                          ⇒ primaryfile(3 : bin 0|primaryfile[3]<7..1>),
```

```
            bin 1 and modify-register<7> = 1
              ∧ bin 1 and modify-register<5> = 1
                 ⇒ primaryfile(3 : link|primaryfile[3]<7..1>)
         fi ,
         if true ⇒ bin 1 fi ,
         fi true ⇒ hex FF fi]
    sub(main) = [primaryfile/primaryfile]
⟺ (Vereinfachungsregeln 4,5,6,clock,26,27)
    startof-P1(time)
∧   file-bank-select = bin 0
∧   (if bin 1 and modify-register<7> = 0
          ∧ bin 1 and modify-register<5> = 0
             ⇒ primaryfile[3]<6..0>|bin 0,
       bin 1 and modify-register<7> = 1
          ∧ bin 1 and modify-register<5> = 0
             ⇒ primaryfile[3]<6..0>|link,
       bin 1 and modify-register<7> = 0
          ∧ bin 1 and modify-register<5> = 1
             ⇒ bin 0|primaryfile[3]<7..1> ,
       bin 1 and modify-register<7> = 1
          ∧ bin 1 and modify-register<5> = 1
             ⇒ link|primaryfile[3]<7..1>
     fi + hex C6) <7..4> = hex C
∧   MEM = memory
       (primaryfile[15]<6..0>|primaryfile[14]<7..0>|bin 1 :
          primaryfile
             (15 : primaryfile[15]<6..0>|primaryfile[14]<7>;
              14 : primaryfile[14]<6..0>|bin 0)
             ( 3 :
                   if bin 1 and modify-register<7> = 0
                         ∧ bin 1 and modify-register<5> = 0
                            ⇒ primaryfile[3]<6..0>|bin 0,
                      bin 1 and modify-register<7> = 1
                         ∧ bin 1 and modify-register<5> = 0
                            ⇒ primaryfile[3]<6..0>|link,
                      bin 1 and modify-register<7> = 0
                         ∧ bin 1 and modify-register<5> = 1
                            ⇒ bin 0|primaryfile[3]<7..1>,
```

```
            bin 1 and modify-register<7> = 1
                 ∧ bin 1 and modify-register<5> = 1
                    ⇒ link|primaryfile[3]<7..1>
         fi + hex C6)
       [(if bin 1 and modify-register<7> = 0
                 ∧ bin 1 and modify-register<5> = 0
                    ⇒ primaryfile[3]<6..0>|bin 0,
            bin 1 and modify-register<7> = 1
                 ∧ bin 1 and modify-register<5> = 0
                    ⇒ primaryfile[3]<6..0>|link,
            bin 1 and modify-register<7> = 0
                 ∧ bin 1 and modify-register<5> = 1
                    ⇒ bin 0|primaryfile[3]<7..1>,
            bin 1 and modify-register<7> = 1
                 ∧ bin 1 and modify-register<5> = 1
                    ⇒ link|primaryfile[3]<7..1>
         fi + hex C6) <3..0>])
(primaryfile[15]<6..0>|primaryfile[14]<7..0>|bin 0 :
   primaryfile
      (15 : primaryfile[15]<6..0>|primaryfile[14]<7>;
       14 : primaryfile[14]<6..0>|bin 0)
      ( 3 :
         if bin 1 and modify-register<7> = 0
                 ∧ bin 1 and modify-register<5> = 0
                    ⇒ primaryfile[3]<6..0>|bin 0,
            bin 1 and modify-register<7> = 1
                 ∧ bin 1 and modify-register<5> = 0
                    ⇒ primaryfile[3]<6..0>|link,
            bin 1 and modify-register<7> = 0
                 ∧ bin 1 and modify-register<5> = 1
                    ⇒ bin 0|primaryfile[3]<7..1>,
            bin 1 and modify-register<7> = 1
                 ∧ bin 1 and modify-register<5> = 1
                    ⇒ link|primaryfile[3]<7..1>
         fi + hex C6)
       [(int 1 or
          (if bin 1 and modify-register<7> = 0
                 ∧ bin 1 and modify-register<5> = 0
                    ⇒ primaryfile[3]<6..0>|bin 0,
```

```
                              bin 1 and modify-register<7> = 1
                                 ∧ bin 1 and modify-register<5> = 0
                                    ⇒ primaryfile[3]<6..0>|link,
                              bin 1 and modify-register<7> = 0
                                 ∧ bin 1 and modify-register<5> = 1
                                    ⇒ bin 0|primaryfile[3]<7..1>,
                              bin 1 and modify-registerd<7> = 1
                                 ∧ bin 1 and modify-register<5> = 1
                                    ⇒ link|primaryfile[3]<7..1>
                           fi + hex C6)) <3..0>])

q3  ≡
     wp (IL := SHIFT(IL, link, right), q4)
     ≡
           startof-P1(time)
        ∧  file-bank-select = bin 0
        ∧  q4  sub(time)   sub(then)   sub(main)
     where
        sub(time) = [time/time + 200]
        sub(then) =
           [link, primaryfile, modification-enable, modify-register/
              if bin 1 and modify-register<7> = 0
                    ∧ bin 1 and modify-register<5> = 0
                       ⇒ primaryfile[3]<7>,
                 bin 1 and modify-register<7> = 1
                    ∧ bin 1 and modify-register<5> = 0
                       ⇒ primaryfile[3]<7>,
                 bin 1 and modify-register<7> = 0
                    ∧ bin 1 and modify-register<5> = 1
                       ⇒ primaryfile[3]<0>,
                 bin 1 and modify-register<7> = 1
                    ∧ bin 1 and modify-register<5> = 1
                       ⇒ primaryfile[3]<0>
              fi ,
              if bin 1 and modify-register<7> = 0
                    ∧ bin 1 and modify-register<5> = 0
                       ⇒ primaryfile(3 : primaryfile[3]<6..0>|bin 0),
                 bin 1 and modify-register<7> = 1
                    ∧ bin 1 and modify-register<5> = 0
                       ⇒ primaryfile(3 : primaryfile[3]<6..0>|link),
```

```
            bin 1 and modify-register<7> = 0
               ∧ bin 1 and modify-register<5> = 1
                  ⇒  primaryfile(3 : bin 0|primaryfile[3]<7..1>),
            bin 1 and modify-register<7> = 1
               ∧ bin 1 and modify-register<5> = 1
                  ⇒  primaryfile(3 : link|primaryfile[3]<7..1>)
         fi ,
         if true ⇒ bin 1 fi ,
         if true ⇒ hex FF fi]
      sub(main) = [primaryfile/primaryfile]
⟺  (Vereinfachungsregeln 4,5,6,8,9,clock)
      startof-P1(time)
∧     file-bank-select = bin 0
∧     ((if  bin 1 and modify-register<7> = 0
               ∧ bin 1 and modify-register<5> = 0
                  ⇒  primaryfile[3]<7>,
            bin 1 and modify-register<7> = 1
               ∧ bin 1 and modify-register<5> = 0
                  ⇒  primaryfile[3]<7>,
            bin 1 and modify-register<7> = 0
               ∧ bin 1 and modify-register<5> = 1
                  ⇒  primaryfile[3]<0>,
            bin 1 and modify-register<7> = 1
               ∧ bin 1 and modify-register<5> = 1
                  ⇒  primaryfile[3]<0>
        fi
      |(if  bin 1 and modify-register<7> = 0
               ∧ bin 1 and modify-register<5> = 0
                  ⇒  primaryfile[3]<6..0>|bin 0,
            bin 1 and modify-register<7> = 1
               ∧ bin 1 and modify-register<5> = 0
                  ⇒  primaryfile[3]<6..0>|link,
            bin 1 and modify-register<7> = 0
               ∧ bin 1 and modify-register<5> = 1
                  ⇒  bin 0|primaryfile[3]<7..1>,
            bin 1 and modify-register<7> = 1
               ∧ bin 1 and modify-register<5> = 1
                  ⇒  link|primaryfile[3]<7..1>
        fi) <7..1>) + hex C6) <7..4> = hex C
```

```
∧  MEM = memory
      (primaryfile[15]<6..0>|primaryfile[14]<7..0>|bin 1 :
        primaryfile
           (15 : primaryfile[15]<6..0>|primaryfile[14]<7>;
            14 : primaryfile[14]<6..0>|bin 0)
           ( 3 :
                (if bin 1 and modify-register<7> = 0
                        ∧ bin 1 and modify-register<5> = 0
                           ⇒ primaryfile[3]<7>,
                    bin 1 and modify-register<7> = 1
                        ∧ bin 1 and modify-register<5> = 0
                           ⇒ primaryfile[3]<7>,
                    bin 1 and modify-register<7> = 0
                        ∧ bin 1 and modify-register<5> = 1
                           ⇒ primaryfile[3]<0>
                    bin 1 and modify-register<7> = 1
                        ∧ bin 1 and modify-register<5> = 1
                           ⇒ primaryfile[3]<0>
                 fi
               | if bin 1 and modify-register<7> = 0
                        ∧ bin 1 and modify-register<5> = 0
                           ⇒ primaryfile[3]<6..0>|bin 0,
                    bin 1 and modify-register<7> = 1
                        ∧ bin 1 and modify-register<5> = 0
                           ⇒ primaryfile[3]<6..0>|link,
                    bin 1 and modify-register<7> = 0
                        ∧ bin 1 and modify-register<5> = 1
                           ⇒ bin 0|primaryfile[3]<7..1>,
                    bin 1 and modify-register<7> = 1
                        ∧ bin 1 and modify-register<5> = 1
                           ⇒ link|primaryfile[3]<7..1>
                 fi <7..1>) + hex C6)
              [((if bin 1 and modify-register<7> = 0
                        ∧ bin 1 and modify-register<5> = 0
                           ⇒ primaryfile[3]<7>,
                    bin 1 and modify-register<7> = 1
                        ∧ bin 1 and modify-register<5> = 0
                           ⇒ primaryfile[3]<7>,
                    bin 1 and modify-register<7> = 0
                        ∧ bin 1 and modify-register<5> = 1
                           ⇒ primaryfile[3]<0>,
```

```
                bin 1 and modify-register<7> = 1
                     ∧ bin 1 and modify-register<5> = 1
                          ⇒ primaryfile[3]<0>
            fi
          | if bin 1 and modify-register<7> = 0
                     ∧ bin 1 and modify-register<5> = 0
                          ⇒ primaryfile[3]<6..0>|bin 0,
                bin 1 and modify-register<7> = 1
                     ∧ bin 1 and modify-register<5> = 0
                          ⇒ primaryfile[3]<6..0>|link,
                bin 1 and modify-register<7> = 0
                     ∧ bin 1 and modify-register<5> = 1
                          ⇒ bin 0|primaryfile[3]<7..1>,
                bin 1 and modify-register<7> = 1
                     ∧ bin 1 and modify-register<5> = 1
                          ⇒ link|primaryfile[3]<7..1>
            fi <7..1>) + hex C6) <3..0>])
(primaryfile[15]<6..0>|primaryfile[14]<7..0>|bin 0 :
   primaryfile
      (15 : primaryfile[15]<6..0>|primaryfile[14]<7>;
       14 : primaryfile[14]<6..0>|bin 0)
      ( 3 :
            (if bin 1 and modify-register<7> = 0
                     ∧ bin 1 and modify-register<5> = 0
                          ⇒ primaryfile[3]<7>,
                bin 1 and modify-register<7> = 1
                     ∧ bin 1 and modify-register<5> = 0
                          ⇒ primaryfile[3]<7>,
                bin 1 and modify-register<7> = 0
                     ∧ bin 1 and modify-register<5> = 1
                          ⇒ primaryfile[3]<0>,
                bin 1 and modify-register<7> = 1
                     ∧ bin 1 and modify-register<5> = 1
                          ⇒ primaryfile[3]<0>
            fi
          | if bin 1 and modify-register<7> = 0
                     ∧ bin 1 and modify-register<5> = 0
                          ⇒ primaryfile[3]<6..0>|bin 0,
                bin 1 and modify-register<7> = 1
                     ∧ bin 1 and modify-register<5> = 0
                          ⇒ primaryfile[3]<6..0>|link,
```

```
                bin 1 and modify-register<7> = 0
                   ∧ bin 1 and modify-register<5> = 1
                      ⇒ bin 0|primaryfile[3]<7..1>,
                bin 1 and modify-register<7> = 1
                   ∧ bin 1 and modify-register<5> = 1
                      ⇒ link|primaryfile[3]<7..1>
             fi <7..1>) + hex C6)
           [(int 1 or
             if bin 1 and modify-register<7> = 0
                   ∧ bin 1 and modify-register<5> = 0
                      ⇒ primaryfile[3]<7>,
                bin 1 and modify-register<7> = 1
                   ∧ bin 1 and modify-register<5> = 0
                      ⇒ primaryfile[3]<7>,
                bin 1 and modify-register<7> = 0
                   ∧ bin 1 and modify-register<5> = 1
                      ⇒ primaryfile[3]<0>,
                bin 1 and modify-register<7> = 1
                   ∧ bin 1 and modify-register<5> = 1
                      ⇒ primaryfile[3]<0>
             fi
           | if bin 1 and modify-register<7> = 0
                   ∧ bin 1 and modify-register<5> = 0
                      ⇒ primaryfile[3]<6..0>|bin 0,
                bin 1 and modify-register<7> = 1
                   ∧ bin 1 and modify-register<5> = 0
                      ⇒ primaryfile[3]<6..0>|link,
                bin 1 and modify-register<7> = 0
                   ∧ bin 1 and modify-register<5> = 1
                      ⇒ bin 0|primaryfile[3]<7..1>,
                bin 1 and modify-register<7> = 1
                   ∧ bin 1 and modify-register<5> = 1
                      ⇒ link|primaryfile[3]<7..1>
             fi <7..1>) + hex C6) <3..0>])

q2    ≡
      wp(IL := COP(select-T), q3)
      ≡
            startof-P1(time)
         ∧  file-bank-select = bin 0
         ∧  3 < > hex 0
         ∧  q3  sub(time)   sub(then)   sub(main)
```

```
where
      sub(time) = [time/time + 200]
      sub(then) =
         [primaryfile, modification-enable, modify-register/
            if bin 1 and modify-register<5> = 1
                 ⇒ primaryfile(3 : T-register),
               bin 1 and modify-register<5> = 0
                 ⇒ primaryfile(3 : hex 00)
            fi ,
            if true ⇒ bin 1 fi ,
            if true ⇒ hex FF fi]
      sub(main)
         [primaryfile/primaryfile(3 : hex 00)]
   ⟺ (Vereinfachungsregeln 1,2,3,5,6,clock)
      startof-P1(time)
   ∧  file-bank-select = bin 0
   ∧  ((if  bin 1 and modify-register<5> = 1
               ⇒ T-register,
            bin 1 and modify-register<5> = 0
               ⇒ hex 00
        fi  <0>
      | (link|if  bin 1 and modify-register<5> = 1
                     ⇒ T-register,
                  bin 1 and modify-register<5> = 0
                     ⇒ hex 00
              fi <7..1>) <7..1>) + hex C6) <7..4> = hex C
   ∧  MEM = memory
         (primaryfile[15]<6..0>|primaryfile[14]<7..0>|bin 1 :
            primaryfile
               (15 : primaryfile[15]<6..0>|primaryfile[14]<7>;
                14 : primaryfile[14]<6..0>|bin 0)
               ( 3 :
                  (if   bin 1 and modify-register<5> = 1
                           ⇒ T-register,
                        bin 1 and modify-register<5> = 0
                           ⇒ hex 00
                   fi <0>
                  |(link
                    |if bin 1 and modify-register<5> = 1
                           ⇒ T-register,
```

```
            bin 1 and modify-register<5> = 0
               ⇒ hex 00
          fi <7..1>) <7..1>) + hex C6)
       [((if bin 1 and modify-register<5> = 1
               ⇒  T-register,
            bin 1 and modify-register<5> = 0
               ⇒  hex 00
          fi <0>|(link
                 |if bin 1 and modify-register<5> = 1
                       ⇒  T-register,
                    bin 1 and modify-register<5> = 0
                       ⇒  hex 00
                 fi <7..1>) <7..1>) + hex C6) <3..0>])
(primaryfile[15]<6..0>|primaryfile[14]<7..0>|bin 0 :
   primaryfile
      (15 : primaryfile[15]<6..0>|primaryfile[14]<7>;
       14 : primaryfile[14]<6..0>|bin 0)
      ( 3 :
          (if bin 1 and modify-register<5> = 1
               ⇒  T-register,
             bin 1 and modify-register<5> = 0
               ⇒  hex 00
          fi <0>
          |(link
             |if bin 1 and modify-register<5> = 1
                   ⇒  T-register,
                bin 1 and modify-register<5> = 0
                   ⇒  hex 00
             fi <7..1>) <7..1>) + hex C6)
          [(int 1 or
            ((if bin 1 and modify-register<5> = 1
                   ⇒  T-register,
                bin 1 and modify-register<5> = 0
                   ⇒  hex 00
             fi <0>|(link
             |if bin 1 and modify-register<5> = 1
                   ⇒  T-register,
                bin 1 and modify-register<5> = 0
                   ⇒  hex 00
             fi <7..1>) <7..1>) + hex C6)) <3..0>])
```

```
q1   ≡
        wp (T-register := AND(IU, T-register, select-T), q2)
        ≡
             startof P1(time)
          ∧  file-bank-select = bin 0
          ∧  modify-register <2..0> = oct 7
          ∧  q2  sub(time)   sub(then)   sub(main)
        where
             sub(time) = [time/time + 200]
             sub(then) =
                [T-register, modification-enable, modify-register/
                   if bin 1 and modify-register<5> = 1
                         ⇒ primaryfile[2] and T-register,
                      bin 1 and modify-register<5> = 0
                         ⇒ hex 00
                   fi ,
                   if true ⇒ bin 1 fi,
                   if true ⇒ hex FF fi]
             sub(main) = [T-register/T-register]
          ⟺ (Vereinfachungsregeln clock)
             startof-P1(time)
          ∧  file-bank-select = bin 0
          ∧  modify-register <2..0> = oct 7
          ∧  ((if  bin 1 and modify-register<5> = 1
                     ⇒ primaryfile[2] and T-register,
                  bin 1 and modify-register<5> = 0
                     ⇒ hex 00
               fi <0>
             |(link
               |if bin 1 and modify-register<5> = 1
                     ⇒ primaryfile[2] and T-register,
                  bin 1 and modify-register<5> = 0
                     ⇒ hex 00
                fi <7..1>) <7..1>) + hex C6) <7..4> = hex C
          ∧  MEM = memory
                (primaryfile[15]<6..0>|primaryfile[14]<7..0>|bin 1 :
                   primaryfile
                       (15 : primaryfile[15]<6..0>|primaryfile[14]<7>;
                        14 : primaryfile[14]<6..0>|bin 0)
```

```
      ( 3 :
            (if bin 1 and modify-register<5> = 1
                   ⇒ primaryfile[2] and T-register,
                bin 1 and modify-register<5> = 0
                   ⇒ hex 00
             fi <0>
            |(link
               |if bin 1 and modify-register<5> = 1
                       ⇒ primaryfile[2] and T-register,
                   bin 1 and modify-register<5> = 0
                       ⇒ hex 00
                fi <7..1>)  <7..1>) + hex C6)
        [((if bin 1 and modify-register<5> = 1
                   ⇒ primaryfile[2] and T-register,
                bin 1 and modify-register<5> = 0
                   ⇒ hex 00
             fi <0>
            |(link
               |if bin 1 and modify-register<5> = 1
                       ⇒ primaryfile[2] and T-register,
                   bin 1 and modify-register<5> = 0
                       ⇒ hex 00
                fi <7..1>) <7..1>) + hex C6) <3..0>])
(primaryfile[15]<6..0>|primaryfile[14]<7..0>|bin 0 :
   primaryfile
      (15 : primaryfile[15]<6..0>|primaryfile[14]<7>;
       14 : primaryfile[14]<6..0>|bin 0)
      ( 3 :
            (if bin 1 and modify-register<5> = 1
                   ⇒ primaryfile[2] and T-register,
                bin 1 and modify-register<5> = 0
                   ⇒ hex 00
             fi <0>
            |(link
               |if bin 1 and modify-register<5> = 1
                       ⇒ primaryfile[2] and T-register,
                   bin 1 and modify-register<5> = 0
                       ⇒ hex 00
                fi <7..1>) <7..1>) + hex C6)
```

```
                [(int 1 or
                   (if bin 1 and modify-register<5> = 1
                         => primaryfile[2] and T-register,
                      bin 1 and modify-register<5> = 0
                         => hex 00
                    fi <0>
                   |(link
                      |if bin 1 and modify-register<5> = 1
                            => primaryfile[2] and T-register,
                         bin 1 and modify-register<5> = 0
                            => hex 00
                      fi <7..1>) <7..1>) + hex C6) <3..0>])

q0   ≡
       wp (T-register := hex 18, q1)
       ≡      startof-P1(time)
          ∧  q1  sub(time)   sub(then)   sub(main)
       where
            sub(time) = [time/time + 200]
            sub(then) =
               [T-register, modification-enable, modify-register/
                  if true => hex 18 and modify-register fi,
                  if true => bin 1 fi ,
                  if true => hex FF fi]
            sub(main) = [T-register/hex 18]
         <=> (Vereinfachungsregeln masks)
            startof-P1(time)
         ∧  file-bank-select = bin 0
         ∧  (if link = 0 => hex C,
                link = 1 => hex 0
             fi) = hex C
         ∧  MEM = memory
               (primaryfile[15]<6..0>|primaryfile[14]<7..0>|bin 1 :
                  primaryfile
                     [2 * (primaryfile[2] and modify-register) <4..3>  + hex 6])
               (primaryfile[15]<6..0>|primaryfile[14]<7..0>|bin 0 :
                  primaryfile
                     [2 * (primaryfile[2] and modify-register) <4..3>  + hex 7])
```

A 4.4 Einige Vereinfachungsregeln

Um einen Eindruck von der Art der im Kontext der Firmwareverifikation benötigten prädikatenlogischen Vereinfachungsregeln zu vermitteln, stellen wir tabellarisch die im Beispielbeweis verwendeten Sätze über die zu Grunde liegenden Datenstrukturen, die Zeit, und die binäre Arithmetik zusammen. Eine systematische Axiomatisierung dieser Theorien in einer für automatische Beweisverfahren geeigneten Form und der Aufbau entsprechender Beweiswerkzeuge ist Gegenstand von [138].

Wir stellen zunächst die verwendeten Eigenschaften von Feldern zusammen. Die Notation a(i:w) wurde in A4.3 definiert. Auf die Angabe von aus dem Kontext ersichtlichen Typen wurde verzichtet.

1) $a(i:w)[i] = w$

2) $a(i:w_1)(i:w_2) = a(i:w_2)$

3) $a(c_1:w_1)[c_2] = a[c_2]$
   für alle Konstanten $c_1 \neq c_2$

4) $\underline{if}\ b_1 \Rightarrow a_1,\ldots,b_n \Rightarrow a_n\ \underline{fi}\ (i:w)$
   $= \underline{if}\ b_1 \Rightarrow a_1(i:w),\ldots,b_n \Rightarrow a_n(i:w)\ \underline{fi}$
   falls $b_1 \vee .. \vee b_n \leftrightarrow \underline{true}$

5) $a(c_1:w_1)(c_2:w_2) = a(c_2:w_2)(c_1:w_1)$
   für alle Konstanten $c_1 \neq c_2$

6) $\underline{if}\ b_1 \Rightarrow a_1,\ldots,b_n \Rightarrow a_n\ \underline{fi}\ [i] = \underline{if}\ b_1 \Rightarrow a_1[i],\ldots,b_n \Rightarrow a_n[i]\ \underline{fi}$
   falls $b_1 \vee .. \vee b_n \leftrightarrow \underline{true}$

- Vereinfachungsregeln für Felder -

- Abb. A 4.6 -

Die verwendeten Beweisregeln für Folgen behandeln insbesondere das Verhältnis von Konkatenation und Selektion von Teilfolgen.

7) a <n..m> <i> = a <i>

falls $i \in \{n,...,m\}$

8) $(a_1 | a_2) | a_3 = a_1 | (a_2 | a_3)$

9) Ist a_1:<u>sequence</u> $\langle n_1..m_1\rangle$ <u>bit</u>, a_2:<u>sequence</u> $\langle n_2..m_2\rangle$ <u>bit</u>

mit $n_1 \geq m_1$ und $n_2 \geq m_2$, dann gilt:

$$a_1 | a_2 \langle i\rangle = \begin{cases} a_2 \langle i\rangle & \text{falls} \quad n_2 \geq i \geq m_2 \\ a_1 \langle i-n_2 + m_1-1\rangle & \\ & \text{falls} \quad n_2 + n_1 - m_1 + 1 \geq i \geq n_2 + 1 \end{cases}$$

10) Ist a_1:<u>sequence</u> $\langle n_1..m_1\rangle$ <u>bit</u>, a_2:<u>sequence</u> $\langle n_2..m_2\rangle$ <u>bit</u>

mit $n_1 \geq m_1$, $n_2 \geq m_2$ und $i_1 \geq i_2$, dann gilt

$$a_1 | a_2 \langle i_1 .. i_2\rangle = \begin{cases} a_2 \langle i_1..i_2\rangle & \text{falls} \quad n_2 \geq i_1 \geq i_2 \geq m_2 \\ a_1 \langle i_1-n_2 + m_1-1..m_1\rangle | a \langle n_2..i_1\rangle & \\ \quad - & \text{falls} \quad n_2 + n_1 - m_1 + 1 \\ & \geq i_1 \geq n_2 + 1 \geq i_2 \geq m_2 \\ a_1 \langle i_1-n_2 + m_1-1..i_2-n_2 + m_1-1\rangle & \\ & \text{falls} \quad n_2 + n_1 - m_1 + 1 \\ & \geq i_1 \geq i_2 \geq n_2 + 1 \end{cases}$$

11) $a \langle n_1..m_1\rangle \langle n_2..m_2\rangle = a \langle n_2..m_2\rangle$

falls $n_1 \geq n_2 \geq m_2 \geq m_1$

\- Vereinfachungsregeln für Folgen -

\- Abb. A 4.7 -

Die verwendeten Vereinfachungsregeln für die Prädikate <u>startof</u> und <u>endof</u> entsprechen unmittelbar der Deklaration der Uhr der MICRODATA (vgl. A 1.2).

clock

- <u>startof</u>-P(*time*) ↔ <u>startof</u>-P(*time* + 200)
  für $P \in \{P_1, P_2, P_3, P_4\}$
- <u>startof</u>-P1(*time*) ↔ <u>startof</u>-P4(*time* + 150)
- <u>startof</u>-P4(*time*) ↔ <u>startof</u>-P1(*time* + 50)

\- Vereinfachungsregeln für die globale Zeit -

\- Abb. A 4.8 -

Zur Elimination der durch Algorithmus 4.70 in Prämissen einer parallelen Komposition auftretenden Hilfsvariablen *hv* wurde neben Substitutionen gemäß der Substitutionsregel - in der von Formeln der Form

<*hv* = e, *defining equation*> ∧ p(*hv*)

übergegangen wird zu p(e) und die durch *subst* gekennzeichnet sind - die Tautologie

12) $x = e \wedge p(x) \leftrightarrow x = e \wedge p(e)$

verwendet. Schließlich wurden - neben trivialen aussagenlogischen Vereinfachungen, die nicht näher gekennzeichnet wurden - die folgenden für die Prozedur typischen Identitäten ausgenutzt, die die Generierung der Masken zum Selektieren der Akkumulatornummer und zur Auswahl des entsprechenden 'file-register' wiederspiegeln bzw. die Korrektheit der Kodierung von 'logical-or-primary im Hinblick auf Befehlsmodifikation sicherstellen.

```
masks

• (X and hex 18 and Y) <0> = 0

• (X and hex 18 and Y) <1> = 0

• (B|(X and hex 18 and Y) <7..1>) <7..1> =
     B|bin 000|(X and Y) <4..3>|bin 0

• (bin 0|B|bin 000|X <4..3>|bin 0 + hex C6) <3..0>
     = 2 • X <4..3> + hex 6

• bin 1 or (bin|0|B bin 000|X <4..3>|bin 0 + hex C6) <3..0>
     = 2 • X <4..3> + hex 7

• (bin 0|B|bin 000|X <4..3> bin 0 + hex C6) <7..4>
     = if B = 0 ⇒ hex C else hex 0 fi

     für X,Y : bit(8), B : bit
```

- Anwendungsspezifische Vereinfachungsregeln -

- Abb. A 4.9 -

Diese anwendungsspezifischen Vereinfachungsregeln wurden lediglich zur Vereinfachung der schwächsten Vorbedingung der Prozedur angewandt, um den Nachweis der Gültigkeit der Hauptverifikationsbedingung *vc main* zu erleichtern. Für die im Zuge der Berechnung der schwächsten Vorbedingung notwendigen Vereinfachungen reichen dagegen die für den Firmwarebereich allgemein relevanten Vereinfachungsregeln über die Eigenschaften der Datenstrukturen sowie der Axiomatisierung des zeitlichen Verhaltens aus. Somit scheint in der Tat eine wesentliche automatische Vereinfachung der anfallenden Verifikationsbedingungen bereits während ihrer Erzeugung durch *simplifier* möglich.

STICHWORTVERZEICHNIS

VERZEICHNIS DER ABBILDUNGEN

Kapitel 4

Anhang

Informatik – Fachberichte

Band 111: Kommunikation in Verteilten Systemen II. GI/NTG-Fachtagung, Karlsruhe, März 1985. Herausgegeben von D. Heger, G. Krüger, O. Spaniol und W. Zorn. XII, 236 Seiten. 1985.

Band 112: Wissensbasierte Systeme. GI-Kongreß 1985. Herausgegeben von W. Brauer und B. Radig. XVI, 402 Seiten, 1985.

Band 113: Datenschutz und Datensicherung im Wandel der Informationstechnologien. 1. GI-Fachtagung, München, Oktober 1985. Proceedings, 1985. Herausgegeben von P. P. Spies. VIII, 257 Seiten. 1985.

Band 114: Sprachverarbeitung in Information und Dokumentation. Proceedings, 1985. Herausgegeben von B. Endres-Niggemeyer und J. Krause. VIII, 234 Seiten. 1985.

Band 115: A. Kobsa, Benutzermodellierung in Dialogsystemen. XV, 204 Seiten. 1985.

Band 116: Recent Trends in Data Type Specification. Edited by H.-J. Kreowski. VII, 253 pages. 1985.

Band 117: J. Röhrich, Parallele Systeme. XI, 152 Seiten. 1986.

Band 118: GWAI-85. 9th German Workshop on Artificial Intelligence. Dassel/Solling, September 1985. Edited by H. Stoyan. X, 471 pages. 1986.

Band 119: Graphik in Dokumenten. GI-Fachgespräch, Bremen, März 1986. Herausgegeben von F. Nake. X, 154 Seiten. 1986.

Band 120: Kognitive Aspekte der Mensch-Computer-Interaktion. Herausgegeben von G. Dirlich, C. Freksa, U. Schwatlo und K. Wimmer. VIII, 190 Seiten. 1986.

Band 121: K. Echtle, Fehlermaskierung durch verteilte Systeme. X, 232 Seiten. 1986.

Band 122: Ch. Habel, Prinzipien der Referentialität. Untersuchungen zur propositionalen Repräsentation von Wissen. X, 308 Seiten. 1986.

Band 123: Arbeit und Informationstechnik. GI–Fachtagung. Proceedings, 1986. Herausgegeben von K. T. Schröder. IX 435 Seiten. 1986.

Band 124: GWAI-86 und 2. Österreichische Artificial-Intelligence-Tagung. Ottenstein/Niederösterreich, September 1986. Herausgegeben von C.-R. Rollinger und W. Horn. X, 360 Seiten. 1986.

Band 125: Mustererkennung 1986. 8. DAGM-Symposium, Paderborn, September/Oktober 1986. Herausgegeben von G. Hartmann. XII, 294 Seiten, 1986.

Band 126: GI-16. Jahrestagung. Informatik-Anwendungen – Trends und Perspektiven. Berlin, Oktober 1986. Herausgegeben von G. Hommel und S. Schindler. XVII, 703 Seiten. 1986.

Band 127: GI-17. Jahrestagung. Informatik-Anwendungen – Trends und Perspektiven. Berlin, Oktober 1986. Herausgegeben von G. Hommel und S. Schindler. XVII, 685 Seiten. 1986.

Band 128: W. Benn, Dynamische nicht-normalisierte Relationen und symbolische Bildbeschreibung. XIV, 153 Seiten. 1986.

Band 129: Informatik-Grundbildung in Schule und Beruf. GI–Fachtagung, Kaiserslautern, September/Oktober 1986. Herausgegeben von E. v. Puttkamer. XII, 486 Seiten. 1986.

Band 130: Kommunikation in Verteilten Systemen. GI/NTG-Fachtagung, Aachen, Februar 1987. Herausgegeben von N. Gerner und O. Spaniol. XII, 812 Seiten. 1987.

Band 131: W. Scherl, Bildanalyse allgemeiner Dokumente. XI, 205 Seiten. 1987.

Band 132: R. Studer, Konzepte für eine verteilte wissensbasierte Softwareproduktionsumgebung. XI, 272 Seiten. 1987.

Band 133: B. Freisleben, Mechanismen zur Synchronisation paralleler Prozesse. VIII, 357 Seiten. 1987.

Band 134: Organisation und Betrieb der verteilten Datenverarbeitung. 7. GI-Fachgespräch, München, März 1987. Herausgegeben von F. Peischl. VIII, 219 Seiten. 1987.

Band 135: A. Meier, Erweiterung relationaler Datenbanksysteme für technische Anwendungen. IV, 141 Seiten. 1987.

Band 136: Datenbanksysteme in Büro, Technik und Wissenschaft. GI–Fachtagung, Darmstadt, April 1987. Proceedings. Herausgegeben von H.-J. Schek und G. Schlageter. XII, 491 Seiten. 1987.

Band 137: D. Lienert, Die Konfigurierung modular aufgebauter Datenbanksysteme. IX, 214 Seiten. 1987.

Band 138: R. Männer, Entwurf und Realisierung eines Multiprozessors. Das System „Heidelberger POLYP". XI, 217 Seiten. 1987.

Band 139: M. Marhöfer, Fehlerdiagnose für Schaltnetze aus Modulen mit partiell injektiven Pfadfunktionen. XIII, 172 Seiten. 1987.

Band 140: H.-J. Wunderlich, Probabilistische Verfahren für den Test hochintegrierter Schaltungen. XII, 133 Seiten. 1987.

Band 141: E. G. Schukat-Talamazzini, Generierung von Worthypothesen in kontinuierlicher Sprache. XI, 142 Seiten. 1987.

Band 142: H.-J. Novak, Textgenerierung aus visuellen Daten: Beschreibungen von Straßenszenen. XII, 143 Seiten. 1987.

Band 143: R. R. Wagner, R. Traunmüller, H. C. Mayr (Hrsg.), Informationsbedarfsermittlung und -analyse für den Entwurf von Informationssystemen. Fachtagung EMISA, Linz, Juli 1987. VIII, 257 Seiten. 1987.

Band 144: H. Oberquelle, Sprachkonzepte für benutzergerechte Systeme. XI, 315 Seiten. 1987.

Band 145: K. Rothermel, Kommunikationskonzepte für verteilte transaktionsorientierte Systeme. XI, 224 Seiten. 1987.

Band 146: W. Damm, Entwurf und Verifikation mikroprogrammierter Rechnerarchitekturen. VIII, 327 Seiten. 1987.

Band 147: F. Belli, W. Görke (Hrsg.), Fehlertolerierende Rechensysteme / Fault-Tolerant Computing Systems. 3. Internationale GI/ITG/GMA-Fachtagung, Bremerhaven, September 1987. Proceedings. XI, 389 Seiten. 1987.

Band 148: F. Puppe, Diagnostisches Problemlösen mit Expertensystemen. IX, 257 Seiten. 1987.

Band 149: E. Paulus (Hrsg.), Mustererkennung 1987. 9. DAGM-Symposium, Braunschweig, Sept./Okt. 1987. Proceedings. XVII, 324 Seiten. 1987.

Band 150: J. Halin (Hrsg.), Simulationstechnik. 4. Symposium, Zürich, September 1987. Proceedings. XIV, 690 Seiten. 1987.

Band 151: E. Buchberger, J. Retti (Hrsg.), 3. Österreichische Artificial-Intelligence-Tagung. Wien, September 1987. Proceedings. VIII, 181 Seiten. 1987.

Band 152: K. Morik (Ed.), GWAI-87. 11th German Workshop on Artificial Intelligence. Geseke, Sept./Okt. 1987. Proceedings. XI, 405 Seiten. 1987.

Band 153: D. Meyer-Ebrecht (Hrsg.), ASST'87. 6. Aachener Symposium für Signaltheorie. Aachen, September 1987. Proceedings. XII, 390 Seiten. 1987.